课程思政

电子信息类专业课程设计与实践

汤全武　李春树　主　编
郭中华　宋佳乾　李　虹　车　进　副主编

清華大學出版社
北京

内 容 简 介

本书以《高等学校课程思政建设指导纲要》为指导，聚焦专业课程教学中的痛点、难点、重点等问题，探讨课程思政建设之路。本书全面而简要地介绍课程思政的内涵、如何理解课程思政、存在的问题及成因，从学校层面、教师层面、教学目标、内容体系、教学方法、教学评价、教学管理7方面做起，探讨电子信息类专业课程思政实施路径。本书以国家级一流课程“信号与系统”为例，进行系统的教学设计，结合作者多年的教学实践，给出了22门课程在科学精神、工匠精神、系统观、团队合作精神和规矩意识的培养等方面共160个完整的课程思政设计与实践方案。

本书可为高等学校课程思政主管部门、高等学校教师开展专业课程思政提供理论依据和教学参考，也可作为高等学校相关课程的教材。

图书在版编目(CIP)数据

课程思政：电子信息类专业课程设计与实践/汤全武，李春树主编. —北京：清华大学出版社，2022.9 (2024.5重印)

ISBN 978-7-302-61685-6

Ⅰ. ①课… Ⅱ. ①汤… ②李… Ⅲ. ①高等学校－思想政治教育－教学研究－中国 Ⅳ. ①G641

中国版本图书馆CIP数据核字(2022)第146038号

责任编辑：刘 星
封面设计：刘 键
责任校对：李建庄
责任印制：沈 露

出版发行：清华大学出版社
网 址：https://www.tup.com.cn，https://www.wqxuetang.com
地 址：北京清华大学学研大厦A座 **邮 编**：100084
社 总 机：010-83470000 **邮 购**：010-62786544
投稿与读者服务：010-62776969，c-service@tup.tsinghua.edu.cn
质量反馈：010-62772015，zhiliang@tup.tsinghua.edu.cn
课件下载：https://www.tup.com.cn，010-83470236
印 装 者：三河市铭诚印务有限公司
经 销：全国新华书店
开 本：186mm×240mm **印 张**：17.75 **字 数**：400千字
版 次：2022年9月第1版 **印 次**：2024年5月第4次印刷
印 数：3201～3700
定 价：69.00元

产品编号：096641-01

FOREWORD 序

一撇一捺写个“人”，一撇为才，一捺为德，才高德厚是为大人。“教”字左孝右文，本身就蕴含了德才兼备的人才理念。我们教育的根本任务是立德树人，立德须居首位。

建国君民，教学为先。做好新时代的教育，必须保持专业教育与思政教育同向同行，协同构建全员全程全方位育人大格局。文史哲如此，理工农亦然；公共基础课程如此，专业教育课程和实践类课程亦然。课程思政将思政元素有机融入专业教育，其核心就是要在课程教学中坚持显性教育和隐性教育相统一、思政课程与课程思政教育教学相统一、知识育才和道德育人相结合，用马克思主义立场、观点、方法潜移默化地铸魂育人、立德树人。

骐骥千里，非一日之功。理工科类专业课程实现课程思政殊非易事。本书编写团队对电子信息类专业课程思政建设进行大胆实践，持续更新教学理念，对公共基础课、专业教育课、实践类课程系统设计、协同推进，构建了电子信息类专业的课程思政范式，提供了大量的课程思政实践案例。这种实践探索本身就是科学精神、工匠精神、团队精神最真实的映照，是“学为人师、行为世范”的集中体现。

天下兴亡，匹夫有责。教育强国，使命在肩。古有张载“为天地立心，为生民立命，为往圣继绝学，为万世开太平”之横渠四句，今应牢记“为中国人民谋幸福、为中华民族谋复兴，为党育人、为国育才”之初心使命。一以贯之，久久为功，努力培养担当民族复兴大任的时代新人。

是为序，与编者共勉。

宁夏大学党委书记　李　星

2022 年 3 月壬寅之春于宁夏大学德勤楼

前言

为深入贯彻落实习近平总书记关于教育的重要论述和全国教育大会精神，教育部在2020年5月28日印发了《高等学校课程思政建设指导纲要》，明确要求全面推进高校课程思政建设，发挥好每门课程的育人作用，提高高校人才培养质量。在教育部高等教育司于2021年12月22日发布的《关于深入推进高校课程思政建设的通知》中，要求准确把握课程思政建设的内涵，切实落实课程思政建设的内容和方法，把立德树人的根本任务落实落地，使各类课程与思政课程同向同行，形成协同效应。

课程思政是以构建全员、全程、全课程育人格局的形式将各类课程与思想政治理论课同向同行，形成协同效应，把立德树人作为教育的根本任务的一种综合教育理念。课程思政的主要形式是将思想政治教育元素融入各门课程中去，潜移默化地对学生的思想意识、行为举止产生影响。课程思政的本质是实现立德树人，坚持以德立身、以德立学、以德施教，为中国特色社会主义事业培养合格的建设者和可靠的接班人。课程思政的理念是实现各类课程与思想政治理论课的同向同行，实现协同育人。课程思政的结构是实现知识传授、价值塑造和能力培养的多元统一。课程思政的方法是显隐结合，通过深化课程目标、内容、结构、模式等方面的改革，把政治认同、国家意识、文化自信、人格养成等思想政治教育导向与各类课程固有的知识、技能传授有机融合，实现显性与隐性教育的有机结合，促进学生的全面发展，充分发挥教书育人的作用。课程思政的思维是要树立科学思维和创新思维。科学思维强调要用辩证唯物主义和历史唯物主义的思维方式去看待事物，不能陷入唯心主义和机械唯物主义的泥沼，将理论导向神秘主义。创新思维强调在思想政治理论课以外的课程中融入思想政治教育，以新思维催生新思路，以新思路谋求新发展，以新发展推动新方法，以新方法解决新问题，实现课程思政的创新发展。

专业课程是课程思政建设的基本载体。要深入梳理专业课教学内容，结合不同课程特点、思维方法和价值理念，深入挖掘课程思政元素，有机融入课程教学，达到润物无声的育人效果。《高等学校课程思政建设指导纲要》明确指出："工学类专业课程，要在课程教学中把马克思主义立场观点方法的教育与科学精神的培养结合起来，提高学生正确认识问题、分析问题和解决问题的能力。工学类专业课程，要注重强化学生工程伦理教育，培养学生精益求精的大国工匠精神，激发学生科技报国的家国情怀和使命担当"。一种精神的培养不是一节课或一门课能够完成的，需要根据专业的特点和课程内容进行系统设计，分解实施，不断强化,共同完成;一门课程同样需要系统设计,有机融入,逐步强化,润物无声。为此,我们针对电子信息类专业课程进行了大胆的尝试,将课程思政融入课堂教学建设全过程,落实到课程目标设计、教学大纲修订、教材编审选用、教案课件编写各方面,贯穿于课堂授课、教学研讨、实验实训、作业论文各环节,作为课程设置、教学大纲核准和教学评价的重要内容。坚持学生中心、产出导向、持续改进的教学理念,对电子信息类专业的公共基础课程、专业教育课程、实践类课程共22门课程,从课程目标、总体设计、案例实施过程、教学特色与反思等方面系统地设计并付诸实践。

第1章系统梳理了课程思政是什么、课程思政怎么做、专业课程思政实施路径以及电子信息类专业课程思政建设与实施方案。明确了电子信息类专业课程思政目标为科学精神、工匠精神、系统观、团队合作精神和规矩意识的培养。

第2章阐述科学精神的内涵,以高等数学、数字信号处理、电磁场与电磁波、信息理论与编码4门课程为例,给出了28个科学精神培养的实践案例。

第3章阐述工匠精神的内涵,以模拟电子技术基础、数字电路与逻辑设计、自动控制原理、数字图像处理4门课程为例,给出了26个工匠精神培养的实践案例。

第4章阐述系统观的内涵,以电路分析、高频电子线路、现代通信原理、软件无线电技术4门课程为例,给出了28个系统观培养的实践案例。

第5章阐述团队合作精神的内涵,以大学物理、数字电路与逻辑设计实验、嵌入式程序设计3门课程为例,给出了14个团队合作精神培养的实践案例。

第6章阐述规矩意识的内涵,以C语言程序设计、电路分析实验、MATLAB语言、模拟电子技术实验、微处理器与接口技术5门课程为例,给出了32个规矩意识培养的实践案例。

第7章以信号与系统、信号与系统实验2门课程为例,系统地给出了32个科学精神、工匠精神、系统观、团队合作精神和规矩意识培养的实践案例。

本书由汤全武和李春树担任主编,郭中华、宋佳乾、李虹、车进担任副主编,共同负责统稿。参与本书实践案例编著的老师有:郝睿(高等数学),马玲(大学物理),秦飞舟(C语言程序设计),汤全武(MATLAB语言),刘平(电路分析),魏春英(模拟电子技术基础),朱瑜红(数字电路与逻辑设计),郭中华(高频电子线路),宋佳乾、李虹、车进(信号与系统、信号与系统实验),伍永峰(数字信号处理),覃国车(现代通信原理),李春树(微处理器与接口技术),马鑫、贾兴宁(电磁场与电磁波),贾艳玲(信息理论与编码),田茸(自动控制原理),王博(数字图像处理),李波(软件无线电技术),孟一飞(嵌入式程序设计),王学忠(电路分析实验),赵国荣(模拟电子技术实验),蔺金元(数字电路与逻辑设计实验),排名不分先后。实践案例以外的其他内容由汤全武完成。

非常感谢宁夏大学党委书记、博士生导师李星教授在百忙中亲自为本书作序。

本书是在宁夏回族自治区课程思政"精品项目"——"信号与系统"课程思政教学探索与实践的研究成果基础上完成的。在本书的编写过程中,参考和引用了相关资料和教材,在此一并向资料和教材的作者表示诚挚的谢意。

本书能够顺利出版,得力于宁夏回族自治区教育厅、宁夏大学有关部门的鼎力支持,得力于各位教师的辛勤付出，以及清华大学出版社同仁的大力支持，在此一并表示诚挚的谢意。

由于编者的水平有限，书中难免存在不妥之处，欢迎使用本书的教师、教育工作者和学生批评指正，殷切希望得到读者使用本书的宝贵意见与建议，以便再版时改进和提高。

编者联系方式

编　者

2022 年 6 月于宁夏大学

CONTENTS 目录

第1章

课程思政建设之路

2016年12月，习近平总书记在全国高校思想政治工作会议上的讲话中强调："高校思想政治工作关系高校培养什么样的人、如何培养人以及为谁培养人这个根本问题。要坚持把立德树人作为中心环节，把思想政治工作贯穿教育教学全过程，实现全程育人、全方位育人，努力开创我国高等教育事业发展新局面。"并提出："要用好课堂教学这个主渠道，思想政治理论课要坚持在改进中加强，提升思想政治教育亲和力和针对性，满足学生成长发展需求和期待，其他各门课都要守好一段渠、种好责任田，使各类课程与思想政治理论课同向同行，形成协同效应。"

2018年9月10日，习近平总书记在全国教育大会上指出："坚持党对教育事业的全面领导，坚持把立德树人作为根本任务，坚持优先发展教育事业，坚持社会主义办学方向，坚持扎根中国大地办教育，坚持以人民为中心发展教育，坚持深化教育改革创新，坚持把服务中华民族伟大复兴作为教育的重要使命，坚持把教师队伍建设作为基础工作。"

2019年3月18日，习近平总书记在学校思想政治理论课教师座谈会上提出"八个相统一"，其中，"要坚持灌输性和启发性相统一，注重启发性教育，引导学生发现问题、分析问题、思考问题，在不断启发中让学生水到渠成得出结论。要坚持显性教育和隐性教育相统一，挖掘其他课程和教学方式中蕴含的思想政治教育资源，实现全员全程全方位育人。"

对于课程在大学生思想政治教育中的重要性，我国主要领导人有着诸多的相关论述与指导思想，从对思想政治理论课这一主渠道的重视，到对哲学社会科学课程所具有的意识形态属性的认知，再到对其他各门课程都具有育人功能的强调，都体现了课程思政的必要性与可行性。

1.1 课程思政是什么

2020年5月28日教育部印发的《高等学校课程思政建设指导纲要》，是全面推进高校课程思政建设，发挥好每门课程的育人作用，提高高校人才培养质量的行动指南。明确课程思政建设的5个内容重点：推进习近平新时代中国特色社会主义思想进教材进课堂进头脑；培育和践行社会主义核心价值观；加强中华优秀传统文化教育；深入开展宪法法治教育；深化职业理想和职业道德教育。科学设计3大类（公共基础课程、专业教育课程、实践类课程）课程思政教学体系。结合7个专业类（文学、历史学、哲学类；经济学、管理学、法学类；教育学类；理学、工学类；农学类；医学类；艺术学类）专业课程特点分类推进课程思政建设方案。在全员全过程全方位育人的大思政理念下，开创课程思政建设学校有氛围、学院有特色、专业有特点、课程有品牌、讲授有风格、教师有榜样、成果有固化的新局面。

1.1.1 课程思政的内涵

课程对于落实高校立德树人根本任务，牢牢把握高校思想政治教育话语权有着重要的意义，增强思想政治教育的实效性需要树立全课程育人理念，因此关于课程思政的研究应运而生。

课程思政指以构建全员、全程、全课程育人格局的形式将大学各类课程与思想政治理论课同向同行，形成协同效应，把立德树人作为教育的根本任务的一种综合教育理念。课程思政也是一种思维方式，教师在教学中要有意、有机、有效地将思想政治教育与本课程的教学内容相结合，把人的思想政治培养作为课程教学的首要目标。课程思政是要深入挖掘各类课程中的思想政治教育内容，将其转化为社会主义核心价值观具体化、生动化的有效教学载体，并将之融入课程教学之中，充分发挥课程的思想政治教育功能，在润物细无声的知识学习中起到理想信念层面的精神指引作用。

1. 课程思政的主要形式

课程思政的主要形式是将思想政治教育元素，包括思想政治教育的理论知识、价值理念以及精神追求等融入各门课程中，潜移默化地对学生的思想意识、行为举止产生影响。

2. 课程思政的本质是立德树人

课程思政在本质上还是一种教育，是为了实现立德树人。育人先育德，注重传道授业解惑、育人育才的有机统一，坚持以德立身、以德立学、以德施教，注重加强对学生的世界观、人生观和价值观的教育，传承和创新中华优秀传统文化，积极引导当代学生树立正确的国家观、民族观、历史观、文化观，从而为社会培养更多德智体美劳全面发展的人才，为中国特色社会主义事业培养合格的建设者和可靠的接班人。

3. 课程思政的理念是协同育人

课程思政的目的就是为了实现各类课程与思想政治理论课的同向同行，实现协同育人。通过教师有效地引导、发挥各类课堂的主渠道作用，在各类课程当中融入思想政治教育元素，使思政课程与其他课程在育人上同向同行，实现对学生的立德树人教育。

4. 课程思政的结构是立体多元

课程思政本身就意味着教育结构的变化，即实现知识传授、价值塑造和能力培养的多元统一。现实的课程教学中往往由于各种原因而将这三者进行了割裂，课程思政从某种意义上来说正是对这三者重新统一的一种回归。

5. 课程思政的方法是显隐结合

培养什么人、怎样培养人以及为谁培养人是人才培养的根本问题。课程思政要通过深化课程目标、内容、结构、模式等方面的改革，把政治认同、国家意识、文化自信、人格养成等思想政治教育导向与各类课程固有的知识、技能传授有机融合，实现显性与隐性教育的有机结合，促进学生的自由全面发展，充分发挥教育教书育人的作用。

6. 课程思政的思维是科学创新

在新时代，既要树立科学的思维，也要树立创新的思维。首先，课程思政所展现的是一种科学思维，它强调要用辩证唯物主义和历史唯物主义的思维方式去看待事物，不能陷入唯心主义和机械唯物主义的泥沼，将理论导向神秘主义。我们的教育要进一步加强在各门课程中的思想政治教育，用马克思主义的立场、观点和方法去教书育人，为学生构筑起牢固的思想防线，抵制各种错误思潮、错误言论对学生的危害。其次，课程思政所展现的是一种创新思维，它强调在思想政治理论课以外的课程中融入思想政治教育。

1.1.2 如何理解课程思政

如何正确理解课程思政的内涵是有效进行课程思政改革的重要思想前提。

1. 课程思政是一种教育理念

课程思政不同于思政课程，课程思政是一种教育理念和课程观，其目的是推动各类课程与思政课建设形成协同效应。作为一种新的教育理念和课程观，课程思政以立德树人为导向，以坚定的政治方向为核心，以明确的德育内涵和德育元素为主题。

课程思政不是指要开设一门新课程，而是一种新的课程观，指包括思想政治理论课在内，其他各门课程都是育人的主渠道，要同向同行。课程思政不是特定的一门或一类具体教学科目或某一教育活动，课程是泛化的概念，即学校育人的所有教学科目和教育活动，都渗透和贯穿着思政教育，其特点是课程为载体，思政教育是灵魂，课程的育人功能和价值取向鲜明，而传统的课程边际淡化。

2. 课堂教学是课程思政的主渠道

课程思政将高校思想政治教育的主渠道从思政课延伸扩展为全部课程。高校大学生的思想政治教育并不仅仅是思想政治理论课这一主渠道的职责，其他各门课程都有着教书与育人的功能。课程思政以课程为载体，以立德树人为根本，充分挖掘蕴含在专业知识中的德育元素，将德育渗透、贯穿教育教学的全过程，将隐性思政与思想政治理论课相结合，共同发挥所有课程的育人功能。教师的课堂育人不再是个体行为，而是有组织的行为，要求更明确，行为更规范，实现课程门门有思政，教师人人讲育人，所有课程都是育人主渠道。

3. 课程思政的主体是所有课程

课程思政的主体是所有课程，学校所有教学科目和教育活动都要渗透和贯穿着思政教育，课程思政不是把思政课的内容简单搬到专业中去，不是专业课“思政化”，思政课和专业课各有各的体系，各门课程都要充分挖掘和运用各学科蕴含的育人功能和价值取向资源。课程思政意味着所有课程都要“守好一段渠、种好责任田”，叠加起来就形成了育人的作用。

课程思政与思政课程的思政教育是互相补充、互相协同的。二者是一个课程思政共同体，共同担负着立德树人的根本任务，发挥着对大学生的思想价值引领作用，二者的共同目标是把大学生培养成为中国特色社会主义合格建设者和可靠接班人。课程思政与思政课程的“思政”主要体现在目标和原则的一致性上。目标都是围绕立德树人的根本任务，都服务于思想政治教育工作。原则都是坚持同样的政治原则、价值立场和道德标准等。

课程思政的一个重要任务就是在进行知识教育的同时，呈现应有的精神状态、价值观念和情感态度。课程思政可以利用自己的专业优势进行立德育人，引导学生做到明大德、守公德、严私德。在明大德方面，教育学生学习知识掌握技能，立志报效祖国、服务人民。守公德方面，教育学生自觉遵守职业道德规范。严私德方面，教育学生提高自己的个人素养。

课程思政不是在专业课程中讲授思想政治理论，而是要让专业课程发挥思想政治教育的作用，这种作用不是依靠思政理论的魅力，而是依靠专业知识的魅力，以小见大，从细微处、从各领域特性中展现出专业课程思想政治教育的优势。比如，爱国主义教育，思政课程所要做的是给学生讲授爱国的内涵，爱国的内容，中国历史爱国的各种例子，这些都是从理论方面论证爱国的本质和意义。而课程思政所做的是如何从细微处体现爱国，怎样在生活中、实践中去行动培养爱国意识，等等。这在很多专业课程中都能找到对应的教育点，包括让学生了解中国的国情，了解已经取得的成就，了解各行业存在的不足，以及培养学生对于发展道路的自信，培养学生未来的责任感，等等。

4. 课程思政的核心内容是铸魂育人

课程思政的核心内容是要把做人做事的基本道理、社会主义核心价值观的要求以及实现民族复兴的理想和责任有机融入各类课程教学之中，将显性教育和隐性教育相统一，做到潜移默化、润物无声、融会贯通，形成协同效应，起到培根铸魂、启智增慧的作用，实现全员全程全方位育人大格局。

课程思政主要是根据习近平总书记讲话精神以及《高等学校课程思政建设指导纲要》要求，充分利用高校所掌握的资源，深入挖掘专业课中的育人功能，使得专业课既能传授知识、培养能力，又蕴含思想政治教育理念。在传授专业知识和技能的同时，对大学生世界观、人生观、价值观,尤其是在专业精神、职业道德等方面做出更具针对性的指导,以实现思想政治教育与专业知识体系教育的有机统一。

1.1.3 存在的问题及成因

开创课程思政协同育人新局面,需要廓清育人过程中遇到的各种实际问题,为课程思政的全面开展减少障碍。课程协同思想政治教育是一项系统工程,它涉及课程资源整合、教育主体协同和体制机制构建等诸多方面。高校课程思政存在的主要问题如下。

1. 顶层设计碎片化,主体责任不清

由于很多高校没有将课程思政作为一项专门工作来系统规划和布置,导致在现实工作中出现了不少认识误区。实践证明,最有效的课程思政是通过各个学科专业和各门课程自然渗透、有效迁移来实现的。但在现实中,课程思政教育与思政教育融合度不高,结合度不紧,往往是两个相互独立、封闭运行的系统出现了"两张皮"现象,课程思政出现缺失、缺位。

课程思政育人体系蕴含着一个多元主体集合,包括学校党委及其领导下的各学院党委、教学管理部门和学生工作组织,应当将这一教学理念的实施置于学校战略高度,从顶层设计的总体规划视角明晰各个主体的工作责任范畴,即尽可能设计好课程思政队伍建设的目标并搭建好总体建设框架。高校内部结构分明,分工明确,各个职能部门各司其职以保障高校各项工作科学有序开展,但在课程思政理念下构建的全员全课程思想政治教育模式,需要各职能部门的协同配合。然而将课程思政工作介入各个部门会引发原有职能部门工作的系统性调整,涉及的很多具体环节都要与课程思政进行衔接,相关部门工作的落实需要以顶层设计的总体规划维度为起点,将各个职能部门纳入课程思政教学改革系统中,如教务处、教师发展中心、人事处等职能部门职责的明确规划。因此,在分工如此细化的体系下,高校内部各部门界限感强烈,各部门不会自发地承担起课程思政建设的主体责任,若想将它们共同纳入课程思政工作进展之中,还需抓好顶层设计,明确划分各职能部门有关课程思政建设的相关任务。

2. 制度建构有待落实

在推进课程思政实际教学的过程中,尚存在相关制度建构效力不足甚至是缺位的情况。

(1) 长效学习机制和集体备课制度需要进一步落实和完善。课程思政协同育人作为一种新的教育育人模式,教学主体特别是专业课教师有一个适应和学习的过程。专业课教师受其学科专业背景的影响,绝大部分尚不具备科学系统的思想政治教育理论基础以及有效的教学方法。因此,一方面,专业课师资队伍真正融入课程思政建设要将长效学习机制贯穿于始终,通过制度化的学习形式不断强化专业课教师对课程思政的理解和执行能力;另一方面,鉴于专业课教师以往形成的固定的教学范式和程序,他们在课堂教学中往往对学生价值判断能力和价值塑造能力的培养有着重要的影响,为了保证专业课能够辐射到思想政治教育内容而提前做好教学准备尤为必要。在专业知识传授过程中精准把握思想政治教育切入口,需群策群力,创设集体备课制度,发挥教师群体的集体智慧。

（2）合作对话机制建设力度有待加强。对于高校思政课教师而言，他们承担了全校范围内的公共课教学任务并且还承担着所属学科专业的教学和科研任务，他们参与课程思政建设的时间精力有限。对于各专业课教师而言，他们更加缺少主动融入课程思政的自觉意识。因此，激发课程的育人合力需要加强教学平台建设，促进对话交流与资源共享。

（3）维持课程思政教学的保障制度薄弱。从现实维度来看，无论是专业课教师还是思政课教师，对于课程思政的专注度都尚待提高，其中不乏有人将课程思政视为自身教学科研以外的附加事物，因此除了大力倡导教师教书育人的责任感和使命感外，亦可设立奖励机制，这样既给教师提供相应的保障又为课程思政注入发展动力。当前高校对课程思政的相关保障配套机制考虑欠缺，还未能完全解除广大教师的后顾之忧，鉴于此，应该以相应的奖励措施对教师投入课程思政建设进行支持与鼓励，为他们提供专项经费扶持以加大优秀示范课程的开发力度和提升课程思政课堂教学的积极性、成就感。

3. 专业课教师对课程思政的认知不到位

提起思政工作，不少人习惯认为这是思政工作部门和学工队伍的事，是思政课的职责和任务，认为不应该占用专业课课时。有少数教师认为，专业课做思政教育显然不现实，讲好专业课才是第一位的。还有些教师认为，专业知识是一个独立体系，具有规范性、严谨性，如果额外加入思政教育的内容，就是对专业知识的干扰。

课程思政中强调的思政主要是指育人元素，并不是我们平常讲的思政。只要是对学生人生成长有积极引导，有助于激发学生的爱国、理想、正义、道德等正能量的，都应当属于课程思政的范畴。强调课程思政的目的与核心问题是要解决育人不力的问题：思想上重视不够、引导学生乏力、没有形成合力、缺乏责任担当、身教败于言教等综合问题。特别是要解决长期以来学校对立德树人重视不够、单打一问题；解决一些专业课不能与思政课程同向同行育人的问题；解决一些教师只注重知识传递、无视价值塑造的问题；解决有些人认真规划自己、稀里糊涂培养学生的问题；以及通过课程思政建设加强教师的师德师风建设等。

专业课教师作为学校教育的主要力量与学生进行直接的、频繁的互动，他们对课程思政理念的认知度和认同度将在很大程度上影响课程思政的实效性。专业教师对课程思政认知不到位主要体现在两方面：①模糊了思政课程和课程思政的辩证关系。把握思政课程和课程思政的关系是贯彻课程思政理念的前提，但是很多专业课教师都没有充分认识到两者在目标和任务上的共性以及两者教学内容的相关性。部分专业课教师没有意识到自身在引导学生价值观形成塑造方面的重大作用，将知识传授和价值领域视为对立的目标追求，将思想政治教育功能的实现囿于思政课教学领域。②对于课程思政价值认同度不高，有的专业课教师甚至质疑课程思政价值何在。在各学科分门别类的教学模式下，单学科育人的固化思维仍存在于部分专业课教师头脑之中，将思想政治教育的价值观引领和意识形态形塑视为思政课教师的责任，对于自身的教学任务定位为知识和技能的传授，并且在专业技术性较强的某些理工科院系，其专业课教师对该学科是否具有思想政治教育功能存在思想困惑，大多倾向于从事单纯的教学和科研活动，从而将课程思政理念落实和思想政治教育目标实现排除在自身工作范畴之外。对课程思政主观认知上的缺陷必定会导致专业课教师难以融入全

员、全方位、全过程育人的思想政治教育育人格局之中。

4. 专业课教师开展课程思政能力不足

不少教师在进行课程思政教学时，具体表现为要么进不去，要么痕迹太明显、太刻意，把育人之道与灌输等同。在育人的问题上，教育者的教育内容能否灌输至受教育者头脑之中，其实取决于受教育者头脑中既有的知识和经验，因为受教育者的头脑不是一块白板可任意涂画。育人中的渗透式教育事实上是借助于隐性思想政治教育的原理，体现“随风潜入夜，润物细无声”的作用。但是，目前在课程思政建设中却出现了生搬硬套、简单粗暴的教育方法和形式，造成了非常不好的影响。

将思想政治教育有机融入专业课程教学中是对专业课教师能力的一大考验，专业课教师的能力和素养是影响“课程思政”效能的核心变量。要实现思想政治教育基因式融入专业课程教学之中，既要求专业课教师有过硬的知识储备和专业技能，又要求其具备衔接思想政治教育的理论素养和开展专业思想政治教育的技巧。显然，专业课教师诸如以上方面的能力存在不同程度的欠缺。

课程思政对专业课教师提出了更高的能力要求：①具备过硬的思想政治素养。专业课教师要遵循社会主义办学方向和正确的政治方向，对教书育人保持极高的热情和强烈的使命感。思想政治素养是激发教师自我完善的内在动力，对教师的科学文化素养、专业技术素质等方面起着方向引领的作用，这正是课程思政强调知识传授与价值引领并行对于教师素养的本质要求。②掌握一定的马克思主义理论基础知识。专业课教师要想在教学中渗透思想政治教育，足够的理论知识储备和理论敏锐度是基本前提，达到课程思政对专业课教师所期许的理论素养标准，用理论武装自己的头脑才能在实际教学中说服学生，才能以完善的课程思政教学逻辑提升学生的认同感和获得感。③掌握依托专业课程进行思想政治教育的技巧和方法。这要求专业课教师在一定程度上掌握学生的思想认知发展规律和思想政治教育教学规律，发掘专业知识与思想政治教育的内在相关性，这是推进课程思政的实践保证。在这种多维能力体系要求下专业课教师仍然在以上几方面存在着能力短板，受学习和工作环境的影响，较难在短时间内从根本上改变这种状况。

5. 教学评估机制滞后

教学评估同样是整个教学实践过程中的重要一环，依据细化的评估标准通过专业的、具有针对性的评价话语进行反馈是提升教学效果的重要步骤。目前课程思政教学评估的核心问题是专业教学评估小组面临重组，评价标准亟待制定和跟进。现行的教学评估以学科专业教学过程和结果为评价依据，有专门的教学质量管控机构、评估方式以及评估标准。面对课程思政教学改革的深入推进，需要建构与之匹配的评价机制。①课程思政教学评估任务实施的主体模糊，缺乏专门的评估机构规范开展相关工作。因为课程思政蕴含了思想政治教育有机融入专业课教学这一新的总体教学要求，评估操作主体既要有权威机构的支撑，又要具备给予课程思政有效评价的能力，这正是目前课程思政主体所欠缺的。课程思政教学评估的主体责任由谁承担，学校原有的教学质量管控部门是否有能力开展有效的课程思政评估有待进一步明确，因此，组建专业的教学评估工作小组，将德高望重的专业教师和经验丰富的思政教师纳入其中尤为必要，这将在一定程度上改善评估主体模糊、互相推诿的状况。②原有的教学评估体系与标准与当前课程思政建设实际不相符。在当前宏观的学术评价体系下，呈现出重科研轻教学的畸形状态，这客观上挤压了课程思政的展开空间甚至直接导致课程思政教学环节的缺失。

课程思政建设涉及专业课程教学中的思想政治教育效果评价，即要评估学生正向价值判断和价值形塑的能力以及内生动力如何。因此，这不同于以往仅在专业领域进行评估，还应从学生身心成长和价值取向等维度进行综合考量。①要对课程思政进行教学过程性评价，即教师在专业课教学中是否有开展思想政治教育的意识，以及采用的课程思政教学方法是否实现了专业知识与思想政治教育的自然衔接。②对于教学效果的评估既要着眼于学生对专业知识的掌握和运用能力的考评，又要建立起学生情感态度转化、价值选择和信仰形塑方面的考查指标。课程思政致力于将专业课中的思想政治教育内化于心、外化于行，所以课程思政教学效果难以拥有一个量化指标，无法通过直接的学业水平测试赋予分值，很难采用当前的教学评估标准评估课程思政教学，需要拟定新的标准并及时运用跟进。

从根本看，以上问题的存在都源自教育的“四个分离”：①教育与社会的分离。教育离开了社会土壤，就是问题的起点。②教育与生活的分离。教育太在乎目标而忽视过程，太注重任务而忽视生活。③教育与教学的分离。教育变成了一种唯识性教育、一种纯知识的授受。④教与学的分离。传统课堂教学也存在着许多固有的缺陷，教学相长、教学相生体现不充分。

同时，直接来看，有四个原因：①政策因素。学校的工作重心和政策导向影响课程思政。②管理因素。校、院的管理要求影响课程思政。③教师因素。教师的意识、能力、方法影响课程思政成效。④学生因素。学生学习状态影响教师课程思政意愿和成效。

1.2 课程思政怎么做

课程思政建设是一项系统工程，涉及的不仅仅是某一学校某一门课程的思想政治教育，更重要的是能够在不同学校乃至全国所有学校建立起一个大课程思政，从而真正实现课程育人。2017 年中共中央教育部党组印发了《高校思想政治工作质量提升工程实施纲要》，其中提出了以课程育人为首的“十大”育人体系，并且第一次在中央文件中正式提出了课程思政这一概念，提出要大力推动以课程思政为目标的课堂教学改革。

1.2.1 学校层面

1. 学校的顶层设计是课程思政建设的组织保障和制度保障

课程思政不只是课程及课程教师的事，学校各部门各单位及其工作人员同样负有责任和义务，课程思政建设要全方位行动。所以，学校应及时按照国家的政策要求，在学校党委的领导下，建立起以党委书记为直接负责人、各部门各单位齐抓共管的工作局面。例如：建立课程思政建设领导机构，做好顶层设计，制定实施课程思政建设的一系列规章制度，持续推进课程思政建设工作；加强对课程的统筹规划，明确和细化课程思政的目标，改革教学质量考核和评价机制，将课程思政效果纳入其中等。总之，应充分整合学校资源，调动各部门各单位的积极性和主动性，形成课程思政建设的最大合力保障。

2. 全体教师参与是课程思政建设的人员保障

全面推进课程思政建设是落实立德树人根本任务的战略举措，要紧紧抓住教师队伍"主力军"、课程建设"主战场"、课堂教学"主渠道"，让所有高校、所有教师、所有课程都承担好育人责任。为了让专业课教师尽快构建课程思政的内容体系，要充分发挥马克思主义学院的重要作用，使之成为课程思政建设的中坚力量。作为长期专门从事思想政治教育的学院，马克思主义学院应积极主动帮助其他学院进行课程思政建设，与其他学院的教师建立长期的合作交流机制，为其提供专业的思想政治教育培训机会。学校应设立课程思政改革创新试点教学项目，鼓励全体教师积极申报；应建立奖惩制度，对于达到学校要求标准的教师给予奖励，反之对其进行一定的扣除；在教师职称晋升和各类评优评先表彰中，应优先推荐积极参与课程思政建设的教师。

1.2.2　教师层面

课程思政的效果取决于教师的育人意识和育人能力，教师必须自觉树立牢固的育人意识，时时处处体现育人的职责，扭转偏重传授知识与能力，忽视价值传播的倾向。教师挖掘课程所蕴含的思想政治教育元素的广度、深度，以及有机融入课堂教学的效度，与教师自身的思想水平、业务能力等密切相关。

1. 提升对课程思政的认识

课程思政不仅仅局限于自己所讲授的某门课程，在于所有课程要一起构成育人主渠道，落实立德树人根本任务，体现着高校育人的根本方向。因此，一是知根本，做彻底的课程思政。课程思政要遵循思想政治工作规律，遵循教书育人规律，遵循学生成长规律。只有把握高校课程思政的本质关系，才能提升工作的科学化水平。二是知根源，做现实的课程思政。课程思政和这门课程所在专业的育人总体方向是分不开的，课程思政必须结合专业要求、基本国情、时代特征、教育环境、相关政策，特别是要熟知我们的教育对象。课程思政只有建立在对现实国情、条件和对象的准确认识和把握上，才可能有的放矢、因势而变。三是知根底，做精准的课程思政。实施课程思政，必须把握教育对象和现实条件，从学生的实际需求和学科专业特点出发，才能对症下药、精准施策。

2. 练好开展课程思政的基本功

课程思政的建设涉及不同学校、不同课程和不同教师，因此要具体问题具体分析，结合各个学校、各门课程、各位教师的特点和实际情况，有步骤、有计划地开展课程思政建设。课程思政建设的关键在教师，每位教师要在教育者先受教育、挖掘课程思政元素、有机融入课堂教学等方面练好基本功。

教师要增强课程思政的自觉性和使命感,在学科教学中,把对学生进行思想政治道德教育作为自己的责任和义务,谨记教书育人是教师的天职,要把知识传授、能力培养、思想引领教育融入每一门课程的教学之中,在每一门课程中体现育人的功能。教师要努力掌握思想政治理论知识及其教育的规律方法和艺术,提高课程思政的教学艺术,增强课程思政的亲和力和说服力。教师要从文化素质教育的视角、弘扬中华优秀传统文化的视角和通识教育的视角,将课程思政建设与思想育人有效结合。做到教书与育人相统一、言传与身教相统一、潜心问道与关注社会相统一、学术自由与学术规范相统一,以德立身,以德立学,以德施教。

任何一门课程受学时等客观条件所限,都无法涵盖本专业的所有知识。因此,教师在挖掘课程思政元素时,知识选择是课程思政建设的首要,既要系统,遵循一定的教学目标,由浅入深,形成体系,又要精练,根据学生的学习能力,对学科知识进行必要提炼,形成思维方法。课程思政的体系构建和知识选择的系统性,决定了任何课程的构建目标都不是单打独斗的一门课,而是设计合理、知识完备的课程体系,这样才能实现从知识传授、价值认同到能力提升的转变。如果思政元素的选择随意,缺乏深入调查和系统构思,碎片化地植入会使学生感到生硬杂乱,不利于良好认知行为的养成,难以形成价值引领体系。

课程思政是随课程教学进行的思想政治教育,而不是课程+思政的教学,即课程思政应有机、自然、贴切地实施。有机指课程教学内容是自身蕴含和内展的,而非外在添加、附庸的。自然指思政教育是自如的、水到渠成的,而非刻意、生硬的。贴切指与教学内容是黏合在一起的、真切的,而非附加的、假意的。课程思政要适时、适度、适当。适时指随课程教学内容进行的同时及时、实时地进行思想政治教育,而非教学内容学习完、教学活动结束后的教育。适度指思政教育是与课程教学内容蕴含的思政教育因素适合的、恰切的教育,而非大而不当、不着边际的教育。适当指思政教育既适于教学内容,也适于教育对象,而非不看教学内容、不看教学对象的主观思政教育。

3. 掌握实施课程思政的方法

备课时,教师应对课程内容重新认识、梳理和挖掘,而不是简单、直接借用别人提供的案例。将挖掘出的育人元素随各类专业课程内容有机融入教学之中,不能生搬硬套,在专业课中强行加入思政课的内容,替代思政课教师的工作。

教学设计时,不是死板地要求教师每节课都必须要有思政的设计,但教师头脑中一刻也不能放松育人这根弦,要高度重视思政工作,要根据教学的内容,因时、因地、因材挖掘并融入育人元素,肩负起立德树人的神圣职责。

讲课时,采用一种浸润式的隐性教育,需要凸显实践的美感性。需要教师改变传统思维,从独白者转向引导者,引导学生表达自己内心的想法,以探讨的方式讲述知识,疏通困惑;以生动的感性形象和内涵的理性光芒,深入学生的心灵,与学生引起思想上的共鸣,从而思想政治教育内容就像磁石一般吸引着学生,在润物无声、无形之教的过程中增强思想政治教育实效。教师要做学生锤炼品格的引路人,做学生学习知识的引路人,做学生创新思维的引路人,做学生奉献爱国的引路人。

教师课后要进行教学反思，反思自己领悟到的是什么，在教学过程中是如何体现的，总结经验，找出不足，以便持续改进。

4. 积极探索实践

课程思政建设具有相对的独立性，教师要结合不同课程特点、思维方法和价值理念，深入挖掘思政元素，在有机融入课程教学、达到润物无声的育人效果方面进行积极探索。高校课程思政要融入课堂教学建设，作为课程设置、教学大纲和教案评价的重要内容，落实到课程目标设计、教学大纲修订、教材编审选用、教案课件编写各方面，贯穿于课堂授课、教学研讨、实验实训、作业论文各环节。教师必须遵循人才培养目标，按照本专业对所培养人才核心素养的共性要求，重新梳理教学内容，设计方式方法，将本专业所蕴含的思政元素进行系统梳理与再造，融入教学全过程、各环节。既要融入教学方案，确保课程思政实施的路线图中，对融入时间、方式、内容、对象等进行科学合理的一体化设计、一体化实施；又要融入课堂教学，以多样化、艺术性的教学方法培养学生的思辨能力，让学生在分析问题的过程中体会到问题背后所蕴含的价值取向，实现对学生价值取向的引领。同时，课程思政需要走出教室，既要融入实践教学，在解决实际问题的过程中把实践技能教育与劳动精神培养相结合，引导学生成为有大德大爱的人；又要借助多媒体在情感体验上的独特优势，让学生在自主学习中感悟为人处世之道，探求活的思政，而不是刻板的思政。

1.2.3 教学目标

课程思政的教学目标是通过积极培育和践行社会主义核心价值观，运用马克思主义的方法论，引导学生正确做人、做事、做学问。

1. 专业目标

体系化的专业思政教学目标设计的基本原则是：①立足专业课程的课程布局和课程特征，梳理形成专业课程的思政教育教学目标框架。每个专业的课程体系中，虽然部分基础课程富有思政教育的元素，但还需深入梳理和挖掘具体课程的思政教育元素，通过科学研讨，形成专业课程的思政教育教学目标框架。②解决专业课程的思政教育教学目标与思政课程目标的有机协同问题，对专业课程群的具体目标进行细化，形成专业课程群的目标体系。课程思政与思政课程的同向同行，必须体现在教学目标设定上，只有目标一致，才能各司其职并形成合力。③构建具有逻辑性的、体系化的专业课程的思政教育教学目标。必须基于集体协作，解决以下几个问题：思政教育主题在专业课程群分布(结合课程安排的顺序)中的内在逻辑问题；知识点分布及层次的问题；不同类型课程的教学目标问题；不同课程之间都涉及某一个思政教育主题，教学目标该如何设定问题；对于同一思政教育主题，公共基础课、专业教育课、实践课程的教学目标的设计问题等。

2. 课程目标

体系化专业课程思政目标的确定，并不意味着具体课程的思政教育教学目标已经形成，需要课程负责人、思政理论课教师、专业课程教师开展合作，从学生的知识、能力、情感、态度、价值观等维度，对专业课程的教学目标进一步细化。课程思政教学目标设计的基本原则是：①结合对思政教育元素的具体开发，立足于思政课程协同的理念，设定具体章节的思政教育教学目标。课程思政与思政课程在教学推进上并不是亦步亦趋，但在整体节律上要保持内在的一致性和关联性。因而，在具体章节的思政教育教学目标的开发上，除了考虑与思政课程的协同外，更主要的是要立足本章节的思政教育元素开发、课型等，设定具体的思政教育教学目标及其侧重点。②各章节的思政教育教学目标的内在逻辑梳理。在各章节思政教育教学目标的梳理上，要注意两个问题：体现一定的逻辑性，即顺序性；在涉及同一思政教育主题的教学上，要注意层次性和视角的选取，以利于提升思政教育教学的实效。③将具体的教学目标写入教学大纲，确定具体课程的思政教育教学目标体系。具体章节的思政教育目标体系化之后，需要与专业课程的目标体系结合，写入教学大纲和教学日历，进而形成专业课程思政教学大纲。

3. 单次课教学目标

专业课程的思政教育目标的实现，必须立足课堂教学。因此，应依据专业课程思政教学大纲，研制形成具体章节的教案，确定每节课的思政教育教学目标以及与其对应的教学评价体系。每节课的思政教育教学目标，来自对课程思政教学目标的具体分解，而这种分解是基于对每节课专业知识点所蕴含的思政教育元素的挖掘情况而定的。单次课的思政教学目标设计的基本原则是：①是否可以有机融入？必须注意，课程思政教学应依托课程，因此应注意在目标设定上关注课程知识点自身的思政教育负载空间和张力。在此前提下，要注意对有机融入的关注——这种融入并不是模糊的，而是一种可描述、可控、可调、可评价的融入。也就是说，单次课的思政教育教学目标的设定必须基于学情，具体呈现在教案中，唯有如此，才能科学地对课堂教学效果进行评价。②是否可实现？鉴于对不同章节思政教育元素挖掘深度的不同、课程自身所需采取的课型以及教学方法的差异，单节课的思政教育教学目标应因地制宜、因时制宜，而不应该僵化。具体教学目标的设定，应该立足可实现的维度、程度等方面，以保证课程思政教学的有效性。③是否可评价？要以评价为导向，从知识、能力、情感、态度、价值观等维度进行描述，要对目标达成的层次进行分级和描述。

1.2.4 内容体系

与教学目标设计不同的是，专业课程的思政教育内容体系建设，需遵循上行-下行的复合路线。上行路线为：通过深入挖掘形成较为粗放的思政教育元素堆积→通过深入梳理形成各门具体课程的思政教育知识体系→进一步深入梳理形成专业的思政教育知识体系和图谱。下行路线为：专业的思政教育知识体系和图谱→具体化为专业课程群的思政教育知识布局→形成具体专业课程的思政教育知识安排→通过有机融入设定具体章节的课程思政教案。

1. 深入挖掘梳理形成专业课程的思政教育知识图谱

自下而上进行总结提炼，遵循了归纳的逻辑，而这种科学的归纳，也为后续更为顺畅的演绎奠定了基础，能够有效克服在专业课程中生硬嵌入思政教育的弊端。①深入挖掘，充分呈现专业课程的思政教育元素，形成课程的思政教育体系“毛坯”，实现模块化初步梳理。②梳理形成各门具体课程的思政教育知识体系。依据思政课程的知识体系逻辑，通过初步梳理，形成较为粗放的具体课程的思政教育内容体系。值得注意的是，在梳理过程中，不应作取舍，后续对专业课程的思政教育知识体系进行梳理时，需要对课程群进行系统协调。③进一步深入梳理形成专业的思政教育知识体系和图谱。深入梳理包含两层意思：对各门课程包含的思政教育知识体系进行分析，形成课程思政知识的框架；对各门具体课程进行分析，确立思政教育教学重点。而梳理形成体系化的专业课程思政教学内容，需要解决以下问题：确立专业的思政教育内容框架、基于统筹协调确立具体课程的思政教育内容、构建学科专业特有的结构化的课程思政知识图谱。梳理过程中，必须处理好以下几个问题：对各门课程所呈现的带有生硬嵌入色彩的或牵强附会的思政教育知识点，应该删除；在不同课程之间重复的主题，应该确定思政教育教学的层次、维度、侧重点，以促进课程之间的协调、协同。

2. 二次开发形成具体课程的思政教育知识体系与图谱

由专业的课程思政知识图谱下行至具体课程的思政教育知识体系的二次开发，是一个演绎的过程。在这一过程中，课程思政研制小组应重点解决以下几个问题：①对经深入挖掘而形成的思政教育知识点进行二次开发。结合专业课程的思政教育知识图谱，做好两项工作：深化和细致化。就深化而言，要确定具体的思政教育知识点的具体位置，所对应的教学目标，进行再次挖掘。就细致化而言，需要将思政教育知识点结合教学目标来确定具体的教学层次、维度、侧重点，建立思政教育知识点之间的关联，形成育人主线。②形成专业课程的思政教育知识点的内在体系。通过二次开发、二次梳理，结合不同课程特点、思维方法和价值理念，形成具有课程特色的思政教育知识体系。③形成专业课程的思政教育知识点布局。依据学科专业课程的思政教育知识图谱，根据课程进度、教学计划，基于思政教育知识点的内在逻辑，形成课程特色的知识图谱，为后续设计教案提供支持。

3. 单次课的思政教育内容有机融入

具体到单次课的教学，必须解决具体的思政教育教学内容的开发问题。按照课程思政的思政教育知识的形成逻辑，单次课的思政教育教学内容开发应基于二次深入挖掘、深入梳理和有机融入三法则进行。①依据具体课程的思政教育知识图谱，对既有毛坯进行二次挖掘和梳理。二次挖掘需要结合对学情、教学背景的综合把握，基于具体课程的思政教育知识图谱，对初次挖掘的毛坯进行精雕细琢，既有取舍又有延伸。取舍是为了聚焦，而延伸主要从其在教学中对学生的知识、能力、情感、态度、价值观等维度，进行立体开发。②基于思政教育逻辑的回填，实现有机融入。值得注意的是，毛坯的挖掘是基于专业课程知识点的，也就是说这种思政教育元素是长在课程知识点上的，一旦全面剥离出来，必然影响教学效果，如果原样回填，又可能无法实现思政教育功能。因而，这种回填实际上是一种基于前述思政教育知识点精雕细琢的科学融入，通过对最佳触点、融点、切入点的设计，让专业知识自己说话，展现出思政教育主题，如专业知识点背后的故事、人物、现象、问题等。由此，才能寓价值观引导于知识传授和能力培养之中，引发学生思考，帮助他们树立正确的世界观、人生观、价值观。③基于科学的梳理、布局，将思政教育知识点呈现于教案中，为后续教学、评价等提供支持。

1.2.5 教学方法

创新教学方法，提升教学效能，旨在激发学生学习兴趣、引导学生深入思考、提升学习体验，最大程度发挥专业课程的价值渗透和价值引领作用。通过教学方法创新，让课堂更有亲和力、气氛更活跃，进而实现高效的师生互动、生生互动，使道理越理越清、价值越阐发越澄明、思想进入越来越深刻，提升思政教育进入学生精神世界的效能。结合前述，可将课程思政的主题分为四类，不同主题选择其适合的教学方法。

1. 问题澄清与道理阐明类思政教育主题

课程思政教学中，必然涉及一些基本的思政教育知识点讲解，这些知识点在思政理论课中也有涉及，但脱离具体情景无法讲清楚。而这类主题均为专业课程的重要或基本思政教育问题，学生应掌握其知识并能结合专业课程进行理解和运用。在这种主题的教学中，要坚持价值性和知识性相统一，即在帮助学生掌握知识的同时，实现价值观引导；要坚持政治性和学理性相统一，以学理性分析帮助学生明晰思政教育知识的内涵，同时以彻底的思想理论说服学生，用真理的强大力量引导学生。这类主题的选取，旨在弥补思政课程在相关主题上的底气不足，教师应该理清这类主题与学生既有知识结构、生活经验以及社会现实之间的关联，激发学生的学习兴趣。

2. 行为规约类思政教育主题

部分思政教育主题以一种规约形式呈现，主要目的在于帮助学生结合所学专业进行自我约束：立足专业的真问题，明确为何、如何自我约束。以理学类专业课程，要注重科学思维方法的训练和科学伦理的教育为例，选取科学伦理主题，首先要找到适当的植入点，可以具体到科研诚信的主题，在概论或研究规范部分切入，以解决以下问题：学生应如何结合专业学习与研究掌握科研要求与规范？如何遵守科研规范？前一问题，可采取讲授法、案例研讨法。其中，案例应经典、多样，呈现不同类型的违背科研伦理的案例。后一问题，则需将科研规范要求穿插在研究各环节、主题讲授中。同时，可以采取小组讨论、问题教学法等教学方式，以帮助学生思考如何在自己的科研工作中遵守科研规范与诚信。

3. 情怀培养与精神涵养类思政教育主题

情怀、精神类主题适用于各类专业课程，因而必须紧密结合专业教学，以免泛化和同质化。情怀培养与精神涵养类主题教学要解决三个问题：科学认知与思想层面触动；上升到精神层面；化为行动。以家国情怀、民族精神为例，学生多耳熟而未能详。教学中则应以讲授法为主、案例教学法为辅，让学生能详并在情感上产生触动；可借助多媒体等，采取情景教学法，将学生代入情景，产生情感共鸣和精神共振。就第二、三方面而言，可以结合专业中的具体问题，延伸到家国情怀、民族精神。例如理学、工学、农学等，必然会涉及大量与中国科学家有关联的成果，这也成为思政教育教学的最佳切入点。可采取案例教学、情景教学或者小组讨论等方法，解析经典案例背后的情感密码、精神密码，让学生进入故事情景，深刻领会家国情怀、民族精神在实现中华民族伟大复兴中的作用，引导学生思维向更深处探寻，明确立足专业领域我应该如何，以避免出现听着感动、想着激动、落到实践不能动的问题；也可立足专业维度，设立大学生暑期实践主题，从探寻历史、深入伟人的精神家园等角度，以研究性学习的方式，让学生通过发现接受精神洗礼，进而实现向行动的转换。

4. 问题应对类思政教育主题

如何认识、分析专业领域的各种新问题、新现象，并形成自己的立场、观点、态度、处理方法，是课程思政教学需要为大学生解决的。这类主题是课程思政建设的目标要求和内容重点，对应的教学要解决三方面的问题：立场与态度；应对策略；行动。实质上就是要在传播马克思主义立场、观点、方法的基础上用好批判的武器，直面各种错误观点和思潮，旗帜鲜明进行剖析和批判。比如，如何在教学中引导学生应对美国等对我国新冠肺炎疫情防控实践的污蔑、诋毁？面对这一问题，应该采取何种教学方式来解决上述三方面的问题？解决第一方面的问题，必须立足专业，结合对各种信息的掌握，采取专题讲座或某一节课的形式，对新冠病毒进行全面而系统的分析，以实事求是的科学态度，帮助学生明确新冠病毒的来源尚未确定，美国等的污蔑是毫无根据和别有用心的。解决第二方面的问题，可采取小组合作学习、情景展示、课堂辩论、探究学习等方法，发挥学生主体性作用，让学生发挥信息技术特长，收集各种材料，站位科学角度和事实角度，有理有据地回应各种关于新冠病毒的谣言和美国等国家的污蔑。解决第三方面的问题，可采取研讨式教学，引导学生立足专业和相关研究进展，反观自己的专业理想与学习，树立破解专业难题、奉献社会的人生理想。

1.2.6 教学评价

人才培养效果是课程思政建设评价的首要标准。科学的评价应该立足于课程或专业，凸显对学生发展过程的考察，并将考察结果运用到教师的教学反思与改进等方面。

1. 基于学生课程思政学习效果的层级设计评价

课程思政评价，应立足学生的知识、能力、情感、态度、价值观方面的发展情况，充分及时反映学生成长成才情况，凸显评价的人文性和综合性。①学生思政教育知识发展评价。课程思政知识考查，应关注两方面，即思政教育知识自身和基于专业立场对思政教育知识的理解，前者关注的是明理程度，后者关注的是结合程度。②学生思政教育运用能力发展评价。课程思政教学所形成的知识运用能力，是指将思政教育知识与专业知识、专业方法相结合，系统地认识、分析问题和形成具体应对的能力，这种能力更具有专业特色，也更具有长久性和连续发展性。因而，评价应聚焦学生基于专业立场运用思政教育知识分析与解决问题的能力以及基于专业行为角度对思政教育知识的运用能力。③学生情感、态度、价值观发展评价。情感、态度、世界观、人生观、价值观无疑是课程思政的根本追诉，因而评价也应该以此为核心。

2. 基于学生思政素养发展的过程性实施评价

课程思政教学效果评价，应将客观量化评价与主观效度检验相结合，注重过程评价、动态评价，反映课程思政教学中知识传授与思想启迪、价值引领的结合程度，以科学评价提升教学效果。①多主体参与的评价模式。评价主体应包括专业课教师、同班同学、辅导员，其中专业课教师应立足过程性材料如学生表现、结果性材料进行综合评价，适当显示内在区分度，更注重描述性评价，评价必须指明短板。而其他主体的评价则主要来自学生的表现，要有具体描述。②评价方法应以过程为主、结果为辅。课程思政评价应采取形成性评价为主的方法，即过程性评价。这种评价不仅能够全面反映学生的发展情况，也能在很大程度上避免与思政课程抢功的问题。教师应基于学生学习中的表现，侧重采取描述性评价，从不同维度对学生的表现进行记录、描述，以准确反映学生变化。小组讨论记录、小作业、发言记录都可以作为评价依据。此外，适度采用终结性评价，以反映学生发展的阶段性成果。结合课程所撰写的论文、调查或研究报告，都可以作为评价依据。这种评价可以与学生自己的预期、教师课程设计的预期相结合，不仅能反映学生真实水平，为后续课程思政提供支持，同时也能作为教师教学反思的重要依据。

3. 基于评价-反思-改进的路径

基于学生发展情况，对教学进行反思、改进，是专业课教师的一项重要任务。①要基于评价对教学进行反思。主要反思以下几个问题：思政教育元素的挖掘是否深刻，思政教育元素与专业课程知识的结合是否有机，思政教育元素在教学中是否以及在多大程度上内涵式地融入了专业课程教学，教学的切入点是否合适，教学方法是否得当，教学语言是否合适，教学调控和评价是否合适，等等。可采取个体反思、同一专业课程教师的集体反思、备课组集体反思、邀请专家参与评价与反思等方法。在反思的时机选择上，应采取过程性评价反思与终结性评价反思两种模式。②要结合反思进行教学改进。基于两种课程思政教学评价，应该采取两种反思-改进模式。

对于过程性评价反思，应采取边教学-边评价-边反思-边改进的模式，教师应该在实践中不断完善。其好处在于，教师能结合课程教学，不断优化教学设计、教学方法和内容安排等。专业课教师可引入教学观察来帮助改进：邀请专家参加教学观察前讨论并提出困惑；专家进入教学观察并形成评价报告；教学观察后基于会议的集体反思提出改进建议。

对于终结性评价反思，更侧重于集体反思，应采取横向比较-提出问题-反思不足-提出改进的模式。对于专业课教师来说，只有通过反思，才能不断提升对课程思政的理解、把控、教学设计与实施能力。

1.2.7 教学管理

提高课程思政内涵融入课堂教学的水平，关键在于课堂教学管理。因此，必须立足课程思政高效课堂建设，塑造有温度、有思考张力、有亲和力的课堂氛围，让课程思政教学过程流畅，发挥最佳育人效果。

1. 课程思政教学安排

要实现课程思政内涵融入课堂教学，进而提升学生的学习效果，就必须处理好教学中思政教育体量安排、切入时机与方式选择、教学活动组织等方面的关系，以使得融入高效、学习效果明显。毋庸置疑，思政教育元素在教学中应采取显性与隐性结合的形式。必须注意的是，显性不是强制嵌入，而是在合适的知识点、合适的时机进入，并保持合适的体量。就体量而言，应该立足“精”，唯有“精”，才可能“深”“透”。具体多少合适，需要教师结合对学生学习效果、教学方法、切入点与时机的综合考量，进行探索与尝试。

2. 思政教育主题的切入

思政教育进入课程最理想的方式就是自然生成，即由某个课程知识点自然切入，做到水到渠成。切入方式“巧妙”，即平滑过渡，不至于过于直白而变成说教；设计“精巧”，不至于开口大而易放难收。具体而言，可采用以下方法：问题创设，即由某节课涉及专业领域的思政教育问题，引发学生思考，或促成小组讨论；事件或案例导入，即与本节课专业知识点相关的事件，从具体的思政教育维度切入，阐述其背后的思政教育元素，促进讨论；故事导入，结合有故事的专业知识点，引导学生进行探索；情景导入，即基于情景预设，引导学生进入情景，逐步推出思政教育主题；比较导入，如专业知识层面的中外对比，进而导入责任感和使命感或民族精神等思政教育主题。在切入时机选择上，应凸显有预设的生成色彩，既有预设但又不机械。时机选择的依据是学生学习状态及专业课程运行情况，以不影响专业知识内在逻辑表达为前提。

3. 课程思政教学活动的组织

除了正常讲授与互动外，课堂教学中需要灵活采用多种形式，以提升融入程度与学习效果。必须注意的是，在每节课前提供给学生的材料中，要明确提出课程思政问题，为学生预留思考的时间和空间。就形式而言，第一种是常态化的课堂讨论，具有随机发言和对话性质，即话题由专业课教师发起，并初步形成基本讨论路线，学生基于课前准备随机发言、发问，教师做出回应并引导学生进一步思考、探讨。第二种是微专题研讨，学生可在教师指导下，根据课前准备进行讨论，在较短时间内进行交流和讨论，促进学生进一步思考。第三种是对话，即聚焦领域内某一事件或专题，从事件本身说起，逐渐进入事件背后蕴含的思政教育元素，侧重师生对话、生生对话。第四种是小组合作学习。这一形式适合小班的主题式课程思政教学。教师提出明确的思政教育主题，要求学生基于前期准备，采取合作方式，从不同维度分析、阐述、补充并得出完整结论，这种组织形式，往往需要较多时间，应穿插在专业课程的序列研讨中，更适用于复习教学等。

4. 课程思政的教学调控

基于丰富学生学习体验和提升学习效果的目标，科学推动课程思政教学全过程管理是一项重要而紧迫的任务。①课前沟通：基于互动的预设。专业课教师在课前应与学生进行有效互动，并形成思政教育预设。教师在课前发放给学生的预习材料中，应将思政教育元素、话题预先呈现给学生，并收集相关反馈，对教案进行修改完善，以确保预设符合学生需求，进而科学、有效施教。②基于学生学习体验立场，及时优化教学。专业课程学习本来就有较大的知识学习、能力发展压力，而思政教育元素的加入，必然在体量上增压。教师应采取方法，让体量增压基于结构变化引发质变达到减压的效果。教师要不断优化教学流程，降低学习的复杂程度和进入难度，使思政教育元素由增加的体量要素变成课程知识自身调节要素，使学习过程更为紧凑和流畅。同时，教师应基于对学生学习状态及情绪的把握，实时介入，提升学习效能。此外，教师要善用语言，使学习过程变得愉悦、轻松。生动、幽默、有趣的语言，无疑能够化解课程自身的枯燥，也能够将专业课程中负载的思政教育元素变得生动、有趣，使思政教育元素的融入自然而有效。实时对学生发展给予有效反馈，让学生感受到成功的喜悦，也是课堂调控的重要元素。③基于学生发展立场，关注、倾听、调控。教师要关注学生学习状态、情绪变化，与学生进行必要的沟通交流，建立起相互信任、和谐的师生关系。教师应积极倾听，并与学生就思政教育问题进行对话，及时有效地把学生引向正确结论。值得注意的是，当学生在课堂上提出与主流价值观相违背的观点时，教师要有所准备，应及时介入，纠正学生的错误认识。

1.3 专业课程思政实施路径

1.3.1 专业课程思政的度

课程思政的度即课程思政的着力点和关键处，也是课程思政的出发点和入手处。把握好专业课程思政的度，每门课程才能守好一段渠、种好责任田，才能将各类思政教育元素有机融入课上课下、线上线下；每位教师都要把教书育人和自我修养结合起来，做到以德立身、以德立学、以德施教，真正实现价值引领、能力培养与知识传授的有机统一。

1. 政治上要有高度

习近平总书记指出，“要坚持学而信、学而思、学而行，把学习成果转化为不可撼动的理想信念，转化为正确的世界观、人生观、价值观，用理想之光照亮奋斗之路，用信仰之力开创美好未来。”教师要政治坚定、坚守阵地。讲信仰者自己首先有信仰，教师要善于从政治上看问题，在大是大非面前保持政治清醒，成为学生政治上的指导者和引路人。三尺讲台有政治，课堂讲授有纪律。教师必须坚持正确的政治方向，切实增强政治意识，严守课堂教学意识形态安全底线和红线，不在课堂上传播违反宪法和法律、违背党的路线方针政策的错误观点和言论，让课堂成为弘扬主旋律、传递正能量的主阵地。同时，教学内容要具有政治性和准确性，如盐入水般引导学生自觉锤炼品格、学习知识、创新思维、奉献祖国。例如从华为被美国商务部列入了“实体清单”事件的高度看移动通信技术专业建设和人才培养，更会让学生明白学习专业的意义和作用。再如基于美国在芯片半导体等很多领域对中国卡脖子，断供 EDA 软件等现状，从我国半导体行业的发展角度审视电子信息工程技术专业人才培养的意义。又如“高等数学”作为公共基础课程同样也要站在高点上看课程教学，世界强国必然是数学强国，数学是最有希望在材料科学、芯片、人工智能等领域做出突破的基础学科，让学生增加学习数学的信心。

2. 思想上要有深度

教师要解放思想、更新观念。解放思想才能与时俱进，更新观念才能有所作为。思想使人立足，思想最有力量，思想影响深远。传道者自己首先明道信道，教育者自己首先受教育，教师要努力成为先进思想文化的传播者、党执政兴国的支持者。既要做经师、更要当人师，教师要努力成为有理想信念、有道德情操、有扎实学识、有仁爱之心的“四有”好老师。思想是一个人的灵魂，有思想的老师一定勤于思考、乐于思考、善于思考，让学生学会思考并在思考中不断成长、升华。

教师在课程设计和教学过程中，首先要把握好专业对课程的科学精神、价值取向以及伦理规范的要求，这样才能将课程的思想性和价值性表现出来，让学生在课程的学习过程中潜移默化地提高自身的思想水平、政治觉悟、道德素质和文化素养，实现学生的全面发展。课程教学是从专业中来，又到专业中去，结合专业要求推进课程思政建设，让课程思政教学改革更有深度。

3. 内容上要有热度

在思政元素的选择上要有理论性、思想性、指导性，更要有鲜明的时代性，第一时间传播党的创新理论和国内外热点时事，在润物无声中帮助学生获得人生启迪、智慧光芒、精神力量、时代思想。课程思政建设要贴近时代、贴近实践、贴近学生，不断增强亲和力和针对性，提升学生获得感。大学生正处于世界观形成和确立的关键时期，学习能力强、接受事物快、可塑性好，但知识体系搭建尚未完成，价值观塑造尚未成型，情感心理尚未成熟，最需要进行正确引导，让他们懂得要勤学，求得真学问；懂得实现理想要靠辛勤劳动和不懈奋斗，历练敢于担当、不懈奋斗的进取精神，锤炼刚健有为、自强不息的顽强意志，培养诚实守信、克勤克俭的道德品格，具有乐观向上、不怕挫折的人生态度，为实现中华民族伟大复兴的中国梦而奋斗。

4. 视野上要有广度

教师的知识视野要广，通过生动、深入、具体的纵横比较，把一些道理讲明白、讲清楚。教师的国际视野要广，应全面客观认识当代中国、看待外部世界，引导学生胸怀祖国、放眼世界，以开放包容的姿态拥抱世界。教师的历史视野要广，树立起正确的历史观，引导学生学习历史、认清规律、抓住机遇，更好地将个人梦融入中国梦。只要教师视野宽广了，知识储备必定丰富多彩、理论创新必定与时俱进、分析问题必定切中要害，课堂讲授也定会组织得心应手、观点鲜活有力、素材信手拈来、学生心悦诚服。

5. 融入上要有力度

习近平总书记强调，“好的思想政治工作应该像盐，但不能光吃盐，最好的方式是将盐溶解到各种食物中自然而然吸收。”生动鲜活、自然贴切，特别重要，将会大大增强课程的吸引力、感染力。首先要不断挖掘专业课程中蕴含的思政元素，同时将思政元素和专业元素有机融合。既不能风马牛不相及、生搬硬套，也不能驴唇不对马嘴、牵强附会。既不能杀鸡用牛刀、力道过猛，也不能如蜻蜓点水、不着痕迹。在没想清楚、弄明白之前，宁可先放一放、等一等。如果勉强联姻、随意嫁接，老师看不到奔头，只会讲不清、道不明；学生尝不到甜头，必然不想听、听不懂，课程思政肯定是做不好、走不远的。

6. 实践上要有强度

课程思政不只是课堂内的传授，更需要课堂外的笃行；课程思政不只是教师的言传身教，还需要学生的身体力行。社会主义核心价值观不光靠教师喊着口号、指手画脚去培育，更需要学生沉下身子、迈开步子去践行，才能让学生真正成为其坚定信仰者、积极传播者、模范践行者。只有学做结合、知行合一，思政元素的种子才会在学生心中落地生根、开花结果。同时，教师也要经常走到社会、走入企业、走近学生，广泛调查研究，及时发现问题，积极寻找方法，大胆创新探索，着力提高课程思政的针对性和实效性。

7. 情怀上要有温度

教师应当保持家国情怀，心怀国家和民族，关注时代和社会，丰富思想和知识，自觉开展家国情怀尤其是爱国主义教育。家国情怀是传承文明、弘扬文化的自豪感，由衷热爱祖国山河、故土家园、父老乡亲和历史文化，高度认同中华优秀传统文化、革命文化和社会主义先进文化。家国情怀是建设国家、振兴民族的责任感，始终将个人前途与祖国同呼吸、与民族共命运、与时代同进步、与社会齐发展。家国情怀是教书育人、立德树人的使命感，自觉做表率，在教学互动中让学生亲其师、信其道，引导广大学生厚植爱国主义情怀，把爱国情、强国志、报国行自觉融入实现中华民族伟大复兴的奋斗之中。

1.3.2 专业课程思政的关键环节

1. 教学设计环节是重点

课程思政建设首先要从课程的整体考虑，先从教学设计入手，梳理好课程内容主干，确定好课程的思政主题，以此为主线，形成贯穿整个课程思政建设的脉络，然后再延伸到项目、任务、知识点和技能点，只有这样循序渐进才能达到事半功倍的效果。课程思政建设的重点在教学设计，所以做好课程思政建设，首先要强化课程设计，也就是解决：怎样安排内容？安排哪些内容？为什么这么安排？能达到什么样的教学效果？这些问题教学设计的一般流程如图 1-1 所示。

教学设计是教学实施的方案设计，是教师实施教学大纲的主要依据和路线图。教师把所挖掘的思政教育元素融入教学方案，既是对融入的内容、时间、方式、方法等根据学科知识特点、教书育人规律等进行的科学合理设计，也是对课程内容的重新梳理和再造，以确保知识教育要求与思政教育要求相统一，这是教师开展课程思政的关键性准备工作。一个好的教学设计方案必须体现以下现代教学观。

(1) 素质教育观。①面向全体学生、全面发展。从身体、心理、文化科学三方面，以及身体、心理、道德、文化、审美、劳动、交往共七项基本素质构建教育培养目标。②承认差异、因

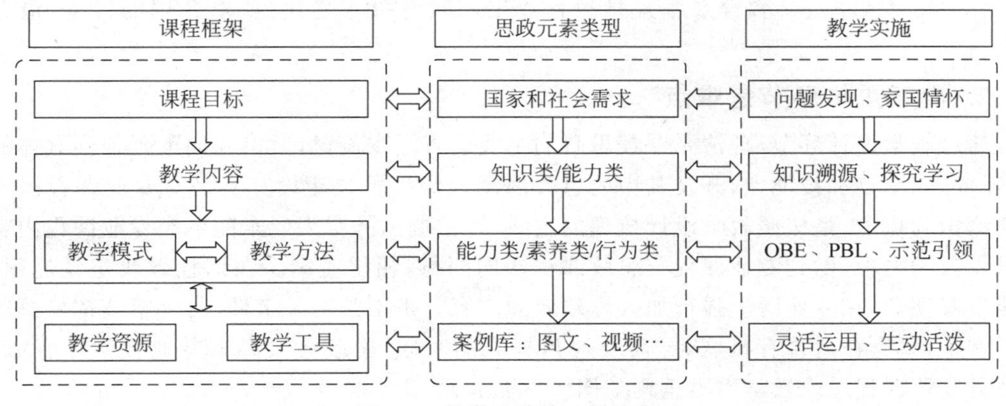

图 1-1 教学设计的一般流程

材施教、发展个性。每个人的主观能动性是不同的，因此，人的差异性是绝对的。通过有效的教学，使不同程度的学生都能在各自原有的基础上得到提高和发展。同时，潜能得到发挥，个性得到发展。③重点培养学生的创新精神和实践能力。在教学上着力为学生营造一种生动活泼，思维活跃、平等和谐、积极参与和探索的教学氛围以及教学情景。④培养学生学会学习、生活、做人、生存。学会学习主要是要掌握学习方法和学习策略，为终身教育打好基础；学会生活主要培养学生独立生活能力、动手操作能力、交往能力和健康生活能力，为适应现代社会生活打好基础；学会做人重点培养学生的思想道德和爱国情操，做一个遵纪守法、文明有礼的现代公民；学会生存重点培养学生适应环境、改造环境的能力。

（2）系统方法观。系统方法就是按照事物本身的系统性，把研究对象放在系统形式中加以考察的一种科学方法。即从系统的观点出发，着重从整体与部分（或要素）之间、部分与部分之间、整体与环境之间的相互联系和相互作用的关系中，考察和处理研究对象，实现整体优化，以求系统获得最大功能的一种科学方法。教学过程就是一个系统，组成要素有教师、学生、教学内容、教学手段、教学方法等。①整体性。教学的各个要素、各个环节是互相关联、互相作用、缺一不可的。因此，要求教学系统中的各个组成要素必须匹配、相容，且达到最优组合，以产生最大功能的整体效应，这样才能使教学系统达到最佳的预期目标。教学设计就是通过分析系统各要素之间的交互作用，协调要素之间的联系和组合，使系统功能得到最佳发挥。故此，教学设计的过程就是将系统各要素按照它们内在联系的规律，加以配置、组合的过程。②有序性。教学系统有序性是指教学要结合学科内容的逻辑结构和学生身心发展情况，有次序、有步骤地进行，以利于教学目标的达成。教学系统的有序性，不仅包括知识教学要按照学科知识的逻辑顺序，而且包括能力、情意教学也要有一定的顺序和层次。这不仅表现在教师的教的活动上，而且也表现在学生本身的学习中，不仅要贯穿于课堂教学之中，也要贯穿于其他教学活动之中，即贯穿于整个教学过程中。③最优化。最优化指系统整体功能最优，而不是系统的要素样样都好。最优化强调在正确的方向指引下，以合理的投入，获得最大可能的产出。最优化的实现，还要依赖于不断改进来达到。

(3) 教育效率观。教育效率是指教育产出与教育投入之比,要求合理的投入,最大的产出。

2. 内容重构环节是难点

通过教学设计环节,理清了课程思政的主线。有了主旋律,就可以向下延伸到具体的项目、任务、知识点和技能点,开发其中的思政内涵。课程思政建设其实是对专业课程内容的重新认识和梳理,是按照教学设计梳理的主线,将挖掘出的育人元素随各类专业课程内容有机融入教学之中,做到专业课程与思政课程同向同行,相得益彰。在课程思政建设过程中,不能生搬硬套,在专业课上强行加入思政课的内容。也不是每一节课、每个章节都要搞思政元素融入,只有在适合有机联系、需要视角提升的时候,思政元素融入专业教学才有成效。理工科专业课程思政教学内容重构如图 1-2 所示。

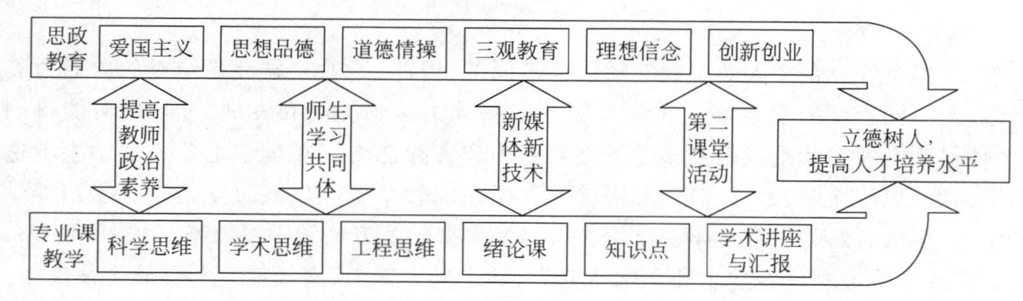

图 1-2 理工科专业课程思政教学内容重构

不同类型的课程要求课程思政融入的内容侧重点不一样。①公共基础课程的重点内容是提高大学生思想道德修养、人文素质、科学精神、宪法法治意识、国家安全意识和认知能力,注重在潜移默化中坚定学生理想信念、厚植爱国主义情怀、加强品德修养、增长知识见识、培养奋斗精神,提升学生综合素质。②专业教育课程的重点内容是深度挖掘提炼专业知识体系中所蕴含的思想价值和精神内涵,科学合理拓展专业课程的广度、深度和温度,从课程所涉专业、行业、国家、文化、历史等角度,增加课程的知识性、人文性,提升引领性、时代性和开放性。③专业实验实践课程的重点内容是注重学思结合、知行统一,增强学生勇于探索的创新精神和善于解决问题的实践能力。④创新创业教育课程的重点内容是让学生在亲身参与中增强创新精神、创造意识和创业能力。⑤社会实践类课程的重点内容是教育和引导学生弘扬劳动精神,将“读万卷书”与“行万里路”相结合,扎根中国大地了解国情民情,在实践中增长智慧才干,在艰苦奋斗中锤炼意志品质。

3. 教学实施环节是痛点

教学设计和教学内容重构的落脚点在课堂教学,教学实施的重点在学生,所以要结合专业谈思想、说素养、讲故事,课堂教学要避免讲大、讲空,避免讲的内容不在学生生活体验层面。思政内容不要用太多的理论术语,我们要运用马克思主义立场、观点和方法来解决专业教学中的问题,教师要用自己的语言把事情分析出来。要想在课堂教学中拉近与学生生活的距离，需要教学方法改革，优化教学手段，积极采用案例教学法、问题教学法、启发式教学法、探究式教学法、讨论式教学法、情景模拟教学法、比较教学法、项目教学法等，通过创设问题情景、价值判断情景等培养学生分析问题、解决问题的能力，让学生在解决问题的过程中，认识问题和知识背后所蕴含的理论思维、方法论和价值判断，激发学生的思想碰撞和情感体验，实现对学生的价值引领。

加强实践育人，对于不断增强学生服务国家和人民的社会责任感、勇于探索的创新精神、善于解决问题的实践能力，具有不可替代的重要作用。把所挖掘的思政教育元素融入实践教学，就是要将育人目标统筹到实践教学目标中去，坚持把育人要求融入实践教学工作全过程，加强对实践教学方法的改革，重点推行基于问题、基于项目、基于案例的教学方法和学习方法，在解决问题、实施项目的过程中，使学生学会做人、学会做事，增强其责任意识和创新意识，培养其艰苦奋斗、吃苦耐劳的作风等。

指导学生的自主学习是课堂教学活动的自然延伸和必要补充。教师指导学生进行自主学习时，要着力提升学生的思考能力、价值分析和价值判断能力，让学生在自主性学习中体悟做人做事的基本道理和社会主义核心价值观，坚定实现民族复兴的伟大梦想，担负起实现民族复兴的使命和责任。

1.3.3 专业课程教师的角色

教师角色在历史上有着不同定位。在我国古代，教师往往被视为传道授业解惑者。随着新时代教育的规模化和标准化，教师角色面临新的机遇和挑战。

1. 教师是学生的分析者

在传统教学中，教师更多是把学生视为班级中的一员，而非独特个体，关注重点是中等水平学生，这必然是有缺陷的。随着新技术在教育领域的广泛应用，教学方式不再是一成不变的，而是根据学生状态进行不断调整。无论学生处于何种状态，都会定制一个最适合的学习方案，让他们可以按照自己的进度进行学习。

教师要想在新时代中获得成功，一方面要主动适应教育技术改革，通过学习分析、知识图谱、数字画像等技术手段，为学生提供精准的学习方案。另一方面要高度重视学生的动机、情绪、习惯、品质、价值观等，这些是影响学生长远发展的重要因素。优秀的教师往往会站在学生的角度思考问题，对学生的非认知特征进行分析，全身心地投入到与学生相互连接之中，通过身教和垂范影响学生的成长。

2. 教师是设计师

长期以来，教师的主要任务就是将教材内容“原汁原味”地传递给学生，所有教学都是围绕这些孤立的知识点进行的。这种做法带来的直接后果是：学生的综合创新能力不强，知识结构单一，知识面狭窄，难以适应未来社会发展需要。今天，知识的跨界综合已经成为世界发展的主导趋势，学科课程整合、大单元教学、跨学科学习已经受到了越来越多的关注。

教师不应该只是课程的使用者，更应该是课程的创设者。一方面，合理打破固有的章节，以大概念为核心进行单元任务设计，突出学科知识体系的完整性，帮助学生更好地建立自己的知识网络；另一方面，用完整的课程育完整的人，通过跨学科的方式建设主题课程，弥补分科教学的不足，引导学生利用多学科知识解决实际问题，在实践探索中获得真正的本领。

教师更要发挥面对面教学在情感的熏陶与价值的建构等方面的不可替代的作用，及时与学生交流，了解学生发展中存在的身心困惑与问题，平等、民主与学生交流，引导学生形成正确的世界观、人生观、价值观，从而引领学生跨越成长困扰，促进学生全面发展与个性发展。

3. 教师是工程师

教育的目的是培养人才，但学校不是冷冰冰的"教育工厂"，教师不是工厂里的"机器操作员"，学生的人格、心理和品质必须受到重视。教师在价值引领、信念确立、道德养成等方面的作用被进一步凸显。教师要更加注重学生精神的提升、人格的完善和价值的引领，成为塑造学生品格的工程师。教师一定要摆脱灌输知识的角色定位，注重学生的内在价值，用心塑造学生的美好品格。

4. 教师是咨询师

教育的魅力就在于师生之间无处不在的情感交流，它不是单向的知识传递，而是双向的情感互动。2016 年 3 月，世界经济论坛发布了一份题为《教育的新愿景：通过技术培育社会和情感学习》的报告，倡导把人的社会性和情感教育置于应对新工业革命的高度。教师不是无所不知的知识权威，但一定是充满爱心的引导者和陪伴者，一定是学生精神成长和情感发展的领路人。教师要以爱育爱、以情育情，通过积极美好的情感体验，帮助学生实现完整的生命成长。

5. 教师是策划师

一直以来，教师的教学活动存在着明显的边界。如今，教师可以基于真实、虚拟两种学习环境，面向真实问题重组教学内容，创设适应不同学习内容的学习情景，采用主动、探究式、项目化的学习方式，创设更多的实践与动手操作机会，让学生在解决实际问题的过程中掌握知识与实践变革之间的深层联系，在积极体验中学习知识、培养能力、养成个性。在学习情景创设上，既可以基于问题创设情景，以问题研究为平台建构课堂教学，也可以创设一些开放性、生活性、现实性的教学情景，特别是要从抽象、枯燥的概念学习中解放出来，走向生活，让每个学生真正感受到学习的乐趣，更有效地促进学生的学习。

1.3.4 专业课程思政的主题与重点

1. 理想信念

理想信念教育的主题是引导学生志存高远，树立共产主义远大理想和中国特色社会主义共同理想，立志为人民幸福、民族复兴、人类进步而努力奋斗。

重点是解决"国际先进水平是什么？我国目前差距是什么？国内优秀团队在做什么？

我们应该学什么?”“世界等待什么、国家需要什么?学校承担什么?我们能做什么?”等问题,使学生具备世界眼光、战略思维、忧患意识、创新勇气和担当精神。

2. 政治认同

政治认同教育的主题是坚持爱国和爱党爱社会主义相统一,用习近平新时代中国特色社会主义思想铸魂育人,增强对党的创新理论的政治认同、思想认同、情感认同,坚定中国特色社会主义道路自信、理论自信、制度自信、文化自信。

重点是引导学生胸怀中华民族伟大复兴的战略全局和世界百年未有之大变局,明确第二个百年奋斗目标,践行创新、协调、绿色、开放、共享的发展理念,深入思考个人专业学习和职业规划与建设制造强国、科技强国、质量强国、航天强国、网络强国、交通强国、海洋强国、贸易强国、文化强国、教育强国、人才强国、体育强国等社会主义现代化强国战略之间的关系。引导学生自觉加强政治学习,主动了解世情国情党情民情,关注国家政策特别是相关行业领域政策导向,将个人成长与国家发展紧密联系在一起。以专业榜样彰显中国精神,以专业发展讲述中国道路,以专业担当服务强国使命,以专业自信坚定“四个自信”。

3. 家国情怀

家国情怀教育的主题是坚持国家利益高于一切,厚植爱国主义情怀,坚定爱国心、强国志、报国行。身在国内,树立把论文写在祖国大地上的意识和信念;身在国外,牢记自己是中华儿女的一分子,无论身在何处,始终把祖国和人民放在心里。

重点是引导学生坚持正确的历史观、民族观、国家观、文化观,自觉抵制错误思潮言论,在大是大非面前敢于亮剑、勇于斗争。教育学生树立总体国家安全观,重视政治安全、国土安全、军事安全、经济安全、文化安全、社会安全、科技安全、信息安全、生态安全、资源安全、核安全等领域的安全威胁和问题,提高安全意识和安全责任。教育引导学生关注世界形势及其发展变化,既有匡时济世的志向,又有世界大同的理想,成为具有中国情怀、全球视野的人才。提升文明交流互鉴能力,具备全球胜任力。

4. 道德修养

道德修养教育的主题是引导学生培育和践行社会主义核心价值观,践行各行业的职业精神和职业规范,以品德润身、公德善心、大德铸魂,使学生成为有大爱大德大情怀的人。

重点是教育引导学生把国家、社会、公民的价值要求融为一体、提高个人的爱国、敬业、诚信、友善修养,自觉把小我融入大我,不断追求国家的富强、民主、文明、和谐,社会的自由、平等、公正、法治,将社会主义核心价值观内化为精神追求、外化为自觉行动。从正反两方面真实案例入手,教育引导学生增强职业责任感,培养遵纪守法、爱岗敬业、无私奉献、诚实守信、公道办事、开拓创新的职业品格和行为习惯。引导学生立德修身,既要立意高远,又要立足平实,做小事、管小节,学会感恩、助人、谦让、自省、自律,正确处理义和利、群和己、成和败、得和失等关系。

5. 文化素养

文化素养教育的主题是以文载道、以文育人、以文化人,增强课程的知识性和人文性,使学生在学习中增长见识、丰富学识，求真理、悟道理、明事理，弘扬以爱国主义为核心的民族精神和以改革创新为核心的时代精神。

重点是引导学生深刻理解中华优秀传统文化中讲仁爱、重民本、守诚信、崇正义、尚和合、求大同的思想精华和时代价值，使学生具有传承中华文脉的自觉自信，富有中国心、饱含中国情、充满中国味。教育学生深刻理解创新是中华民族最深沉的民族禀赋，深刻理解自主创新对国家前途命运的重要意义，懂得“在激烈的国际竞争中，惟创新者进，惟创新者强，惟创新者胜”“关键核心技术是要不来的、买不来的、讨不来的”道理，增强学生的创新意识、创新精神、创新能力。重视真善美的统一、科学精神与人文精神的统一、科技与艺术的统一、文化自信与开放包容的统一。重视以美育人，提升学生的审美素养，使学生具有“美人之美、美美与共”的跨文化欣赏能力，激发创新，创造活力。

6. 宪法政治

宪法政治教育的主题是教育引导学生深入思考、领悟习近平同志全面依法治国新理念新思想新战略，牢固树立法治观念，坚定走中国特色社会主义法治道路的理想和信念，深化对法治理念、法治原则、重要法律概念的认知，提高运用法治思维和法治方式维护自身权利、参与社会公共事务、化解矛盾纠纷的意识和能力。

重点是引导学生尊重宪法权威、维护宪法尊严、坚定宪法自信、恪守宪法原则、弘扬宪法精神、履行宪法使命、推动宪法实施。从正反两方面真实案例入手，教育引导学生尊崇法治、敬畏法律、了解法律、掌握法律、遵纪守法、捍卫法治、依法办事，主动了解和学习与自身专业行业相关的基本法律，使学生懂得当自己的理想目标、思想感情、行为方式、权力诉求和利益关系等与法律的价值、规则或要求发生冲突时，能够服从法律，做出符合法律的选择，按照法律的指引实施自己的行为。从正反两方面真实案例入手，引导学生树立制度思维和规则意识，自觉尊崇、严格执行、坚决维护中国特色社会主义根本制度、基本制度和重要制度，遵守社会伦理道德和公序良俗，恪守学术伦理和学术规范，遵守学校规章制度。

7. 身心健康

身心健康教育的主题是重视学生身心健康，坚持育人与育德相结合，身体素质与思想素质同步提高，促进学生身心和谐发展，培养学生朝气蓬勃、开放自信、青春阳光的气质和风貌。

重点是引导学生静心学习，通过研究学问提升境界，通过学习升华气质，以学养人、治心养性。重视人文关怀和心理疏导，关注学生心理状态，引导学生具备维护心理健康的意识和能力，引导学生学会自我管理、学会同他人合作、学会过集体生活，学会总结反思、放下包袱，培育学生自尊自信、理性平和、积极向上的健康心态。教育学生树立健康第一的理念，在体育锻炼中享受乐趣、增强体质、健全人格、锤炼意志。

8. 知行合一

知行合一教育的主题是教育学生践行“空谈误国，实干兴邦”“梦想从学习开始，事业从实践起步”“行之力则知愈进，知之深则行愈达”等道理，以行求知、以知促行，在学思结合、知行合一的过程中，培育劳动精神和奋斗精神。

重点是教育引导学生端正学习态度，养成良好学风，掌握科学思维方法和工作方法，提高学生正确认识问题、分析问题和解决问题的能力，鼓励学生探索未知、求真务实、精益求精，掌握事物发展规律，勇攀科学高峰。引导学生将"读万卷书"和"行万里路"相结合，善于学习、勇于实践，坚持实践第一的观点，将实践作为理论与思想之源，通过实践聆听时代声音，感受真实立体全面的中国，增长智慧才干，锻炼意志品质。加强劳动教育，弘扬奋斗精神，引导学生尊重劳动、崇尚劳动、学会劳动，从事辛勤劳动、诚实劳动、创造性劳动，通过劳动树德、增智、强体、育美。反对奢侈浪费、好逸恶劳，教育学习"志不求易，事不避难"，树立顽强拼搏、奋斗有我的信念，刚健有为、自强不息。

1.3.5 专业课程思政设计的原则

专业课程思政是结合各门课程特点开展的思政教育，应坚持实事求是、创新思维、突出重点、注重实效的原则。课程思政教学设计，不仅应遵循一般社会科学研究的原则，而且也应遵循思想政治教育学科的特殊性原则。

1. 灌输与渗透相结合

灌输应注重启发，是能动的认知、认同、内化，而非被动的注入、移植、楔入，更非填鸭式的宣传教育。渗透应注重贴近实际、贴近生活、贴近学生，注重向社会环境、心理环境和网络环境等方向渗透。灌输与渗透相结合就是坚持春风化雨的方式，通过不同的选择，从被动、自发的学习转向主动、自觉的学习，主动将之付诸实践。

2. 理论与实际相结合

课程思政教育元素，不是从抽象的理论概念中逻辑地推论出来的，而是应从社会实际中寻找，从各学科的知识与社会实践结合度中去寻找，不是从理论逻辑出发来解释实践，而是从社会实践出发来解释理论的形成，依据实际来修正理论逻辑。坚持理论与实际相结合，因事而化、因时而进、因势而新。

3. 历史与现实相结合

历史是过去的现实，是现实的前身，现实是历史的延伸，是未来的历史。课程思政的教学设计，从纵向历史与横向现实的维度出发，通过认识世界与中国发展的大势比较、中国特色与国际的比较、历史使命与时代责任的比较，使思政教育元素既源于历史又基于现实，既传承历史血脉又体现与时俱进。

4. 显性教育与隐性教育相结合

课程思政教学设计，应坚持显性教育与隐性教育的结合。显性教育和隐性教育二者不是一种具体、单个方法的名称，而是一种类型的方法称谓。其中，前者指的是教师组织实施的，直接对学生进行公开的道德教育的正规工作方式的总和。后者指的是引导学生在教育性环境中，直接体现和潜移默化地获取有益学生个体身心健康和个性全面发展的教育性经验的活动方式及过程。在此，通过隐性渗透、寓道德教育于各门专业课程之中，通过润物细无声、滴水穿石的方式，实现显性教育与隐性教育的有机结合。

5. 共性与个性相结合

任何事物的发展都是共性与个性的结合、统一性与差异性的融洽。就思政教育而言，教育目的的价值取向是一种共性、统一性，个体的独特体验则是事物的个性、差异性。课程思政教学设计，必须遵循共性与个性相结合的原则，既注重教学内容的价值取向，也应遵循学生在学习过程中的独特体验。

6. 正面教育与纪律约束相结合

正面说服教育是指通过摆事实、讲道理，使学生明辨是非、善恶，提高认识，形成正确观念和道德评价能力的一种教育方法。课程思政教育教学必须坚持以正面引导、说服教育为主，积极疏导，启发教育，同时辅之以必要的纪律约束，引导学生品德向正确、健康方向发展。

1.4 电子信息类专业课程思政建设与实施方案

教育部《普通高等学校本科专业目录（2020 年版）》中，电子信息类专业包括电子信息工程、电子科学与技术、通信工程、微电子科学与工程、光电信息科学与工程、信息工程、广播电视工程、水声工程、电子封装技术、集成电路设计与集成系统、医学信息工程、电磁场与无线技术、电波传播与天线、电子信息科学与技术、电信工程及管理、应用电子技术教育、人工智能、海洋信息工程共 18 个专业。

1.4.1 电子信息类专业课程思政设计的依据

1. 符合新工科建设的要求

2017 年 4 月，教育部发布《教育部高等教育司关于开展新工科研究与实践的通知》规划了我国高校新的发展走向，特别是对以工科人才培养为主要构成的高校，应依据新兴产业和新经济模式对工科人才的需求，深化高校工程教育改革，逐步开展“新工科”的研究实践活动。“新”主要体现在工程教育的新理念、学科专业的新结构、人才培养的新模式、教育教学的新质量、分类发展的新体系。高等院校工科人才培养应致力于培养未来新兴产业和新经济所需的工程实践能力强、创新能力强、具备国际竞争力的高素质复合型人才。

新工科对高校特别是电子信息类专业建设提出了新的要求、新的方向。既是挑战，也是电子信息类专业发展的新机遇。因此，新工科背景下高校本科电子信息类专业必须积极调整专业结构，使电子信息类专业布局与新兴产业接轨，同时加快传统电子信息类专业转型升级，特别是在工程人才培养方案、培养模式等方面进行开拓创新。

2. 结合学校、院系的专业定位和发展

培养创新人才是电子信息类专业迫切需要解决的问题。创新型人才的培养，要根据学校、院系的定位和发展以及学生的定位发展，提供具有针对性的培养计划和培养方案，制定综合优化的评价考核机制，提升教师的职业归属感和提升空间。为了培养学生的创新思维，着力提升教师的创新思维，通过教师的科研和教学课题研究成果，带动学生的创新思维方式；在提升学生思维方式的同时大力帮助年轻教师提升各种能力，为培养创新型、复合型的电子信息类专业的综合性人才提供强大的能量来源。

3. 系统设计，做到"三进入"

专业课程思政是一个系统工程，必须整体设计、不断强化、分解实施、持续改进。课程思政建设的全面实施在于系统化和规范化。系统化在于制度体系化和工作体系化，规范化在于做到"三进入"，即专业人才培养方案、课程教学大纲、教案和课堂教学设计，是全面实施的必要途径。

(1) 进入专业人才培养方案。在人才培养方案中明确列入课程思政的培养目标，做好顶层设计，使其具有指导性和约束性，做到有据可循。

(2) 进入课程教学大纲。每门课程要制定规范化的教学大纲，明确具体承担的课程思政内容和达到的教学目标，以及具体的考核评价方法。

(3) 进入教案和课堂教学设计。根据课程内容，每位教师在教案中要明确融入课程思政的途径和方法；根据课程的类别，进行每堂课的教学设计和实施过程。

4. 教学评价

教学评价可以从工程教育专业认证的达成度方面进行，也可从学生满意度方面进行，还可从制度保障、教学文件、课堂观察等方面进行。

1.4.2　电子信息类专业人才培养目标

根据学校、院系的定位和发展以及学生的定位和发展，从价值引领、知识探究、能力建设、态度养成"四个维度"，电子信息类专业的人才培养目标确定为以下四点。

(1) 践行社会主义核心价值观，具有科学精神、工匠精神、系统观、团队合作精神和规矩意识，具备高尚的工程职业道德、较强的社会责任感和法律意识。

(2) 具备扎实的理论基础，能运用电子信息工程技术原理、现代工具和硬件、软件及系统等专业知识，解决电子信息领域复杂工程问题。

(3) 在电子信息工程项目、网络运营、互联网服务等实践中，充分理解工程实施对环境保护和可持续发展的影响，并遵守职业规范、行业标准和工程伦理。

(4) 具备较强的创新意识，具有终身学习和有效沟通能力，能不断拓展国际化视野，提升创新创业能力和职业竞争力。

1.4.3　电子信息类专业课程思政实施方案

根据专业人才培养目标，将课程思政内容结合课程特点，在公共基础课程、专业教育课程、实践类课程中分解实施，不断强化。

1. 科学精神的培养

科学精神的培养主要由高等数学、信号与系统、数字信号处理、电磁场与电磁波、信息理论与编码等课程来完成。

2. 工匠精神的培养

工匠精神的培养主要由模拟电子技术基础、数字电路与逻辑设计、信号与系统、自动控制原理、数字图像处理等课程来完成。

3. 系统观的培养

系统观的培养主要由电路分析、信号与系统、高频电子线路、现代通信原理、软件无线电技术等课程来完成。

4. 团队合作精神的培养

团队合作精神的培养主要由大学物理、数字电路与逻辑设计实验、信号与系统实验、嵌入式程序设计等课程来完成。

5. 规矩意识的培养

规矩意识的培养主要由C语言程序设计、电路分析实验、MATLAB语言、模拟电子技术实验、信号与系统、微处理器与接口技术等课程来完成。

第2章 科学精神培养的设计与实践

2.1 科学精神的内涵

2.1.1 什么是科学精神

科学精神是人们在长期的科学实践活动中形成的共同信念、价值标准和行为规范的总称，是指由科学性质所决定并贯穿于科学活动之中的基本的精神状态和思维方式，是体现在科学知识中的思想或理念。它一方面约束科学家的行为，是科学家在科学领域内取得成功的保证；另一方面，又逐渐地渗入大众的意识深层。

首先，科学精神是科学本质特征的重要体现。科学精神是贯穿于整个科学发展历史过程中以及全部科学活动过程中具有普遍意义的思想意识。科学精神的内涵非常深广，其内容是随着社会实践的变化而不断地发展变化的。其次，科学精神是一种人类社会中带有共通性价值的精神。对科学精神的理解要从多视角、多元化的角度去认识，对其内涵的界定必须考虑其广泛的适应性。

科学精神是科学的灵魂，以求实和创新为核心诉求，是现实可能性和主观能动性的结合。其中，现实可能性来自对客观性的追求，主观能动性则体现为强烈的创新意识。

2.1.2 科学精神的主要内涵

科学精神是科学研究者进行科学研究、获得真理所需用的精神素质的总和。它具有丰富的内涵和多方面特征，概言之，主要表现为求实精神、实证精神、探索精神、理性精神、创新精神、怀疑精神、独立精神和原理精神。

1. 求实精神

科学认为世界是不以人们主观意志为转移的客观存在，科学活动要求人们从事各种物质创造活动时应该遵循实事求是的态度，要求正确认识客观世界的运动，因此，客观唯实、追求真理是科学精神的首要要求。科学精神就是彻底的唯物主义精神，也即实事求是精神。解放思想，客观唯实，追求真理是科学精神的实质。科学要追求真理，不盲从潮流，不迷信权威，不把偶然性当必然性，不把局部看作全体。

2. 实证精神

实证精神要求一切科学认识必须建立在充分可靠的经验基础上，以可检验的科学事实为出发点，运用公认为正确的研究方法完成科学理论的构建。实证精神是一种客观的态度，要求在思考和研究中尽力地排除主观因素的影响，尽可能精确地揭示出事物的本来面目。同时，这种客观性又必须满足普遍性的要求，即客观知识必须是能够重复检验的公共知识，而不是个体的体验。实证精神，就是尊重事实、诚实正直，并进行符合逻辑的思维，是科学的重要品质。

3. 探索精神

探索精神是由作为科学研究对象的客观世界的无限性和复杂性决定的。研究对象永无止境，科学永无止境，科学探索永无止境，思想解放亦永无止境。科学的最基本态度之一就是探索，科学的最基本精神之一就是批判。科学精神是顽强执着、锲而不舍的探索精神，古往今来，任何一项科学发现和发明，都不是凭空出现的，都经历过实践、认识、再实践、再认识这样一个完整过程；都不是一帆风顺的，都要经历不断探索真理、不断追求真理、不断坚持真理这样一个艰难过程。科学家们正是凭着锲而不舍、不畏艰难险阻的精神，以非凡的勇气和毅力，孜孜不倦地探索着科学的奥秘，在科学的各个领域做出了杰出的贡献。

4. 理性精神

理性精神是对理智的崇尚，是科学认识主体通过概念、判断、推理、分析、综合、归纳、演绎等逻辑性的思维活动所体现出来的。理性精神把自然界视为人的认识和改造的对象，它坚信客观世界是可以认识的，人可以凭借智慧和知识把握自然对象，甚至控制自然过程。要求人们尊重客观规律，探索客观规律，并把对客观规律的科学认识作为人们行动的指南。提倡科学的理性，就要反对盲从和迷信。崇尚理性思考，绝非简单拒绝或否认人的非理性的精神世界。人具有丰富的精神世界，不仅追求理性和真，而且追求情感、信仰，追求美和善、意义和价值。

5. 创新精神

如果说求实精神深刻反映了人们对客观规律的探索与尊重，那么创新精神则充分体现了人类特有的主观能动性。科学精神倡导创新思维和开拓精神，鼓励人们在尊重事实和规律的前提下，敢于标新立异。科学精神的本质要求是开拓创新。科学领域之所以不断有新发明、新发现、新创意、新开拓，之所以充满着生机和活力，就在于不断更新观念，大胆改革创新。因此，科学的生命在于发展、创新和革命，在于不断深化对自然界和人类社会规律的理解。实践证明，思维的转变、思想的解放、观念的更新，往往会打开一条新的通道，进入一个全新的境界。一部科学史，就是一部在实践和认识上不断开拓创新的历史。

6. 怀疑精神

怀疑精神是由求实精神引申而来，它要求人们凡事都要问一个为什么，追问它究竟有什么根据，而决不轻易相信一切结论，不迷信权威。合理怀疑是科学理性的天性，科学的历史就是通过怀疑，提出问题并解答问题的历史。在科学理性面前，不存在终极真理，不存在认识上的独断和绝对权威。怀疑精神是破除轻信和迷信，冲破旧传统观念束缚的一把利剑。缺乏怀疑精神，容易导致盲目轻信。怀疑精神是批判精神的前导，批判精神是怀疑精神的延伸。没有合理的怀疑，就没有科学的批判；而没有科学的批判，就没有科学的建树。新思想是在对旧思想的否定中诞生的，真理是在同谬误的斗争中发展的。当然，科学的批判精神并不是形而上学的绝对否定，而是辩证的扬弃。科学精神体现了科学性与革命性、建设性与批判性的统一。

7. 独立精神

独立精神是对从事科学活动的主体的基本要求。科学产生和发展在一定的社会环境中，所以要受到社会舆论、社会道德、社会政治等因素的影响。而科学作为一种理性活动，以追求真理为目标，只能实事求是，不能屈服于任何外界的压力，所以，对于科学家而言，必须具备独立精神；对于社会而言，则必须具备民主精神。民主是科学发育不可缺少的社会环境，民主是科学发展的必要条件；随声附和，或为了迎合某种需要而随意编织自己的见解是与科学精神决不相容的。

8. 原理精神

科学是发现规律，揭示事物最本质、最普遍的原理。科学不仅要回答是什么，还要回答为什么。同时，普遍性是规律的基本特征，不具有普遍性的不是规律。科学就是根据事物的普遍性去处理事物的特殊性。在理性社会，人类的行为模式已经从生产-技术-科学转向科学-技术-生产，也就是先通过科学研究，弄清事物的原理，再以科学理论指导自己的行为，这是理性社会的重要特性。

2.1.3 大学生科学精神的培养途径

1. 学习科学是大学生培养科学精神的主要途径

通过学习科学，做到对科学知识有基本的了解和掌握。在学习科学知识、科学理论、科学原理、科学定律、科学方法的过程中，培养和弘扬科学精神；通过学习科学知识，掌握科学研究活动的一般规律，掌握科学的基本方法，在科学研究的过程中培养科学思想，崇尚科学精神；通过学习科学，做到对科学发展史、科学哲学有基本的了解和掌握。在学习科学史的过程中认识科学本质，学习科学家追求真理、勇于创新的优秀品质。在学习科学哲学的过程中受到科学精神的熏陶，培养家国天下、创新为民的情怀和上下求索、追求真理的精神，形成正确的自然观和价值观。

2. 提高智力是大学生培养科学精神的基本途径

（1）在提高观察力的过程中培养科学精神。观察力是智力活动的源泉，通过对事物的具体观察，达到认识事物的本质及其规律性，取得重大的科技发明和科学创造。大学生必须掌握感知规律，懂得观察的一般理论；必须掌握正确的观察方法，使观察具有全面性、重点性、综合性，力求细致精密准确完整；必须养成良好的观察习惯，提高观察的能力水平。

（2）在锻炼注意力的过程中培养科学精神。注意力是智力活动的保障，凡是有重大成就的科学家都具有惊人的注意力。大学生必须养成注意的习惯，使思维始终处于活跃、兴奋的状态；必须用信念、意志来控制并激励注意力的持久；必须讲究用脑卫生，在学习和科研时聚精会神，进入一种忘我的境界。

（3）在增强记忆力的过程中培养科学精神。记忆力是智力活动的基础，亚里士多德认为记忆为智能之母。大学生必须培养良好的记忆品质，使记忆具有广度性、精确性、持久性、正确性。必须尊重记忆规律，采用科学的记忆方法，明确记忆内容和目的。

（4）在活跃思维力的过程中培养科学精神。思维是智力活动的核心，正如爱因斯坦所言："人们解决世界上的所有问题是用大脑的思维和智慧，而不是搬书本。"大学生必须遵循思维发展规律，认真做到从感知具体到思维抽象，从思维抽象到认识具体事物；必须做到思维范围既广阔又开放，使思维具有深刻性、灵敏性和广博性；必须做到思维具有继承性、灵活性，使思维具有批判性和创造性。

（5）在丰富想象力的过程中培养科学精神。想象力是科学创造的翅膀，爱因斯坦说："想象力比知识更重要，并且是知识进化的源泉。"大学生必须掌握想象的类比法、联想法、典型法等，激发新思想的火花，从而引发重大的发明和创造。

3. 积极实践是大学生培养科学精神的根本途径

科学实践孕育科学精神，因此，大学生要在科学实践活动中学习科学精神、培养科学精神。一要积极参加各种科技兴趣社团、协会，了解科学发展的新进展、新理论、新方法、新技能，在掌握科学新知识、拓展科学新视野、提高创新能力的过程中培养科学精神。二要积极参加科技实践活动，在参加实践活动中培养科学精神。三要积极参加科学研究和科技创新活动，在参加创新创业大赛等活动中培养科学精神。

4. 坚持创新是大学生培养科学精神的重要途径

创新是科学发展的生命,创新精神是科学进步的灵魂,没有创新就没有科学,创新是人类社会进步的灵魂,是国家发展进步的不竭动力。

2.1.4 专业课教师如何做

1. 专业课教师要提高自身的科学素养

教师作为教育者,是对学生的态度、知识、技能、思想、品德等方面起到重要教育影响作用的人。教师作为学校教育的主体,是对大学生起到教育作用的最直接的影响者,在整个教育过程中起到主导作用,专业课教师是大学生身心发展的主要影响源。专业课教师在大学生科学精神培养的过程中起着非常重要的引导作用。大学生往往将自己的老师作为自己学习的榜样。因此,要想培养好大学生,使大学生具有科学精神,专业课教师必须自身要先具备科学素质,具有科学精神的强烈意识;要树立科学的世界观和方法论;并且要掌握科学的教育方法,以大学生普遍接受的方式教育他们,将科学精神渗透于自己的课程教学之中。

2. 立足课程思政渗透科学精神

课程思政要想培养学生树立科学精神,关键要在教学内容中渗透科学精神。专业课教师要在各学科中探寻科学知识背后所蕴含的哲学的辩证法思想,用科学实践手段增强和强化科学实践能力,做到学和用相结合,提升大学生求真、探索的科学精神。专业课教师除了要具备深厚的专业功底之外,更要掌握各学科知识背后的科学史,树立对科学精神的敬畏之心,以讲授科学历史的方式向学生传递中国古代科技为人类文明所做出的巨大贡献,挖掘历史背后所蕴含的科学精神,注重科学精神与人文精神、中华传统文化及科学史的配合,将科学精神渗透于课程内容之中,培育学生求实、探索、理性和怀疑的科学精神。

3. 教育方式要体现科学精神

在培养大学生科学精神的过程中,特别要注重教育方式的运用,好的教育方式可以在大学生养成科学素养、提升科学素质、培养科学精神的过程中起到事半功倍的效果,只有采用适合大学生学习、教育的方式,才会在教育教学过程中促进大学生科学精神的养成。因此,在培养大学生科学精神的教育过程中,教育方式也要体现科学精神。

培养科学精神必须要给学生创造一个民主、平等、和谐的学习氛围,坚持问题导向培养探究精神,遵循学生认知规律提高理性分析能力,注重科学实践,实现理论与实践的统一,利用现代信息技术提升科学精神,将科学精神培养融入教育教学的各个环节,真正促进当代大学生全面成长成才。

2.2 “高等数学”课程的设计与实践

2.2.1 课程概况与目标

“高等数学”是理工类及许多其他专业最重要的基础课程之一。课程分两学期开设，面向不同专业可设计160～192学时，共计10～12学分。“高等数学”以微积分学为主要内容，从17世纪60年代牛顿、莱布尼兹创立微积分起，逐步形成了一门逻辑严密、系统完整的学科，它不仅成为其他许多数学分支的重要基础，而且在自然科学、工程技术、生命科学、社会科学、经济管理等众多领域都获得了十分广泛的应用。课程涵盖的主要内容有：一元函数的极限、导数与微分及其应用、不定积分、定积分及其应用、微分方程；空间解析几何、多元函数极限、多元函数微分学、重积分、曲线与曲面积分、无穷级数等。

通过本课程的教学，从价值引领、知识探究、能力建设、态度养成四个维度实现知识、思维、能力的有机统一，使学生达到如下课程目标。

目标1——价值引领：培养学生的科学精神、规矩意识和系统观，使之成为具备创新意识和家国情怀，并努力追求卓越的复合型人才。（支撑毕业要求6、8）

目标2——知识探究：掌握系统的微积分学、微分方程、级数的基本概念、基本理论和基本方法，为解决工程问题奠定数学基础。（支撑毕业要求1、4）

目标3——能力建设：能熟练应用微积分学、微分方程、级数的基本知识和理论解决实际问题，具备分析问题的基本思维和初步的建模思想。（支撑毕业要求2、4）

目标4——能力建设：具备较强的运算能力、抽象思维能力、逻辑推理能力、空间想象能力，理解数学方法在工程问题中的应用，能够借助数学工具表征和解答实际工程问题。（支撑毕业要求2、4、5）

目标5——态度养成：培养学生认真细致、严谨治学的作风，使学生养成精益求精的习惯，并具备用数学知识处理现实世界中复杂问题的主观意识、合作意识、探索精神和拼搏精神。（支撑毕业要求9、10、12）

2.2.2 总体设计

1. 指导思想

教育理念——坚持以学生发展为中心；教育目标——坚持知识、能力、素养、价值观培养并重；教学内容——坚持思想性、科学性、时代性并重；教学方法——坚持发挥学生主体地位，坚持问题导向。

课程建设通过教学资源丰富化拓展深化教学内容；通过思政理论探索实现专业课程与思政教育同向同行；通过引导教师以德立身、以德立学、以德施教，提升教师团队的课程思政能力。

2. 课程目标与课程教学的对应关系

课程教学内容与课程目标、教学环节的对应关系如表 2-1 所示。

表 2-1　课程教学内容与课程目标、教学环节的对应关系

章	教学内容	教学环节	支撑课程目标
绪论	明确课程地位、性质、内容、方法及评价	PPT 讲授	目标 1
第 1 章　函数与微分	1.1　映射与函数	问题导向、板书讲授、课堂练习、小组活动、课后作业	目标 1、目标 2、目标 3、目标 4、目标 5
	1.2　数列的极限		
	1.3　函数的极限		
	1.4　无穷大与无穷小		
	1.5　极限运算法则		
	1.6　极限存在准则和两个重要极限		
	1.7　无穷小的比较		
	1.8　函数的连续性与间断点		
	1.9　连续函数的运算与初等函数的连续性		
	1.10　闭区间上连续函数的性质		
第 2 章　导数与微分	2.1　导数概念	问题导向、板书讲授、课堂练习、小组活动、课后作业	目标 1、目标 2、目标 3、目标 4、目标 5
	2.2　函数的求导法则		
	2.3　高阶导数		
	2.4　隐函数及由参数方程所确定的函数的导数及相关变化率		
	2.5　函数的微分		
第 3 章　微分中值定理与导数的应用	3.1　微分中值定理	问题导向、板书讲授、课堂练习、小组活动、课后作业	目标 1、目标 2、目标 3、目标 4、目标 5
	3.2　洛必达法则		
	3.3　泰勒公式		
	3.4　函数的单调性与曲线的凹凸性		
	3.5　函数的极值与最大值最小值		
	3.6　函数图形的描绘		
	3.7　曲率		
	3.8　方程的近似解		
第 4 章　不定积分	4.1　不定积分的概念与性质	问题导向、板书讲授、课堂练习、小组活动、课后作业	目标 1、目标 2、目标 3、目标 4、目标 5
	4.2　换元积分法		
	4.3　分部积分法		
	4.4　有理函数的积分		
	4.5　积分表的使用		
第 5 章　定积分	5.1　定积分的概念与性质	问题导向、板书讲授、课堂练习、小组活动、课后作业	目标 1、目标 2、目标 3、目标 4、目标 5
	5.2　微积分基本公式		
	5.3　定积分的换元法和分部积分法		
	5.4　反常积分		
	5.5　反常积分的审敛法		

续表

章	教学内容	教学环节	支撑课程目标
第6章 定积分的应用	6.1 定积分的元素法	问题导向、板书讲授、课堂练习、小组活动、课后作业	目标1、目标2、目标3、目标4、目标5
	6.2 定积分在几何学上的应用		
	6.3 定积分在物理学上的应用		
第7章 微分方程	7.1 微分方程的基本概念	问题导向、板书讲授、课堂练习、小组活动、课后作业	目标1、目标2、目标3、目标4、目标5
	7.2 可分离变量的微分方程		
	7.3 齐次方程		
	7.4 一阶线性微分方程		
	7.5 可降阶的高阶微分方程		
	7.6 高阶线性微分方程		
	7.7 常系数齐次线性微分方程		
	7.8 常系数非齐次线性微分方程		
第8章 向量代数与空间解析几何	8.1 向量及其线性运算	问题导向、板书讲授、课堂练习、小组活动、课后作业	目标1、目标2、目标3、目标4、目标5
	8.2 数量积、向量积和混合积		
	8.3 平面及其方程		
	8.4 空间直线及其方程		
	8.5 曲面及其方程		
	8.6 空间曲线及其方程		
第9章 多元函数微分法及其应用	9.1 多元函数的基本概念	问题导向、板书讲授、课堂练习、小组活动、课后作业	目标1、目标2、目标3、目标4、目标5
	9.2 偏导数		
	9.3 全微分		
	9.4 多元复合函数的求导法则		
	9.5 隐函数的求导公式		
	9.6 多元函数微分学的几何应用		
	9.7 方向导数与梯度		
	9.8 多元函数的极值及其求法		
第10章 重积分	10.1 二重积分的概念与性质	问题导向、板书讲授、课堂练习、小组活动、课后作业	目标1、目标2、目标3、目标4、目标5
	10.2 二重积分的计算法		
	10.3 三重积分		
	10.4 重积分的应用		
第11章 曲线积分与曲面积分	11.1 对弧长的曲线积分	问题导向、板书讲授、课堂练习、小组活动、课后作业	目标1、目标2、目标3、目标4、目标5
	11.2 对坐标的曲线积分		
	11.3 格林公式及其应用		
	11.4 对面积的曲面积分		
	11.5 对坐标的曲面积分		
	11.6 高斯公式以及通量与散度		
	11.7 斯托克斯公式 环流量与旋度		
第12章 无穷级数	12.1 常数项级数的概念与性质	问题导向、板书讲授、课堂练习、小组活动、课后作业	目标1、目标2、目标3、目标4、目标5
	12.2 常数项级数的审敛法		
	12.3 幂级数		
	12.4 函数展开成幂级数		
	12.5 函数的幂级数展开式的应用		
	12.6 傅里叶级数		
	12.7 一般周期函数的傅里叶级数		

3. 课程目标的考核方式

本课程综合评定成绩由过程性考核和期末测评成绩两部分构成，计算方法如下：

综合成绩＝过程性考核成绩×40％＋期末测评成绩×60％

其中，过程性考核包括课后作业(20％)、思维导图或专题论文(10％)、课堂问答(10％)。在混合式教学中，线上测试部分可替代课堂问答环节。

期末测评采用线下笔试，要求试题覆盖学期教学知识点，基础性题目占比60％，中等难度题目占比30％，提升题目占比10％。课程目标的考核方式如表2-2所示。

表2-2　课程目标的考核方式

考核方式		成绩比例/%				
		课程目标1	课程目标2	课程目标3	课程目标4	课程目标5
过程性考核(40％)	课后作业(20％)	15	30	30	10	15
	思维导图(10％)	20	25	25	10	20
	课堂问答(10％)	15	30	30	10	15
期末测评(60％)	线下笔试	20	25	25	10	20

2.2.3　课程思政典型案例——科学精神的培养

科学精神是科学研究者进行科学探究、获得真理所需要的精神素质的总和。它具有丰富的内涵和多方面特征，主要表现为求实精神、实证精神、探索精神、理性精神、创新精神、怀疑精神、独立精神和原理精神。高等数学是一门典型的自然科学课程，所蕴含的科学精神和人文精神要素是实现思政教育的重要载体。在教学中，应充分发挥本门课程的学科特点和学科时长的优势，将课程思政元素自然地引入课堂教学中，形成潜移默化的长效育人机制，真正做到德育与智育并重，实现课程育人目标。

1. 案例教学目标和实施过程

教学目标：发挥课程学科优势，自然融入思政元素，培养学生的科学精神。

实施过程如下。

(1) 绪论课架构课程认知。通过介绍课程性质和地位明确“高等数学”对后续课程和未来发展的重要作用；通过教学内容与应用的介绍明悉课程特点及学习任务的广度和深度；通过说明课程目标让学生知道自身学习效果的达成评价；通过学法和教法的建议，使学生获取实现有效学习的途径；通过预设考核评价标准让学生在知道考核目的的同时，知道如何有效评价自己。依托“5步通过法”，做好学生的引路人，促使学生自觉建立学习主体地位。

(2) 课程教学中科学精神的培养。利用课程自身的学科优势，实施问题导向驱动，依托多种教学手段，以调动学生观察力、注意力，增强学生想象力、记忆力，提升学生实践力、创新力为目的，结合数学简史、数学家故事、哲学知识、实践应用、科学研究等内容将数学知识、思想和方法内化为学生的世界观、人生观和价值观，培养学生严谨治学、坚持真理、开拓创新、批判质疑的科学精神和浓厚的家国情怀。

（3）课程考核中科学精神的培养。课程考核包含过程性考核和期末测评两部分。

过程性考核中，课后作业是检验学生是否掌握所学知识的有效途径，是学生严谨治学、逻辑缜密、过程合理、解决问题等科学要素的显化表现。在作业批改中，做到每生必批，错题必注，做好以德育人的示范，逐步培养学生求真、求实、思辨的科学意识和良好的学习习惯，促进科学思维的形成。思维导图或课程论文以小组或独立形式完成，通过确定导图或论文与课程目标的对应评价标准，做出合理性评价，具体评价细则如表 2-3 所示。

表 2-3 思维导图考核评价细则

课程目标	评价标准					权重/%
	90～100 分	80～89 分	70～79 分	60～69 分	0～59 分	
目标 1	能按时按要求交作业，能够清晰明确地体现知识要点的层级和逻辑关系	能按时按要求交作业，能够较为清晰明确地体现知识要点的层级和逻辑关系	能按时按要求交作业，能够基本体现知识要点的层级和逻辑关系	能按时按要求交作业，能够基本体现主要知识要点的逻辑关系	不能按时按要求提交作业，存在抄袭或逻辑混乱等问题	10
目标 2	能够覆盖全部知识点，公式表达科学正确，逻辑关系设置合理，标注清晰	能够覆盖全部知识点，公式表达正确，逻辑关系设置较为合理，标注较为清晰	能够覆盖全部知识点，公式表达正确，逻辑关系设置基本合理，标注基本清晰	能够基本覆盖全部知识点，公式表达基本正确，逻辑关系设置基本合理，标注基本清晰	不能覆盖全部知识点，公式表达有错误，逻辑关系设置欠合理，标注不够清晰	30
目标 3	能够根据知识点列举典型实际应用，并通过数形结合等方法综合表达数学理论	能够根据知识点列举典型实际应用，并通过数形结合等方法较为综合地表达数学理论	能够根据知识点列举典型实际应用，并能通过数学语言正确清晰地表达数学理论	能够根据知识点列举实际应用，并能通过数学语言较为清晰地表达数学理论	不能列举实际应用，也不能通过数学语言正确描述数学理论	30
目标 4	能够体现较强的设计意图，能够反映复杂问题中数学理论的具体应用	能够较好地体现设计意图，能够反映复杂问题中数学理论的具体应用	能够体现一定的设计意图，能够反映复杂问题中数学理论的部分应用	能够体现基本的设计意图，能够反映复杂问题中数学理论的基本应用	不能体现设计意图，也不能反映复杂问题中数学理论的具体应用	20
目标 5	导图能体现较强的创新意识和独到见解	导图能体现较好的创新意识和独到见解	导图能体现一定的创新意识和独到见解	导图能体现基本的创新意识和独到见解	导图无法体现创新意识和独到见解	10

期末测评采用闭卷笔试进行。以渗透科学精神培养为导向，通过课程目标制定考核试题类型和形式；通过设定测试评价标准和课程目标的对应细则完成课程目标达成度的合理

性评价。具体细则如表 2-4 所示。

表 2-4 期末考核评价细则(以上册为例)

课程目标	基本要求	评价标准	权重/%
目标 1	① 掌握一元函数微积分学的思维方法; ② 掌握微分方程的特征并能识别; ③ 掌握一元函数极限思想及其运算法则; ④ 掌握一元函数性质间的逻辑关系; ⑤ 理解微分在近似计算和误差分析中的应用	① 试题出题时,需设置好支撑课程目标 1 的题型分值; ② 根据期末考试试卷评分标准进行评分	15
目标 2	① 掌握一元函数的性质、极限及其延伸内容; ② 掌握导数与微分的几何意义和各类一元函数的导数及微分算法; ③ 掌握中值定理的意义及其使用条件; ④ 掌握一元函数不定积分、定积分的意义和算法; ⑤ 掌握微分方程的建立和求解特征	① 试题出题时,需设置好支撑课程目标 2 的题型分值; ② 根据期末考试试卷评分标准进行评分	25
目标 3	① 理解极限运算性质及存在准则,并能灵活应用; ② 能够利用一元函数的导数、微分、曲率等解决简单的工程应用问题; ③ 掌握中值定理的适用范围并能灵活应用; ④ 掌握积分上限函数的意义并能灵活应用; ⑤ 掌握反常积分的特征,能够判断积分的类别并进行合理求解; ⑥ 掌握较为复杂的一元函数的导数及积分的求解方法; ⑦ 掌握典型微分方程的求解方法	① 试题出题时,需设置好支撑课程目标 3 的题型分值; ② 根据期末考试试卷评分标准进行评分	30
目标 4	① 能够综合利用极限运算方法分析和解决问题; ② 能够综合利用中值定理、零点定理等理论进行不等式和其他相关证明; ③ 能够求解较为综合的微积分题目,且逻辑合理缜密; ④ 掌握微分学及微分方程与实际问题的关联,并能分析和解决几何、物理、经济、工程等实践问题	① 试题出题时,需设置好支撑课程目标 4 的题型分值; ② 根据期末考试试卷评分标准进行评分	20
目标 5	① 能够正确引入辅助函数并进行合理性求解; ② 能够在较为综合的问题中选择微积分学基本知识和理论解决问题; ③ 能够依据实际问题建立微分方程并对结果的合理性做出判断; ④ 掌握微分学及微分方程的逻辑推演步骤及过程,描述科学、合理;掌握数形结合等数学方法并能灵活使用	① 试题出题时,需设置好支撑课程目标 5 的题型分值; ② 根据期末考试试卷评分标准进行评分	10

备注:期末测评中,支撑课程目标 1,2,3,4,5 的理论权重建议为 15%、25%、30%、20%、10%。在实际测试中,题目设置可以综合考虑课程目标的实现,实际比例可以依据教学过程和学情适当调整。

2. 实施案例

1）古代智慧与课程内容融合，传承祖先文化和古代科学家的科学精神

【实例 2-1】 早在战国时期，哲学家庄周与当时声望仅次于孔子和墨子的惠施（宋国哲学家）对数学概念的精彩辩论就记录在《庄子·天下篇》中，即“一尺之棰，日取其半，万世不竭”；刘徽（三国东吴人）在《九章算术注》（公元 263 年撰写）中引进了割圆术，其核心思想就是用圆内接正多边形去逼近圆，并借此计算出圆的周长、面积和圆周率。割圆术的相关描述为“割之弥细，所失弥少，割之又割，以至于不可割，则与圆合体而无所失矣”。这些文字描述都是对极限思想的深刻论述，彰显着我国古代科学家的非凡智慧和强烈的求真探索意识。

借助数学语言，设棰长为 1 尺，记为单位 1，则庄周所记录的情形可以用等比数列表示，即

$$1,\frac{1}{2},\frac{1}{2^2},\frac{1}{2^3},\cdots,\frac{1}{2^{n-1}},\cdots$$

通过观察可以发现，该数列当 $n\to\infty$ 时，数列值趋于 0。同理，可对割圆术进行数学模拟，找到正多边形面积和圆面积之间的逼近关系，通过实例将逼近思想具体化，再引导学生依据数学语言表征其本质以实现教学目标。

【实例 2-2】 与热衷探讨哲学和数学理论的希腊雅典学派处于同一时期的中国战国时期是一个盛产哲学家的年代，有学派纷呈、学说丰富的诸子百家。其中，墨家、道家的经典著作《墨经》《庄子》中就记录了一系列数学概念的抽象定义。如“至大无外，谓之大一。至小无内，谓之小一”，这里的“大一”指无限宇宙，“小一”等效于赫拉克利特（古希腊哲学家）对原子的理解，充满哲理的语言中蕴含了“无限大”和“无限小”的朴素认知。

在高等数学教学中，挖掘古代科学家思想作为引例融入课程中，既能自然融入古代科学家的科学精神，又能增强文化自信，同时激发学生学习数学的兴趣。

2）辩证思想和数学史的融入，培养学生的理性精神、怀疑精神和实证精神

数学与哲学有着密不可分的关系，微积分学中渗透着对立统一规律、质量互变规律和否定之否定规律。在教学中将其融入，有利于潜移默化地培养学生的思辨质疑能力和理性求真意识。

【实例 2-3】 讲授无穷级数时，首先要求出级数的部分和，再结合极限将部分和推广到无限项之和，从而得到无穷级数的和。该过程展示了整体到局部，再从局部到整体的演绎逻辑，充分展现了无限包含有限，有限体现无限的相互依存、相互贯通、彼此统一的辩证关系。讲授定积分时，先行的“大化小，常变代”是对整体的否定，后续的“近似和，取极限”是对微分的否定，经过否定之否定，最终得到积分的定义。

【实例 2-4】 曲边梯形的面积、曲顶柱体的体积、极限等数学知识蕴含了量变到质变的思想。以变力沿曲线做功为例，首先将光滑曲线细分为若干线段，然后按常力沿直线做功构造元功表达式，再对若干段的元功求和，当量的积累到达一定程度时，和的极限就变成了变力沿曲线做的总功，实现了质变的飞跃。

【实例 2-5】 基于前人的经验，牛顿和莱布尼兹在 17 世纪创立了微积分，但此时的微积

分并没有建立在严密的理论基础之上。18 世纪，科学家们虽然能够给出极限的描述性定义，但却依然不能定量地给出两个无限过程之间的联系，以至于微积分理论一度受到怀疑和攻击。在此后的百余年里，争论从未停止过。直到 19 世纪，德国数学家魏尔斯特拉斯提出了极限的“ε-δ”定义，明确了两个无限过程之间的逻辑关系。高等数学中，极限是学生们接触到的第一个新的抽象概念，它也是后续诸多概念的科学论证基础。而事实上，历史过程告诉我们，极限的严格定义诞生于积分、微分之后。可见，经典的知识体系被传承下来是要经历求真、质疑、理性、创新、坚持的精神的，我们应该向伟大的科学家们致敬。

3）数学家轶事和科学成就的融入，培养学生的创新精神、探索精神和拼搏精神

【实例 2-6】 数形结合具有化抽象为直观、化繁杂为简单的作用，是数学教学中始终渗透的教法。“数形本是相倚依，焉能分作两边飞。数缺形时少直觉，形少数时难入微。数形结合百般好，割裂分家万事非”是世界数学家——华罗庚先生对数形结合思想的形象描绘。华罗庚先生少时家境贫寒，初中退学后自学完成了高中、大学的数学课程，18 岁时，因伤寒留下左腿残疾。华罗庚没有被命运多舛的困境打倒，反而涅槃重生、顽强拼搏，为数学理论研究及其在生产实践中的应用做出了巨大的贡献，创立了“华氏定理”“华氏不等式”“普劳威尔-加当华定理”等重要研究成果，开创了中国数学学派并带领达到世界水平。通过融入科学家轶事渗透科学精神，既能润物无声，又能提升思想格局。

【实例 2-7】 中国高铁通过技术创新，在工务工程、通信信号、牵引供电、运营管理等技术领域，取得了一系列重大成果，形成了具有中国特色的高铁技术体系，总体技术水平进入世界先进行列。每一项骄人成绩的背后都是铁路人勇于担当、不忘初心、牢记使命的支撑，是他们用恪尽职守书写了中国铁路华丽的篇章。其中，列车运动方程与速度时分计算就用到了微分方程。根据列车受力情况和动能定理可以给出列车运动时速度与时间的微分方程，通过求解时分方程，可以进一步求解列车运行距离方程，从而确定列车在每个速度间隔内的运行距离，进而得到列车运行时间、距离和速度的关系式。借助科学应用和成就的介绍，激发爱国情怀，增强民族自信，同时也有助于学生了解数学与技术应用、社会发展之间的密切联系和推动作用。

4）实际应用与课程教学融合，培养学生的原理精神

【实例 2-8】 空间曲面中的单叶双曲面可以由双曲线的一支绕固定轴旋转后放缩得到。由于曲面独立且与双曲线相关，故形象地称之为单叶双曲面。这样的曲面还可以由两条异面直线，其中一条绕另一条旋转而成。素有“小蛮腰”之称的广州塔，从远处看是曲面，但走近看却发现它是由若干笔直的材料搭建而成，其结构效果充分展现了单叶双曲面的形成特点。这类工程应用充分展示了理性社会中，从科学到技术再到生产的重要行为特性，也是原理精神的一种体现。

5）励志教育的融入，培养学生的独立精神、求实精神和严谨治学的态度

【实例 2-9】 高斯是德国数学家、物理学家和天文学家，有“数学王子”之称。高斯的数学研究几乎遍及所有领域，爱因斯坦对他有着极高的评价，认为他对相对论的数学研究是超越一切，无与伦比的。高斯却回应“假如别人和我一样深刻和持续地思考数学真理，他们会

做出同样的发现”“给我最大快乐的，不是已懂得的知识，而是不断地学习；不是已有的东西，而是不断地获取；不是已达到的高度，而是继续不断地攀登。”正是这种独立探索的意识和锲而不舍地追求真理的精神，使得高斯在数学领域取得了卓越的成就。在讲高斯定理时，通过微视频播放高斯简介，笔者授课班级的学生自发热烈鼓掌，这是共振力量的体现，也是共鸣心声的表白。

2.2.4 教学特色与反思

1. 教学特色

(1) 科学精神的培养要以创新教学方法，重构课程内容、拓展教学资源为基础，结合高等数学的自然学科特点弘扬科学精神，将数学思想、方法内化为学生的人生观、世界观和价值观。

(2) 科学精神的培养要通过精心的教学设计和多重的育人途径，以丰富的展现形式贯穿于教学始终，通过长期潜移默化的影响达到育人目标。

(3) 科学精神的培养要注重育人评价，形成设计-实施-评价-反馈-改进-再设计的持续优化模式。

2. 教学反思

通过教书与育人并重，教师以德立身立学两条路径落实立德树人根本任务。面对繁重的教学任务，通过简单知识自己学，重点知识引导学，难点知识精细学打造以学生发展为中心的高效能课堂。丰富的教学内容和多样的教学形式深受学生喜爱，实现了学生的爱学、乐学和好学。

本节以科学精神渗透为例，展示“高等数学”课堂教学中的思政育人案例。实践经验告诉我们，落实课程思政育人目标，不仅需要精心的教学设计，还需要源于真实情景的问题驱动，更需要教师在理论理解度、课堂专业度和知识育人度等方面发挥优势，将不同形式的思政元素自然融合到教学内容中，形成优秀案例集，为课程的宏观设计和每节课的微观设计提供合力支撑。

（郝　睿）

2.3 “数字信号处理”的设计与实践

2.3.1 课程概况与目标

“数字信号处理”是电子信息工程、通信工程等多个专业开设的专业必修课/核心课/学位课，开设在第 6 学期，共 64 学时(含实验 16 学时)，学分 4 分。课程内容分为 5 个模块：离散时间信号的时域与频域分析、DFT 变换及快速傅里叶变换、数字滤波器的网络结构及设计、数字信号处理的实现、数字信号处理实验。

通过本课程的学习，从价值引领、知识探究、能力建设、态度养成四个维度实现知识、思维、能力的有机统一，使学生达到如下课程目标。

目标1——价值引领：培养学生树立社会主义核心价值观，铸就科学精神、工匠精神与爱国主义情怀。（支撑毕业要求1、2、3、4、5）

目标2——知识探究：掌握数字信号处理的基本理论体系与算法特点，具备应用所学知识分析解决本学科复杂问题的思维方法和研究方法，培养学生树立科学精神的原理精神、求实精神。（支撑毕业要求1、2、3、4）

目标3——能力建设：通过验证性实验使学生具备应用计算机分析解决数字信号处理问题的能力，培养学生科学精神的实证精神和理性精神。（支撑毕业要求1、2、3、5）

目标4——能力建设：通过综合设计性实验，培养学生科学精神的探索精神、创新精神与独立精神，具备良好的工程素养、工程研究、工程管理与工程创新能力。（支撑毕业要求4、5）

目标5——态度养成：通过数字信号处理实现的发展历程和DSP芯片不断演进的学习，培养学生精益求精、追求卓越的工匠精神。（支撑毕业要求3、4、5）

2.3.2 总体设计

1. 指导思想

教育理念——坚持立德树人、以学生发展为中心，教学原则——理论知识和实践教学相辅相成，教育目标——坚持知识、过程、探究、情感培养并重，教学内容——坚持科学性、思想性、时代性并重。

“数字信号处理”是一门理论性和工程实践特色非常鲜明的专业基础课，在教学过程中依据不同的知识点和教学环节，围绕科学知识、科学能力、科学方法、科学意识和科学品质五个要素，培养学生的科学精神，激发学生科技报国的家国情怀与使命担当。

2. 课程目标与课程教学的对应关系

课程理论教学内容与课程目标、教学环节的对应关系如表2-5所示。

表2-5 课程理论教学内容与课程目标、教学环节的对应关系

章	教学内容	教学环节	支撑课程目标
绪论	1. 课程的地位 2. 应用领域 3. 研究内容、方法与要求	PPT讲授、演示	目标1
第1章 离散时间信号的时域分析	1.1 离散时间信号	PPT讲授、演示、课堂练习、课后作业	目标1、目标2、目标3、目标4
	1.2 离散时间系统		
	1.3 离散时间系统的时域分析		
	1.4 模拟信号数字化处理方法		
	1.5 实验一：MATLAB语言在数字信号处理中的应用		

续表

章	教学内容	教学环节	支撑课程目标
第2章 离散时间信号与系统的频域分析	2.1 离散时间信号的傅里叶变换	PPT讲授、演示、课堂练习、课后作业	目标1、目标2、目标3、目标4
	2.2 周期序列的离散傅里叶级数及性质		
	2.3 序列的 z 变换及性质		
	2.4 利用 z 变换分析信号与系统频率特性		
	2.5 实验二：系统的响应及稳定性		
第3章 离散傅里叶变换及应用	3.1 离散傅里叶变换	PPT讲授、演示、课堂练习、课后作业	目标1、目标2、目标3、目标4
	3.2 离散傅里叶变换的性质		
	3.3 频率采样		
	3.4 离散傅里叶变换的性质		
	3.5 实验三：时域采样与频域采样		
第4章 快速傅里叶变换	4.1 基2FFT算法	PPT讲授、演示、课堂练习、课后作业	目标1、目标2、目标3、目标4
	4.2 进一步减少运算量的措施		
	4.3 其他快速算法介绍		
	4.4 实验四：用FFT对信号作谱分析		
第5章 IIR数字滤波器设计	5.1 数字滤波器的基本概念	PPT讲授、演示、课堂练习、课后作业	目标1、目标2、目标3、目标4
	5.2 模拟滤波器的设计		
	5.3 IIR数字滤波器的设计		
	5.4 数字高通、带通和带阻滤波器设计		
	5.5 实验五：IIR滤波器设计与实现		
第6章 FIR数字滤波器设计	6.1 线性相位FIR滤波器的条件和特点	PPT讲授、演示、课堂练习、课后作业	目标1、目标2、目标3、目标4
	6.2 利用窗函数法设计FIR数字滤波器		
	6.3 利用频率采样阀设计数字滤波器		
	6.4 利用等波纹逼近法设计FIR数字滤波器		
	6.5 滤波器分析与设计工具FDATooL		
	6.6 实验六：FIR数字滤波器设计		
第7章 数字信号处理的实现	7.1 用信号流图表示网络结构	PPT讲授、演示、课堂练习、课后作业	目标1、目标2、目标3、目标4
	7.2 IIR系统的网络结构		
	7.3 FIR系统的网络结构		
	7.4 数字信号处理的量化及量化误差		
	7.5 数字信号处理的软件实现		
	7.6 数字信号处理的硬件实现		
	7.7 应用DSP系统实现数字信号处理		
	7.8 综合设计性实验(三选一)		

课程实验教学内容与课程目标、教学环节的对应关系如表2-6所示。

表 2-6 课程实验教学内容与课程目标、教学环节的对应关系

序号	实验项目	教学要求	教学环节	支撑课程目标
1	MATLAB 语言在数字信号处理中的应用(2 学时)	(1) 掌握利用 MATLAB 工具箱函数生成基本序列; (2) 掌握 MATLAB 的函数创建的方法; (3) 掌握 MATLAB 作图程序的设计方法和要点; (4) 掌握应用 MATLAB 语言分析解决数字信号处理问题的基本特点与要求	预习报告、教师演示、实际操作、实验报告	目标 1、目标 2、目标 4、目标 5
2	系统的响应及稳定性(2 学时)	(1) 掌握应用 MATLAB 生成复杂序列和信号的方法; (2) 掌握应用 MATLAB 工具箱函数求解系统的卷积与滤波器的方法; (3) 掌握应用 MATLAB 语言分析离散时间系统时域特性的方法	预习报告、教师演示、实际操作、实验报告	目标 2、目标 3、目标 4、目标 5
3	时域采样与频域采样(2 学时)	(1) 理解时域采样定理和频域采样定理; (2) 能够编写 MATLAB 程序验证时域采样定理; (3) 能够编写 MATLAB 程序验证频域采样定理	预习报告、教师演示、实际操作、实验报告	目标 1、目标 2、目标 3、目标 4、目标 5
4	用 FFT 对信号作谱分析(2 学时)	(1) 掌握利用连续信号进行谱分析的方法; (2) 掌握周期序列谱分析的方法; (3) 掌握序列(包括周期序列)谱分析的方法	预习报告、教师演示、实际操作、实验报告	目标 1、目标 2、目标 3、目标 4、目标 5
5	IIR 滤波器设计与实现(2 学时)	(1) 掌握模拟滤波器的设计方法; (2) 掌握 IIR 数字低通滤波器的设计方法; (3) 掌握 IIR 数字高通、带通、带阻滤波器的设计方法; (4) 掌握利用 MATLAB 语言实现 IIR 数字滤波	预习报告、教师演示、实际操作、实验报告	目标 1、目标 2、目标 3、目标 4、目标 5
6	FIR 滤波器设计与实现(2 学时)	(1) 掌握窗函数法设计 FIR 数字滤波器的方法; (2) 掌握频率采样法设计 FIR 数字滤波器的方法; (3) 掌握等波纹逼近法设计 FIR 数字滤波器的方法; (4) 能够应用 MATLAB 语言实现 FIR 数字滤波	预习报告、教师演示、实际操作、实验报告	目标 1、目标 2、目标 3、目标 4、目标 5
7	综合设计性实验(4 学时)	(1) 从音频信号处理、语音信号处理、数字图像处理三个题目中选取一个自行完成实验; (2) 自行按照技术指标要求设计实验,撰写实验项目书,包括实验目的、实验原理、实验过程并上机完成实验,检验设计的合理性与正确性; (3) 撰写实验答辩 PPT 完成实验项目答辩	教师提出题目和实验的技术要求,学生自行完成实验项目设计与实验	目标 1、目标 2、目标 3、目标 4、目标 5

3. 课程目标的考核方式

本课程以过程性考核和期末测评成绩进行综合评定学生成绩。

综合成绩＝过程性考核成绩×40％＋期末测评成绩×60％

过程性考核成绩占40％：包括实验成绩(20％)、课后作业(10％)、上课总体评价(10％)。实验成绩按照100分制评定，设计性实验与验证性实验7个，每个实验占实验总成绩的10％，综合实验占实验总成绩的30％；上课总体评价＝提问×40％＋听课情况×40％＋课堂笔记×20％按100分制评价。课后作业10次，按照100分制评定，取平均值。

课程目标的考核方式如表2-7所示。

表2-7 课程目标的考核方式

	考核方式	成绩比例/%				
		课程目标1	课程目标2	课程目标3	课程目标4	课程目标5
过程性考核(40%)	上课总体评价(10％)	25	20	10	25	20
	课后作业(10％)	25	20	10	25	20
	课程实验(20％)	25	20	10	25	20
期末测评(60%)	期末测评	25	20	10	25	20

2.3.3 课程思政典型案例——科学精神的培养

科学精神是科学研究者进行科学研究、获得真理所需用的精神素质的总和。它具有丰富的内涵和多方面特征，通过本课程培养学生的求实精神、实证精神、探索精神、理性精神、创新精神、独立精神和原理精神。

1. 案例教学目标和实施过程

教学目标：通过各章节典型问题的分析，选取合适的融入点和融合载体，将理论课教学、实验课教学与思政教育融合，培养学生的科学精神。

实施过程如下。

(1) 绪论课给学生讲清楚课程要求。通过介绍课程的地位、应用领域，明确告知学生本课程的5个教学模块及教学目标，让学生知道自己要达到的学习成果；通过介绍教学内容让学生知道为什么要取得这样的学习成果；通过介绍技术手段以保障学生能够取得这些学习成果；通过介绍教学方法有效帮助学生取得学习成果；通过介绍考核评价方式让学生知道如何取得这样的成果。

(2) 理论课教学中科学精神培养。结合学科特点将思政教育与专业课教学相互融合、匹配互动，培养学生树立社会主义核心价值观与爱国主义情怀，培养学生的科学精神。

(3) 课程实验教学采用“3+2+3”的模式。验证性实验3个：内容相对固定，进一步加深对基本理论的理解和掌握，培养学生科学精神的求实精神、原理精神和怀疑精神。设计性实验2个，主要完成MATLAB、C语言的数字信号处理的程序设计、仿真与实现，培养学生的科学精神的独立精神、理性精神和实证精神。综合性实验3个：从工程案例库中选取，只给出工程背景和技术指标，按照工程项目的方式来组织完成实验，提升学生的工程实践能力，培养学生科学精神的探索精神、创新精神和独立精神。

2. 实施案例

1) 理论课教学中科学精神的培养

【实例2-10】 由时域采样定理的学习融合科学精神的原理精神和实证精神。

(1) 时域采样定理的内容。若信号$x_a(t)$是频带宽度有限的信号(称带限信号)，如果采样信号的频率f_s大于带限信号的最高频率f_h的2倍，即$f_s \geqslant 2f_h$，那么就能从采样后的信号无失真地恢复出原信号，将采样频率f_s称为折叠频率。

(2) 时域采样定理是数字信号处理的基本定理之一，是模拟信号采样与恢复中必须遵循的原理，由此融入科学精神的原理精神。原理精神要求：人类认识世界、改造世界的过程是“实践—认识—再实践”，循环往复以致无穷，不断发现规律、探索真理。也就是先通过科学研究与科学实践，弄清事物的发展规律形成科学的理论、原理与方法，以科学理论指导自己的行为去探索未知、走向未来。

(3) 进一步分析引申。数字信号处理系统中是不是只有一个采样频率f_s呢？在实际系统中经常会遇到采样率的转换问题。即要求一个数字系统能工作在“多采样率”状态。例如，在数字电视系统中、图像采集系统一般按4∶4∶4标准或4∶2∶2标准采集数字电视信号，再根据不同的电视质量要求，将其转换成其他标准的数字信号(如4∶2∶2,4∶1∶1,2∶1∶1等标准)进行处理、传输。这就要求数字电视系统工作在多采样率状态，对不同的信号频段，可根据其频率成分的不同而采用不同的采样率，以达到既满足采样定理，又最大限度地减少数据量的目的。近年来，建立在采样率转换基础上的“多采样率数字信号处理”已成为数字信号处理学科的主要内容之一。

由上述问题的讲解与分析引入科学精神的实证精神。

数字信号处理是一门工程实践特色非常鲜明的专业基础课，要求具备较高的实践动手能力，必须通过大量的上机实验来巩固和验证所学理论知识，并且要求能够举一反三，综合运用所学知识来解决工程实践问题，真正做到“从工程实践中来，到工程实践中去”。

实证精神要求一切科学认识必须建立在充分可靠的经验基础上，以可检验的科学事实为出发点，运用公认为正确的研究方法完成科学理论的构建。实证精神是一种客观的态度，在思考和研究中尽力排除主观因素的影响，尽可能精确地揭示出事物的本来面目。

【实例2-11】 DFT变换及快速傅里叶变换。

数字信号处理是一门既经典又年轻的学科，可以追溯到18世纪的傅里叶、拉普拉斯、高斯等科学家，但真正得以广泛应用迄今不过半个多世纪。以1965年库利(T. W. Cool)和图基(J. W. Tuky)在《计算数学》上提出快速傅里叶变换算法为里程碑，伴随着计算机和大规模集成电路技术的迅猛发展，数字信号处理在实际应用上才开始了突飞猛进的发展，从根本上改变了信息产业的面貌，使人类由电子化、数字化发展到了信息化与智能化。

对于有限长序列，离散傅里叶变换（Discrete Fourier Transform，DFT）是一种重要的数学变换，其实质是有限长序列傅里叶变换的有限点离散采样，从而实现了频域离散化，使数字信号处理可以在频域采用数值运算的方法进行，这样就大大增加了数字信号处理的灵活性。更重要的是，DFT 有多种快速算法，统称为快速傅里叶变换（Fast Fourier Transform，FFT），从而使信号的实时处理和设备的简化得以实现。

通过 DFT 与 FFT 算法的学习培养学生树立时频观、创新思维与创新精神。时频观：数字信号处理既可以在时域也可以在频域进行观测、分析、处理、设计与应用。快速傅里叶变换算法是信号处理领域重要的研究课题。自从 1965 年提出基 2FFT 算法以来，现在已提出的快速算法有多种，且还在不断研究探索新的快速算法。例如，分裂基 FFT 算法、离散哈特莱变换（DHT）、基 4FFT、基 8FFT、基 rFFT、混合基 FFT 等。

科学精神倡导创新思维和开拓精神，鼓励人们在尊重事实和规律的前提下，敢于标新立异。科学精神的本质要求是开拓创新。科学领域之所以不断有新发明、新发现、新创意、新开拓，之所以充满着生机和活力，就在于不断更新观念，大胆改革创新。因此，科学的生命在于发展、创新和革命，在于不断深化对自然界和人类社会规律的理解。实践证明，思维的转变、思想的解放、观念的更新，往往会打开一条新的通道，进入一个全新的境界。一部科学史，就是一部在实践和认识上不断开拓创新的历史。

【实例 2-12】 窗函数法设计 FIR 数字滤波器，融入科学精神的求实精神和怀疑精神。

（1）窗函数法设计 FIR 滤波器是一种时域逼近的方法。通过选择满足技术指标要求的窗函数去截取理想滤波器的单位脉冲响应，用一个有限长的序列 $h(n)$ 去替代无限长序列 $h_d(n)$，肯定会引起误差，表现在频域就是通常所说的吉布斯（Gibbs）效应。该效应引起通带和阻带内的波动并且过渡带加宽，尤其使阻带的衰减小，从而满足不了技术上的要求。吉布斯效应是由于将 $h_d(n)$ 直接截断引起的，因此，也称为截断效应。

（2）分析如何减少吉布斯效应。直观上，由于截断引起了吉布斯效应，增大 N，是不是就可以完全解决吉布斯效应带来的影响？实验和工程实践证明增大 N 只能有效控制过渡带带宽，而不能减少带内波动以及增大阻带衰减，因此增大 N，并不是减少吉布斯效应的有效手段。选取的项数增多即 N 增大，则 $h(n)$ 的长度增加，会使得滤波器在工程实现上的硬件开销和算法运算量过大，导致硬件系统更复杂、功耗增大、运行速度变慢等。

（3）以上述问题的分析为课程思政的融入点，引入科学精神的求实精神。①客观唯实、追求真理；②不把偶然性当必然性，不把局部看作全部，要实事求是地分析客观问题。

实证精神：要尊重客观事实、诚实正直，并通过复杂的逻辑思维分析认识客观事物。现象上增大 N 可以减小吉布斯效应，实质上引起吉布斯效应的原因是以 N 项傅氏级数取近似代替无限项傅氏级数，这样在一些频率不连续点附近会引起较大误差。

（4）融入科学精神的怀疑精神。理性精神充分体现通过概念、判断、推理、分析、综合、归纳、演绎等逻辑性的思维分析问题，解决问题，反对盲从和迷信。

【实例 2-13】 选择不同的窗函数减少吉布斯效应，融入科学精神的理性精神与创新精神。

选择不同的窗函数对 FIR 数字滤波器性能会有不同的影响。窗函数不同，滤波器的阶数 N 不同；不同的窗函数对阻带的衰减不同，所设计出的滤波器的过渡带带宽也不同，因此构造某种窗函数可以有效减少吉布斯效应，改善所涉及的滤波器的通带、阻带及过渡带的特性；各种教材中都只给出了矩形窗、三角窗、汉宁窗、哈明窗、布莱克曼窗和凯塞窗函数，随着数字信号处理的不断发展，学者们提出的窗函数已多达几十种，其中 MATLAB 信号处理工具箱提供了 14 种窗函数供调用。

通过窗函数发展融入科学精神的创新精神。科学精神的本质要求是开拓创新，科学的生命在于发展，创新思维的转变及观念的更新往往会打开一条新的通道，进入一个全新的境界，获得前所未有的成就。

【实例 2-14】 选择不同的窗函数设计 FIR 数字滤波器，融入科学精神的探索精神。

(1) 给出设计低通 FIR 数字滤波器的性能指标，首先采用哈明窗设计数字低通滤波器，运行程序后分析所设计的滤波器是否满足性能指标要求。

(2) 用凯塞窗设计相同性能指标的低通 FIR 数字滤波器。

MATLAB 程序代码如下：

```
fp = 1500;fs = 2500;rs = 40;
wp = 2 * pi * fp/Fs;ws = 2 * pi * fs/Fs;
Bt = ws - wp;                                         % 计算过渡带宽度
alph = 0.5842 * (rs - 21)^0.4 + 0.07886 * (rs - 21);  % 计算 kaiser 窗的控制参数 α
N = ceil((rs - 8)/2.285/Bt);                          % 计算 kaiser 窗所需阶数 N
wc = (wp + ws)/2/pi;                    % 计算理想高通滤波器通带截止频率(关于 π 归一化)
hn = fir1(N,wc,kaiser(N + 1,alph));                   % 调用 kaiser 计算低通 FIRDF 的 h(n)
……
```

程序运行完毕后，由学生讨论、归纳出凯塞窗与哈明窗设计数字滤波器程序代码、阶数 N、性能指标的不同点。

融入科学精神的探索精神。科学研究对象具有无限性与复杂性，永无止境，科学探索也应永无止境，思想解放亦永无止境，要在锲而不舍、不畏艰难的探索中推动科学向前发展，促进自身向更高的层次发展。

2) 实验课教学中科学精神的培养

【实例 2-15】 综合设计性试验：语音信号处理。

语音信号处理实验：教师给出工程背景和技术指标，在对信号进行谱分析的基础上，要求学生自行设计实验、撰写实验方案，完成对信号的分离与提取，最终按照工程项目的方式来组织和验收，根据完成的难易度、完整性、规范性计一次平时成绩，占实验总成绩的 30%。

本实验要求学生在查阅相关文献的基础上，依据工程背景和技术指标要求自主设计、独立完成实验，由此培养学生的探索精神和独立精神。

研究对象永无止境，科学永无止境，科学探索永无止境，思想解放亦永无止境。科学的最基本态度之一就是探索,科学的最基本精神之一就是批判。科学精神是顽强执着、锲而不舍的探索精神,古往今来,任何一项科学发现和发明,都不是凭空出现的,都经历过实践、认识、再实践、再认识这样一个辩证过程;都不是一帆风顺的,都要经历不断探索真理、不断追求真理、不断坚持真理这样一个艰难过程。科学家们正是凭着锲而不舍、不畏艰难险阻的精神,以非凡的勇气和毅力,孜孜不倦地探索着科学的奥秘,才在科学的各个领域做出了杰出的贡献。

【实例 2-16】 数字信号处理的实现及 DSP 芯片的发展现状,培养科学精神。

数字信号处理系统的实现方法有软件实现、硬件实现和软硬件结合实现。软件实现就是按照系统运算结构设计软件并在通用计算机上运行实现。硬件实现的方法则是按照设计的算法结构,利用加法器、乘法器和延时单元等组成专用的设备,完成特定的信号处理算法。利用可编程数字信号处理器(DSP)实现属于软硬件结合的方法。

1982 年,TI 公司的 TMS320 系列 DSP 芯片的第一代处理器 TMS320C10 问世,经过十几年的发展,DSP 芯片普遍采用哈佛结构、多通路和多总线结构,流水线操作,配有专用的硬件乘法-累加器,具有特殊的 DSP 指令、独立的 DMA 总线和总线控制器等。目前,DSP 芯片的内核结构将进一步改善,体现在 DSP 与 MPU、CPU 融合,DSP 和 SOC 融合,DSP 和 FPGA 融合,实时操作系统 RTOS 与 DSP 结合,使得运算速度更快,运算精度更高,动态范围更大,功耗越来越低。我国 DSP 芯片的发展与国外有很大差距,这就要求同学们在科学精神的指导下,以锲而不舍、精益求精、追求卓越的工匠精神不断去努力,推进我国芯片设计与制造业的发展。

培养学生的探索精神与创新精神。科学精神是顽强执着、锲而不舍的探索精神,古往今来,任何一项科学发现和发明,都不是凭空出现的,都经历过实践、认识、再实践、再认识这样一个完整过程;都不是一帆风顺的,都要经历不断探索真理、不断追求真理、不断坚持真理这样一个艰难过程。我国的芯片设计与制造业与国外有很大差距,目前市场上主流的芯片架构有 X86、ARM、RISC-V 和 MIPS 等,这就要求培养学生顽强执着、锲而不舍的探索精神,经过认真学习,掌握芯片设计与制造的基础理论,以非凡的勇气和毅力,孜孜不倦地去开拓我国的芯片领域。

数字信号处理技术已经渗透到与信号处理相关的诸多领域,极大地推动了人类生产力的发展。实时数字信号处理的实现由单独的 DSP 处理器向着 DSP 与各种处理器融合的方向发展。科学的生命在于发展、创新和革命,在于不断深化对自然界和人类社会规律的理解。因此,通过数字信号处理的实现及 DSP 芯片的发展培养学生不断转变思维,解放思想,更新观念,开拓创新,进入一个全新的境界。

2.3.4 教学特色与反思

1. 教学特色

本课程经过 20 多年持续不断的改进,形成了鲜明的特色。

(1) 数字信号处理课程教学中,通过热点问题、经典案例、典型产品讲解,融入科学精神的求实精神、探索精神、创新精神、实践精神等，培养学生的科学意识和科学品质。

（2）讲述数字信号处理的发展史，让学生学会运用科学意识、科学发展观指导学习和生活。科学发展观是马克思主义关于发展的世界观和方法论的集中体现，是新时代指导一切工作的准绳。信号处理从模拟到数字的转变，TI公司数字信号处理技术的转型是事物发展必须遵循的客观规律，只有坚守科学原理与科学精神，才能获取分析和解决问题的正确方法，才能沿着正确的方向发展。

（3）培养学生的科学精神，必须使学生具有系统的科学知识，科学知识是科学精神的基础。通过数字信号处理理论与实验课的学习，引导学生应用科学的思维和科学方法探寻问题的本质，培养学生以科学的思维方法分析问题、解决问题。作为一门严谨的理工学科，数字信号处理的诞生、研究、发展既是对模拟信号处理、信号与系统等前身学科的继承，又聚焦于自身学科的发展矛盾，发展了一系列具有学科特色的思路方法体系，其发展变化规律既有普遍性又有特殊性，是唯物辩证法的具体体现。

（4）物理学家劳厄曾经说过：重要的不是获得知识，而是发展思维能力。教育给予人们的无非是一切已学过的东西都遗忘掉的时候，所剩下的东西，这就是科学精神，这就是科学教育的意义所在。因此传授知识并不是上课的唯一目的，也绝不能成为上课的唯一重点，关键是培养学生的科学能力和科学方法。

2. 教学反思

科学精神的培养是理工科课程思政教育的重要内容之一，专业课教师要依据课程的知识目标、素质目标、能力目标的要求，以学科内容为主线，认真研究思政教育的融合点，选择合适的融合载体，采用正确的融合方法，以学科本身蕴含的大量科学思维方法为主要目的讲授数字信号处理课程，只有将科学精神的培养与专业课教育、实验教学有机融合，才能取得满意的教学效果。

（伍永峰）

2.4　“电磁场与电磁波”课程的设计与实践

2.4.1　课程概况与目标

电磁场与电磁波课程是电子信息工程、通信工程、电子信息工程（卓越工程师）专业的专业基础课程。本课程以电磁学为基础，运用矢量分析和场论的数学工具，以静态电磁场的解法和均匀平面电磁波的传播为重点，揭示宏观电磁现象的本质（介绍了电磁场与电磁波的基本特性及规律）；主要学习静态电磁场及其解法、时变电磁场、电磁波的传播与辐射等。

通过本课程的教学，从价值引领、知识探究、能力建设、态度养成四个维度实现知识、思维、能力的有机统一，使学生达到如下课程目标。

目标1——价值引领：培养学生具有科学精神、规矩意识和追求卓越的工匠精神。掌握

电磁场与电磁波基础知识，具备对复杂通信与电子工程系统中所涉及的电磁场与电磁波的建模和分析问题的能力。（支撑毕业要求1）

目标2——知识探究：能熟练运用电磁场与电磁波中散度、旋度、边界条件等分析手段，能够识别和判断复杂工程问题。（支撑毕业要求2）

目标3——能力建设：能够基于静态电磁场、时变电磁场、电磁波在自由空间、波导、边界上的时空分布特性与传输特性，对复杂通信工程问题选择研究路线，设计可行的实验方案。（支撑毕业要求3）

目标4——能力建设：能够进行电磁场电磁波信号产生系统、天线及传输系统、电磁场电磁波接收及显示系统、嵌入式矢量分析仪等系统所涉及的器件或仪器选型，并根据各种器件的功能搭建实验平台，采用科学的实验方法，安全有效地开展实验。（支撑毕业要求4）

目标5——态度养成：能够区别电磁辐射与电磁污染并理解其对环境保护和社会可持续发展的内涵和意义；能够熟练地利用趋肤效应、电磁屏蔽解决简单的电磁防护问题，并进行评价。（支撑毕业要求7）

2.4.2 总体设计

1. 指导思想

教育理念——坚持以学生为中心，教育目标——坚持知识、过程、能力、价值观培养并重，教学内容——坚持思想性、科学性、时代性并重，教学方法——坚持理论联系实际，坚持工程实践问题探讨。

课程建设围绕教师和教材两个核心要素，加强课程思政理论探索、师资队伍课程思政能力建设和课程思政资源库建设。

2. 课程目标与课程教学的对应关系

课程理论教学内容与课程目标、教学环节的对应关系如表2-8所示。

表2-8 课程理论教学内容与课程目标、教学环节的对应关系

章	教学内容	教学环节	支撑课程目标
绪论	1. 课程的地位 2. 应用领域 3. 研究内容及性质 4. 研究方法	讲授、课堂问答、课堂练习、课后作业	目标1
第1章 矢量场	1.1 矢量及其代数运算	讲授、课堂问答、课堂练习、课后作业	目标1、目标2、目标3、目标4、目标5
	1.2 标量场的梯度、矢量场的散度与旋度		
	1.3 矢量积分定理		
	1.4 三种常用坐标系		
	1.5 矢量场唯一性定理		

续表

章	教学内容	教学环节	支撑课程目标
第2章 静电场	2.1 电场强度	讲授、课堂问答、课堂练习、课后作业	目标1、目标2、目标3、目标4、目标5
	2.2 真空中静电场的基本方程		
	2.3 电位		
	2.4 静电场中的介质与导体		
	2.5 介质中的静电场方程		
	2.6 静电场的边界条件		
	2.7 电位的边值问题与解的唯一性		
	2.8 分离变量法		
	2.9 镜像法		
第3章 稳恒电场与磁场	3.1 电流密度和电荷守恒定律	讲授、课堂问答、课堂练习、课后作业	目标1、目标2、目标3、目标4、目标5
	3.2 稳恒电流的电场		
	3.3 安培定律和磁感应强度		
	3.4 矢量势、稳恒磁场的基本性质		
	3.5 磁偶极子及其与磁场的作用		
	3.6 物质的磁化与磁场强度		
	3.7 磁场的边界条件		
第4章 时变电磁场	4.1 法拉第电磁感应定律	讲授、课堂问答、课堂练习、课后作业	目标1、目标2、目标3、目标4、目标5
	4.2 位移电流和全电流定律		
	4.3 麦克斯韦方程组和洛伦兹力公式		
	4.4 电磁场的边值关系		
	4.5 电磁场的能量守恒定律与坡印廷矢量		
	4.6 电磁场的矢量势和标量势		
	4.7 推迟势和似稳电磁场		
第5章 电磁波的传播	5.1 理想介质中的均匀平面电磁波	讲授、课堂问答、课堂练习、课后作业	目标1、目标2、目标3、目标4、目标5
	5.2 媒质的频散和电磁波的相速与群速		
	5.3 电磁波在有耗媒质中的传播		
	5.4 电磁波在介质分界面上的反射与折射		
	5.5 电磁波在导体表面上的反射与折射		
	5.6 波导和谐振腔		
第6章 电磁波的辐射	6.1 天线的分类和常用电参数	讲授、课堂问答、课堂练习、课后作业	目标1、目标2、目标3、目标4、目标5
	6.2 电偶极子辐射和磁偶极子辐射		

课程实验教学内容与课程目标、教学环节的对应关系如表2-9所示。

表 2-9　课程实验教学内容与课程目标、教学环节的对应关系

序号	实验项目	教学要求	教学环节	支撑课程目标
1	电磁场电磁波信号发生器测试	（1）掌握电磁场电磁波数字智能实训平台说明书基本的操作和使用方法； （2）熟练调节电磁场电磁波信号发生器频率及功率，为以后实验做准备； （3）学会检查电磁场电磁波数字智能实训平台说明书的频率显示、强度显示、表头电路工作	小组协作、讲授、课堂问答	目标 1、目标 2、目标 3、目标 4、目标 5
2	位移电流测量及电磁场与电磁波的存在	（1）掌握测量位移电流，并验证电磁场与电磁波的存在； （2）掌握电磁场与电磁波测量的一般方法及步骤； （3）掌握电磁场与电磁波测量综合实验系统的操作和使用方法，为以后实验做准备	小组协作、讲授、课堂问答	目标 1、目标 2、目标 3、目标 4、目标 5
3	电磁波场强空间的分布	（1）进一步掌握电磁场与电磁波测量的方法及步骤； （2）了解电磁场强弱与哪些因素有关	小组协作、讲授、课堂问答	目标 1、目标 2、目标 3、目标 4、目标 5
4	电磁波屏蔽、穿透和绕射	（1）理解电磁屏蔽和绕射特性； （2）掌握电磁屏蔽和绕射的测量方法	小组协作、讲授、课堂问答	目标 1、目标 2、目标 3、目标 4、目标 5
5	迈克尔逊干涉	（1）了解电磁波的空间传播、反射、干涉特性； （2）通过实验理解迈克尔逊干涉原理	小组协作、讲授、课堂问答	目标 1、目标 2、目标 3、目标 4、目标 5
6	电磁波反射及波长测试	（1）掌握行驻波的产生原理，掌握行驻波波腹和波节测量方法； （2）学会电磁波波长的测定及用波长计算频率	小组协作、讲授、课堂问答	目标 1、目标 2、目标 3、目标 4、目标 5
7	电磁波的极化	（1）加深对电磁波极化特性的理解和认识； （2）了解各种电磁波极化信号的产生和常用天线的极化特性	小组协作、讲授、课堂问答	目标 1、目标 2、目标 3、目标 4、目标 5
8	各种天线的设计与制作	（1）通过天线的设计制作，初步了解天线的特性及基本结构； （2）认识时变电磁场，理解电磁波辐射和接收原理	小组协作、讲授、课堂问答	目标 1、目标 2、目标 3、目标 4、目标 5

3. 课程目标的考核方式

本课程以过程性考核和期末测评成绩进行综合评定学生成绩。

综合成绩＝过程性考核成绩×30％＋期末测评成绩×70％

过程性考核成绩占 30％：包括实验成绩（20％）及课后作业（10％）。期末测评成绩占

70%：闭卷考试。

实验小组协作学习共计 8 次，每次均按 100 分计，最终取其平均值。成绩评定以实验报告为主，其中要求记录实验步骤，给出实验分析以及小组讨论结果，实验报告字迹清楚，不得相互抄袭。教师根据提交的小组讨论记录和实验报告情况给出成绩。

课后作业环节包括每章的课后习题作业，每次均按 100 分计，最终取其平均值。

课程目标的考核方式如表 2-10 所示。

表 2-10　课程目标的考核方式

分项成绩	考核方式	成绩比例/%				
		课程目标 1	课程目标 2	课程目标 3	课程目标 4	课程目标 5
过程性考核(30%)	实验小组协作(20%)	5	5	40	30	20
	课后作业(10%)	50	40	0	0	10
期末测评(70%)	结课考试	50	40	0	0	10

2.4.3　课程思政典型案例——科学精神的培养

科学精神是人们在长期的科学实践活动中形成的共同信念、价值标准和行为规范的总称，是指由科学性质所决定并贯穿于科学活动之中的基本的精神状态和思维方式，是体现在科学知识中的思想或理念。科学精神的培养是一个长期的过程，不可能一次完成，也不可能一蹴而就，不能立竿见影地看到效果，不能操之过急。科学精神的培育是需要持之以恒地开展的，要进行系统化的设计，坚持理论与实践相结合，从课程教学的各个环节考虑，讲求实效并能够进行考核评价。

1. 案例教学目标和实施过程

教学目标：通过课程的各个环节，培养学生的科学精神。

实施过程如下。

(1) 绪论课给学生讲清楚课程要求。通过介绍课程的地位、应用领域，明确告知学生本课程的 5 个教学目标，让学生知道自己要达到的学习成果；通过介绍教学内容让学生知道为什么要取得这样的学习成果；通过介绍技术手段以保障学生能够取得这些学习成果；通过介绍教学方法有效帮助学生取得学习成果；通过介绍考核评价方式让学生知道如何取得这样的成果。

(2) 课程理论教学中科学精神的培养。根据电磁场与电磁波学科与专业的特点，结合学生未来所从事工作的职业素养要求，在理论教学中始终贯穿科学精神的培养。

(3) 课程实验教学中科学精神的培养。实验教学针对每章的内容进行安排，结合工程实践性，从实验自身设计、报告设计、小组协作设计、实验操作设计等多方面确保科学性，将求实精神、实证精神、探索精神、理性精神等科学精神的培养始终贯穿于实验的全过程。

（4）结课考试中科学精神的培养。从考试内容选择、考题类型设置、考核标准的确立等多方面体现对科学思维方式的培养，凸显对学生科学原理精神、科学求实精神等的发展。

2. 实施案例

1）课程理论教学中科学精神的培养

电磁场与电磁波学科发展的历史就是对伟大的科学家，如麦克斯韦、法拉第、安培等科学理念与精神的传承。因此，作为一门理论性较强的课程，学生需要学习大量理论知识，包括电磁场与电磁波的物理概念、定理、公式等，通过课程理论教学，可从求实精神、实证精神、探索精神、理性精神、原理精神等方面培养学生的科学精神。

【实例 2-17】 在麦克斯韦方程组的微分形式中，式(2-1)反映了“磁生电”的科学原理，最早由科学家法拉第通过十余年不懈的实验探索得出，饱含了探索精神与实证精神，式(2-2)反映了“电生磁”的科学原理，其中的位移电流密度是麦克斯韦在安培与法拉第实验的基础上，通过丰富的联想，严谨的数学推导得到的，蕴含了丰富的求实精神、实证精神、原理精神，而将式(2-1)与式(2-2)联系起来便打通了“电”与“磁”之间的界限，以巨大的科学创新精神打破了数百年来电学与磁学相互孤立的局面，科学地否定了有关电磁现象的迷信与谣言，是科学怀疑精神的集中体现。

$$\nabla\times \boldsymbol{E} = -\frac{\partial \boldsymbol{B}}{\partial t} \tag{2-1}$$

$$\nabla\times \boldsymbol{H} = \boldsymbol{J} + \frac{\partial \boldsymbol{D}}{\partial t} \tag{2-2}$$

【实例 2-18】 在均匀平面电磁波在介质分界面上的反射和折射现象中，由 Snell 定律和 Fresnel 公式表征入射波、反射波及折射波之间的关系。1621 年，Snell 定律由光的折射实验发现，电磁波在介质分界面发生反射和折射时，Snell 定律依然成立，从某一侧面说明光也是一种电磁波。Snell 定律一直在指导传统的光学器件设计，即通过光波在不同厚度的介质内传播的过程中逐渐积累相位来改变光波的波前，从而调控光波，实现特定功能。随着现代光学器件的集成化发展，通过不同类型的透镜组装的光学器件由于其设计原理复杂、尺寸不易缩小、不易集成等因素限制了光学器件的集成和小型化。2011 年，哈佛大学 Capasso 教授提出了广义 Snell 定律，与传统 Snell 定律不同，其采用相位不连续的方式调控电磁波的波前，可以实现任意电磁波调控，是电磁领域内的一大科学创新，是根据科学发展对传统 Snell 定律的丰富和完善，使得 Snell 定律焕发新机，充满生机和活力。这也说明科学的发展史就是一部创新史，创新是被社会需求和发展驱动，不断向前，使得我们进一步认识自然，不断探索未知。

2）课程实验教学中科学精神的培养

课程实验教学是通过科学的实验设计、严谨的实验步骤、规范的实验报告，达到培养学生实证精神、怀疑精神的目的。

（1）科学的实验设计。科学实验是对科学理论的验证，必须遵从科学的求实精神，因此在实验设计阶段，实验设计者要本着科学的原理精神，一丝不苟地琢磨实验设计的每个环节。采用规范的实验报告模板、实验名称、实验目的、实验任务、实验所使用的设备，按照实验任务设计实验。

(2) 严谨的实验步骤与合理的怀疑精神。在学生进行实验的过程中，确保每个实验步骤的严谨性，在实验的整个环节中培养合理的怀疑精神，凡事都要问一个为什么，追问它究竟有什么根据，而决不轻易相信一切结论，不迷信权威。

(3) 规范的实验报告与独立思考的科学精神。撰写规范的实验报告，包括规范的实验名称、实验目的、实验内容、实验任务、数据或结果记录等内容。通过独立思考实验现象，科学分析实验数据，最终得到正确的实验结论。

(4) 实验报告评价的规矩要求。学生完成实验后，教师按照上支的实验报告，检查学生对所学知识的掌握程度，给出考核评价成绩。

【实例 2-19】 电磁波场强空间的分布实验。

科学的实验设计的关键点在于：①必须阐述电磁波场强空间的分布实验的原理，即电磁场电磁波是由电磁信号源向空间辐射产生的，辐射的能量越大产生的电磁场电磁波强度越强。②选取正确的科学仪器设备，例如发射天线、接收天线等。③设计科学合理的实验系统图的重点在于实验系统必须科学合理，例如发射、接收天线必须匹配等。

严谨的实验步骤与合理的怀疑精神主要体现在：①实验设备的连接必须严格遵循设计顺序，讲究"一步一个脚印"杜绝"颠三倒四"的设备连接顺序，讲求科学的理性精神。②在实验设备调试的过程中，具备一定的探索精神，即在发现问题的情况下积极寻求问题的根源，并且不局限于课本所学的知识，可通过查找科学文献与报告，解决实验中出现的疑难问题。

规范的实验报告与独立思考的科学精神重点在于：通过理论学习，已知在确定信号源下，空间电场强度随场源距离的平方成反比这一理论知识；然后确定电磁波发射源，改变带有小灯泡的电偶极子接收天线的空间位置，根据灯泡的明暗程度判断所在位置的场强大小，验证实验结果是否与理论相符，从而培养独立思考的科学精神；最后规范、独立地撰写实验报告内容。

【实例 2-20】 位移电流测量及电磁场与电磁波的存在实验。

麦克斯韦在总结前人工作的基础上，通过合理假设和严格数学推导，得到了麦克斯韦方程组，其贡献主要在于提出位移电流和涡旋电场，并预言了电磁波的存在。麦克斯韦也被认为是从牛顿到爱因斯坦之间最伟大的物理学家，电磁理论深刻地改变了人类的发展历程。但是麦克斯韦的电磁波理论起初并不为社会接受，直到赫兹实验证明了电磁波的存在。现在，电磁波是确实存在的已是同学们普遍接受的观点，但如何在实验中通过已有器材证明电磁波的存在，如何根据麦克斯韦方程组分析实验现象，这是对科学的实证精神和怀疑精神的培养。

整个实验过程中，一是通过移动带灯泡的自制接收天线，观察灯泡的亮暗情况。分析：当灯泡点亮，说明接收天线中有电流流过，天线中存在传导电流，周围存在位移电流，形成了电流回路，证明了电磁波的存在。需要同学们在实验报告中分析实验原理，给出原因，尽可能发觉实验现象和原理之间的本质联系，培养实证精神。二是存在灯泡不亮的可能。分析：

虽然这个实验只是一个定性实验，但也存在实验没有现象的可能，这时需要同学们分析原因，发挥科学中的怀疑精神，排除一切可能的干扰，尽可能复现实验现象。

3）结课考试中科学精神的培养

【实例 2-21】 结课考试是学生科学精神培养的重要途径，也是检验学生学习程度的重要手段，能从多个角度反映学生对于科学精神的领悟能力。其囊括了大学生培养科学精神的基本途径：①在提高观察力的过程中培养科学精神。②在增强记忆力的过程中培养科学精神。

题目 1：从静电场的边界条件可知（ ）。

A. ***D*** 的法向分量在分界面上是不连续的

B. ***D*** 的法向分量在分界面上是连续的

C. ***E*** 的切向分量在分界面上是不连续的

D. ***E*** 的切向分量在分界面上是连续的

要求：①学生能够仔细观察描述静电场边界条件的几个相互类似选项，发现其中的不同之处，在提高观察力的过程中培养科学精神。②根据之前对 ***D*** 与 ***E*** 法向、切向性质的记忆进行选择判断，在增强记忆力的过程中培养科学精神。

题目 2：请写出麦克斯韦方程组的微分形式、积分形式以及复数形式。

要求：麦克斯韦方程组是电磁场与电磁波的核心，由于公式之间内在的联系和高度凝练性，在不理解其物理意义的情况下，很容易混淆。需要清楚静电场、稳恒磁场、正弦电磁场等只是麦克斯韦方程组在不同条件下的特例，麦克斯韦方程组适用于一切宏观电磁现象的分析。理解和记忆麦克斯韦方程组，充分活跃思维，发现不同章节内容之间的联系和区别，由具体现象到普遍原理的推理过程中，培养学生理解学科中归纳的科学思维，体会科学发展中由特殊到一般、由部分到全部的科学发展路径及其中蕴含的丰富的科学精神。

4）课后作业中科学精神的培养

【实例 2-22】 课后作业是课堂教学的延伸，是对于大学生科学精神培养的一种延续，着重培养了大学生独立思考、独立解决问题的能力，体现了科学的求实精神、实证精神、独立精神、怀疑精神。

题目 1：简述电磁辐射与电磁污染的区别，以及电磁辐射与电磁污染对环境保护和社会可持续发展的意义。

要求：①学生能够区别电磁辐射与电磁污染这两个概念，并指出两者的不同之处。基于以上科学概念的解析，进一步地，能够对现今社会上将电磁辐射与电磁污染混淆、“谈电磁辐射色变”的现象进行科学的驳斥，充分体现出科学的求实精神、实证精神、独立精神、怀疑精神。②基于所学电磁场知识，能够回答电磁辐射与电磁污染对环境保护和社会可持续发展的意义，学以致用，在人类利用电磁波的道路上进行一点探索与创新，体现出科学的探索与创新精神。

题目 2：查阅资料，论述无线输电的原理、意义以及目前存在的问题。

要求：①学生可以查阅不同资料，阐述无线输电的原理和实际意义，详细体会科学创新对社会的改造。充分体会科学研究中的探索和创新精神。②总结无线输电目前存在的问题，体会从理论到实践的不易，科学不仅需要探索和创新，还需要理性、怀疑以及独立的精神，科学探索的道路是曲折的，但是以原理、求实、实证的精神为基础，未来是光明的。

2.4.4　教学特色与反思

1. 教学特色

本课程经过多年持续不断的改进，形成了清晰的教学特色。

(1) 科学精神的培养本身就是一个科学的过程，必须从学习科学、理解科学、应用科学三个阶段着手，反复强化，不停实践。将电磁场与电磁波的理论与实验紧密结合，将抽象问题形象化，培养学生的抽象思维、培养学生理论联系实际的科学探索精神，培养学生学科学、用科学的科学实证精神，发展学生利用科学原理探索新事物、发现新问题的探索精神和创新精神。

(2) 科学精神的培养要结合课程的特点和学生发展的需求，从小处着眼，从细节着手，使得科学精神的培养做到润物细无声，真正地融入学生的骨子里。

2. 教学反思

课程团队致力于将课程思政有机地融入教学之中，着力培养学生的科学精神，达到较好的课程教育目标，深受学生的喜爱。然而，我们也意识到课程思政是一个系统工程，科学精神的培养更是需要持之以恒，必须从教育者自身的科学精神培养和大学生的科学精神培养两方面同时着手。专业课程教师还需不断学习新的教育理念，从教育者自身的态度、知识、技能、思想、品德等方面进行提升，需要做到：①专业课教师要提高自身的科学素养；②立足课程思政，渗透科学精神；③教育方式要体现科学精神。

（马　鑫　贾兴宁）

2.5　“信息理论与编码”课程的设计与实践

2.5.1　课程概况与目标

“信息理论与编码”是电子信息工程(卓越工程师方向)、电子信息工程和通信工程等专业的专业选修课程，开设在第5学期，共48学时，3学分。该课程主要讲授香农信息论的基本概念、基本理论和基本分析方法，掌握基于香农编码理论的一些信道和信源编码方法，具体包括霍夫曼编码、线性分组码、循环码、卷积码和Turbo码等，为从事信息科学的相关研究和应用打下坚实的基础。

通过本课程的教学，从价值引领、知识探究、能力建设、态度养成四个维度实现知识、思维、能力的有机统一，使学生达到如下课程目标。

目标1——价值引领：培养学生具有爱国主义热情、科学精神和精益求精的工匠精神。(支撑毕业要求6、8)

目标 2——知识探究：掌握香农信息理论的基本概念，理解自信息量、信息熵和平均互信息的特点，理解和掌握通信系统的模型和组成，具备通信系统建模和分析能力。（支撑毕业要求 1）

目标 3——能力建设：能熟练运用香农信息理论的基本知识，识别和判断复杂通信系统中的信源和信道类型，分析和计算基本参数。（支撑毕业要求 2）

目标 4——能力建设：能熟练运用香农信息理论的基本原理，结合应用场景，采用适当的编码方法，达到系统整体性能的最优化。（支撑毕业要求 2、3）

目标 5——态度养成：能够在各类通信系统方案的设计或开发环节，综合考虑成本、社会安全、文化和环境等因素，进行分析和解释，获取合理、有效的结论。（支撑毕业要求 3）

2.5.2 总体设计

1. 指导思想

教育理念——坚持教书与育人并重；教育目标——知识、能力和素质有机融合；教学内容——反映时代特征，聚焦科技前沿；教学方法——利用信息技术，开展探究式学习。

课程建设围绕学生、教学内容和教师等核心要素，加强课程思政理论探索、师资队伍课程思政能力建设和课程思政资源库建设。

2. 课程目标与课程教学的对应关系

课程理论教学内容与课程目标、教学环节的对应关系，如表 2-11 所示。

表 2-11 课程理论教学内容与课程目标、教学环节的对应关系

章	教学内容	教学环节	支撑课程目标
第 1 章 概论	1. 经典信息论的基本内容 2. 信息论的发展历程 3. 信息论的分析方法 4. 课程的安排与要求	PPT 讲授、演示	目标 1
第 2 章 信源与信息熵	2.1 离散信源与信息熵	PPT 讲授、演示、课堂练习、课后作业	目标 1、目标 2、目标 3
	2.2 离散序列信源		
	2.3 连续信源		
第 3 章 信息率失真函数	3.1 失真测度	PPT 讲授、演示、课堂练习、课后作业	目标 1、目标 2、目标 3
	3.2 离散信源的信息率失真函数		
	3.3 连续信源的信息率失真函数		
第 4 章 信道与信道容量	4.1 信道分类与数学模型	PPT 讲授、演示、课堂练习、课后作业	目标 1、目标 2、目标 3
	4.2 信道容量的代价函数和信道冗余度		
	4.3 离散信道及其容量计算		
	4.4 连续信道及其容量		
	4.5 信道容量与信息率失真函数的区别		
	4.6 多用户信道		

续表

章	教学内容	教学环节	支撑课程目标
第5章 香农三大定理	5.1 香农第一定理	PPT讲授、演示、课堂练习、课后作业	目标1、目标2、目标3、目标4
	5.2 香农第二定理		
	5.3 香农第三定理		
第6章 无失真信源编码	6.1 信源编码概述	PPT讲授、演示、课堂练习、分组讨论、课后作业	目标1、目标4、目标5
	6.2 无失真信源编码概述		
	6.3 等长码与等长信源编码定理		
	6.4 变长编码		
	6.5 最佳变长编码(霍夫曼编码)		
第7章 限失真信源编码定理	7.1 限失真信源编码概述	PPT讲授、演示、课堂练习、分组讨论、课后作业	目标1、目标4、目标5
	7.2 限失真信源编码逆定理		
	7.3 保真度准则下的码率压缩标准		
	7.4 几种常见的有损压缩编码技术		
第8章 信道编码	8.1 信道编码的基本概念	PPT讲授、演示、课堂练习、分组讨论、课后作业	目标1、目标4、目标5
	8.2 错误概率		
	8.3 线性分组码		
	8.4 循环码		
	8.5 卷积码		

3. 课程目标的考核方式

本课程以过程性考核和期末测评成绩进行综合评定学生成绩。

$$综合成绩=过程性考核成绩\times 40\%+期末测评成绩\times 60\%$$

过程考核成绩(占40%):包括课后作业、课堂表现、阶段测验和分组讨论四部分。其中,课后作业每次均按100分计,最终取其平均值,课堂表现根据“雨课堂”记录,每次均按100分计,最终取最佳的五次计入并取其平均值,阶段测验和分组讨论均按100分记录。

期末测评按照课程大纲的范围,根据课程目标要求,合理分配考核内容分值和考题类型,成绩按百分制评定。

课程目标的考核方式如表2-12所示。

表2-12 课程目标的考核方式

考核方式		成绩比例/%				
		课程目标1	课程目标2	课程目标3	课程目标4	课程目标5
过程性考核(40%)	课后作业(10%)	10	25	20	25	20
	课堂表现(10%)	20	20	20	20	20
	阶段测验(10%)	20	20	20	20	20
	分组讨论(10%)	30	10	20	20	20
期末测评(60%)	闭卷考试	20	20	20	20	20

2.5.3 课程思政典型案例——科学精神的培养

科学精神是科学的灵魂，具有求实、探索、创新等重要的内涵。科学精神的培养需要在教师、学生和课程教学等多个层面下功夫，是一个长期的过程，不可能一次完成，不可能一蹴而就。

1. 案例教学目标和实施过程

教学目标：通过课程教学的各个环节，培养学生的科学精神。

实施过程如下。

(1) 概论课教学中科学精神的培养。通过介绍课程的特点、应用领域，明确告知学生本课程的 5 个教学目标，让学生明晰自己要达到怎样的学习成果；通过介绍课程内容让学生知道为什么要取得这样的学习成果；通过介绍技术手段以保障学生能够取得这些学习成果；通过介绍教学方法有效帮助学生取得学习成果；通过介绍考核评价方式让学生知道如何取得这样的成果。

(2) 课程内容教学过程中科学精神的培养。课堂是思政实施的主要场所，通过凝练信息理论与编码课程中蕴含的科学内容和价值范式，采用教师理论介绍、学生专题分组讨论等教学方法，让学生在学习过程中体会到科学家的求实精神、怀疑精神、探索精神、实证精神和创新精神等，达到持续、渐进培养科学精神的目的。

学生专题分组讨论的考核评价细则如表 2-13 所示。

表 2-13 分组讨论考核评价细则

课程目标	评价标准					权重/%
	90～100	80～89	70～79	60～69	0～59	
目标 1	能够按时按照要求完成讨论内容的学习，分享 PPT 翔实、完整；具有一定的创新	能够按时按照要求完成讨论内容的学习，分享 PPT 翔实、完整	能够按时按照要求基本完成讨论内容的学习，分享 PPT 完整	能够按时按照要求基本完成讨论内容的学习、整理与分享	不能按时按照要求完成讨论内容的学习、整理与分享	30
目标 2	掌握了香农信息理论的基本概念；能对讨论问题构建合理的模型	掌握了香农信息理论的基本概念；能对讨论问题构建较合理的模型	基本掌握香农信息理论的基本概念；能对讨论问题构建较合理的模型	基本掌握香农信息理论的基本概念；基本能对讨论问题构建分析模型	基本掌握香农信息理论的基本概念；不能对讨论问题构建分析模型	10
目标 3	能够熟练地运用香农信息理论的基本知识，分析讨论内容涉及的基本参数，可获得有效结论	能够较好地运用香农信息理论的基本知识，分析讨论内容涉及的基本参数，可获得有效结论	能够基本运用香农信息理论的基本知识，分析讨论内容涉及的基本参数，可获得一定结论	能够基本运用香农信息理论的基本知识，分析讨论内容涉及的基本参数，获得结论不充分	不能运用香农信息理论的基本知识，分析讨论内容涉及的基本参数，不能获得有效结论	20

续表

课程目标	评价标准					权重/%
	90～100	80～89	70～79	60～69	0～59	
目标 4	能够熟练地运用香农信息理论的基本原理，分析和解决讨论内容涉及的问题，可获得有效结论	能够较好地运用香农信息理论的基本原理，分析和解决讨论内容涉及的问题，可获得有效结论	能够基本运用香农信息理论的基本原理，分析和解决讨论内容涉及的问题，可获得一定结论	能够基本运用香农信息理论的基本原理，分析和解决讨论内容涉及的问题，获得结论不充分	不能运用香农信息理论的基本原理，分析和解决讨论内容涉及的问题，不能获得有效结论	20
目标 5	能够充分地分析和解释讨论内容涉及的成本、社会安全、文化和环境等因素	能够合理地分析和解释讨论内容涉及的成本、社会安全、文化和环境等因素	能够较合理地分析和解释讨论内容涉及的成本、社会安全、文化和环境等因素	能够基本分析和解释讨论内容涉及的成本、社会安全、文化和环境等因素	不能合理分析和解释讨论内容涉及的成本、社会安全、文化和环境等因素	20

2. 实施案例

1）概论课教学中科学精神的培养

向学生介绍信息论的发展历程，讲授香农、霍夫曼、汉明等科学家对信息论发展的贡献以及他们的伟大成就，用他们探索科学的过程、追求真理的历程，引导、教育学生，树立远大目标，为社会的发展贡献自己的力量。

(1) 香农的生平。香农(Claude Elwood Shannon)于 1916 年 4 月 30 日出生于美国密歇根(Michigan)州的 Gaylord 小镇，大发明家爱迪生(Thomas Alva Edison)是其孩童时代的偶像。香农在中学时代就对各类机械装置非常感兴趣，特别是对这些装置如何运转具有强烈的好奇心。1932 年，16 岁的香农高中毕业后进入密歇根大学学习，于 1936 年获得数学和电子工程两个学士学位，同年，源于对布尔逻辑的兴趣，他申请了麻省理工学院(MIT)的操作微分分析仪(一种早期的模拟计算机)助理研究员的职位并在职攻读硕士学位，1940 年他在硕士论文 *A Symbolic Analysis of Relay and Switching Circuits* 中，科学严谨地论述了如何使用布尔代数对继电器电路进行分析和合成，开关电路在后来的计算机和通信电子工程发展中发挥了极大的作用，现在人们普遍认为这项工作为数字电路领域奠定了基础，并称赞香农的成果为“把数字电路设计方式由艺术变为科学的里程碑”。香农后来从电子工程系转到数学系攻读博士学位，在学习期间，除了继续研究开关理论，还对通信中的基本问题产生了浓厚的兴趣，并进行了初步的数学思考。

1941 年，香农进入贝尔实验室数学部工作，开始继续认真研究他在通信方面尚不成熟的数学理论，从 1940 年到 1948 年，香农用了 8 年的时间，为通信系统建立了一整套数学理论，关注了最佳通信系统的性能以及如何才能接近该性能，并于 1948 年发表了 *A Mathematic Theory of Communication* 一文。这一划时代的论文，标志着信息论的诞生，在这篇论文中，香农运用概率论这一数学工具，给出了可量化的信息的定义，提出了熵的概念，推导出一系列在通信领域具有重要指导意义的定理。这篇论文至今还在指引启发着后人的研究工作，使信息论在越来越多的领域大放异彩。

香农对世界的贡献不只是开关理论和信息论，在图灵机理论和人工智能等领域也有先驱性的工作。

香农创立的信息论至今仍深刻影响着世界，正如著名信息论和编码学家 Richard Blahut 在香农塑像落成典礼上所说"在我看来，两三百年之后，当人们回过头来看我们的时候，他们可能不会记得谁曾是美国的总统，可能也不会记得谁曾是影星或摇滚歌星，但是人们仍然会知晓香农的名字，大学里仍然会教授信息论"。

(2) 汉明的生平。汉明(Richard Wesley Hamming)于 1915 年 2 月 11 日出生在美国伊利诺伊州的芝加哥，他在高中时期开始对数学产生兴趣。1942 年，汉明从伊利诺伊大学厄巴纳-香槟分校(University of Illinois at Urbana-Champaign)博士毕业，并留校做了一名数学老师。1945 年，汉明参加了"曼哈顿"计划，主要完成 IBM 计算机的编程，计划结束后，汉明将各类计算的详细信息整理成文，他认为科学家的一部分工作是写作和教学，因为这两件事可以让后来人能够继续他的工作。1946 年，汉明进入贝尔实验室数学研究部工作，与香农(Claude Elwood Shannon)、Donald P. Ling 和 Brockway McMillan 成为同事，有段时间，他与香农共用一个办公室，当时香农在研究信息论，而汉明在研究编码理论。1947 年，一个周五的晚上，在汉明准备回家之前，他将计算机设置为可以在周末两天继续执行复杂计算，等到下周一，当汉明到了办公室之后，他发现计算过程早期出现了一个错误，导致全部计算失败。汉明认为，由于计算机只能处理由 0 和 1 表示的二进制序列，如果序列中的单个位出错，那么整个序列都会发生错误，如果计算机可以判断错误何时发生，那么肯定有一种方法可以判断错误在哪里，以便计算机可以自行纠错。意识到这种纠错方法将会在未来得到广泛应用，汉明决心解决这个问题，经过两年多的不懈努力，1950 年，汉明在 Bell System Technical Journal 上发表了论文 *Error detecting and error correcting codes*。在这篇具有里程碑意义的论文中，汉明首次介绍了"汉明距离"的概念，并创造了一组用于检测和纠正数据从发送方移动或存储到接收方时可能发生错误的纠错码——汉明码。汉明码不仅解决了通信和计算机科学中的一个重要问题，而且开辟了一个全新的研究领域。

1968 年，ACM 为了表彰汉明在数值方法、自动编码系统以及错误检测和纠错码方面的贡献，为他颁发了图灵奖，1979 年 IEEE 授予他 Emanuel R. Piore Award，1980 年，汉明当选为美国国家工程院院士，1986 年，IEEE 设立了以汉明名字命名的 Richard W. Hamming Medal，表彰那些在信息科学、信息系统和信息技术领域做出突出贡献的人，1994 年，汉明成为 ACM Fellow，1996 年，汉明因其在纠错码方面所取得的成就获得了 Eduard Rheim Award(技术成就奖)。

2) 课程理论教学中科学精神的培养

通过对信息论与编码中的基本知识点、基本原理的讨论、学习和应用，渐进式培养学生的探索精神、独立精神、怀疑精神和理性精神，理解科学就要追求真理，要实事求是，不把偶

然性当必然性，不把局部看作整体。

（1）基本知识点的科学精神培养。

【实例 2-23】 自信息和信息熵：香农等科学家认为，通信的实质是信息的传输，实际上是一种消除不确定性的过程，而这种不确定性的消除量（或减少量），在数量上来看，就是信息。香农创新性地用概率测度和数理统计的方法系统地研究了通信的基本问题，用自信息来衡量信源中单个消息符号的不确定性，用信息熵来衡量信源整体的不确定性。

【实例 2-24】 互信息和平均互信息：在通信系统中，互信息是信道实际传输的信息量，香农用互信息来表征单个消息符号的传输特性，用平均互信息（也称为交互熵）来表征信源整体的特性。

（2）基本原理的科学精神培养。

【实例 2-25】 克拉夫特-麦克米伦定理：若信源符号为$\{x_1,\cdots,x_q\}$，共 q 个符号，码符号数为 r，对信源符号进行编码，相应的码字长度为 $l_1,\cdots,l_q$，则异前置码存在的充要条件是：$\sum_{i=1}^{q} r^{-l_i} \leqslant 1$。

问题 1：是否存在码长分别为 1,2,2,2,2,2,3,3,3,3 的三元异前置码？能否构成一个码长为 1,2,2,2,2,2,3,3,3 的三元异前置码？如果能构成，那么存在多少个这样的异前置码？

说明：①克拉夫特-麦克米伦定理是一个存在性定理，描述了存在异前置码时信源符号数、码符号数和码字长度之间的结构关系；②需要注意，当某种码满足克拉夫特-麦克米伦定理时，不一定就是异前置码；③需要注意，满足克拉夫特-麦克米伦定理的异前置码并不是唯一的。

【实例 2-26】 香农信道容量公式：对于一个带宽为 F 的窄带高斯白噪声信道，噪声 N 为零均值的高斯过程，即 $N=\sigma_N^2$，信道的时间变化范围为$[0,T]$，广义平稳随机过程信源 $X(t)$，通过一个最大允许功率为 $S=\sigma_N^2$ 的白色高斯信道时，其容量值为 $C=FT\log(1+\sigma_X^2/\sigma_N^2)$。

说明：①香农信道容量公式清晰表达了信号中各物理参量之间的辩证关系；②香农公式为通信技术在满足有效性、可靠性和安全性等技术指标方面提供了基本原理。

问题 2：若在加性高斯信道中，信道带宽为 3kHz，信噪功率比为 20dB，试计算：①该信道单位时间可传送的最大信息率；②若信噪功率比降为 10dB，要达到同样的最大信息传输率，信道带宽应是多少？

（3）分组讨论的科学精神培养。

香农以三个定理的形式，揭示了信源、信道编码的意义，给出了编码的性能极限，在理论上阐明了通信系统中各种因素的相互关系；虽然不能从定理结果直接得出实现途径，但为人们寻找最佳通信系统提供了重要的理论依据。

在课堂分组讨论环节，安排学生结合当前研究热点，分别对依据香农第一、第二和第三定理得到的一些实际算法进行资料收集，整理，然后以 PPT 展示、课上小组分享的形式呈现学习成果。在整个过程中，培养学生发现问题，正确分析和解决问题的能力；体会科学家的探索精神、原理精神、独立精神和创新精神等。部分题目如下。

【实例 2-27】 香农第一定理的讨论。

说明：①定理给出了做无失真变长编码的平均码长的一个下限；②定理是一个存在性定理，虽然没有给出具体的编码方法，但是给出了方法实现的方向；③定理可推广到平稳有记忆信源。

结合信源编码的发展，选取香农码、费诺码、算术码和游程码进行分组讨论。

题目 1：香农码、费诺码和霍夫曼码的比较

说明：①香农码是根据香农第一定理提出的一种变长编码方法，是采用信源符号的累计概率分布函数来分配码字，缺点是编码的效率不高，其平均码长不是最短的，即不是紧致码（最佳码）；②费诺码是 1949 年由费诺提出的一种编码方法，它属于概率匹配编码，通过使编码中各个符号出现的概率大致相等，实现概率均匀化，从而减少冗余度，提高编码效率，缺点是只在满足一定条件下是最佳码；③霍夫曼码是 1952 年由霍夫曼提出的一种构造最优码的方法，适用于多元独立信源，其完全依据字符出现的概率来构造平均长度最短的码字，即得到的码就是最佳编码。

题目 2：算术码

说明：①算术码是从全序列出发，考虑符号之间的依赖关系来进行编码的；②算术码可以是静态的或是自适应的。

题目 3：游程码

说明：①游程码是一种针对相关信源的有效编码方法，尤其适用于二元相关信源；②游程码已在图文传输、图像传输等实际通信工程技术中得到应用。

【实例 2-28】 香农第二定理的讨论。

说明：①实际的通信信道，一般都是有噪信道。若把无失真信源编码所得的码字直接接入信道，因为噪声的随机干扰，信道输出端的接收序列与信道输入端的输入序列之间，就可能发生某种差错，不可能无失真地传输信源发出的消息；而且有效性较高的无失真信源编码其平均码长较短，在噪声下引发的差错将会增多，使其通信可靠性下降；可以对无失真信源编码的码字，用有噪信道的输入符号集再进行一次编码。利用和挖掘信道的统计特性，在保持一定有效性的基础上，提高其抗干扰能力，使通信的有效性和可靠性在一定程度上达到辩证统一，这就是有噪（抗干扰）信道编码，即香农第二定理；②定理内容说明在满足一定条件的情况下，通过编码，既能以接近信道容量的高的信息传输速率传输，又能几乎无差错地传输；③定理仅指出编码的存在性，未给出编码的具体方法，但是指明了编码的方向。

结合信道编码的发展，选取了卷积码、Turbo 码、LDPC 码和 Polar 码进行分组讨论。

题目 1：卷积码

说明：卷积码是 Elias 在 1955 年提出的，它与分组码的不同在于：充分利用了各个信息块之间的相关性，它的提出使得无线通信性能有了跳跃式的发展，但是计算复杂性仍然较高。

题目 2：Turbo 码

说明：Turbo 码，又称为并行级联卷积码（Parallel，PCCC Concatenated Convolutional

Code)，是法国电机工程师 C. Berrou 和 A. Glavieux 在 1993 年提出的，它巧妙地将卷积码和随机交织器结合在一起，充分利用了香农信道编码定理的基本条件，在实现随机编码思想的同时，通过交织器实现了用短码构造长码的方法，并采用软输出迭代译码来逼近最大似然译码，成为了 3G/4G 移动通信技术的核心。

题目 3：LDPC 码

说明：LDPC(Low-Density Parity Check)码，即低密度奇偶校验码，是 1962 年由 Gallager 提出的一种特殊的线性分组码，其校验矩阵为稀疏矩阵，其中的大多数元素为 0，只有少数元素为 1；提出时，由于计算能力的不足一直被人们忽视，直到 1993 年，D MacKay、M Neal 等对它重新进行了研究，发现 LDPC 码具有逼近香农限的优异性能，并且具有译码复杂度低、可并行译码以及译码错误的可检测性等特点，从而成为了信道编码理论新的研究热点；在 2016 年 11 月的 3GPP 会议上，明确了 5G eMBB 场景下数据传输采用 LDPC 码。

题目 4：Polar 码

说明：Polar 码是土耳其比尔肯大学教授 E. Arikan 于 2007 年基于信道极化理论所提出的一种线性信道编码方法，该码字是迄今发现的唯一一类能够达到香农限的编码方法，并且具有较低的编译码复杂度，在 2016 年 11 月的 3GPP 会议上，明确了 5G eMBB 场景下控制信道的编码方案为 Polar 码。

3）期末考试中科学精神的培养

试卷中增加培养和提高学生依据信息论基本原理，分析和解决实际问题的判断分析类和论述类题目。

2.5.4 教学特色与反思

1. 教学特色

本课程经过不断的探索与实践，具有了一定的特色。

(1) 科学精神的培养是一个多方位、多层次的过程，一定要结合课程内容，细心设计，有机融入教学的各个环节中去，要课内课外，逐步递进，才能有效地实现课程目标。

(2) 科学精神的培养要结合专业的特点和学生发展的需求，通过一件件事例，以春风化雨、润物无声的方式，由量变到质变，最后达到升华。

2. 教学反思

在教学过程中，在实现专业知识传授、专业能力提升的同时，恰如其分地融入科学精神的培养并不是一件容易的事情。在以后的教学中，要在课程理性资源发掘、教学环节完善和教学环境营造等各方面持续改进，以培养和提高学生的科学精神。而且，我们必须认识到，科学精神的培养是一个需要长期坚持不懈方能见效的过程，是一个任重而道远的过程，更重要的是，这并不是通过某一门课程就能够实现的，需要每门课程同向同行，共同努力。

（贾艳玲）

第3章 工匠精神培养的设计与实践

3.1 工匠精神的内涵

3.1.1 什么是工匠精神

工匠精神是一种职业精神，它是职业道德、职业能力、职业品质的体现，是从业者的一种职业价值取向和行为表现。一般认为，工匠精神包括高超的技艺和精湛的技能，严谨细致、专注负责的工作态度，精雕细琢、精益求精的工作理念，以及对职业的认同感、责任感。但是，这只是对工匠精神一般意义上的理解。新时代的中国工匠精神，除了具有一般意义上工匠精神的内涵，还具有自身的特殊性：既是对中国传统工匠精神的继承和发扬，又是对外国工匠精神的学习借鉴；既是为适应我国现代化强国建设需要而产生，又是劳动精神在新时代的一种新的实现形式，它与劳模精神、劳动精神构成一个完整的体系，成为实现中华民族伟大复兴中国梦的强大精神力量。

新时代的工匠精神是聚焦当下对传统传承的敬畏与坚守，是寻找差距、不断追求卓越的品质，它不仅强调专心专注，更强调探索创新，是一种在专心专注基础上不断创新的精雕细琢的精神。

3.1.2 工匠精神的主要内涵

1. 全心的敬业精神

工匠精神最根本的因素就是爱岗敬业。敬业精神实质上就是一种态度，就是指从业人基于对职业的敬畏和热爱而产生的一种全身心投入的认认真真、尽职尽责的职业态度，包括职业理想信念、职业兴趣爱好、职业精神情感、职业道德素质、职业能力水平等。敬业精神是中国人的传统美德，也是社会主义核心价值观的基本要求之一，敬业精神要求具有高度的责任感和事业心，干一行、爱一行、精一行。

2. 严谨的工作态度

严谨指的是工作态度细致入微、谦虚谨慎、力求完美、追求卓越。严谨的工作态度就是要求在职业生涯中注重细节、一丝不苟，不惜花费时间精力，孜孜不倦、精益求精，追求完美和极致的职业品质。对待自己工作中每一个细小的环节都要求做到上心、用心、细心、虚心、全心，做到眼勤、手勤、腿勤、嘴勤、脑勤。正如老子所说，"天下大事，必作于细"。

3. 超强的工作能力

工匠精神的基础条件是在所从事的专业或职业领域内有超强的能力和高超的技术。优秀的工作能力首先要求具备胜任某一工作岗位的基础能力，能够按照工作目标制定计划并能按时按质按量完成；其次是内心笃定而着眼于细节的耐心、执着、坚持，从中外实践经验来看，工匠精神都意味着一种执着，即一种几十年如一日的坚持与韧性。工匠精神所要求的超强的工作能力要求职业者具有充满激情、全心投入、尽心工作、敢于担当、善于观察、独立思考、沉着冷静、大胆果断、机智明辨、积极向上、敢于探索、追求完美、精益求精的精神特质，不断提高自己在专业领域的核心竞争力。

4. 大胆的创新意识

工匠精神之所以得以传承，最重要的是能够结合时代的需求去进行大胆的创新。创新的动力就是对客观世界的认知不满足于传统而映射到现实生活，就是打破固有传统观念和思维模式进行创造更新。追求创新是新时代的要求，创新是一些新的思维、方式、方法、途径等，最终能够带来一定的效果和效率。工匠精神所要求的大胆的创新意识，就是职业者要保持好奇的心态，善于发现问题、提出问题、分析问题、解决问题，有工作热情，敢质疑，不断探索，意志顽强，面对困难，克服困难。

3.1.3　大学生工匠精神的培养途径

工匠精神是千百年来中国的优良传统，在多年的传承中，它被慢慢地发展和提高，里面蕴含的精神更加饱满，其教育功能不可小觑。工匠精神不但是相关工作人员的行为标准，也是他们实现自身价值的职业准则，这是工匠精神的规范功能。工匠精神展示出的是相关从业人员对于自己的职业发展所包含的专业素质和品德修养，展现出的是实事求是的工作风格，这是工匠精神的育人功能。

1. 依托工匠精神的培养构建课程教学目标

在课程思政中要注重培养学生的工匠精神，课程思政教学目标可以以培养工匠精神为中心，以课程目标为基点，再与我国社会工作岗位对人才的现实需要相结合，与时代同步，不断挖掘出适合未来发展需要的建设人才，使得高校课程思政教育在工匠精神的指导下，培养出实用性人才。

2. 将工匠精神有机融入教学内容

通过制定科学的教学计划，合理配置工匠精神的教学内容，将人生目标、人生态度、人生价值、民族精神、时代精神、职业道德与工匠精神相融合，在融合的过程中需要结合各自的特征，准确把握好切入点，有序地开展工匠精神的培养工作。

3. 打造一支胸怀匠心的优秀师资队伍

加强高校教师自身工匠精神素质建设是提高大学生的工匠精神培育的前提。教育工作者自身工匠精神的素养要过关，首先要学习工匠精神，培养自身工匠精神修养。高校教师要顺应新时代的教学要求，重新定位自身的教学身份，教师应结合自己的工作岗位，认识到自己也是工匠中的一员。作为一名教育工作者，大学生是自己所要雕琢打磨的产品，自己对工匠精神的追求是培养出高品质的人才。教师应不断对自身提出要求，无论是从专业素质上，还是职业素养上，进而提高自己的工匠精神，将以德立身贯彻到日常教学工作中，以自身的行为作为大学生工匠精神的学习榜样。

3.1.4 专业课教师如何做

1. 教师注重个人内在品质的修炼

教师的职业追求是对本职工作做到敬畏与入魂。匠心的源动力是初心，用初心的感召力提升教师的匠心。

(1) 在教育中拥有匠心。匠心表现了一种严谨的工作作风，体现的是耐心、专注的职业精神。其背后隐藏的是追求职业完美的意识。拥有匠心的教师在内心能多些纯粹，少些复杂；多些脚踏实地，少些投机取巧；多些专注持久，少些急功近利。

(2) 在教育中拥有敬畏心。所谓敬畏心，是人对自然和社会运行规律的理解和尊重，对“天人合一”状态中人与自然的和谐所秉承的敬重与畏惧，不是迷信心理。敬畏心对人的言行举止有规范和约束的作用，个体会对可能导致失德的言行非常羞愧，显现出自尊自重。人类的敬畏是与信仰息息相关的，敬畏之心缺失，会失去真正的信仰。有信仰的人，才有敬畏之心，才会用虔诚、踏实的态度，认真工作。

(3) 勇于担当。担当责任是社会主义核心价值观中敬业的基本要求，更是师德建设的核心内容。教师对学生的学养、行为、人格、修养有重要影响。在整个教育过程中学生的成长，是所有教育者的责任。教师不仅要教授知识，也要传道授业。在责任担当中用自己的理想行动诠释敬业精神的核心和精髓。

2. 在课程中渗透工匠精神

作为高校各门课程的教师，应当结合自身授课内容，在现有的课程教学大纲基础上进行不断完善，对教学内容进行改革，科学安排教学环节，实现课程思政与学生学习、评价的有机结合，构建一体化反映课程教学方法、教学大纲的授课教案，从而方便学生更好地理解并内化课程知识，帮助学生逐渐意识到工匠精神的重要价值和现实意义，深化对工匠精神的认识。

3. 以实践为抓手

实践是检验真理的唯一标准，同时实践也是进一步深化理论的重要手段。要想更好地在教学中渗透工匠精神，那么便需要将其转化成实践，通过实践达到深化工匠精神的目的。第一，通过鲜活、真实的案例，走进工匠大师的现实生活，了解他们的故事，从而从内心里树立起对工匠大师的尊重与佩服，激发学生自觉树立工匠精神。第二，通过校企合作的手段，帮助学生将课本中的理论知识应用到实践中，从而进一步巩固基础知识，同时还能积累经验，提高学生的专业技能。让大学生在实践中，深刻地认识职业精神，从而树立起工匠精神。第三，积极指导学生参加各种社团活动，让学生在与各个社团互动的过程中接受工匠精神的熏陶，并在自己的实践中落实工匠精神，唯有如此才能帮助大学生在今后走向社会、走上工作岗位后能够自觉地落实与贯彻工匠精神。

3.2 “模拟电子技术基础”课程的设计与实践

3.2.1 课程概况与目标

“模拟电子技术基础”课程是高等教育通信工程、电子信息工程（卓越工程师）、电气工程及其自动化等专业核心课程之一，开设在第 3 学期，共 64 学时，4 学分。该课程是一门理论和实践紧密结合且应用性很强的课程。课程主要内容包括半导体器件、基本放大电路、集成运算放大电路、放大电路中的反馈、信号的运算和处理、波形的发生和信号的转换、电源电路等，通过学习本课程，学生可以具有扎实的专业理论知识，系统地掌握电子线路的基本原理、基本概念和各种功能单元电路的工作原理和分析设计方法，为后继课程打下坚实的基础。

通过本课程的教学，从价值引领、知识探究、能力建设、态度养成四个维度实现知识、思维、能力的有机统一，使学生达到如下课程目标。

目标 1——价值引领：培养学生具有爱国主义热情和科学精神、规矩意识、追求卓越、精益求精的工匠精神和全面的系统观。（支撑毕业要求 1、3）

目标 2——知识探究：掌握电子技术的基本理论和方法，掌握一般模拟单元电路的设计计算步骤和方法。（支撑毕业要求 1）

目标 3——能力建设：掌握模拟电路相关专业基础知识，具备电路分析与设计能力，具有信息获取与处理能力。（支撑毕业要求 2）

目标 4——能力建设：能够运用模拟电子技术识别和判断电子与通信领域复杂工程问题的关键环节和参数，并进行分析和设计；能够运用模拟电子技术基本原理，分析和验证解决方法的合理性，以获得有效结论。（支撑毕业要求 3、4）

目标 5——态度养成：培养学生认真细致、严谨求实的学习态度，使学生养成精益求精的风格，并具备运用模拟电子技术知识解决复杂问题的能力、创新意识和探索精神。（支撑

毕业要求 2、3、4）

3.2.2 总体设计

1. 指导思想

“模拟电子技术基础”是电类专业学生的入门课程，在教学过程中，结合专业特点挖掘思政元素，把专业培养教学目标和课程育人目标相结合，加强工科类专业课程的价值引领作用，以学生为中心，将思政教育融合在教学的各个环节中。尤其注重培养学生高超的技艺和精湛的技能，严谨细致、专注负责的工作态度，精雕细琢、精益求精、勇于创新的工匠精神。

课程建设围绕教师和教材两个核心要素，加强知识目标、能力目标及德育目标融合，加强师资队伍课程思政能力建设和课程思政资源库建设。

2. 课程目标与课程教学的对应关系

课程理论教学内容与课程目标、教学环节的对应关系，如表 3-1 所示。

表 3-1 课程理论教学内容与课程目标、教学环节的对应关系

章	教学内容	教学方法	支撑课程目标
第 1 章 绪论	1.1 信号	教师讲授、课堂笔记、课后作业	目标 1
	1.2 信号的频谱		
	1.3 模拟信号和数字信号		
	1.4 放大电路模型		
	1.5 放大电路的主要性能指标		
第 2 章 运算放大器	2.1 集成电路运算放大器	教师讲授、课堂笔记、课后作业	目标 2、目标 5
	2.2 基本线性运放电路		
	2.3 同相输入和反相输入放大电路的其他应用		
第 3 章 二极管及其基本电路	3.1 半导体的基本知识	PPT 讲授、课堂练习、课后作业、思维导图	目标 1
	3.2 PN 结的形成及特性		
	3.3 二极管		
	3.4 二极管的基本电路及分析方法		
	3.5 特殊二极管		
第 4 章 场效应管放大电路	4.1 金属-氧化物-半导体场效应管(MOSFET)	PPT 讲授、课堂练习、课后作业、思维导图	目标 1、目标 3
	4.2 MOSFET 共源极放大电路		
	4.3 图解分析法		
	4.4 小信号模型分析法		
	4.5 共漏极和共栅极放大电路		
	4.6 集成电路单级 MOSFET 放大电路		
	4.7 多级放大电路		
	4.8 结型场效应管(JFET)及其放大电路		
	4.9 各种 FET 的特性及使用注意事项		

续表

章	教学内容	教学方法	支撑课程目标
第5章 双极型三极管及其放大电路基础	5.1 BJT	PPT讲授、课堂练习、课后作业、思维导图	目标1、目标3
	5.2 基本共射极放大电路		
	5.3 BJT放大电路的分析方法		
	5.4 BJT放大电路的静态工作点的稳定问题		
	5.5 共集电极放大电路和共基极放大电路		
	5.6 FET和BJT及其基本放大电路性能比较		
	5.7 多级放大电路		
	5.8 光电三极管		
第6章 频率响应	6.1 放大电路的频率响应	PPT讲授、课堂练习、课后作业	目标1、目标2、目标3、目标4
	6.2 单时间常数RC电路的频率响应		
	6.3 共源和共射放大电路低频响应		
	6.4 扩展通频带的方法		
第7章 模拟集成电路	7.1 模拟集成电路中的直流偏置技术	PPT讲授、课堂练习、课后作业	目标3、目标5
	7.2 差分式放大电路		
	7.3 差分放大电路的传输特性		
	7.4 集成电路运算放大器		
	7.5 集成运放的主要参数		
	7.6 放大电路中的噪声与干扰		
第8章 反馈放大电路	8.1 反馈的基本概念和分类	PPT讲授、课堂练习、课后作业	目标2、目标5
	8.2 负反馈放大电路增益的一般表达式		
	8.3 负反馈对放大电路性能的影响		
	8.4 深度负反馈下的近似计算		
	8.5 负反馈放大电路设计		
	8.6 负反馈放大电路的稳定性		
第9章 功率放大电路	9.1 功率放大电路的一般问题	PPT讲授、课堂练习、课后作业、思维导图	目标3
	9.2 射极输出器——甲类放大电路实例		
	9.3 乙类双电源互补对称放大功率电路		
	9.4 甲乙类互补对称放大功率电路		
	9.5 集成功率放大器举例		
第10章 信号处理与信号产生电路	10.1 滤波电路的基本概念与分类	PPT讲授、课堂练习、课后作业	目标1、目标2、目标5
	10.2 一阶有源滤波电路		
	10.3 高阶有源滤波电路		
	10.4 正弦波振荡电路的振荡条件		
	10.5 RC正弦波振荡电路		
	10.6 LC正弦波振荡电路		
	10.7 非正弦信号产生电路		
第11章 直流稳压电源	11.1 小功率整流滤波电路分类	PPT讲授、课堂练习、课后作业	目标1、目标4
	11.2 线性稳压电源		
	11.3 开关式稳压电路		

3. 课程目标的考核方式

本课程以过程性考核成绩和期末测评成绩进行综合评定学生成绩。

综合成绩＝过程性考核成绩×30％＋期末测评成绩×70％

过程性考核成绩占30％：包括课堂笔记(15％)和课后作业(15％)。每次课堂笔记、课后作业按照总分100分评定，取其平均值。

期末测评成绩占70％：闭卷考试。

课程目标的考核方式如表3-2所示。

表3-2　课程目标的考核方式

分项成绩	考核方式	成绩比例/%				
		课程目标1	课程目标2	课程目标3	课程目标4	课程目标5
过程性考核(30％)	课堂笔记(15％)	30	20	20	10	20
	课后作业(15％)	10	20	30	20	20
期末测评(70％)	闭卷考试	20	20	30	10	20

3.2.3　课程思政典型案例——工匠精神的培养

工匠精神主要包含全心的敬业精神、严谨的工作态度、超强的工作能力、大胆的创新意识。工匠精神不仅是一种优秀的职业道德文化，也是一种内在的精神品质。“模拟电子技术基础”课程内容紧密联系当前行业发展，与国家信息产业和现代化工业发展密切相关。教师在教学内容上适时融入思政教育元素，引领学生树立正确的人生观和价值观，引导学生保持家国情怀，教育学生立鸿鹄之志。作为工科学生，在新工科及专业认证背景下，着重培养对职业的认同感、责任感，以及精益求精、敢于探索的工匠精神。

1. 案例教学目标和实施过程

教学目标：通过课程教学的各个环节，根据各章节不同的教学内容培养学生的工匠精神。

实施过程如下。

(1) 绪论课讲清楚课程要求。通过讲解模拟电子技术的应用场合和未来发展趋势，激发学生的学习热情，绪论课通过介绍课程的地位、应用领域，明确告知学生本课程的5个教学目标，让学生知道学习模拟电子技术的必要性；通过介绍教学内容让学生知道模拟电子技术课程的主要内容；通过介绍教学方法有效帮助学生明确如何进行模拟电子技术理论课程的学习；通过介绍考核评价方式让学生知道如何通过具体措施培养自学能力及工程素养。

(2) 课程理论教学中工匠精神的培养。模拟电子课程的特色是内容复杂，理论知识抽象难懂，根据学科与专业的特点，结合学生未来所从事工作的电子技术、通信工程等职业素养要求，充分利用模拟电子技术本身的理论联系实际的优势，结合学生思想特点和发展需求深入挖掘思政元素，发挥课堂教学在育人中的重要作用，培养学生的工匠精神，提升学生的工程实践能力。

（3）课程不同章节教学中工匠精神的培养。理论教学针对每章的内容进行安排，根据学生特点制定教学计划，合理选择教学内容，设计课堂教学活动。由于课程内容较多，有些章节内容适合学生自学，可以留给学生课后自学完成，教师提供在线支持和问题答疑，培养学生善于发现问题、提出问题、分析问题、解决问题的能力，使学生具有工作热情、敢质疑、不断探索、意志顽强、面对困难、克服困难的品质，工匠精神的培养始终贯穿于教学的始终。

（4）课程课后作业中注重学生工匠精神的培养。从作业的读题审题、画电路图、标注变量参数、求解步骤等培养学生严谨的学习态度，着眼于细节的耐心，独立思考、沉着冷静的工匠精神。学好模拟电子技术基础课程，为未来做好电子工程师奠定基础。

期末测评采用闭卷考试进行。以渗透工匠精神培养为导向，通过课程目标制定考核试题类型和形式，设定测试评价标准和课程目标的对应细则，完成对课程目标达成度的合理性评价。

2. 实施案例

（1）教学内容与实际应用融合，使学生树立全心全意的敬业精神。

电子技术在20世纪取得了飞速的发展，使得工业、农业、科技、国防等领域都发生了令人瞩目的变革。电子技术正改变着人们的日常生活，渗透到社会的各个领域，如工业生产自动化控制，各种信号的精密测量，语音、图像的信息处理等，这些领域事关人们的生活质量，甚至和生命财产安全息息相关，要求各行各业的从业者都要具有严谨细致、专注负责的工作态度。通过课程教学内容与实际应用的有机融合，培养对所学专业的热爱，引导学生具有忧患意识和责任担当，让学生认识到自己现在的使命和责任，激励学生自觉把个人的理想追求融入国家和民族的事业中，培养全心全意、爱岗敬业的工匠精神。

【实例3-1】　扩音设备是教师、播音员、导游等各类演讲者常用的电子装备，在生活中随处可见，可将微弱信号放大成能驱动扬声器的大功率信号。系统由前置放大电路、音调放大器、功率放大电路、扬声器四部分构成。话筒将声音信号转换为电信号，送给前置放大电路，完成对微弱小信号的放大。一般要求前置放大电路输入阻抗高，输出阻抗低，频带宽，噪声小。音调放大器主要实现对输入信号高、低音的提升和衰减，需要根据一定的规律控制调节放大器的频率响应，更好地满足人耳的听觉特性。功率放大电路决定了整机的输出功率、非线性失真系数等指标，要求效率高，失真尽可能小，输出功率大。扬声器实现电信号转换为声信号。将三级电路连接起来，通过扬声器人们就能听到扩音后的声音。即使如此常见和简单的电路，也要求每一个单元电路都能满足特定的要求，只有这样才能使听众听到清晰悦耳的声音，每一个元件的选择及参数的计算都需要电子工程师具有细致入微、精益求精的工匠精神。

【实例3-2】　滤波电路的主要特点是对于电路中的信号频率进行选择，通过特定频率范围内的信号，抑制干扰信号。滤波电路广泛应用于语音处理、图像处理等。图像处理中，在图像采集、编码、传输和处理期间，像素值总是会发生意想不到的变化，没有滤波技术的情况下，很难从数字图像中去除这种突然变化的像素值，因此当涉及图像的过滤时就需要用到滤波电路。2020年12月1日23时11分，嫦娥五号探测器成功着陆在月球正面西经51.8度、北纬43.1度附近的预选着陆区，嫦娥五号的着陆器配置的降落相机拍摄了着陆区域影像图，并将图像传回发射中心。在图像处理过程中，滤波电路就发挥了应有的作用。嫦娥五号探测器的成功着陆，在人类探索太空的历史上具有里程碑的意义，而这与航天工作人员全心投入、敢于担当、沉着冷静的职业精神是密不可分的。

(2) 通过学习克服各类波形失真的原理和方法，培养学生严谨求实的工作态度。

【实例3-3】 晶体三极管构成的基本放大电路在工作点合适时能将输入信号有效放大，而当工作点偏高或偏低时，输出波形会产生饱和或截止失真。因此，合理选择静态工作点尤为重要。而保证三极管工作在放大区需要满足内部和外部条件。内部条件是发射区杂质浓度远大于基区杂质浓度，且基区很薄；外部条件是发射结正向偏置，集电结反向偏置。其内部结构及材料决定了有放大作用的内在根本，而具有合适的静态偏置电压是其外在条件，两者兼备，三极管才能正常放大。引导学生在解决这类问题时要正确对待内外因的关系，辩证地看待问题，也是工匠精神中严谨的工作态度的体现。

【实例3-4】 功率放大电路是一种以输出较大功率为目的的放大电路。因此，要求同时输出较大的电压和电流，管子工作在接近极限状态。在电路设计中既要提高电路效率，还要注意管子的保护，减小失真。功率放大电路根据导通角的不同分为甲类、乙类和甲乙类。甲类功率放大电路导通角等于360°，波形为完整正弦波，管耗大，效率低；乙类功率放大电路导通角等于180°，波形为半个正弦波，管耗小，效率高，但在两管交替时，两管都处于截止状态，在负载上出现一段死区，产生交越失真；采用二极管进行偏置的甲乙类互补对称电路可以使两个三极管在输入很小的时候处于微导通状态，克服交越失真。由二极管构成的电路的缺点是偏置电压不易调整，这时可采用三极管构成的偏压电路，调节电阻的值就可以获得不同的偏压值，这在集成电路中经常用到。

在进行功率放大电路设计和选取时，需明确实际场合的具体需求，从效率、管子的保护、波形的无失真性等方面进行衡量。从电路整体布局到元器件选取，无不要求设计者具有注重细节、一丝不苟、严谨求实的治学态度。

(3) 通过学习克服零点漂移的原理和方法，培养学生超强解决问题的能力。

工匠精神要求学生适应未来发展需要，在专业领域内具有核心竞争力，所谓“工欲善其事，必先利其器”。分析问题、解决问题能力的培养贯穿了整个模拟电子技术课程的教学过程。模拟电子技术课程中的单元电路类型多样，每种单元电路都有一定的原则性与灵活性。因此，需要设计人员依据实际情况合理选用器件进行电路设计。通常情况，每种电路设计都有多种不同的方案，无论采用哪种方案，都需要具备超强解决问题的能力。

【实例3-5】 采用基极分压式直流偏置共射极放大电路可以克服由温度变化引起的放大电路零点漂移的问题。在实际应用中，环境温度的变化，电源电压的波动，元件参数的分散性及元件的老化等，都会造成工作点的不稳定，影响放大电路的正常工作。引起Q点不稳定的诸多因素中，尤其以环境温度变化的影响最大。温度上升时，BJT的反向电流I_{CBO}、

I_{CEO} 及电流放大系数 β 或 α 都会增大，而发射结正向压降 V_{BE} 会减小。这些参数随温度的变化，都会使放大电路中的集电极静态电流 I_{CQ} 随温度升高而增加（$I_{CQ}=\beta I_{BQ}+I_{CEO}$），从而使 Q 点随温度变化。要想使 I_{CQ} 基本稳定不变，就要求在温度升高时，电路能自动地适当减小基极电流 I_{BQ}。采用基极分压式直流偏置共射极放大电路，温度变化时，可使 I_C 维持恒定。如果温度变化时，基极电位能基本不变，外加在发射结上的电压自动减小，使基极电流减小，从而抑制了集电极电流的变化，就达到了自动稳定静态工作点的目的。通过本案例的讲解，学生知道能够根据工程实践发现问题，分析问题，根据需要去优化改进电路，这种善于观察、敢于探索的工匠精神是弥足珍贵的。

【实例 3-6】 采用差分放大电路，可以克服电路中存在的零点漂移问题。零点漂移（简称零漂）就是当放大电路的输入端短路时，输出端还有缓慢的变化电压产生，即输出电压偏离原来的起始点而上下漂动，这种缓慢的微小变化被逐级放大后会在输出端产生较大的影响。在差分放大电路中，无论温度变化还是电源扰动都会引起两管集电极电流及电压相同的变化，相当于在两个输入端加入了共模电压信号，在双端输出时有 $v_{OC}=v_{OC1}-v_{OC2}\approx 0$，从而抑制了零点漂移；单端输出时，采用恒流源有较小的共模输出。抑制零漂是由电路的对称结构和恒流源偏置决定的。长尾式差分放大电路中发射极电阻大有利于抑制共模信号，但工作点难以确定。用恒流源代替发射极电阻既有利于抑制共模信号又可得到合适的工作点，这里灵活应用了恒流源的静动态特性。以上这些实用的电路设计方案都是一代代电子工程师在工程实践中不断质疑、顽强探索的结果。

(4) 通过引导学生不断改进电路，激发学生大胆创新意识。

创新是国家科技进步的原动力，模拟电子电路的发展充满了前人的创新和智慧。工科专业是培养工程师的摇篮，今天的大学生要想成为行业的有用之才和社会的栋梁，需要严谨的科学态度和勇于探索、不断创新的工匠精神。

【实例 3-7】 反馈理论被广泛应用于许多领域，反馈可以分为正反馈和负反馈。电子技术和控制科学中，在所有实用电路中都要引入负反馈，用于控制或改善放大电路中的性能指标，如提高增益的稳定性、减小非线性失真、抑制噪声和干扰、扩展通频带、改变输入和输出电阻等。在满足一定幅值和相位条件时，负反馈会变成正反馈，正反馈会引起放大电路的不稳定，要尽可能避免。但在波形产生电路中，则要有意地引入正反馈，以构成自激振荡产生单一频率的正弦波，广泛应用于通信、广播、电视系统中，把音频（低频）、视频信号运载出去。在工业生产中的高频感应加热、熔炼、超声焊接，医学中的超声诊断和核磁共振成像设备中，都需要不同频率不同功率的振荡器产生正弦波。产生低频正弦波采用 RC 振荡电路，产生高频正弦波采用 LC 振荡电路，而在频率稳定度要求较高的场合，则采用石英晶体振荡电路。这也需要设计者具有辩证的创新意识，打破固有传统观念和思维模式进行创造更新。

【实例 3-8】 线性串联反馈式稳压电路，由于其调整管始终工作在线性放大状态，故集电极与发射极之间有一定电压。当负载电流较大时，调整管的集电极损耗很大，因此电源效率较低，一般为 40%～60%，有时还要配备庞大的工频电源变压器和散热装置。为了克服上述缺点，可采用开关式稳压电路。电路中的调整管工作在开关状态，即饱和导通和截止状态，电源效率可提高至75%～95%，且工艺成熟，已成为宇航、计算机、通信、仪器仪表、传感器、大功率和超大功率（逆变焊机、电动汽车、电力机车、磁悬浮列车和直流输电等）电子设备中电源的主流，应用日趋广泛。

讲解直流稳压电源时，引入交直流之争的背景，以及爱迪生与特斯拉之间的渊源。同时引导学生学习科学家打破固有传统观念和思维模式，追求创新的勇气和魄力。

在可调稳压电源的设计中，可以采用三端稳压器进行设计，也可以采用分立元件进行设计。从性能上考虑，采用三端稳压器方案优于分立元件；从成本上考虑，分立元件方案优先。在实际产品中会有更多因素需要考虑（如保护、散热、可靠性等），要逐个分析，由此培养学生不断探索、大胆创新、精益求精的工匠精神。

3.2.4 教学特色与反思

1. 教学特色

（1）通过在“模拟电子技术基础”课程教学中融入课程思政元素，可以革新传统思政教育方式，丰富思政教育教学资源。与专业课程教学有机融合的思政教育，与单纯思政课程教育相比具有更明显的感染力和实效性，容易被学生所理解和接受。尤其在新工科和专业认证的背景下将专业知识和技能培养与德育目标有机融合，可以帮助学生逐渐意识到工匠精神的重要价值和现实意义，深化对工匠精神的认识。

（2）工匠精神的培养是一个长期的过程，一定要系统设计，有机融入教学的各个环节中去，要不断重复强化，才能有效地实现课程目标；要结合课程的特点和学生发展的需求，从细节中入手，由量变到质变，最后达到升华。

（3）工匠精神的培养要落到实处，一定要有恰当的考核评价的标准，要不断改进完善。

2. 教学反思

课程团队致力于课程教学改革，要将所教的课程与行业技术发展变化相结合，不断调整授课内容，更新教学方法，让教学不再是简单的知识传授，而是全方位的知识体系构建与心灵塑造。在模拟电子技术课程教学过程中始终坚持以工匠精神的培养为宗旨，以学生工程素质的养成为中心的教育理念，重视在教学过程中培养学生理论联系实际、解决实际问题的能力，不断提高学生在专业领域的核心竞争力。让学生亲身感受到学以致用的无穷魅力，增强学生为人类造福、服务社会的历史责任感和使命感，成为新时代的强国工匠。而在培养全新人才的过程中，教师也可以对教书育人产生全新的认识。

（魏春英）

3.3 “数字电路与逻辑设计”课程的设计与实践

3.3.1 课程概况与目标

“数字电路与逻辑设计”课程是通信工程、电子信息工程（卓越工程师）、电气工程及其自动化等专业的一门专业技术基础课，也是专业核心课程，开设在第 4 学期，共 64 学时，4 学分。该课程主要讲授数字逻辑概论、逻辑代数、逻辑门电路、组合逻辑电路、锁存器和触发器、时序逻辑电路、半导体存储器、脉冲波形的变换与产生、数模与模数转换器等。

通过本课程的教学，从价值引领、知识探究、能力建设、态度养成四个维度实现知识、思维、能力的有机统一，使学生达到如下课程目标。

目标 1——价值引领：培养学生具有科学精神、规矩意识和追求卓越的工匠精神。（支撑毕业要求 6、8）

目标 2——知识探究：掌握数字电路与逻辑设计的基本理论和方法，具备数字电路与逻辑设计的分析、设计能力。（支撑毕业要求 1）

目标 3——能力建设：能够识别和判断数字电路与数字系统相关工程问题的关键环节和参数。（支撑毕业要求 2）

目标 4——能力建设：能根据常用组合逻辑电路、时序逻辑电路的组成及其工作原理，分析并验证相应电路的逻辑功能的合理性，并结合电路的功能要求，对设计方案的可行性进行论证。（支撑毕业要求 2）

目标 5——态度养成：能针对通信与电子工程系统中的复杂工程问题给出相应的解决方案，并能够在数字电路与系统设计环节中体现创新意识。（支撑毕业要求 3）

3.3.2 总体设计

1. 指导思想

教育理念——以成果为导向，以学生为中心，以教师为主导；教育目标——知识传授、能力培养、价值塑造三位一体；教学内容——基础知识与综合应用并重；教学方法——案例引入、项目引导、任务驱动、理论与实践紧密结合。

课程思政建设的基础在课程，根本在思政，重点在课堂，关键在教师，成效在学生。通过课堂教学中思政元素的深入挖掘，形成价值观具体化、生动化的有效教学载体，提高课程学习成果。通过培养教师育人和育才相统一的辩证思想，提升教师队伍的课程思政能力。

2. 课程目标与课程教学的对应关系

课程教学内容与课程目标、教学环节的对应关系如表 3-3 所示。

表 3-3 课程教学内容与课程目标、教学环节的对应关系

章	教学内容	教学环节	支撑课程目标
第 1 章 数字逻辑概论	1.1 数字信号与数字电路	课堂讲授、课后作业、课程笔记	目标 1、目标 2
	1.2 数制		
	1.3 二进制数的算术运算		
	1.4 二进制代码		
	1.5 二值逻辑变量与基本逻辑运算		
	1.6 逻辑函数及其表示方法		

续表

章	教学内容	教学环节	支撑课程目标
第2章　逻辑代数	2.1　逻辑代数的基本定律和规则	课堂讲授、课后作业、课程笔记	目标1、目标2
	2.2　逻辑函数表达式的形式		
	2.3　逻辑函数的代数化简法		
	2.4　逻辑函数的卡诺图化简法		
第3章　逻辑门电路	3.1　CMOS逻辑门电路	课堂讲授、课程笔记	目标1、目标2
	3.2　TTL逻辑门电路		
	3.3　逻辑描述中的几个问题		
第4章　组合逻辑电路	4.1　组合逻辑电路的分析	课堂讲授、课后作业、课程笔记	目标1、目标2、目标3、目标4、目标5
	4.2　组合逻辑电路的设计		
	4.3　组合逻辑电路的竞争冒险		
	4.4　若干典型的组合逻辑电路		
第5章　锁存器和触发器	5.1　双稳态存储单元电路	课堂讲授、课后作业、课程笔记	目标1、目标2、目标3、目标4、目标5
	5.2　锁存器		
	5.3　触发器的电路结构和工作原理		
	5.4　触发器的逻辑功能		
第6章　时序逻辑电路	6.1　时序逻辑电路的基本概念	课堂讲授、课后作业、课程笔记	目标1、目标2、目标3、目标4、目标5
	6.2　同步时序逻辑电路的分析		
	6.3　同步时序逻辑电路的设计		
	6.4　异步时序逻辑电路的分析		
	6.5　若干典型的时序逻辑电路		
第7章　半导体存储器	7.1　只读存储器	课堂讲授、课程笔记	目标1、目标2、目标3、目标4、目标5
	7.2　随机存取存储器		
第8章　脉冲波形的变换与产生	8.1　单稳态触发器	课堂讲授、课程笔记	目标1、目标2、目标3、目标4、目标5
	8.2　施密特触发器		
	8.3　多谐振荡器		
	8.4　555定时器及其应用		
第9章　数模与模数转换器	9.1　D/A转换器	课堂讲授、课程笔记	目标1、目标2、目标3、目标4、目标5
	9.2　A/D转换器		

3. 课程目标的考核方式

本课程以过程性考核成绩和期末测评成绩进行综合评定学生成绩。

综合成绩＝过程性考核成绩×30％＋期末测评成绩×70％

过程性考核成绩占30％：包括课程笔记(15％)和课后作业(15％)。每章的课程笔记按照总分100分评定，取其平均值。课后作业每次均按100分计，最终取其平均值。

期末测评成绩占70％：闭卷考试。

课程目标的考核方式如表3-4所示。

表 3-4 课程目标的考核方式

考核方式		成绩比例/%				
		课程目标 1	课程目标 2	课程目标 3	课程目标 4	课程目标 5
过程性考核(30%)	课程笔记(15%)	10	30	20	30	10
	课后作业(15%)	20	20	30	20	10
期末测评(70%)	闭卷考试	20	20	30	20	10

3.3.3 课程思政典型案例——工匠精神的培养

"天下大事,必作于细",工匠精神是一种职业精神,彰显了从业者的职业道德、职业能力和职业品质,主要包括敬业、精益、专注和创新四项精神内涵。工匠精神的培养不可能一蹴而就,必须循序渐进,经过长期的探索和实践,才能有所成效。工匠精神的培养需要持之以恒地开展,需要恰到好处地融入,需要理论与实践相结合,从课程教学的各个环节考虑,讲求实效并能够实施考核评价。

1. 案例教学目标和实施过程

教学目标:通过课程教学的各个环节,培养学生的工匠精神。

实施过程如下。

(1) 课程"第一课"中首先明确课程的学习要求。首先通过介绍课程地位、课程内容和应用领域等,清楚告知学生本课程的5个教学目标。其次要让学生明白三个问题:①为什么学习这门课?②怎样学习这门课?③学这门课要干什么?每门课的教学目标不一样,要求学生掌握的专业知识和专业技能也不一样。不同的课程,不同的教师教授的学习方法是不同的。学生要选择适合自己的学习方式,主动学习。做到课前预习,课中学习,课后反思。最后要让学生了解这些专业知识会在他们以后的工作生活中起什么作用。换句话说,学生要知道:学完这门课,我能为国家的繁荣富强贡献出什么力量。

(2) 课程教学中工匠精神的培养。根据课程内容和特点,结合新时代对大学生的新要求,充分展现数字电子技术在科技发展中的重要作用,在理论教学中始终贯穿工匠精神的培养。

(3) 课后作业中工匠精神的培养。通过布置课后作业,既能检查学生对所学知识的掌握程度,又能对课程内容进行巩固和加深。课后作业可以分类分层次布置:一类是课后典型习题,内容主要以基本概念、基本运算和基本分析为主,目的是强化概念、加深理解。另一类是课后拓宽习题,内容主要与解决实际生活中的问题有关,目的是开拓思路,提高综合应用能力及训练技能。通过这样的方式理论联系实际,在做作业的过程中让学生养成执着专注、严谨认真的态度,提高学生分析问题、解决问题的能力,工匠精神的培养始终贯穿于其中。

(4) 课程笔记中工匠精神的培养。将每章知识点以课程笔记的形式进行归纳总结,以便形成系统知识体系。学生要想完成课本知识的深刻理解和巩固强化,要想完成延伸知识的深入学习并有独到见解,必须利用网络平台、中国大学慕课等优质资源查阅资料和交流学习,这一过程提高了学生自主学习能力和创新意识,培养了工匠精神。

2. 实施案例

1）课程教学中工匠精神的培养

（1）通过提升学生的专业认同感进而增强学生的职业使命感。

【实例 3-9】 通过绪论课程内容的学习，学生能够了解到万事万物都有一个发展的过程，电子技术的发展是以电子器件的发展为基础的，其发展经历了电子管、半导体器件、集成电路等时代。从 20 世纪 60 年代开始，采用 TTL、CMOS 工艺制成了中小规模逻辑器件；20 世纪 70 年代末微处理器的问世，使电子器件及其应用产生了质的飞跃。近年来，可编程逻辑器件 PLD、FPGA 的飞速进步开创了新局面，其不仅规模大，而且软硬结合、功能完善。现如今，数字电子技术已广泛应用于生产和生活的各个方面，从生活中用到的数字产品（手机、笔记本计算机、智能家电等）到我国的高铁、航空航天技术、北斗导航系统等都离不开数字电子技术。我国在该技术上所取得的世界领先地位能增强学生的民族自豪感，提升学生的专业认同感，但同时也必须清醒地让学生认识到我国在智能制造核心领域的不足——"缺芯少核"。通过了解"中兴事件""华为断芯事件"使学生深刻理解科技发展对国家进步具有重要的意义，启发学生建立正确的人生观、价值观，增强学生的职业使命感，激发学生献身国家高科技事业、树立全心敬业的精神，力争科技强国、创新兴邦，用个人的实际行动为中华民族的伟大复兴添砖加瓦。

（2）通过实际问题让学生切身体会严谨认真、精益求精的重要性。

【实例 3-10】 随着社会经济的快速发展，机动车数量越来越多，无疑给道路交通带来了巨大压力。交通信号灯的出现使得交通井然有序，缓解了交通拥挤，减少了交通事故的发生。试想一下，如果交通信号灯出现故障会造成什么样的后果？能否设计一个监视交通信号灯状态的逻辑电路？

问题 1：利用组合逻辑电路设计的相关知识设计现实生活中的交通信号灯故障报警电路，如图 3-1 所示。

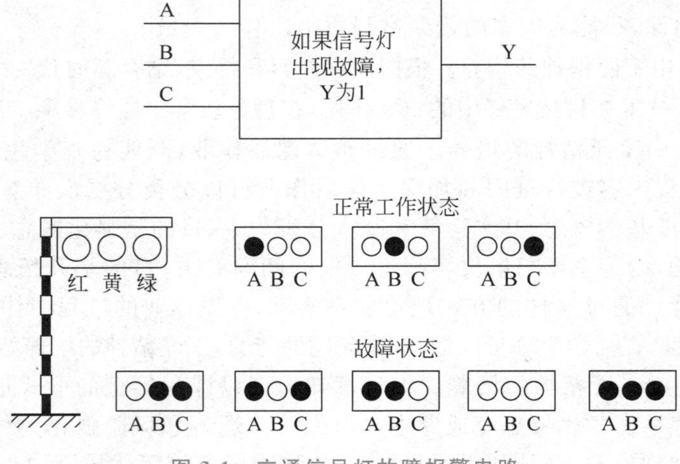

图 3-1 交通信号灯故障报警电路

说明：学生在分析清楚所要解决的实际问题后，利用所学的组合逻辑电路设计方法来具体实现：①逻辑抽象。将实际问题转换为数字电路问题，即问题的逻辑抽象，其关键点在于：分析事件的因果关系，确定变量；逻辑赋值；列出真值表。②写出逻辑表达式并进行化简。根据第①步列出的真值表写出逻辑表达式。通常，原始表达式都比较复杂，不利于后续的电路设计，因此，需要对原始表达式进行化简。③画出逻辑电路图。根据第②步得到的最简逻辑表达式选择元器件并画出对应的逻辑电路。至此，电路设计完成。

虽然交通信号灯故障报警电路的设计十分简单，但是却容不得丝毫疏忽。因为在实际应用中一个小小的设计失误，如当出现故障而未能报警时，就有可能导致交通拥堵，甚至导致严重的交通事故。该电路的设计是环环相扣的，对交通信号灯工作状态的精准监测依赖于每一个环节的正确完成，而学生具有严谨、精益的学习态度是关键因素。这样一个实际问题的完整解决能让学生切身体会到严谨认真的重要性，培养学生求真务实、精益求精的工匠精神。

(3) 通过基础理论的学习使学生秉承执着专注、追求卓越的精神。

【实例 3-11】 逻辑代数是描述客观事物逻辑关系的数学方法。二值逻辑中，每个逻辑变量的取值只有"0""1"两种可能；此时 0，1 不表示大小，只代表两种不同的逻辑状态。在逻辑代数中，有与、或、非三种基本的逻辑运算。

问题 2：如图 3-2 所示，三种电路的因果关系有何不同？

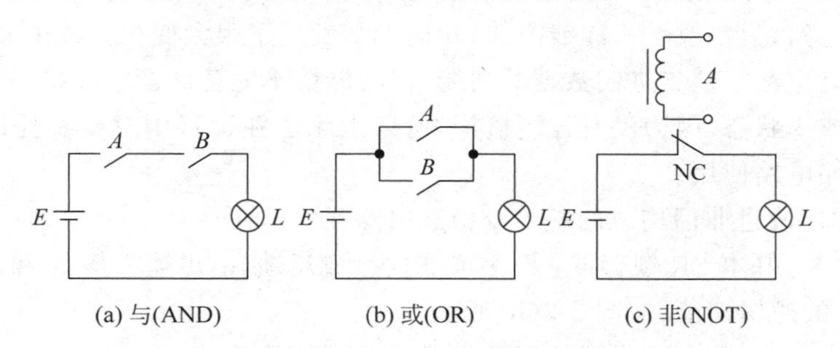

图 3-2 三种基本逻辑运算电路

注意：①用 $A,B=1$ 表示开关闭合，$A,B=0$ 表示开关断开；②用 $L=1$ 表示灯亮，$L=0$ 表示灯灭。

说明：①与逻辑：条件同时具备，结果发生。$L=AB$；②或逻辑：条件之一具备，结果发生。$L=A+B$；③非逻辑：条件不具备，结果发生。$L=\overline{A}$。

逻辑代数是英国数学家乔治·布尔(George Boole，1815—1864)提出来的，所以又叫布尔代数。人的思维过程能用数学表示吗？1849 年，布尔首先对这个问题进行大胆的尝试，他应用代数方法研究了逻辑，把一些简单的逻辑思维数学化。他指出："逻辑不仅仅是哲学，也是数学"，从而建立了逻辑代数。但这个发明很久都不受重视，数学家们曾轻蔑地说它："没有数学意义，在哲学上也属于稀奇古怪的东西"。直到 1938 年，一位年仅 22 岁的美国年轻人克劳德·艾尔伍德·香农(美国数学家、信息论创始人)在他发表的《继电器与开关电路的符号分析》一文中，将布尔代数与开关电路联系了起来。他发现布尔代数是分析和描述继电器电路的有效方法。至此，布尔代数从发明之初不被重视到应用差不多经历了一个世纪。现如今，布尔代数被广泛应用于开关电路和数字逻辑电路的分析和设计中。这说明科学研究贵在执着坚持，激励学生在学习上要刻苦钻研、锲而不舍，鼓励学生要有追求卓越的精神和敢于挑战学科前沿的勇气。

（4）通过继承已有的知识引导学生建立创新发展的思维意识。

【实例 3-12】 基本双稳态电路：具有 0、1 两种逻辑状态，且一旦进入某一种逻辑状态，就能长期保持该状态不变，如图 3-3(a)所示。

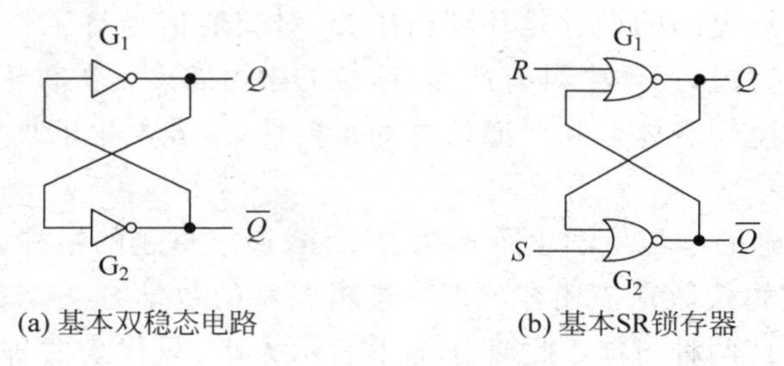

图 3-3 双稳态电路

说明：①组合逻辑电路不能完成记忆功能，需要引入新的记忆单元。这个记忆单元仍然使用的是门电路，只是改变了连线方式，功能上却发生了很大变化。②由非门构成的基本双稳态电路具有记忆 1 位二进制数据的功能，但功能极不完备。③它在接通电源后，可能随机进入 0 状态或 1 状态，因为没有控制机构，所以也无法在运行中改变和控制它的状态，从而不能作为存储电路使用。

问题 3：如何改进非门构成的基本双稳态电路呢？

【实例 3-13】 基本 SR 锁存器：两个或非门接成反馈，引出输入端 S 和 R，具有数据保持、置 0 和置 1 的逻辑功能，如图 3-3(b)所示。

说明：①基本 SR 锁存器由或非门替换基本双稳态电路中的非门构成；②它是一种具有最简单控制功能的双稳态电路；③为避免锁存器处在既非 1 又非 0 的非定义状态，输入信号应遵守 SR＝0 的约束条件。

问题 4：如果要用使能信号 E 控制锁存器，该如何改进基本 SR 锁存器的电路结构？

【实例 3-14】 门控 SR 锁存器：在基本 SR 锁存器输入端增加一对逻辑门 G_3、G_4，用使能信号 E 控制锁存器在某一指定时刻根据 S、R 输入信号确定输出状态，如图 3-4(a)所示。

说明：①当 $E=0$ 时，锁存器状态不变；②当 $E=1$ 时，S、R 端的信号被传送到基本锁存器的输入端，使输出状态发生变化；③应用这种锁存器时必须更严格地遵守 SR＝0 的约束条件；④在时序电路中，经常要求锁存器的状态改变受时钟脉冲控制，而改变成什么状态由输入及现态决定，因此将电路中的使能信号 E 接时钟脉冲即可实现。

问题 5：如何消除可能出现的非定义状态，直接保证 SR＝0 的约束条件？

【实例 3-15】 门控 D 锁存器：在门控 SR 锁存器的 S 和 R 输入端之间连接一个非门

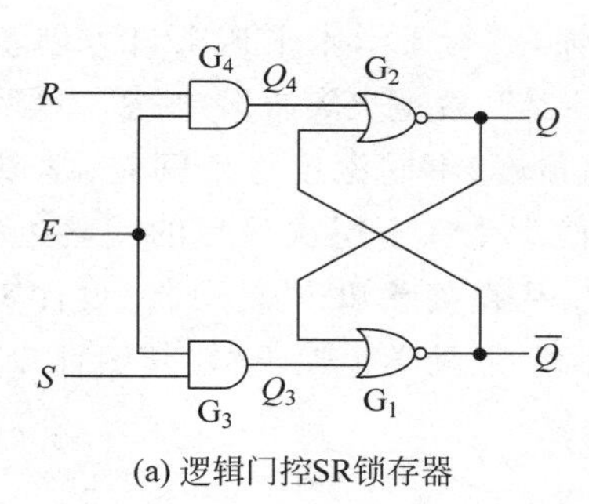

(a) 逻辑门控SR锁存器

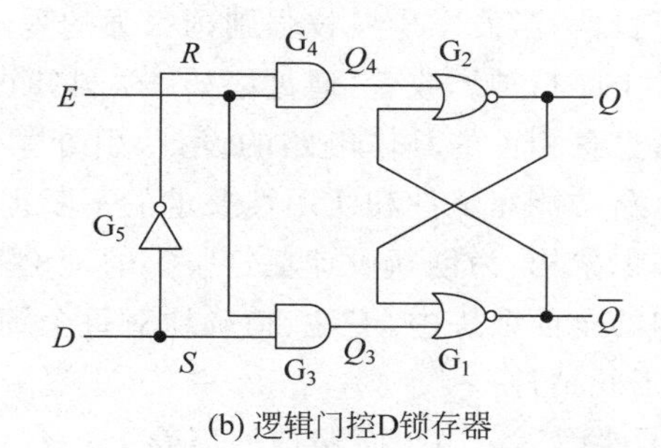

(b) 逻辑门控D锁存器

图 3-4　锁存器

G_5，在使能信号 E 作用期间，锁存器输出跟随输入信号 D 而变化，如图 3-4(b)所示。

说明：①当 $E=0$ 时，锁存器状态不变；②当 $E=1$ 时，锁存器输出 $Q=D$；③D 锁存器在工作中没有约束条件，因而应用较广泛。

从以上阐述可以看出，锁存器提出及改进的基本思路为：根据提出的类型分析其特性功能，研究其存在的缺点，分析已知模块电路内在规律联系，找到改进的方向，再科学继承已有模块电路，创新修改并实现新的锁存器电路。一方面引导学生对已有的知识结论要采取一分为二的态度，批判地加以继承利用，并根据新的情况和经验，建立创新发展的思维意识，逐步完善构建出各种特性功能的电路。另一方面告知学生创新不是凭空想象的，而是要有知识的积累、科学的研究方法，直至达到创新的目的。因此，要激励学生平时认真学习，掌握好基础知识，坚持量变与质变相统一，做到创新从基础做起，一步一个脚印。要让学生明白善于继承才能少走弯路，勇于创新才能开拓前进，这正是大胆创新的工匠精神的内涵。

2）课后作业中工匠精神的培养

(1) 课后典型习题巩固新知，注重职业素养。教师将每章的典型课后习题布置为必做作业，学生通过完成此项作业可以熟悉和巩固所学知识要点，理清课程知识的基本思路。作业书写整洁、条理清晰，方便与人交流学习是首要基础。作业中涉及的每个电路都包含了数字电路分析的基本过程，即图形符号的标注、分析设计方法的应用、参数的计算和判定等，这是学生必须严格遵守的基本专业规范，也是职业素养的重要体现。作业中遇到难题要迎难而上，另辟蹊径、大胆创新才能最终解决问题。作为未来的电子工程师，学生要明白“精于工、匠于心、品于行”，始终保持这种认真严谨对待学习的态度，有助于在实践中不断提高自己的专业意识，形成一丝不苟的职业精神。

(2) 课后拓宽习题综合延展，注重实践创新。教师将与每章知识相关的拓宽习题布置为选做作业，学生通过完成此项作业可以提高综合运用所学知识的能力，延展课程知识进行深入学习。作业设计形式可以多样化，可以不设立标准答案，让学生讨论设计。例如，让学生就“创造最强中国芯”“中国智造 2025”等热门话题展开自由讨论，目的是使学生了解我国芯片产业的发展现状，强调掌握本课程知识对于建设现代化强国的重要意义，通过建立学生的专业自信,激发学生科技强则国家强的爱国主义情怀,致力于学术上追求自主创新,技术上追求工匠精神。或者,通过诸如"学科知识竞赛抢答器""教室火灾报警电路"等与学生实际生活息息相关的具体电路的设计,引导学生从不同角度、不同深度思考问题,学以致用。随着电路功能完整性和实用性要求的不断提高,可以使学生在多层次目标的完善过程中建立起知识架构,为创新设计奠定坚实的理论基础。学生从直接感知、功能分析、设计实践、任务归纳的全面锻炼中,专注、精确地对每个细节精心打磨,鼓励学生追求"知其然且知其所以然"的工匠精神。

3)课程笔记中工匠精神的培养

课程笔记是培养学生工匠精神的有效环节。记录课程笔记要耳听、眼看、脑想、手动。在听懂的前提下,对获取的知识通过大脑的思维,经过"选择-加工-归纳-浓缩-反馈"的过程,然后有重点地记录下来。这就要求学生在课堂上记笔记,心、眼、口并用,为了跟上教师的授课逻辑和节奏,必须有敏捷的思维反应,始终保持专心专注的学习状态。在课后归纳整理笔记,是知识的梳理巩固和拓展延伸,无论是针对基础知识、章节重点,还是针对学科前沿知识、自主学习内容,学生都要有耐心、恒心,注重细节,必须经过积极地思考,有强烈的创新意识,才能总结出知识脉络,形成系统、延展的知识整体。课程笔记的完成过程也是在潜移默化地培养学生的工匠精神。

3.3.4 教学特色与反思

1. 教学特色

本课程经过多年持续不断地改进,形成了鲜明的特色。

(1)工匠精神的培养是一个长期的过程,一定要有"滴水穿石"的毅力,以"润物细无声"的方式融入教学的各个环节中,要多样化地设计课堂教学,才能促进课程目标的实现。

(2)工匠精神的培养要结合课程的特点和学生发展的需求,从实际出发,从细节着眼,积小流成江河,积跬步至千里,在一点一滴中将专业知识传授与思想价值引领有机融合。

(3)工匠精神的培养不仅要有形式,要以系统、实用的教学方案为基础,还需要建立行之有效的"全过程、多元化"的课程考核方式,要在不断地探索实践中发展、完善、实施。

2. 教学反思

课程思政是个系统工程,还有很多不足和提升的空间。"数字电路与逻辑设计"课程思政建设,首先,要不断提升任课教师的政治觉悟,做到学高为师、身正为范,以身作则做好思想引导和行为示范。其次,要不断探索创新教育教学方法,深度挖掘和积极凝练课程中的思政元素,真正把课程思政作为联系专业知识与政治思想的纽带,同向同行,形成协同效应。再次,要充分发挥课程的育人功能,实现显性教育与隐性教育相统一,做到专业教育和价值观教育相融并进,才能培养学生具有全心敬业、精益求精、执着专注和勇于创新的工匠精神,为国家培养出德才兼备、能力突出的人才,从而实现课程思政建设的初衷。

(朱瑜红)

3.4 “自动控制原理”课程的设计与实践

3.4.1 课程概况与目标

“自动控制原理”是电气类、自动化类、电子信息类及其相关专业的一门重要的专业基础课。在学时设置上电气类、自动化类专业64学时，其他专业48学时。该课程主要讲授自动控制理论的基本概念和分析、设计方法，包括自动控制系统的一般概念、系统数学模型的建立、系统的时域法、根轨迹法、频率域分析方法和线性系统的校正设计等内容。该课程是学生学习后续专业课程和解决实际工程问题的重要理论依据。

通过本课程的教学，从价值引领、知识探究、能力建设、态度养成四个维度实现知识、思维、能力的有机统一，使学生达到如下课程目标。

目标1——价值引领：培养学生具有科学精神、规矩意识、系统观、团队合作精神和追求卓越的工匠精神。（支撑毕业要求6、8、9）

目标2——知识探究：掌握自动控制原理的基本理论和方法，具备自动控制系统的建模、分析和设计能力，具有信息获取与处理能力。（支撑毕业要求1）

目标3——能力建设：能够对自动控制系统的工程问题进行抽象、简化，合理建立控制系统数学模型；能够利用控制理论进行系统性能分析，并能在分析的基础上对简单控制系统进行设计与综合；能够认识到复杂工程问题的多种相互关联和制约因素，并通过分析文献，规范描述自动控制领域的工程问题。（支撑毕业要求2、3）

目标4——能力建设：能够进行器件的选型，并搭建实验平台，采用科学的实验方法，安全有效地开展实验；能够正确采集、整理实验数据，对实验结果进行分析和解释，获取合理有效的结论；能够利用MATLAB软件对自动控制系统进行辅助计算、分析、设计与仿真，具有一定的现代工具的使用能力。（支撑毕业要求4、5）

目标5——态度养成：具备严谨求实、专注负责的工作态度，精雕细琢、精益求精的工作理念，敢于探索、追求完美的精神特质，以及对职业的认同感、责任感。（支撑毕业要求8、12）

3.4.2 总体设计

1. 指导思想

坚持以立德树人为宗旨，以学生为中心的教育理念，在知识学习和能力培养基础上，紧紧围绕立德树人这一根本任务，在课程教学中充分挖掘思政元素，实现价值观的引领。

课程建设围绕教师和教材两个核心要素，加强课程思政理论探索、师资队伍课程思政能力建设和课程思政资源库建设。

2. 课程目标与课程教学的对应关系

课程教学内容与课程目标、教学环节的对应关系如表3-5所示。

表 3-5 课程教学内容与课程目标、教学环节的对应关系

章	教学内容	教学环节	支撑课程目标
第 1 章 自动控制的一般概念	1.1 自动控制的任务	板书与PPT讲授、演示、课后作业、思维导图总结	目标1、目标2
	1.2 自动控制的基本方式		
	1.3 对控制系统的性能要求		
第 2 章 自动控制系统的数学模型	2.1 控制系统微分方程的建立	板书与PPT讲授、演示、课堂练习、课后作业、思维导图总结	目标1、目标2、目标3、目标4、目标5
	2.2 非线性微分方程的线性化		
	2.3 传递函数		
	2.4 动态结构图		
	2.5 系统的脉冲响应函数		
	2.6 典型反馈系统的几种传递函数		
第 3 章 时域分析法	3.1 时域分析基础	板书与PPT讲授、演示、课堂练习、课后作业、思维导图总结	目标1、目标2、目标3、目标4、目标5
	3.2 一、二阶系统分析与计算		
	3.3 系统稳定性分析		
	3.4 稳态误差分析与计算		
第 4 章 根轨迹法	4.1 根轨迹与根轨迹方程	板书与PPT讲授、演示、课堂练习、课后作业、思维导图总结	目标1、目标2、目标3、目标4、目标5
	4.2 绘制根轨迹的基本法则		
	4.3 开环零、极点变化时的根轨迹		
	4.4 零度根轨迹		
	4.5 系统闭环零、极点分布与阶跃响应的关系		
	4.6 系统阶跃响应的根轨迹分析		
第 5 章 频率域方法	5.1 从傅里叶级数到傅里叶变换	板书与PPT讲授、演示、课堂练习、课后作业、思维导图总结	目标1、目标2、目标3、目标4、目标5
	5.2 频率特性		
	5.3 典型环节的频率特性		
	5.4 系统的开环频率特性		
	5.5 频率稳定判据		
	5.6 系统闭环频率特性与阶跃响应的关系		
	5.7 开环频率特性与系统阶跃响应的关系		
第 6 章 控制系统的校正	6.1 系统校正设计基础	板书与PPT讲授、演示、课堂练习、课后作业、思维导图总结	目标1、目标2、目标3、目标4、目标5
	6.2 串联校正		
	6.3 串联校正的理论设计方法		
	6.4 反馈校正		
	6.5 复合校正		
第 7 章 非线性系统分析	7.1 非线性问题概述	板书与PPT讲授、演示、课堂练习、课后作业、思维导图总结	目标1、目标2、目标3、目标4、目标5
	7.2 常见非线性因素对系统运动特性的影响		
	7.3 相平面法基础		
	7.4 非线性系统的根轨迹分析		
	7.5 描述函数		
	7.6 用描述函数法分析非线性系统		

续表

章	教学内容	教学环节	支撑课程目标
第8章　采样系统理论	8.1　采样过程与采样定理 8.2　信号的恢复与零阶保持器 8.3　z变换与z逆变换 8.4　脉冲传递函数 8.5　采样系统的性能分析 8.6　采样系统的数字校正	板书与PPT讲授、演示、课堂练习、课后作业、思维导图总结	目标1、目标2、目标3、目标4、目标5

课程实验教学内容与课程目标、教学环节的对应关系如表3-6所示。

表3-6　课程实验教学内容与课程目标、教学环节的对应关系

序号	实验项目	教学要求	教学环节	支撑课程目标
1	典型环节及其阶跃响应	(1) 掌握典型环节的模拟电路的基本原理和一般方法； (2) 掌握控制系统时域性能指标的测量方法	预习报告、教师演示、实际操作、实验报告	目标1、目标2、目标3、目标4、目标5
2	二阶系统阶跃响应	(1) 研究二阶系统的特征参数，阻尼比ζ和无阻尼自然频率ω_n对系统动态性能的影响； (2) 定量分析ζ和ω_n与最大超调量$\sigma\%$和调节时间t_s之间的关系； (3) 学会根据系统阶跃响应曲线确定传递函数	预习报告、教师演示、实际操作、实验报告	目标1、目标2、目标3、目标4、目标5
3	控制系统的稳定性分析	(1) 观察系统的不稳定现象； (2) 研究系统开环增益和时间常数对稳定性的影响	预习报告、教师演示、实际操作、实验报告	目标1、目标2、目标3、目标4、目标5
4	系统根轨迹的MATLAB仿真	(1) 掌握利用MATLAB软件绘制系统的根轨迹的方法； (2) 掌握利用根轨迹分析系统的性能	预习报告、教师演示、实际操作、实验报告	目标1、目标2、目标3、目标4、目标5
5	开环频率特性的MATLAB仿真	(1) 掌握利用MATLAB软件绘制开环频率特性的方法； (2) 掌握利用开环频率特性曲线分析系统的性能	预习报告、教师演示、实际操作、实验报告	目标1、目标2、目标3、目标4、目标5
6	连续系统串联校正	(1) 加深理解串联校正装置对系统动态性能的校正作用； (2) 对给定系统进行串联校正设计，并通过模拟实验验证设计的正确性	预习报告、教师演示、实际操作、实验报告	目标1、目标2、目标3、目标4、目标5
7	PID控制算法仿真	(1) 掌握利用Simulink构建系统模型与仿真的方法； (2) 掌握PID参数对系统性能的影响及PID参数整定方法	预习报告、教师演示、实际操作、实验报告	目标1、目标2、目标3、目标4、目标5

续表

序号	实验项目	教学要求	教学环节	支撑课程目标
8	电阻炉温度控制系统	(1) 了解电阻炉温度控制系统的基本组成； (2) 研究电阻炉温度控制系统的特点； (3) 研究电阻炉温度控制系统的参数整定方法	预习报告、教师演示、实际操作、实验报告	目标1、目标2、目标3、目标4、目标5

3. 课程目标的考核方式

本课程以过程性考核成绩和期末测评成绩进行综合评定学生成绩。

综合成绩＝过程性考核成绩×50%＋期末测评成绩×50%

过程性考核成绩：包括实验报告(20%)、课后作业(20%)和思维导图(10%)。8个实验，每个实验报告按照总分100分评定，取其平均值。10次课后作业，每次均按100分计，取其平均值。8次思维导图，每次均按100分计，最终取其平均值。

期末测评成绩占50%：闭卷考试。

课程目标的考核方式如表3-7所示。

表3-7 课程目标的考核方式

考核方式		成绩比例/%				
		课程目标1	课程目标2	课程目标3	课程目标4	课程目标5
过程性考核(50%)	实验报告(20%)	10	25	25	20	20
	课后作业(20%)	10	20	45	15	10
	思维导图(10%)	20	30	20	20	10
期末测评(50%)	闭卷考试	15	25	40	10	10

3.4.3 课程思政典型案例——工匠精神的培养

“工匠精神”是一种基于专心专注基础上不断创新的精雕细琢的精神，它是职业道德、职业能力、职业品质的体现，其基本内涵包括敬业、精益、专注、创新等方面的内容。工匠精神的培养是一个长期的过程，不可能一次完成，也不可能通过某一门课程完成，而是需要持之以恒地开展，通过系统化设计，多门课程相互促进、相互影响，制定科学的教学计划，合理配置教学内容，有序地开展工匠精神的培养工作。

1. 案例教学目标和实施过程

教学目标：通过课程教学的各个环节，培养学生的工匠精神。

实施过程如下。

(1) 理论教学中工匠精神的培养。根据学科与专业的特点，结合学生未来所从事工作的职业素养要求，充分挖掘思政元素，将工匠精神的培养始终贯穿在理论教学中。

(2) 实验教学中工匠精神的培养。根据实验课程内容及特点，结合工程实践性，找到思政教育与实验教学的契合点，将工匠精神的培养始终贯穿于实验的全过程。

（3）以课后作业、思维导图等进行工匠精神的培养。通过完成教师发布的相关作业、单元测试、拓展练习及对每一章思维导图的总结，培养学生对待学习一丝不苟的工匠精神。

2. 实施案例

1）在课程理论教学过程中潜移默化地培养学生的工匠精神

（1）通过反馈控制原理实例让学生明白科技创新离不开工匠精神。

【实例 3-16】 一个自动控制系统通常是以反馈控制实现的。在反馈控制系统中，控制装置对被控对象施加的控制作用，是取自被控量的反馈信息，用来不断修正被控量与输入量之间的偏差，从而实现对被控对象进行控制的任务。

在神舟飞船与天宫一号的交会对接任务中，神舟飞船作为追踪器，天宫一号作为目标器，追踪器和目标器的位置和姿态信息通过敏感器测量后送到控制器（星载计算机）中，控制器根据敏感器输入的测量值计算控制量并输出至执行机构，执行机构根据控制量输入，输出力和力矩作用于追踪器和目标器，不断修正两者之间的偏差，从而实现精准对接，其结构如图 3-5 所示。

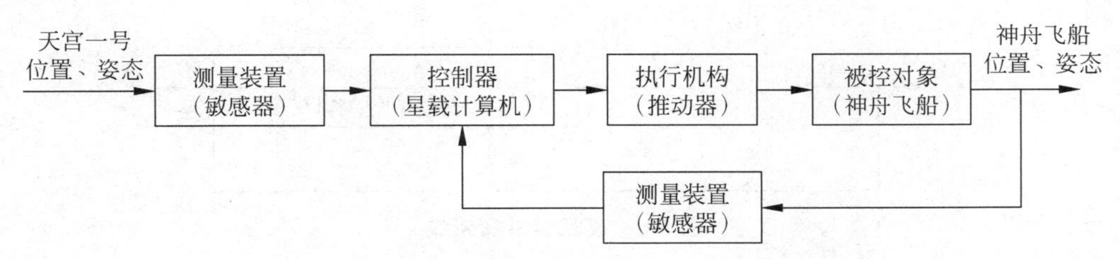

图 3-5　天宫一号与神舟飞船交会对接原理方框图

在实际的交会对接过程中，影响对接的因素更为复杂，因此是世界航天领域内公认的最复杂、最难攻关的技术。自 2011 年首次成功对接至今，我国航天精准可靠对接任务已成功实施了 16 次，经历了从无人到有人、从自动到手控、从几天到几小时、从轴向对接到径向对接的创新突破。通过本例让学生了解一次次精彩的“太空之吻”背后，凝聚了航天科技人员不断探索、精益求精、克服困难、大胆创新的大国工匠精神。

（2）通过讲授自动控制系统的组成让学生理解爱岗敬业的必要性。

【实例 3-17】 控制系统的基本组成包括测量元件、执行机构、被控对象、放大元件及校正元件等，每一个模块都有自己的职能，各组成部分既要完成各自任务，又要共同协作才能使控制系统具有良好的控制性能。以此使学生明白每一个工作岗位都有相应的职责，每一个个体都是某种任务系统中的一个小环节，其作用都会影响到未来结果，从而引导学生树立敬业精神，恪守职业道德，尽职尽责、团结协作，在实现伟大中国梦的道路上贡献出自己的力量。

（3）通过讲授劳斯稳定判据让学生明白一个理论的发展需要勇于探索的工匠精神。

【实例 3-18】 以劳斯稳定判据的讲授引出稳定性分析理论的发展历程：1788 年，瓦特利用负反馈原理设计了离心调速器，但调速器的稳定性问题没有得到解决，许多科学家针对这个问题进行了研究。1868 年，麦克斯韦第一次系统地研究了反馈控制的稳定性，在他的论文《论调速器》中，推导出了调速器的微分方程，并在平衡点附近进行线性化处理，指出稳定性取决于特性方程的根是否具有负实部，但他仅仅在二阶方程和三阶方程中取得了成功。1877 年，劳斯在他的论文中提出的根据多项式的系数判断在左半平面根的数目的稳定性判据，至今仍占有重要地位。由此引导学生明白一个理论的形成不是一蹴而就的，是需要科研工作者的深入研究、长期积累，在前人工作的基础上不断探索、勇于创新才能逐渐完善。

(4) 通过讲授稳态误差让学生明白严谨求实的工匠精神。

【实例 3-19】 稳态误差是衡量系统控制精度的一项重要的技术指标。控制系统设计的任务之一是尽量减小系统的稳态误差，或者使稳态误差小于某一容许值。只有当系统稳定时，研究稳态误差才有意义，因此在计算稳态误差就之前要先判断系统是否稳定，否则计算稳态误差就没有意义，结果也是错误的。例如：某反馈控制系统如图 3-6 所示，其中扰动信号 $n(t)=1(t)$。是否可以选择某一合适的 K 值，使系统在扰动作用下的稳态误差为 $e=-0.099$？

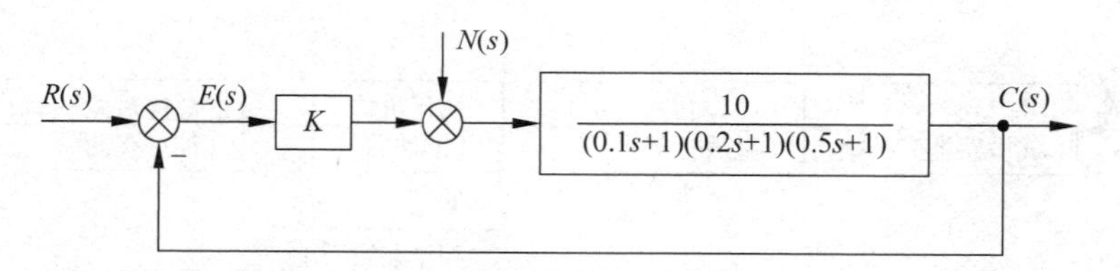

图 3-6 某反馈控制系统

很多学生在计算控制系统的稳态误差时，经常忽视对系统稳定性的判断。在本例中，有学生通过计算，得到“当 $K=10.001$ 时，可以保证扰动作用下的稳态误差为 -0.099”的结论，但是经过稳定性判断，K 值只有为 $-0.1\sim1.26$ 时，系统才是稳定的，显然，$K=10.001$ 时该系统不在稳定范围之内，因此，不能选择一个合适的 K 值，使系统在扰动作用下的稳态误差为 $e=-0.099$。通过这个例题使学生明白在今后的学习和工作中一定要有扎实的专业知识，严谨的态度，精确计算、精益求精，否则将“差之毫厘，谬以千里”。

(5) 通过问题讨论让学生从控制系统的分析设计中明白精益求精的工匠精神。

【实例 3-20】 一个自动控制系统，稳、快、准的要求是相互制约的。提高动态过程的快速性，可能会引起系统的强烈振荡；改善系统的平稳性，控制过程又可能很迟缓，甚至会使系统的稳态精度很差。分析和解决这些矛盾，是本门课程的重要内容。例如：磁盘驱动器广泛用于各类计算机中，磁盘驱动器必须保证磁头的精确位置，并减小参数变化和外部振动对磁头定位造成的影响，以便正确读取磁盘上磁道的信息。作用于磁盘驱动器的扰动包括物理振动、磁盘转轴轴承的磨损和摆动，以及元器件老化引起的参数变化等。假设磁盘驱动系统在考虑扰动作用下的结构如图 3-7 所示。

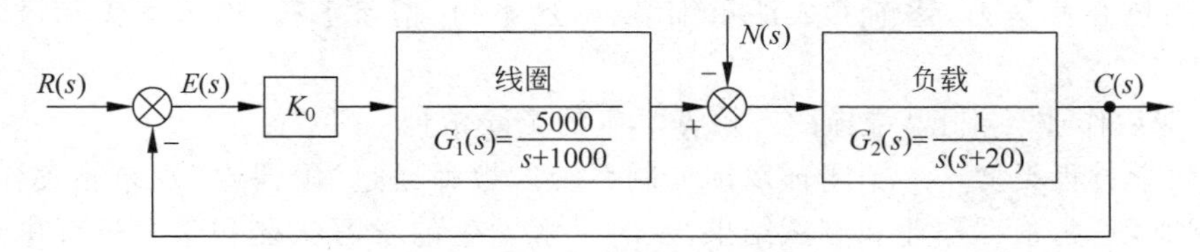

图 3-7 磁盘驱动系统结构图

问题：放大器增益 K_0 值的选取对系统在单位阶跃输入作用下的动态响应、稳态误差以及抑制扰动能力有什么影响？为了满足磁盘驱动系统性能指标的要求，应采取什么措施？

本例是关于控制系统时域设计的折中与优化的实例。由分析讨论可知，该系统受到两类信号的作用，在单位阶跃输入信号作用下稳态误差为零，与 K_0 的取值无关，而在扰动信号作用下稳态误差与 K_0 的取值有关，且随 K_0 的增加而减小。为了降低扰动的影响，需要提高 K_0 达 80 以上，此时系统的单位阶跃响应速度明显加快，但会出现不能接受的振荡，因此就必须对该系统进行折中与优化，为此在原有系统的基础上加入速度传感器，如图 3-8 所示，在该系统中当 $K_1=0.05$，$K_0=100$ 时系统能够满足稳、准、快性能指标的要求。

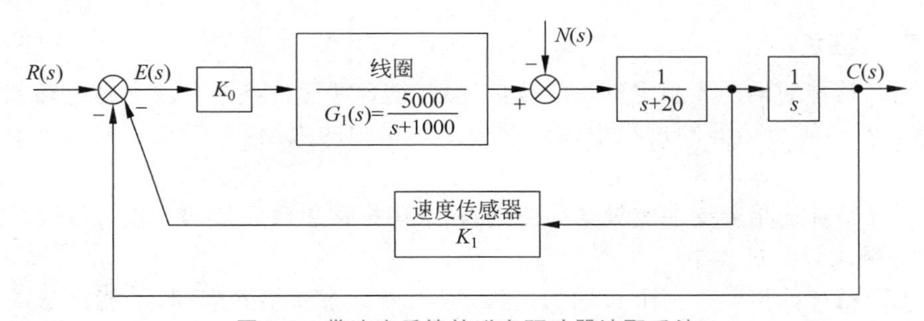

图 3-8 带速度反馈的磁盘驱动器读取系统

通过问题的讨论和分析，让学生明白在控制系统的分析和设计中，为了满足系统稳、准、快的要求，必须要全面衡量又有侧重，引导学生从辩证的角度分析和解决问题，形成科学严谨、求真务实的工作作风，帮助学生提高科学素养，培养创新思维和工匠精神。

2）在课程实验教学中培养工匠精神

【实例 3-21】 PID 控制是通用的工业过程控制方法，控制效果的好坏在很大程度上取决于 PID 参数选择是否得当。PID 参数整定方法有很多，试凑法是工程整定中常用的一种方法。在“PID 参数整定”实验中，要求学生课前认真预习实验，结合课堂知识熟悉参数整定的方法及步骤，努力提高预习效果。实验过程中，学生要耐心细致地观察参数变化对系统响应趋势的影响，根据响应曲线的变化趋势反复地改变比例系数 K_P、积分时间常数 T_I 和微分时间常数 T_D，从而得到满意的控制过程和参数。通过实验让学生明白，参数不能盲目整定，需要根据先比例、后积分、再微分的顺序有的放矢地进行调整。由于 PID 参数的调整是在反复“试错”过程中进行的，因此，除了仔细观察曲线趋势变化外，实践经验的积累十分重要，鼓励学生在今后的工作岗位中努力将理论知识应用于实践，不断积累经验，提高自己在专业领域的核心竞争力，逐渐养成注重细节、一丝不苟、精益求精、追求完美和极致的职业品质。

3）以课后作业、绘制思维导图等培养学生的工匠精神

整个教学过程类似于一个闭环反馈控制系统。教师通过“雨课堂”发布相关作业、单元测试、拓展练习等，根据作业和测试结果，及时了解学生的学习状况和学习过程中遇到的问题，便于对本次课程进行总结评价和持续改进，力争做到发现问题及时给予解决与疏导；学生则通过课后作业和测试结果检验知识的掌握程度，自身要学会不断反馈，把学习效果与关键点的目标相比较，及时修正。以此引导学生认真对待工作，爱岗敬业，潜移默化地培养学生克服困难的坚韧性、解决问题的专注力和对专业知识理解的精益求精的态度。

“自动控制原理”课程知识点繁多，为了提高学生对章节重点知识的理解与掌握，要求学生绘制各章节内容思维导图，使学生能将理论知识加以归纳总结，避免在学习过程中只见树木不见森林，更好地整体把握课程的知识要点以及知识点之间的逻辑关系，从而提高学生学习的效率，培养学生注重细节、一丝不苟的工作态度。

3.4.4 教学特色与反思

1. 教学特色

（1）工匠精神的培养要制定科学的教学计划，结合课程特点渗入教学各个环节中，使学生在知识学习和能力培养的过程中逐步领会工匠精神的内涵，将工匠精神内化于心，外化于行。

（2）工匠精神的培养要注重教学手段创新，准确把握思政元素切入点，以润物细无声的方式自然地融入教学过程中。

（3）工匠精神的培养是一个长期的过程，应当尊重人才培养规律，不能急于求成，可通过潜移默化的方式达到育人目标。

2. 教学反思

课程团队致力于课程教学改革，始终坚持以立德树人为宗旨、以学生为中心的教育理念。本课程采用线下多媒体教学为主，线上资源作为有效和必要补充的形式，借助“雨课堂”开展混合式教学改革，在知识学习和能力培养过程中，充分挖掘思政元素，实现了价值观的引领，在课程思政教育方面取得了良好的效果，深受学生的欢迎。课程思政建设是一个长期的过程，需要持之以恒的坚持，在教学反馈中不断改进完善。

（田　茸）

3.5 “数字图像处理”课程的设计与实践

3.5.1 课程概况与目标

“数字图像处理”是通信工程专业的专业选修课程，开设在第 7 学期，共 48 学时（含实验

16学时),3学分。该课程主要讲授数字图像处理的基本概念及相关数学基础、数字图像处理的基本运算、图像处理的各种变换、图像增强技术、图像复原、数学形态学及应用、图像分割与边缘检测等方面的内容。

通过本课程的教学,从价值引领、知识探究、能力建设、态度养成四个维度实现知识、思维、能力的有机统一,使学生达到如下课程目标。

目标1——价值引领:培养学生具有科学精神和追求卓越的工匠精神。(支撑毕业要求8)

目标2——知识探究:能够应用数字图像处理领域基础知识,通过文献研究分析该领域中复杂工程问题,解决相关工程问题。(支撑毕业要求2)

目标3——能力建设:能熟练运用MATLAB或其他编程语言,表达和解决有关工程的设计问题。(支撑毕业要求5)

目标4——能力建设:针对数字图像处理中相关的复杂工程问题,能够设计出相应的解决方案。(支撑毕业要求3)

目标5——态度养成:能够对实验结果进行分析和解释,获取合理有效的结论,按要求完成实验报告。(支撑毕业要求6)

3.5.2 总体设计

1. 指导思想

“数字图像处理”课程是引导学生迈入工程领域的重要课程。由于该课程涉及面广,理论和实践并重,因此在课堂上引入课程思政内容尤为重要。通过深入挖掘专业知识蕴含的德育元素,润物无声、潜移默化地从不同角度帮助学生形成正确的世界观、人生观、价值观,提高学生分析问题、解决问题的能力,培养学生的辩证思维、创新习惯和大工程观,以思想引领促进学生的全面发展。工匠精神是一种职业精神,是职业道德、职业能力、职业品质的体现,虽源自传统手工业社会,但在现代工业及智能化生产过程中,工匠精神所蕴含的职业价值、行业理念仍契合时代发展的需求。强调工匠精神在本课程的重要性,可以提升学生的职业道德素养,使学生在学习“技”的过程中悟“道”,满足时代发展对人才素养的要求。

2. 课程目标与课程教学的对应关系

课程理论教学内容与课程目标、教学环节的对应关系如表3-8所示。

表3-8 课程理论教学内容与课程目标、教学环节的对应关系

章	教学内容	教学环节	支撑课程目标
第1章 数字图像处理概论	1.1 数字图像处理的产生	PPT讲授、演示	目标1、目标2、目标3、目标4
	1.2 数字图像处理的基本概念		
	1.3 数字图像处理系统		
	1.4 数字图像处理的应用与发展		

续表

章	教学内容	教学环节	支撑课程目标
第2章　数字图像处理基础	2.1　数字图像的类型	PPT讲授、演示、课堂练习	目标1、目标2、目标3、目标4
	2.2　图像数字化器		
	2.3　图像的采样和量化		
	2.4　像素基本关系		
	2.5　图像文件格式		
	2.6　数字图像的显示特性		
	2.7　图像质量评价		
	2.8　灰度直方图		
	2.9　图像的统计特征		
第3章　图像变换	3.1　傅里叶变换	PPT讲授、演示、课堂练习	目标1、目标2、目标3、目标4
	3.2　离散余弦变换		
	3.3　离散K-L变换		
	3.4　离散沃尔什变换		
	3.5　离散哈达玛变换		
第4章　图像处理的基本运算	4.1　基本运算的类型	PPT讲授、演示、课堂练习	目标1、目标2、目标3、目标4
	4.2　点运算		
	4.3　代数运算		
	4.4　几何运算		
	4.5　灰度级插值		
第5章　图像空域增强	5.1　图像噪声	PPT讲授、演示、课堂练习	目标1、目标2、目标3、目标4
	5.2　图像增强处理分类		
	5.3　直接灰度变换增强		
	5.4　基于直方图的图像增强		
	5.5　代数运算增强		
	5.6　空域滤波增强		
第6章　图像频域增强	6.1　低通滤波	PPT讲授、演示、课堂练习	目标1、目标2、目标3、目标4
	6.2　高通滤波		
	6.3　带通和带阻滤波		
	6.4　同态滤波		
第7章　彩色图像处理	7.1　人眼的视觉特性	PPT讲授、演示	目标1、目标2、目标3、目标4
	7.2　计算机的颜色模型		
	7.3　伪彩色图像处理		
	7.4　全彩色图像处理		
第8章　图像复原	8.1　图像退化机理	PPT讲授、演示、课堂练习	目标1、目标2、目标3、目标4
	8.2　图像退化模型		
	8.3　无约束复原		
	8.4　逆滤波		
	8.5　有约束复原法		

续表

章	教学内容	教学环节	支撑课程目标
第9章　图像编码	9.1　图像编码的基本原理	PPT讲授、演示	目标1、目标2、目标3、目标4
	9.2　图像编码评价		
	9.3　图像统计编码		
	9.4　位平面编码		
第10章　数学形态学及应用	10.1　数学形态学基础	PPT讲授、演示、课堂练习	目标1、目标2、目标3、目标4
	10.2　二值形态学		
	10.3　灰度形态学		
	10.4　数学形态学的应用		
第11章　图像分割	11.1　图像分割的基本概念	PPT讲授、演示、课堂练习	目标1、目标2、目标3、目标4
	11.2　阈值分割法		
	11.3　区域分割法		
	11.4　边缘检测的基本原理		
	11.5　边缘检测算子		
第12章　图像特征与理解	12.1　几何特征	PPT讲授、演示	目标1、目标2、目标3、目标4
	12.2　形状特征		
	12.3　颜色特征		
	12.4　形状描述子		
	12.5　纹理描述		
	12.6　骨架提取		

课程实验教学内容与课程目标、教学环节的对应关系如表3-9所示。

表3-9　课程实验教学内容与课程目标、教学环节的对应关系

序号	实验项目	教学要求	教学环节	支撑课程目标
1	图像质量评价及灰度直方图	(1) 掌握常见图像质量评价方法的MATLAB实现; (2) 掌握利用MATLAB绘制图像直方图	预习报告、教师演示、实际操作、实验报告	目标1、目标2、目标3、目标4、目标5
2	图像处理的基本运算	(1) 掌握利用MATLAB实现图像的代数运算; (2) 掌握利用MATLAB实现图像的几何运算; (3) 掌握利用MATLAB实现图像的灰度插值	预习报告、教师演示、实际操作、实验报告	目标1、目标2、目标3、目标4、目标5
3	图像空域增强	(1) 掌握利用MATLAB实现基于直方图的图像增强; (2) 掌握利用MATLAB实现空域滤波增强	预习报告、教师演示、实际操作、实验报告	目标1、目标2、目标3、目标4、目标5
4	图像频域增强	(1) 掌握利用MATLAB实现低通滤波; (2) 掌握利用MATLAB实现高通滤波; (3) 掌握利用MATLAB实现带通和带阻滤波	预习报告、教师演示、实际操作、实验报告	目标1、目标2、目标3、目标4、目标5

续表

序号	实验项目	教学要求	教学环节	支撑课程目标
5	彩色图像处理	(1) 掌握利用 MATLAB 实现彩色图像直方图增强； (2) 掌握利用 MATLAB 实现彩色图像去噪	预习报告、教师演示、实际操作、实验报告	目标 1、目标 2、目标 3、目标 4、目标 5
6	图像复原	(1) 掌握利用 MATLAB 生成各类型退化图像； (2) 掌握利用 MATLAB 实现维纳滤波图像复原； (3) 掌握利用 MATLAB 实现最小二乘图像复原	预习报告、教师演示、实际操作、实验报告	目标 1、目标 2、目标 3、目标 4、目标 5
7	数学形态学的应用	(1) 掌握利用 MATLAB 实现膨胀和腐蚀操作； (2) 掌握利用 MATLAB 实现开运算与闭运算操作	预习报告、教师演示、实际操作、实验报告	目标 1、目标 2、目标 3、目标 4、目标 5
8	图像分割与边缘检测	(1) 掌握利用 MATLAB 实现阈值分割法； (2) 掌握利用 MATLAB 实现边缘检测	预习报告、教师演示、实际操作、实验报告	目标 1、目标 2、目标 3、目标 4、目标 5

3. 课程目标的考核方式

本课程以过程性考核成绩和课程论文成绩进行综合评定学生成绩。

综合成绩＝过程性考核成绩×40%＋课程论文成绩×60%

过程性考核成绩占 40%：只包括实验报告。每个实验报告按照总分 100 分评定，取其平均值。

课程论文采用自行拟定题目，但必须符合课程目标的要求，一人一题；按照统一的模板进行撰写；成绩按百分制评定。

课程目标的考核方式如表 3-10 所示。

表 3-10　课程目标的考核方式

考核方式		成绩比例/%				
		课程目标 1	课程目标 2	课程目标 3	课程目标 4	课程目标 5
过程性考核(40%)	实验报告	15	25	25	20	15
课程论文(60%)	课程论文	15	25	25	25	10

3.5.3　课程思政典型案例——工匠精神的培养

工匠精神是一种职业精神，它是职业道德、职业能力、职业品质的体现，是从业者的一种职业价值取向和行为表现。在课程思政中要注重培养学生的工匠精神，课程思政教学目标可将培养工匠精神为中心，以课程目标为基点，再与我国社会工作岗位对人才的现实需要相结合，与时代同步，不断挖掘出适合未来发展需要的建设人才，使得高校课程思政教育在工匠精神的指导下，培养出实用性人才。工匠精神展示出的是相关从业人员对于自己的职业发展所包含的专业素质和品德修养，突出敬业、专注、创新、精益求精的特点，展现出实事求是的工作风格，这是工匠精神的育人功能。

1. 案例教学目标和实施过程

教学目标：通过课程教学的各个环节，培养学生的工匠精神。

实施过程如下。

(1) 在绪论课中向学生明确该课程的具体要求，明确该课程与先修课程的关系、课程性质与应用领域。通过介绍课程内容(内容体系、基本知识点与重难点)使学生建立对该课程的整体认知水平；通过介绍实验工具使学生能够实现学习目标；通过介绍教学方法能够有助于学生取得学习成果；通过介绍考评方式使学生知悉如何具体达成本课程的5个教学目标。

(2) 课程理论与实验教学过程中培养学生的工匠精神。根据学科与专业特点，结合学生未来所从事工作的职业素养，要求学生理论与实验相结合，实事求是，充分发掘MATLAB软件优势，在实验教学中始终贯彻工匠精神的培养。针对理论教学的各章节内容，结合实际工程的重要性，需确保选课同学独立完成相应实验内容。对于实验内容偏多的章节，可允许学生课后继续自行完成，教师提供在线支持和问题答疑，工匠精神的培养应始终贯穿实验的全过程。

(3) 课程论文中培养学生的工匠精神。从研究方向的确定、中英文文献资料的查阅、实验结果及分析过程、写作水平等方面给出参考标准，培养学生的工匠精神。

课程论文的考核评价细则如表3-11所示。

表3-11 课程论文的考核评价细则

课程目标	评价标准					权重/%
	90～100	80～89	70～79	60～69	0～59	
目标1	能够按照要求在规定时间内完成论文内容，书写规范；具有一定的创新	能够按照要求在规定时间内完成论文内容，书写规范	能够按照要求在规定时间内完成论文基本内容，书写较规范	能够按照要求在规定时间内完成论文基本内容，书写基本规范	不能按照要求在规定时间内完成论文内容，书写不规范	15
目标2	能够灵活运用数字图像处理基础知识，通过文献研究准确分析并熟练解决问题	能够灵活运用数字图像处理基础知识，通过文献研究比较准确地分析并解决问题	能够比较灵活地运用数字图像处理基础知识，通过文献研究比较准确地分析解决问题	能够比较灵活地运用数字图像处理基础知识，通过文献研究基本准确地分析解决问题	不能灵活地运用数字图像处理基础知识，不能通过文献研究准确地分析并解决问题	25

续表

课程目标	评价标准					权重/%
	90～100	80～89	70～79	60～69	0～59	
目标3	论文能够熟练运用MATLAB语言仿真手段，熟练解决有关工程的设计问题	论文能够较好运用MATLAB语言仿真手段，较好解决有关工程的设计问题	论文能够基本运用MATLAB语言仿真手段，基本解决有关工程的设计问题	论文能够基本运用MATLAB语言仿真手段，不能解决有关工程的设计问题	论文不能运用MATLAB语言仿真手段，不能解决有关工程的设计问题	25
目标4	能够独立设计出针对特定工程问题的整体解决方案，具有较强创新性	能够独立设计出针对特定工程问题的整体解决方案，具有创新性	能够独立设计出针对特定工程问题的部分解决方案，具有创新性	能够独立设计出针对特定工程问题的部分解决方案，不具有创新性	不能独立设计出针对特定工程问题的解决方案，不具有创新性	25
目标5	能对仿真结果进行翔实分析和解释，获取合理有效结论	能对仿真结果进行较翔实分析和解释，获取合理有效结论	能对仿真结果进行分析和解释，获取合理有效结论	能对仿真结果进行分析和解释，获取较合理有效结论	不能对仿真结果进行分析和解释，不能获取合理有效结论	10

2. 实施案例

1）理论教学中工匠精神的培养

【实例3-22】 数学形态学的应用。

腐蚀运算作用：消除物体边界点，使边界点向内部收缩，可以把小于结构元素的物体去除。选取不同大小的结构元素，去除不同大小的物体。如两个物体间有细小的连通，通过腐蚀可以将两个物体分开。膨胀运算作用：与腐蚀相反，对二值化物体边界点扩充，将与物体接触的背景点合并到该物体中，使边界向外扩张。如果两个物体之间的距离比较近，会把两个物体连通到一起，对填补图像分割后物体的空洞有用。膨胀和腐蚀并不互为逆运算，可以级联结合使用。因此，在实际应用中要求学生必须注重细节，注意先后顺序，先腐蚀再膨胀（开操作）与先膨胀再腐蚀（闭操作）的组合方式会获得相反的结果。因为开操作通常会平滑物体的轮廓、断开狭窄的连通区域并消除突起，而闭操作通常会弥合较窄的间断和细长的沟壑。同时，要求学生必须十分严谨地考虑结构元素类型、尺寸，以及操作的目的。

【实例3-23】 阈值分割法的应用。

图像分割是一个将一幅数字图像划分为不交叠的、连通的像素集的过程。同时，也是一个标记过程，即把属于同一区域的像素赋予相同的编号。阈值分割法是区域分割算法中具有代表性的一类分割算法，适用于被分割的目标和背景之间存在较为显著的灰度差。对于直方图存在明显边界的图像，很容易找到这个阈值，但如果直方图分界不明显，那么这个阈值的寻找将变得十分困难。因此，在实际应用中要求学生必须认真观察图像及其直方图分布，考虑在不同情形下如何使用全局与局部阈值法。专注于考虑波峰间的间隔、图像中的噪声、目标和背景的相对尺寸、光源的均匀性以及图像反射特性的均匀性等因素。

通过针对具体问题的分析与讨论，要求学生在实际工作中要认真对待工作，形成科学严谨、求真务实的工作作风，潜移默化培养学生克服困难的坚韧性、解决问题的专注力和对专业知识理解的精益求精的态度，帮助学生提高科学素养，培养创新思维和工匠精神。

2）实验教学中工匠精神的培养

"数字图像处理"的实验教学环节对学生的工匠精神的培养，重点在于"精益求精、注重细节、严谨专注"。完整且严谨的实验环节包括提交预习报告、进行实验、提交实验报告、考核评价实验报告。要求采用统一的预习报告模板，包括实验名称、实验目的、实验任务、实验所使用的硬件设备和 MATLAB 版本，按照实验任务编写实验程序，经教师检查预习报告签字后方可进行实验。实验中必须做好相关数据记录，教师需要随时观察是否有异常问题出现，并进行讲解。实验结束后，学生提交完整的实验报告，内容包括实验名称、实验目的、实验任务、实验所使用的硬件设备和 MATLAB 版本、实验结果记录、实验结论，以及编写的 MATLAB 源程序。教师按照提交的实验报告，考核学生对所学知识的掌握程度，并给出考核评价成绩。

【实例 3-24】 空域滤波增强实验。

实验目的：掌握图像空域滤波的基本原理与方法；掌握利用 MATLAB 语言编写程序，实现图像空域滤波，并观察分析实验结果。

实验过程：分别对 onion.png 图像中加入高斯、椒盐噪声，分别使用均值滤波器、中值滤波器对以上不同类型、不同强度噪声图像进行滤波处理，并利用图像质量的均方误差(MSE)评价处理结果，进行理论上的解释。

【实例 3-25】 边缘检测实验。

实验目的：掌握灰度图像边缘检测的基本原理与方法；掌握利用 MATLAB 语言编写程序，实现基于多种差分算子的图像边缘检测，并观察分析实验结果。

实验过程：读取彩色图像并转化为灰度图，分别利用直接调用和设定不同阈值调用 Roberts、Sobel、Prewitt、LoG、Canny 算子对图像进行边缘检测，观察并比较检测结果，进行理论上的解释。

实验总结：因为实例 3-24 中需要对比多类型、多强度噪声在不同空域滤波后的多组实验结果，实例 3-25 中需要对比直接调用和多阈值调用 Roberts、Sobel、Prewitt、LoG、Canny 算子对图像进行边缘检测的结果，所以在整个实验过程中必须处处要求学生做到"精益求精、注重细节、严谨专注"，这正是工匠精神培养的重点所在。

3）课程论文中工匠精神的培养

【实例 3-26】 从 2020 年开始，"数字图像处理"课程成绩考核采用课程论文的形式进行，要求学生应用该课程的内容结合高等数学、线性代数、大学物理、概率论与数理统计、信号与系统等课程中的知识要点，构造有效的数学模型，实现基于 MATLAB 的系统仿真。由学生灵活运用数字图像处理相关基础知识，通过结合中英文文献研究，准确分析并解决具体的一种数字图像处理问题,要求一人选定一种解决方案,并完成课程论文,包括摘要、引言、方法、实验和结论。学生在完成课程论文的过程中,必须做到"精益求精、注重细节、严谨专注"。

选题1:基于物理成像模型的雾天图像复原方法研究

要求:针对在有雾天气情况下,空气中的悬浮颗粒增多,对大气光造成散射和折射,使得到达成像设备处的光线强度衰减,造成了所采集图像模糊、细节缺失等问题,要求学生通过查阅中英文文献资料,认真研究,给出除教材第2章及第6章所学方法外的其他有效解决方案。

课程论文内容:学生通过研究入射光衰减模型和大气光成像模型,从本质上分析雾天图像退化的机制和原因。结合暗通道先验理论,最终完成雾天图像复原任务。

选题2:基于色彩补偿的水下图像增强方法研究

要求:针对水下图像色偏和低对比度问题,要求学生通过查阅中英文文献资料,认真研究,给出除教材第3章及第5章所学方法外的其他有效解决方案。

课程论文内容:海水是一种成分非常复杂的混合物,存在不均匀性,水中悬浮颗粒的存在,使得光线在水下容易发生折射、散射,同时水对光线具有一定的吸收和衰减特性。水的衰减是光波长的复函数,它是由吸收和散射引起的,因此光在水中传输时的能量按指数规律迅速衰减。学生通过研究可知,不同波长的光在水下传播时具有不同的衰减率,蓝色光具有最短的波长,在水中的传输距离最远。光的波长越短,在水中的穿透能力越强,这也是水下图像往往呈现蓝绿色调的重要原因,从本质上分析水下图像产生色偏的机制。结合色彩补偿理论,最终完成水下图像增强任务。

3.5.4 教学特色与反思

1. 教学特色

本课程经过多年持续不断的改进,形成了鲜明的特色。随着社会的进步和发展,既要注重以"快"为特征的科技信息文化,也要重视以"慢"和"好"为特征的工匠文化。因此,工匠精神需要渗入教学各个环节,且是一个长期的培养过程。工匠精神的培养要结合课程特点,在重要的实验和课程论文中让学生体会到"精益求精、注重细节、严谨专注"。工匠精神的培养要有完善的考核评价标准,并随时代发展不断进行改进。

2. 教学反思

课程团队始终致力于课程教学改革,团队成员要通过不断提高自己的思想觉悟,把工匠精神深深植入教学理念中,真正把课程思政作为联系专业知识与政治思想的纽带。可以让学生在学习专业知识的同时养成良好的行为习惯,培养他们精益求精、执着、专注的专业素质。工匠精神所提倡的敬业、创新精神正是社会主义核心价值观的重要内容,既体现了"立德树人"的育人目标,也是社会责任感最真实的写照。本课程在课程思政教育方面取得了良好的示范效果,深受学生欢迎,达到了课程教育目标。

(王 博)

第4章 系统观培养的设计与实践

4.1 系统观的内涵

4.1.1 什么是系统观

系统观是指以系统的观点看自然界。系统是自然界物质的普遍存在形式，提出了系统和要素，结构与功能等新的范畴，揭示了自然界物质系统的整体性、关联性、层次性、开放性和动态性、自组织性。系统观是马克思主义基本原理的重要内容，强调系统是由相互作用、相互依赖的若干组成部分结合而成的、具有特定功能的有机体；要从事物的总体与全局上、从要素的联系与结合上研究事物的运动与发展，找出规律、建立秩序，实现整个系统的优化；要用开放的复杂系统的观点、用从定性到定量的综合集成方法研究问题。

系统的一般定义为：由相互联系、相互制约的若干组成部分结合而成的、具有特定功能的有机整体。可以从以下三方面理解系统的概念。

(1) 系统是由若干要素(部分)组成的。这些要素可能是一些个体、元件、零件，也可能其本身就是一个系统(或称为子系统)。

(2) 系统有一定的结构。一个系统是其构成要素的集合，这些要素相互联系、相互制约。系统内部各要素之间相对稳定的联系方式、组织秩序及失控关系的内在表现形式，就是系统的结构。

(3) 系统有一定的功能。系统的功能是指系统在与外部环境的相互联系和相互作用中表现出来的性质和能力。

4.1.2 系统观的主要内涵

理解系统观的内涵要从系统的特点入手。

1. 整体性

系统的整体性表现为系统是由两个或两个以上相互区别的要素，按照一定的方式和目的，有秩序地排列而成的，系统的功效大于各要素的功效之和。

2. 相关性

系统的相关性是指系统中各要素和组成，都是相互联系、相互作用的。

3. 结构性

系统的结构性强调从系统的结构角度去认识系统的功能，认识系统要素是按照怎样的结构模式联系在一起以及如何实现互动的。

4. 层次性

复杂的系统是有层次的，对某一系统来说，它既是由一些子系统组成的，同时又要作为一个子系统去参与更大的系统的组成，系统内部各要素的排列组合不是杂乱无章的，而是具有层次性的有序结构。

5. 动态平衡性

系统是不断运动、发展、变化的，以维持动态平衡，并通过反馈实现动态平衡。

6. 目的性

系统活动最终趋向于有序和稳定，这是因为有序方向正是系统的目标。任何一个系统都有明确的总目标，子系统为完成大系统的总目标而协调工作。

7. 开放性

系统在一定的环境中存在和发展，系统及其内部各子系统，与环境之间不断地进行物质、能量、信息的沟通与交换。当环境发生变化时，系统、子系统的结构和功能也会随之改变，以便适应环境，继续存在和发展下去。

8. 多样性

系统的多样性是指依据不同的标准系统有不同的分类。以尺度规模和范围为标准，分为胀观系统、宇观系统、宏观系统、微观系统、渺观系统。以要素间的相互关系为标准，分为线性系统、非线性系统。以与环境间交换的内容差异为标准，分为孤立系统、封闭系统、开放系统。以是否具有静止质量为标准，分为实物系统和场态系统。以相对静或动的关系为标准，可分为运动系统和静止系统。以运动模式稳定性程度为标准，分为平衡系统和非平衡系统。以运动方式的复杂程度为标准，分为机械系统、物理系统、化学系统、生物系统、社会系统。

4.1.3　大学生系统观的培养途径

1. 从教学的顶层设计推动系统观的运用

系统观的培养，要从教学的顶层设计着手，在教材编写、教学计划、教学内容、教学过程以及教学管理的各个环节，都要把系统观贯穿其中。高校课程思政中融入系统观的培养，可通过调整教材体系、教师教学评价体系、学生学习评价体系等教学过程，从教学的顶层设计使课程思政教学目标得到有效实施。

2. 加强对学生培养系统观的引导

引导学生瞄准世界科学的前沿，研究和思考人类社会和科学面临的重大现实问题。正面地介绍现代系统科学的思维方法和思想成果，使学生对于现代系统科学带来的启示有所了解，有所体会，让学生们能和国际学术界同步地研究和思索。教师以专业学科领域研究的历史沿革和跨学科分析的视角准备自己的教学内容，通过基础理论的传授方式引导学生了解所学专业领域的研究前沿。教师引导学生对系统观进行培养，包含指导学生对本学科或者相近学科领域相关的方法与理论进行比较深入的学习。

3. 加强学生系统观培养方面的训练

在课程中有意识地加强学生系统观培养方面的训练，在课堂上组织学术报告、学术交流、学术辩论等，课后组织学生进行资料查阅、对实际问题进行系统分析并进行论文撰写。着重细化系统初步分析、规范分析、综合分析方法，并要求学生根据实例利用系统工程的思想和方法做出相应分析。

4. 引入系统的任务驱动的教学模式

以系统的任务为脉络展开教学，并在教学过程中始终强调系统分析与设计的思想，通过系统的任务将各个基本知识点整合在一起，让学生可从整体上把握知识的体系结构。系统的任务设计应当体现系统设计的基本方法，如果总体任务具有一定的复杂度，则可将任务逐级分解为一些子模块，从而将系统观融入任务当中。

5. 加强课程之间的联系

加强对各门课程教学理念、教学方法、教学内容等方面的研究。在考虑完成本课程教学内容的基础上，增强课程与课程之间的联系。对课程内容相关的案例进行收集与设计，加强系统相关案例库建设，以丰富课堂内容，供学生进行案例分析使用。

4.1.4　专业课教师如何做

在系统观的指导下构建课程教学设计体系是指对参与课堂教学活动的各个要素进行分析，对所有要素构成的整体结构进行最优化设计，以获得最佳教学效果，达到高校课堂教学的预定目标。

1. 系统观教学目标

系统观教学设计重在理清教学过程中各个子系统的相互关系，从而构建完整的教学设计体系。系统观教学设计的培养目标坚持以学生为中心。以学生为中心的教学目标体现在：一是高校要以学生的学习为中心制定创新型、应用型或学术型人才的教学培养方案，完成在校期间的学习；二是以学生的发展为中心不仅培养大学生在校期间学习的能力，而且培养其适应当代学习型、信息化社会，尤其是瞬息万变的未来社会对于人才的变化需求，养成持续性学习和终身学习的理念，以顺应未来社会的发展变化。

2. 系统观教学内容

按照系统观的教育思想与方法，课堂教学活动就是一个系统。它的构成要素主要包括教学目标、教学内容、教学对象、教学策略、教学媒体、教学效果等。其中，教学内容是系统观教学设计的核心，其开展依靠教材、教学大纲、教学实施计划、教案、讲稿各个要素的具体执行来完成。这些要素相互联系，所有要素发挥各自的作用并形成统一的教学内容的整体功能，构成教学内容的一个有机整体。教师在备课过程中要贴近现实，与时俱进，删减与时代发展不符的陈旧过时的内容，补充与时代发展相适应的新进展与新动态。

3. 系统观教学策略

系统观教学重视课堂教学师生的互动性，通过情景教学、探究式教学、媒体教学策略将教材、教学大纲与教学实施计划、教案与讲稿一个个抽象的要素生动地呈现在大学生的面前。如果教学过程各要素活生生地展现开来，则整个课堂教学的大系统必然是生机勃勃，充满学习的感召力和生命力。系统观教学提倡以学生的发展为中心，即关注学生个体的发展，尊重个体，启迪学生，把学习内容以问题的形式直接呈现出来，激发学生学习的积极性，挖掘学生思考创新的能力，培养学生探究式的学习模式，并逐步形成发现式学习。通过探究式、发现式学习，培养学生不仅具备分析问题、解决问题的能力，还要具备发现问题、提出问题的创新意识和能力。

4. 系统观教学媒体

系统观教学设计十分重视对教学对象的分析，即对于大学生的认知结构能力、兴趣、动机、个性等方面的了解。多媒体教学以其信息量大及强大的人机交互功能，成为教师授课的便利、快捷平台，给学习者留下了深刻的印象。然而计算机多媒体教学只是一种辅助的手段，永远不能替代教师。教师可以借助板书、肢体语言、课堂提问等传统教学手段来弥补多媒体教学界面静态、模块单一的弊端。教师在传统的教学内容、布置练习的同时，通过选择教学策略来发挥多媒体教学的有利职能，从而调控学习的过程，鼓励学生学习，引导学生创造性解决问题，实现教学课堂师生的互动，营造动态的、充满生命气息的系统观多媒体教学。

5. 系统观教学评价

教学设计通过建立科学的评价体系和各种测试方法，能够及时地、不断地反馈学习者接受信息和学习内容的能力，了解学习者的需要，修正教学策略，提高教学的效果。学生的学习评价方式除了教师评价以外，还有学生自评、学生互评，构建多样化、多角度的教学评价方式,保护、激励学生的创造欲望。

4.2 “电路分析”课程的设计与实践

4.2.1 课程概况与目标

“电路分析”是电子信息类专业一门重要的专业基础课,也是专业核心课程,开设在第2学期,共64学时,4学分。课程目的是使学生了解电路的概念及分类,掌握电路分析的基本概念、基本物理量及基本定律;掌握电路分析的等效变换法、线性电路的一般分析方法、线性电路的基本定理;掌握常用典型电路的基本概念、基本定理及可采用的分析方法,具备应用电路分析的基本知识对各类典型电路问题进行独立分析并解决问题的能力;掌握二端口网络的基本概念、基本参数方程及其相关分析方法。为进一步学习电路理论打下初步的基础,为学习后续课程准备必要的电路知识。

通过本课程的教学,培养学生的综合应用能力和思辨意识,提高学生对新技术、新方法的学习兴趣,强化学生持续学习和适应发展的能力,帮助学生初步建立正确的工程系统观。从能力建设、知识探究、态度养成、价值引领四个维度实现知识、思维、能力的有机统一,达到如下课程目标。

目标1——能力建设:准确描述基本概念及其基本定律;掌握戴维南定理、叠加原理、支路电流法、网孔分析法、节点电压法等内容;能够对典型电路模型进行抽象、表述、建模和求解。(支撑毕业需求1)

目标2——能力建设:掌握不同电路结构的基本分析方法;能够采用正确的方法对电路指标进行测试、对电路性能进行定性定量分析;会确定和计算电路涉及器件及器件参数。(支撑毕业需求2)

目标3——知识探究:能够综合考虑经济、健康、安全及环境等因素,诠释具体实例电路系统组成;准确表述典型电路工作原理、器件作用及电路外部特性;规范描述相关工程领域的工程问题。(支撑毕业需求1)

目标4——能力建设:能够应用电路的基本概念、基本定律和定理,结合电路的功能要求,对设计方案的可行性进行论证。(支撑毕业需求2)

目标5——态度养成:通过文献检索、资料查询等获取信息手段的学习训练,具备文献资料查阅、筛选能力;具有独立思考、自主学习的意识。(支撑毕业需求12)

目标6——价值引领:倡导人文通融,增强学生的文化修养和综合素养;增强面对问题的挑战意识和创新意识;增强沟通能力和团队协作意识;增强敬业爱岗意识和社会责任感。(支撑毕业需求12)

4.2.2 总体设计

1. 指导思想

基于学生中心(SC)、产出导向(OBE)理念,采用启发式教学法(包括案例教学法、问题教学法、基于问题的学习、模块教学法）、参与式教学法（包括模拟教学、发表教学法、实践活动教学法、项目教学法）与讨论式教学法（包括辩论法、座谈研讨法等）相结合的教学方法，以启发式教学法为主，在线教学设计融合了“QQ群＋雨课堂＋腾讯课堂”。课前导学以“雨课堂”为主，通过“雨课堂”发布课程导学材料；平时答疑与交流主要利用QQ群和“腾讯课堂”进行。

课程建设围绕教师和教材两个核心要素，加强课程思政理论探索、师资队伍课程思政能力建设和课程思政资源库建设。

2. 课程目标与课程教学的对应关系

课程理论教学内容与课程目标、教学环节的对应关系如表4-1所示。

表4-1 课程理论教学内容与课程目标、教学环节的对应关系

章	教学内容	教学环节	支撑课程目标
第1章 集总参数电路中电压、电流的约束关系	1.1 电路及集总电路模型	PPT讲授、课堂练习、课后作业	目标1、目标2、目标3、目标5
	1.2 电路变量——电流、电压及功率		
	1.3 基尔霍夫定律		
	1.4 电阻元件		
	1.5 电压源		
	1.6 电流源		
	1.7 受控源		
	1.8 分压公式和分流公式		
	1.9 两类约束电路KCL、KVL方程的独立性		
	1.10 支路分析法		
第2章 网孔分析和节点分析	2.1 网孔分析法	PPT讲授、课堂练习、课后作业	目标1、目标2、目标5
	2.2 互易定理		
	2.3 节点分析法		
	2.4 含运算放大器的电阻电路		
	2.5 电路的对偶性		
第3章 叠加方法与网络函数	3.1 线性电路的比例性网络函数	PPT讲授、课堂练习、课后作业	目标2、目标3、目标5、目标6
	3.2 叠加原理		
	3.3 叠加的方法与功率计算		
	3.4 数模转换器的基本原理		
第4章 分解方法及单口网络	4.1 分解的基本步骤	PPT讲授、课堂练习、课后作业	目标1、目标2、目标3、目标5
	4.2 单口网络的电压电流关系		
	4.3 单口网络的置换——置换定理		
	4.4 单口网络的等效电路		
	4.5 一些简单的等效规律和公式		
	4.6 戴维南定理		
	4.7 诺顿定理		
	4.8 最大功率传递定理		
	4.9 T形和Π形网络的等效变换		

续表

章	教学内容	教学环节	支撑课程目标
第5章　电容元件与电感元件	5.1　电容元件	PPT讲授、课堂练习、课后作业	目标1、目标2、目标5、目标6
	5.2　电容的VCR		
	5.3　电容电压的连续性质和记忆性质		
	5.4　电容的储能		
	5.5　电感元件及VCR		
	5.6　电容与电感的对偶性、状态变量		
第6章　一阶电路	6.1　分解方法在动态电路分析中的应用	PPT讲授、课堂练习、课后作业	目标1、目标3、目标4、目标5、目标6
	6.2　零状态响应		
	6.3　阶跃响应和冲激响应		
	6.4　零输入响应		
	6.5　线性动态电路的叠加原理		
	6.6　三要素法		
	6.7　瞬态和稳态		
	6.8　正弦稳态的过渡过程和稳态		
第7章　阻抗和导纳	7.1　变换方法的概念	PPT讲授、课堂练习、课后作业	目标1、目标2、目标3、目标5、目标6
	7.2　复数		
	7.3　相量		
	7.4　相量的线性性质和基尔霍夫定律的相量形式		
	7.5　三种基本电路元件VCR的相量形式		
	7.6　VCR相量形式的统一——阻抗和导纳的引入		
	7.7　正弦稳态电路与电阻电路分析方法的类比——相量模型的引入		
	7.8　正弦稳态混联电路的分析		
	7.9　相量模型的网孔分析和节点分析		
	7.10　相量模型的等效		
	7.11　有效值相量		
	7.12　两类特殊问题相量图法		
第8章　正弦稳态功率和能量三相电路	8.1　基本概念	PPT讲授、课堂练习、课后作业	目标1、目标2、目标4、目标5
	8.2　电阻的平均功率		
	8.3　电感、电容的平均储能		
	8.4　单口网络的平均功率、功率因数		
	8.5　单口网络的无功功率		
	8.6　复功率守恒		
	8.7　正弦稳态最大功率传递定理		
	8.8　对称三相电路		
	8.9　不对称三相电路		
	8.10　三相功率及其测量		

续表

章	教学内容	教学环节	支撑课程目标
第9章　频率响应和多频正弦稳态电路	9.1　基本概念	PPT讲授、课堂练习、课后作业	目标2、目标4、目标5、目标6
	9.2　再论阻抗和导纳		
	9.3　正弦稳态网络函数		
	9.4　正弦稳态的叠加		
	9.5　平均功率的叠加		
	9.6　RLC电路的谐振		
第10章　耦合电感和理想变压器	10.1　基本概念	PPT讲授、课堂练习、课后作业	目标1、目标2、目标3、目标4、目标5、目标6
	10.2　耦合电感的VCR耦合系数		
	10.3　空心变压器电路的分析和反映阻抗		
	10.4　耦合电感的去耦等效电路		
	10.5　理想变压器的阻抗变换性质		
	10.6　理想变压器的实现		

3. 课程目标的考核方式

本课程以过程性考核成绩和期末测评成绩进行综合评定学生成绩。

$$综合成绩 = 过程性考核成绩 \times 40\% + 期末测评成绩 \times 60\%$$

过程性考核成绩占40%：包括课堂讨论(20%)及课后作业(20%)。期末测评成绩占60%：闭卷考试。课堂讨论成绩评定由教师根据讨论情况给出。课后作业环节包括每章的课后习题作业和课前导学完成情况，每次均按100分计，最终取其平均值。

期末测评成绩占60%：闭卷考试。

课程目标的考核方式如表4-2所示。

表4-2　课程目标的考核方式

考核方式		成绩比例/%					
		课程目标1	课程目标2	课程目标3	课程目标4	课程目标5	课程目标6
过程性考核(40%)	课堂讨论(20%)	30	20	15	15	10	10
	课后作业(20%)	25	25	15	15	10	10
期末测评(60%)	闭卷考试	40	30	15	15	0	0

4.2.3　课程思政典型案例——系统观的培养

1. 案例教学目标和实施过程

教学目标：通过课程教学的各个环节，培养学生的系统观。

实施过程如下。

(1) 开课前给学生讲清楚课程要求。通过介绍课程的地位、应用领域，明确告知学生本课程的6个教学目标，让学生知道自己要达到的学习成果；通过介绍教学内容让学生知道为什么要取得这样的学习成果；通过介绍技术手段以保障学生能够取得这些学习成果；通过介绍教学方法有效帮助学生取得学习成果；通过介绍考核评价方式让学生知道如何取得这样的成果。

(2) 为达到本课程的教学基本要求，提倡对重点和难点问题组织适量的课堂讨论，从系统观点出发，强调系统整体与外部环境之间的相互联系与相互作用，让学生可以全面、综合及动态地考察电路，最终能够有效处理、解决现实问题。

(3) 为加强学生对课内知识的掌握，课后安排一定的答疑时间，鼓励学生利用课后答疑，并创建学习群进行课件上传、在线答疑等教学活动，及时针对学生的疑问进行解答，增强互动和交流，提高学生的学习效率及学习主动性、积极性，系统观的培养始终贯穿于教学全过程。

2. 实施案例

1) 引导学生理解系统的结构性和层次性

【实例 4-1】 基尔霍夫定律的分析和使用。基尔霍夫定律是由德国物理学家基尔霍夫在1847年建立的，是分析和计算较为复杂电路的基础，是电路理论的奠基石，包括基尔霍夫电流定律(KCL)和电压定律(KVL)。

电流定律(KCL)用来确定连接在同一结点上各支路电流之间关系。

电压定律(KVL)用来确定回路中各部分电压之间关系。

基尔霍夫电流定律又称基尔霍夫第一定律，其提出的依据是电荷守恒定律。由于电路中的连接点、结点，既不能产生电荷，也不能消耗电荷，因此，在任一时间段，电路中的任一结点，有多少电荷流入该结点，必定就有多少电荷流出该结点。结点上不会有电荷的堆积。

分析一个具体电路时，是否对所有结点都要列KCL方程？KCL不仅适用于电路中的任一结点，也可推广应用于电路中任一假设的闭合面，也称广义结点。即流入任一闭合面的电流之和，等于该闭合面流出的电流之和。推广之，对具有 n 个结点的电路，有 $n-1$ 个独立结点，只需列 $n-1$ 个KCL方程。因此，分析某具体电路时，列KCL方程并不是多多益善，引导学生要遵循规律，做事不要“画蛇添足”。

通过分析基尔霍夫电流定律的独立性使学生理解系统的结构性和层次性。系统的结构性是强调从系统的结构角度去认识系统的功能，认识系统要素是按照怎样的结构模式联系在一起以及如何实现互动的。复杂的系统是有层次的，对某一系统来说它既是由一些子系统组成的，同时又要作为一个子系统去参与更大的系统的组成，系统内部各要素的排列组合不是杂乱无章的，而是具有层次性的有序结构。

【实例 4-2】 周期性的非正弦线性电路分析计算步骤是什么？分析其遵循的电路原理。

周期性的非正弦线性电路的分析步骤如下。

(1) 根据已知傅里叶级数展开式分项，求解各次谐波单独作用时电路的响应；遵循相量叠加原理。

(2) 求解直流谐波分量的响应时,遇电容元件按开路处理,遇电感元件按短路处理;遵循元件特性。

(3) 求正弦分量的响应时按相量法进行求解,注意对不同频率的谐波分量,电容元件和电感元件上所呈现的容抗和感抗各不相同,应分别进行计算;遵循阻抗的定义。

(4) 用相量分析法计算出来的各次谐波分量的结果一般是用复数表示的,不能直接进行叠加,必须要把它们化为瞬时值表达式后才能进行叠加;遵循相量叠加原理。

通过分析周期性的非正弦线性电路分析计算步骤,培养学生从事物的总体与全局上、从要素的联系与结合上研究事物的运动与发展,找出规律、建立秩序。

2) 引导学生理解系统的整体性和相关性

【实例 4-3】 最大功率传输定理的推导和使用。最大功率传输定理是含源线性阻抗单口网络向可变电阻负载传输最大功率的条件。定理满足时,称为最大功率匹配,此时负载电阻获得最大功率。也就是说,当负载的电阻值等于电压源内部电阻值时,发生最大功率传输。

最大功率传输时获得的效率是最高的,效率二字就是我们的追求,阻抗匹配不当会导致过多的功率损耗。因此负载必须与电源的阻抗"匹配",以构成最大功率传输的基础。

信号在传输过程中,为实现信号的无反射传输或最大功率传输,要求电路连接实现阻抗匹配。

阻抗匹配的概念应用范围广泛,阻抗匹配常见于各级放大电路之间,放大电路与负载之间,信号与传输电路之间,微波电路与系统的设计中,无论是有源还是无源,都必须考虑匹配问题。阻抗匹配关系着系统的整体性能,实现匹配可使系统性能达到最优。

通过分析和使用最大功率传输定理,使学生理解系统的整体性和相关性。系统的整体性表现为:系统是由两个或两个以上相互区别的要素,按照一定的方式和目的,有秩序地排列而成的,系统的功效大于各要素的功效之和。

【实例 4-4】 并联电容器可以提高电路的功率因数,并联电容器的容量越大,功率因数是否被提得越高?为什么?会不会使电路的功率因数为负值?是否可以用串联电容器的方法提高功率因数?

并联电容器可以提高电路的功率因数,但提倡欠补偿,如果并联电容器的容量过大而出现过补偿时,会使电路的功率因数为负值,即电路由感性变为容性,当并联电容达到某一数值时,还会导致功率因数继续下降(可用相量图分析)。实际中是不能用串联电容器的方法提高电路的功率因数的,因为串联电容器可以分压,设备的额定电压将发生变化而不能正常工作。

通过分析和运用提高电路功率因数的方法,使学生理解系统中各要素和组成都是相互联系、相互作用的。

3) 引导学生理解系统的动态平衡性、目的性和开放性

【实例 4-5】 一阶线性动态电路的分析。在一个电路简化后(如电阻的串并联,电容的

串并联，电感的串并联化为一个元件)，含有一个动态元件的线性电路，其方程为一阶线性常微分方程，称为一阶电路。

当一阶线性动态电路的结构或元件参数发生改变时，电路的工作状态将由原来的稳态转变成另一个稳态，这种转变是需要一个过程的。一阶线性动态电路其动态过程的数学模型是一阶常系数微分方程。此类电路以RC电容充放电电路、RL电感储能和释能电路最为常见，其动态过程中的电流和电压都是变化的。这与通常描述的直流电路和周期性交流电路中电压及电流恒稳不变，或按周期性规律变动的稳态电路不同，在分析方法上也完全不同。

以一阶RC电路为例进行分析，首先利用KVL方程进行电路方程的列写，最终得到微分方程，这是一个一阶线性常系数非齐次微分方程，其求解应参照高等数学课程中微分方程的求解。回顾高等数学课程中非齐次方程解的组成——特解和通解的叠加，推出其解的表达形式。利用经典法(即通过列写电路方程并求解方程得到相应的结果)可得到$U_C(t)$的全响应形式。将该结果中的具体数值用广义的初始值、稳态值进行替代，可以得到一阶RC电路中全响应的一般性公式。将经典法得到的全响应结果与之前得到的零输入响应、零状态响应的函数形式进行比较，可以明显看出三者之间的关系：全响应=零输入响应+零状态响应。

我们对这个结论进行整理，可以得到另一种形式的全响应公式。观察这个新的公式，它由两部分组成，一部分为常数(稳态分量)，另一部分为指数函数(暂态分量)，它们的叠加也可以构成全响应，这种表达形式可以记为：全响应=稳态响应+暂态响应。这是一阶动态电路在分析计算时常用的三要素公式，也称为全响应公式。

对比不同的方法，对一阶动态电路，三要素法只需根据换路后的等效电路，确定出三要素就能直接按表达式写出响应。微分方程法要运用初始条件求常数A，且求解过程也相对复杂些，但微分方程是依据回路的电压方程列出的，物理意义很明确，是三要素法、拉普拉斯变换法的基础。如果将问题扩展到二阶RLC动态电路分析，则列出的方程是二阶微分方程，求解难度较大，此种情况下用拉普拉斯变换把微分方程转化为代数方程，运用动态电路复频域分析法求解会较为方便。

在分析动态电路时，引导学生选择合适的求解方法，以达到事半功倍的效果，使学生理解系统的动态平衡性、目的性和开放性。系统是不断运动、发展、变化的，以维持动态平衡，并通过反馈实现动态平衡；系统活动最终趋向于有序和稳定，这是因为有序方向正是系统的目标。任何一个系统都有明确的总目标，子系统为完成大系统的总目标而协调工作；系统总是在一定的环境中存在和发展，系统及其内部各子系统，与环境之间不断地进行物质、能量、信息的沟通与交换。当环境发生变化时，系统、子系统的结构和功能也会随之改变，以便适应环境，继续存在和发展下去。

【实例4-6】　电桥电路是复杂电路还是简单电路；当电桥平衡时，它是复杂电路还是简单电路？工程实际应用中，利用平衡电桥可以解决什么问题？

电桥电路处于平衡状态时，由于桥支路电流为零可拿掉，因此四个桥臂具有了串、并联关系，是简单电路；如果电桥电路不平衡，则为复杂电路。工程实际应用中，利用平衡电桥可以较为精确地测量电阻，电桥平衡的条件是对臂电阻的乘积相等。

通过分析电桥电路，使学生理解系统总是在一定的环境中存在和发展的，当环境发生变化时，系统、子系统的结构和功能也会随之改变，以便适应环境，继续存在和发展下去。

4.2.4 教学特色与反思

1. 教学特色

(1) 对电路分析的教学大纲和授课计划进行修订，融入思政教学思路。

(2) 系统观的培养要结合课程的特点和学生发展的需求，加强对各类方法灵活应用的练习；加强对综合性较强的题目的分析方法的练习；加强对少数基础稍差同学的辅导和监督。

(3) 选择特定系统实例讲解电路模型。选取合适的系统应用实例为切入点，从系统整体出发对电路进行分析，在阐述相关基本理论的基础上强调电路定理在实际系统中的应用。

(4) 强调物理概念内在联系，减少数学公式推导。在授课中如果不注重物理概念将造成理论与工程的脱节，学生仅仅学会了熟练运用数学工具分析数学模型，而忽略其物理特性和工程应用背景，造成学生在学习中只停留在表面而无法理解其更深层次的意义。加强电路中物理概念的讲解，减少长篇数学公式的推导，尝试用浅显的概念讲述电路的工作过程，使学生在电路理论的学习过程中不再畏难。

(5) 结合工程应用，进行实例仿真与故障排除。首先，在系统实例选取中，要尽可能选用工程应用实例；其次，选用合适的图例，应用仿真软件对图例电路进行实例仿真；最后，根据需要可尝试让学生针对一些问题电路进行电路故障排除。

(6) 通过问卷调查和征集反馈意见掌握学生对系统观培养的效果评价和期望，通过分析调研结论，对思政建设效果进行评价，努力形成思政建设闭环效应。

2. 教学反思

“电路分析”课程是一门多学科综合型课程，内容涉及高等数学、大学物理等课程，课程信息量较大；同时由于是工程技术基础课程，故基础知识较多，经典知识较多，新技术和新方法的应用和融入较少，增加了学习的难度，同时对课堂生动性提出了更高的要求。

在传统的“电路分析”课程教学过程中，电路理论的数学公式推导比较多，课程内容比较抽象，教师授课也多注重电路理论部分的讲解，容易忽视知识间的内在联系，将课程按照一条条孤立的知识点去教学，学生很难理解各部分的内容，难以对所学知识形成整体结构的概念。根据系统方法理论，针对问题情景的复杂性和问题研究的目的性积极引导学生，能帮助学生建立系统概念，对复杂问题加以分解，逐步实现由浅入深地学习知识，完成知识的系统建构。

在教学设计过程中，应考虑局部与整体的关系，突出知识点的整体性与连贯性，从而让学生在学习的过程中处于“既见树木，又见森林”的状态。整个课程的教学过程均从系统的整体性考虑,注重电路理论的实际应用性。

不同课程由于特点不同,课程思政教育融入方法和启动点均有所不同,“电路分析”课程组将在教学过程中进一步凝练思政教育核心元素,将专业知识、职业素养及工程应用与时代要求相结合,在熟悉教学内容和学科背景的前提下,在教学中深挖课程思政元素。

(刘 平)

4.3 “高频电子线路”课程的设计与实践

4.3.1 课程概况与目标

“高频电子线路”是电子信息工程(卓越工程师方向)、通信工程专业的专业必修课程,开设在第4学期,共64学时(含实验16学时),4学分。该课程的目的是研究通信系统各单元电路的工作原理、电路组成和设计方法,主要讲授高频电路的基本组件、高频谐振小信号放大电路和功率放大电路、正弦波振荡电路、频谱搬移电路、振幅调制与解调、频率调制与解调、反馈控制电路等内容。

通过本课程的教学,从价值引领、知识探究、能力建设、态度养成四个维度实现知识、思维、能力的有机统一,使学生达到如下课程目标。

目标1——价值引领:培养学生具有科学精神、规矩意识和系统观。(支撑毕业要求6、8)

目标2——知识探究:掌握高频电子电路基本原理、分析方法,认识基带信号、高频载波信号和已调信号的特点,理解和掌握无线通信系统发射机和接收机的模型和组成,做到数学概念、物理概念与工程概念的统一,具备高频电子电路与通信系统的建模和分析能力。(支撑毕业要求1)

目标3——能力建设:能够识别高频无线通信系统的基本电路,判断不同类型的正弦波振荡电路,掌握高频电路中的各种元器件、组件的性质,能够分析和计算基本参数。(支撑毕业要求2)

目标4——能力建设:能够针对高频电子电路中的小信号放大电路、功率放大电路的实际要求,认识偏置电路、馈电线路在高频信号放大器、功率放大器设计和使用中存在多种相互关联和制约因素,规范描述工程实践中存在的问题,并通过实验进行分析和验证。(支撑毕业要求2)

目标5——能力建设:掌握频谱搬移电路的基本原理,能够分析信号经过频谱搬移前后的联系和产生的变化;掌握线性频谱搬移电路的类型、组成和特点,设计出不同的实现电路。(支撑毕业要求3)

目标6——能力建设:掌握不同调制与解调的基本理论,针对无线通信的实际要求,分析和比较不同调制方式、解调方式的特性和优缺点,选择不同的研究路线和设计方案,确定合适的可行方案并进行实验分析和验证。(支撑毕业要求4)

目标7——态度养成:掌握通信系统中的反馈控制电路工作原理,理解电磁波、电磁兼容的基本概念、基本特性和实际应用，以及对环境和社会可持续发展产生的影响，对通信系统的社会性问题进行深入讨论。（支撑毕业要求7）

4.3.2 总体设计

1. 指导思想

教育理念——坚持以学生为中心，以产出为导向，贯彻教书与育人并重的理念；教育目标——坚持能力与情怀并重；教学内容——坚持知识与应用并重；教学方法——理论与实践相结合，知识传授与能力培养并重。

课程建设围绕教师和教材两个核心要素，加强课程思政理论探索、师资队伍课程思政能力建设和课程思政资源库建设。

2. 课程目标与课程教学的对应关系

课程理论教学内容与课程目标、教学环节的对应关系如表4-3所示。

表4-3 课程理论教学内容与课程目标、教学环节的对应关系

章	教学内容	教学环节	支撑课程目标
第1章 绪论	1.1 无线通信系统概述	PPT讲授、演示	目标1、目标2、目标7
	1.2 信号、频谱与调制		
	1.3 本课程的特点		
第2章 高频电路基础	2.1 高频电路中的元器件	PPT讲授、演示、课堂练习、课后作业	目标1、目标3
	2.2 高频电路中的组件		
	2.3 阻抗变换与阻抗匹配		
	2.4 电子噪声		
	2.5 非线性失真		
第3章 高频谐振放大器	3.1 高频小信号放大器	PPT讲授、演示、课堂练习、课后作业	目标1、目标4
	3.2 高频功率放大器的原理和特性		
	3.3 高频功率放大器的高频效应		
	3.4 高频功率放大器的实际线路		
	3.5 高效功放与功率合成		
	3.6 高频集成功率放大器简介		
第4章 正弦波振荡器	4.1 反馈振荡器的原理	PPT讲授、演示、课堂练习、课后作业	目标1、目标3
	4.2 LC振荡器		
	4.3 频率稳定度		
	4.4 LC振荡器的设计考虑		
	4.5 石英晶体振荡器		
	4.6 振荡器中的几种现象		
	4.7 RC振荡器		
	4.8 负阻振荡器		

续表

章	教学内容	教学环节	支撑课程目标
第5章　频谱的线性搬移电路	5.1　非线性电路的分析方法	PPT讲授、演示、课堂练习、课后作业	目标1、目标5
	5.2　二极管电路		
	5.3　差分对电路		
	5.4　其他频谱线性搬移电路		
第6章　振幅调制、解调及混频	6.1　振幅调制	PPT讲授、演示、课堂练习、课后作业	目标1、目标2、目标6、目标7
	6.2　调幅信号的解调		
	6.3　混频		
	6.4　混频器的干扰		
第7章　频率调制与解调	7.1　调频信号分析	PPT讲授、演示、课堂练习、课后作业	目标1、目标2、目标6、目标7
	7.2　调频器与调频方法		
	7.3　调频电路		
	7.4　鉴频器与鉴频方法		
	7.5　鉴频电路		
	7.6　调频收发信机及特殊电路		
	7.7　调频多重广播		
第8章　反馈控制电路	8.1　自动增益控制电路	PPT讲授、演示、课堂练习、课后作业	目标1、目标7
	8.2　自动频率控制电路		
	8.3　锁相环的基本原理		
	8.4　频率合成器		

课程实验教学内容与课程目标、教学环节的对应关系如表4-4所示。

表4-4　课程实验教学内容与课程目标、教学环节的对应关系

序号	实验项目	教学要求	教学环节	支撑课程目标
1	高频电子预备性实验	(1) 了解DDS信号源的工作原理； (2) 掌握RZ9653实验平台DDS信号源使用方法； (3) 理解DDS信号源各种输出信号的特性； (4) 熟悉扫频仪	预习报告、教师演示、实际操作、实验报告	目标1、目标2
2	小信号调谐放大器	(1) 熟悉电子元器件和高频电子线路实验系统； (2) 掌握单调谐和双调谐放大器的基本工作原理； (3) 掌握测量放大器幅频特性的方法； (4) 熟悉放大器集电极负载对单调谐和双调谐放大器幅频特性的影响； (5) 了解放大器动态范围的概念和测量方法	预习报告、教师演示、实际操作、实验报告	目标1、目标4

续表

序号	实验项目	教学要求	教学环节	支撑课程目标
3	正弦波振荡器	(1) 掌握电容三点式 LC 振荡电路和晶体振荡器的基本工作原理，熟悉其各元件的功能； (2) 掌握 LC 振荡器幅频特性的测量方法； (3) 熟悉电源电压变化对振荡器振荡幅度和频率的影响； (4) 了解静态工作点对晶体振荡器工作的影响，感受晶体振荡器频率稳定度高的特点	预习报告、教师演示、实际操作、实验报告	目标 1、目标 3
4	中频放大器	(1) 熟悉电子元器件和高频电子线路实验系统； (2) 了解中频放大器的作用、要求及工作原理； (3) 掌握中频放大器的测试方法	预习报告、教师演示、实际操作、实验报告	目标 5
5	振幅调制电路	(1) 通过实验了解振幅调制的工作原理； (2) 掌握用 MC1496 来实现 AM 和 DSB 的方法，并研究已调波与调制信号、载波之间的关系； (3) 掌握用示波器测量调幅系数的方法	预习报告、教师演示、实际操作、实验报告	目标 6
6	振幅解调器	(1) 掌握用包络检波器实现 AM 波解调的方法，了解滤波电容数值对 AM 波解调的影响； (2) 理解包络检波器只能解调 $m \leqslant 100\%$ 的 AM 波，而不能解调 $m > 100\%$ 的 AM 波以及 DSB 波的概念； (3) 掌握用 MC1496 模拟乘法器组成的同步检波器来实现 AM 波和 DSB 波解调的方法； (4) 理解同步检波器能解调各种 AM 波以及 DSB 波的概念	预习报告、教师演示、实际操作、实验报告	目标 1、目标 6
7	高频功率放大器	(1) 通过实验，加深对丙类功率放大器基本工作原理的理解，掌握丙类功率放大器的调谐特性； (2) 掌握输入激励电压、集电极电源电压及负载变化对放大器工作状态的影响； (3) 通过实验进一步了解调幅的工作原理	预习报告、教师演示、实际操作、实验报告	目标 1、目标 4
8	频率调制器	(1) 熟悉电子元器件和高频电子线路实验系统； (2) 掌握用变容二极管调频振荡器实现 FM 的方法； (3) 理解静态调制特性、动态调制特性概念和测试方法	预习报告、教师演示、实际操作、实验报告	目标 1、目标 7

3. 课程目标的考核方式

本课程以过程性考核成绩、实验课考核成绩和期末测评成绩进行综合评定学生成绩。

综合成绩＝过程性考核成绩×20%＋实验课考核成绩×20%＋期末测评成绩×60%

过程性考核成绩占20%：包括讨论学习与课堂笔记(10%)、课后作业(10%)。

实验课考核成绩占20%：取实验报告成绩的平均值，然后按其在课程目标中的不同比例折算后计入。

期末测评成绩占60%：闭卷考试。

讨论学习与课堂笔记总计6次，每次均按100分计，最终取其平均值，然后按其在课程目标中的不同比例折算后计入。成绩评定由教师根据每位学生的讨论学习和课堂笔记情况给出成绩。

课程目标的考核方式如表4-5所示。

表4-5　课程目标的考核方式

考核方式		成绩比例/%						
		课程目标1	课程目标2	课程目标3	课程目标4	课程目标5	课程目标6	课程目标7
过程性考核(20%)	讨论学习和课堂笔记(10%)	10	15	10	20	10	15	20
	课后作业(10%)	10	15	15	20	10	20	10
实验课考核(20%)	实验报告	10	10	15	20	10	15	20
期末测评(60%)	闭卷考试	10	15	15	20	10	20	10

4.3.3　课程思政典型案例——系统观的培养

系统观是指以系统的观点看自然界，是马克思主义基本原理的重要内容，强调系统是由相互作用、相互依赖的若干组成部分结合而成的、具有特定功能的有机体；要从事物的总体与全局上、从要素的联系与结合上研究事物的运动与发展，找出规律、建立秩序，实现整个系统的优化；用开放的复杂系统的观点、用从定性到定量的综合集成方法研究问题。系统观意识的培养是一个长期的过程，需要持之以恒地开展教育培养，要进行系统化的设计，坚持理论与实践相结合，坚持课程教学的整体过程和具体环节相结合，讲求实效并能够进行考核评价。

1. 案例教学目标和实施过程

教学目标：通过课程教学的各个环节，培养学生的系统观。

实施过程如下。

(1) 绪论课给学生讲清楚课程要求。通过介绍课程的地位、应用领域，明确告知学生本课程的7个教学目标，让学生知道自己要达到的学习成果；通过介绍教学内容让学生知道为什么要取得这样的学习成果；通过介绍技术手段以保障学生能够取得这些学习成果；通过介绍教学方法有效帮助学生取得学习成果；通过介绍考核评价方式让学生知道如何取得这样的成果。

（2）课程理论教学中对学生系统观的培养。根据学科与专业的特点，结合学生未来所从事工作的职业素养要求，充分利用高频电子电路与无线电通信系统本身的优势，在理论教学中始终贯穿系统观的培养。

（3）课程实验教学中对学生系统观的培养。实验教学针对每章的内容进行安排，结合工程实践性，确保每位同学独立地完成相应的实验内容。由于实验内容较多，有些实验需要多个功能模块联合调试，并达到高频通信系统总体性能要求，所以存在较大难度，教师需要提供相应的讲解、调试和问题答疑，系统观的培养始终贯穿于实验的全过程。

2. 实施案例

1）讲解无线通信系统的组成与类型，使学生具备初步的系统观

让学生知道系统是由相互联系、相互制约的若干组成部分结合而成的、具有特定功能的一个有机整体。无线通信（或称无线电通信）系统的类型有很多，可以根据传输方法、频率范围、用途等分类。不同的无线通信系统，虽然其设备类型和复杂度有较大差异，但它们的基本组成不变，所以指导学生从整个系统的视角来看待实际生活中存在的各种不同类型、不同应用的无线通信系统。举例如下。

【实例 4-7】 一个无线通信系统的基本组成：以无线电广播通信系统为例，它包含的功能模块有音频放大器、调制器、变频器、功率放大电路、天线、高频放大器、混频器、中频放大与滤波器、解调器等，这些功能电路相互联系且参数匹配，共同组成了无线电广播的发射与接收，最终形成了一个有机整体。

【实例 4-8】 无线通信系统的类型，可以根据不同的方法来划分。按照无线通信系统的工作频段或传输手段来分类，有中波通信、短波通信、超短波通信、微波通信和卫星通信等。按照通信方式来分类，主要有（全）双工、半双工和单工方式。按照调制方式的不同来分类，有调幅、调频、调相及混合调制等。按照传送消息的类型来分类，有模拟通信和数字通信，也可以分为语音通信、图像通信、数据通信和多媒体通信等。

问题：根据无线电波在传播过程中所发生的现象，电波的传播方式有哪四种？

说明：无线通信的传输媒质主要是自由空间。频率或波长不同，电磁波在自由空间的传播方式也不同。传播特性指的是无线电信号的传播方式、传播距离、传播特点等。无线电信号的传播特性主要根据其所处的频段或波段来区分，其传播方式可以划分为折射和反射（天波）、绕射（地波）、直射（视距）、散射。

需要特别指出的是：长波信号以地波绕射为主；中波和短波信号可以以地波和天波两种方式传播，不过，前者以地波为主，后者以天波（折射和反射）为主；超短波以上频段的信号大多以直射方式传播，也可以采用对流层散射的方式传播。

2）从系统的基本要素与内涵入手讲解对系统的认识

通过实例让学生掌握系统的基本要素与内涵，认识到系统具有一定的结构，具备一定的

功能。一个系统是其构成要素的集合，这些要素可能是一些个体、元件、零件或基本组件，也可能其本身就是一个系统(或称之为子系统)，这些要素相互联系、相互制约。系统内部各要素之间相对稳定的联系方式、组织秩序及失控关系的内在表现形式，就是系统的结构。而系统的功能是指系统在与外部环境相互联系和相互作用中表现出来的性质和能力。举例如下。

【实例 4-9】 抽头并联振荡回路：高频振荡回路是高频电路中应用最广的无源网络，也是构成高频放大器、振荡器及各种滤波器的主要部件，在电路中完成阻抗变换、信号选择等任务，并可直接作为负载使用。在实际应用中，常常用到激励源或负载与回路电感或电容部分连接的并联振荡回路，即抽头并联振荡回路。采用抽头回路，可以通过改变抽头位置或电容分压比来实现回路与信号源的阻抗匹配，或者进行阻抗变换。抽头并联振荡回路本身就是一个小系统，由电感、电容、电阻、抽头组成，其中电感、电容元件要满足谐振条件要求，电阻大小影响到振荡回路的品质因数，而抽头给整个振荡回路增加了一个可以调节的因子用于实现阻抗匹配或阻抗变换。可见抽头并联振荡回路的构成要素就是一些电路元件，而这些要素相互联系、相互制约，共同构成一个完整的系统，实现相应的电路功能。

【实例 4-10】 高频小信号谐振放大器：其功能就是放大各种无线电设备中的高频小信号，以便做进一步的变换或处理。如在接收设备中，从天线上感应的信号很弱，一般在微伏级，需要放大到伏级才能进行检波，以解调出音频信号。

实际教学中，要求学生掌握高频小信号放大器的工作原理及特点，高频小信号放大器的电路组成、晶体管工作的内部物理机制、高频参数、高频等效电路，高频小信号放大器放大倍数、输入阻抗、输出阻抗的计算公式的推导与使用方法，高频小信号放大器的内部反馈及稳定工作条件，掌握消除内部反馈的原理与基本方法，以及高频小信号放大器阻抗匹配、接入系数的概念与基本计算方法。

根据实际应用，要求高频小信号谐振放大器满足以下基本要求。

(1) 增益要高。

(2) 选择性要好。选择性由两个重要的参数——频带宽度和矩形系数描述；在同一信道中，可能同时存在偏离有用信号频率的各种干扰信号，因此高频小信号放大电路除有放大功能外，还必须有选频功能，集放大、选频于一体。

(3) 工作稳定可靠：性能尽可能地不受温度、电源电压等外界因素影响，不产生任何自激。

(4) 内部噪声要小：放大器本身的噪声越低，接收微弱信号的能力就越强，灵敏度就越高。

基于以上要求，高频小信号谐振放大器的电路构成主要包括放大器件、偏置电阻、旁路电容、抽头式并联谐振回路构成的负载等。这些就是该系统的结构组成，实现对要放大的信号谐振，并完成信号放大、阻抗匹配和选频滤波功能。

但是，由于晶体管集电极-基极间存在结电容，会使晶体管存在反馈作用，反映到 Y 参数中，就是反向传输导纳，由于它的反馈，使输出信号反馈到输入端，会引起输入电流的变化，如果这个反馈在某个频率相位上满足正反馈条件且足够大，则会在满足条件的频率上产生自激振荡，因此，放大器中存在着不稳定问题。由此可见，系统要实现的功能是系统在与内部、外部环境相互联系和相互作用中表现出来的性质和能力。

3）从系统的特点入手理解系统观的内涵

【实例 4-11】 调频收发信机及特殊电路。

说明：一个完整系统的主要特点有整体性、相关性、结构性、层次性、动态平衡性、目的性、开放性、多样性等。

分析：调频发射机一般包括预加重电路、调频器、多级倍频器、混频器、本振电路、功率放大电路等；调频接收机一般包括射频放大器、混频器、本振电路、中频放大器、限幅器、鉴频器、自动频率控制电路、静噪电路、去加重电路、音频放大电路等。这部分内容讲授时，要从系统的主要特点入手进行深入剖析和讲解，使得学生从系统观的角度更好地理解无线电通信系统。

以调频收发信机为例，该系统就是由多个相互区别的要素，按照一定的方式和目的，有序组成的一个系统，其功效大于各要素的功效之和，即具有整体性。同时这个系统还兼具相关性、结构性、层次性、动态平衡性、多样性等所有系统的共有特性。

【实例 4-12】 反馈控制电路。

说明：从系统观的角度来看，反馈控制电路也是一个完整的小系统，同样具备系统的一般属性和特点，特别是具备动态平衡性。反馈控制是现代系统工程中一种重要的技术手段，在系统受到扰动的情况下，通过反馈控制作用，可使系统的某个参数达到所需的精度，或按照一定的规律变化，从而实现动态平衡性。

反馈控制电路一般是由比较器、控制信号发生器、可控器件和反馈网络四部分组成的一个负反馈闭合环路。根据控制对象参量的不同，反馈控制电路可以分为以下三类：自动增益控制(Automatic Gain Control，AGC)，它主要用于接收机中，以维持整机输出恒定，几乎不随外来信号的强弱而变化。自动频率控制(Automatic Frequency Control，AFC)，它用来维持电子设备中工作频率的稳定。自动相位控制(Automatic Phase Control，APC)，又称为锁相环路(Phase Locked Loop，PLL)，它用于锁定相位，能够实现许多功能，是应用最广的一种反馈控制电路。

4）通过课程实验教学对学生系统观进行培养

【实例 4-13】 课程实验教学要对学生立好规矩，严格执行，并强调高频电子线路实验项目中，各个功能模块、测试仪器仪表、外围电路是一个相对独立且完整的系统，同时实验的预习报告、实验准备、实验原理讲解、实操实验、数据记录与整理、实验报告撰写等环节是一个完整的系统工程，每个环节环环相扣，缺一不可。通过理论教学、实验教学完成课程的全面讲授，实现理论与实践相结合，专业培养与思政教育相结合。

(1) 预习报告的前期准备。采用统一的实验报告模板、实验名称、实验目的、实验任务、实验要求、实验所使用的设备和仪器，按照实验任务编写高频电子线路实验预习报告。

(2) 开始实验前的准备与讲解。首先，教师检查学生的预习报告签字后方可进行实验；

其次，教师讲解实验项目中的理论知识、实验准备要求、注意事项等；学生检查所用实验设备和仪器是否完整、工作状态是否正常；学生按照实验步骤或设计内容进行实验并做好数据的记录，尤其是对异常现象的记录与排除方法；实验中教师要随时观察典型的问题，并进行讲解；实验结束后提交完整的实验报告。

（3）实验报告的系统性要求。实验报告包括实验名称，实验目的，实验任务，实验所使用的设备和仪器名称、型号及主要参数，实验步骤，数据或结果记录，实验结论。

（4）实验报告评价的系统性要求。学生完成实验得出相应实验结果后，请示教师检查，符合要求后记录实验数据，进行相应的实验数据整理，给出理论分析，按照系统性要求完成实验报告。教师通过学生在实验过程中的表现和实验报告撰写的实际情况，评价学生对所学到知识的掌握程度，给出考核评价成绩。

4.3.4 教学特色与反思

1. 教学特色

本课程经过多年持续不断的改进，形成了鲜明的特色。

（1）高频电子线路广泛应用于通信与电子系统中，其技术指标和设计要求通常具有系统性，要想真正理解和掌握高频电路的原理、性质、特点，进而进行相关通信系统电路设计，一定要具备系统观的思维和理念。

（2）系统观的培养是一个长期的过程，一定要系统设计，有机融入教学的各个环节中去，要不断重复强化，才能有效地实现课程目标。

（3）系统观的培养要结合课程的特点和学生发展的需求，通过一件件小事，从细节中入手，由量变到质变，最后达到升华。

（4）系统观的培养要落到实处，从课堂教学和实验教学两个层面建立本课程的考核评价标准，并不断改进和完善。

2. 教学反思

高频电子线路能够实现的功能和单元电路很多，实现每一种功能的电路形式更是千差万别，但它们都是在为数不多的基本电路的基础上发展而来的。因此，在学习本课程时，要运用系统的观点，从整体的角度去思考，既要熟悉典型的单元电路，又要抓住各种电路之间的共性，洞悉各种功能之间的内在联系，而不要局限于掌握一个个具体的电路及其工作原理。这对于提高学生的电路识图能力和电路系统设计能力是非常有意义的。

另外，近年来，集成电路和数字信号处理技术迅速发展，各种通信电路甚至系统都可以做在一个芯片内，称为片上系统。这里要强调局部与全局、要素与系统的辩证关系，既要关注学科发展的前沿也要筑牢专业的基础知识体系。明确讲授出所有这些新型集成电路都是以分立器件为基础的，在学习时要注意“分立为基础，集成为重点，分立为集成服务”的原则。在学习具体电路时，要掌握“管为路用，以路为主”的方法，做到以点带面，举一反三，触类旁通。

课程团队始终致力于课程教学改革，坚持以立德树人为宗旨，以学生为中心的发展理念，实施 OBE 成果导向教育。在教学中，我们结合专业特色、课程内容和学生自身发展需求，坚持以系统教学观为指导对教学过程及教学管理的各个环节进行精心设计，在教学中正面引导，激发学生自主能动性，最终将系统观思维内化成自身人生观。本课程在课程思政教育方面尤其是系统观培养方面取得了良好的效果，达到了课程教育目标，深受学生的欢迎。

（郭中华）

4.4 “现代通信原理”课程的设计与实践

4.4.1 课程概况与目标

“现代通信原理”是通信工程、电子信息工程（卓越工程师方向）、电子信息工程等专业的专业必修课程，开设在第 6 学期，共 64 学时（含实验 16 学时），4 学分。该课程主要讲授信道特性及其模型参数；模拟线性调制和角度调制系统的数学模型和工程原理、信号时域分析与频域分析、性能分析评价；数字基带传输系统的数学模型和工程原理、无码间干扰传输设计、性能分析评价；正弦载波数字调制系统的数学模型和工程原理、信号时域分析与频域分析、性能分析评价；模拟信号的数字传输技术及其工程实现方法等内容。

通过本课程的教学，从价值引领、知识探究、态度养成、能力建设四个维度实现知识、思维、能力的有机统一，使学生达到如下课程目标。

目标 1——价值引领：培养学生具有爱国主义热情和科学精神、规矩意识和工程系统观。（支撑毕业要求 1）

目标 2——知识探究：掌握通信原理的基本理论和分析方法，具备运用数学和计算机工具对复杂通信系统在满足需求和性能条件下进行分析、设计和工程实现的能力，做到数学概念、物理概念与工程概念的统一。（支撑毕业要求 1）

目标 3——知识探究：能够运用基本的通信理论分析和验证所设计通信系统解决方案的合理性，依据通信系统性能分析方法对复杂工程问题进行分析评价并获得有效结论。（支撑毕业要求 2）

目标 4——态度养成：能够在复杂通信工程问题解决方案的综合设计、开发或技术实现环节考虑社会、健康、安全、法律、文化及环境等因素。（支撑毕业要求 3）

目标 5——能力建设：能够基于通信工程专业理论，对复杂通信工程问题选择研究路线，设计可行的技术实验方案。（支撑毕业要求 4）

目标 6——能力建设：能够选择并合理使用软硬件设计与仿真平台，针对复杂通信工程问题进行预测与模拟，具有使用现代电子仪器设备对通信系统的关键环节和参数进行观测的能力。（支撑毕业要求 5）

4.4.2　总体设计

1. 指导思想

教育理念——学生中心、成果导向、持续改进；教育目标——知识、能力与情怀并重；教学内容——理论知识与工程应用相辅相成；教学方法——以引导探究为主，激发学生主观能动性。

课程建设围绕教师和学生两个核心要素，既要加强师资队伍课程思政能力建设，也要重视课程思政成效评价机制建设，确保课程思政教学入脑入心、见行见效。

2. 课程目标与课程教学的对应关系

课程理论教学内容与课程目标、教学环节的对应关系如表4-6所示。

表4-6　课程理论教学内容与课程目标、教学环节的对应关系

章	教学内容	教学环节	支撑课程目标
第1章　绪论	1. 课程的地位 2. 教学内容与应用领域 3. 教学方法与考核要求 4. 通信系统的组成 5. 通信系统的分类 6. 通信系统的度量及性能指标	PPT讲授、课堂练习、课后作业	目标1、目标3
第2章　信道与噪声	2.1　信道的定义	PPT讲授、课堂练习、课后作业	目标1
	2.2　信道的分类		
	2.3　信道的数学模型		
	2.4　通信信道的特征		
	2.5　信道中的噪声		
	2.6　信道容量		
第3章　模拟调制系统	3.1　线性调制和解调原理	PPT讲授、课堂练习、课后作业	目标1、目标2
	3.2　线性调制系统抗噪声性能		
	3.3　模拟非线性调制		
	3.4　调频系统的抗噪声性能		
	3.5　各种模拟调制系统的比较		
第4章　数字基带传输	4.1　数字基带调制系统的组成及信号分类	PPT讲授、课堂练习、小组讨论、课后作业	目标2、目标4
	4.2　数字基带信号的码型及波形		
	4.3　数字基带信号的频谱		
	4.4　数字基带信号中的码间串扰		
	4.5　无码间串扰的传输特征		
	4.6　基带传输系统的抗噪声性能		
	4.7　眼图		
	4.8　时域均衡		

续表

章	教学内容	教学环节	支撑课程目标
第5章　数字带通传输系统	5.1　二进制数字调制原理	PPT讲授、课堂练习、小组讨论、课后作业	目标1、目标2、目标5
	5.2　二进制数字调制系统的抗噪声性能		
	5.3　二进制数字调制系统的性能比较		
	5.4　多进制数字调制原理		
	5.5　多进制数字调制系统的抗噪声性能		
第6章　模拟信号的数字传输	6.1　模拟信号的抽样	PPT讲授、课堂练习、课后作业	目标1、目标6
	6.2　模拟信号的量化		
	6.3　波形编码		
第7章　复用	7.1　常见复用技术	PPT讲授、课堂练习、课后作业	目标2
	7.2　现代复用技术		
	7.3　正交频分复用		
第8章　数字信号的最佳接收	8.1　数字信号的统计特性	PPT讲授、课堂练习、课后作业	目标1
	8.2　关于数字信号的最佳接收准则		
	8.3　确知数字信号的最佳接收机		
	8.4　2FSK信号的最佳接收		
	8.5　数字信号的匹配滤波接收法		
	8.6　最佳基带传输系统		
第9章　同步技术	9.1　载波同步技术	PPT讲授、课堂练习、课后作业	目标1
	9.2　位同步技术		
	9.3　群同步技术		
	9.4　网同步技术		
第10章　5G及新时代通信技术	10.1　5G移动通信系统	PPT讲授、课后作业	目标2、目标3
	10.2　大规模多输入多输出系统		
	10.3　5G的毫米波通信技术		

课程实验教学内容与课程目标、教学环节的对应关系如表4-7所示。

表4-7　课程实验教学内容与课程目标、教学环节的对应关系

序号	实验项目	教学要求	教学环节	支撑课程目标
1	模拟调制技术	(1) 研究已调波与调制信号的关系； (2) 掌握用集成电路实验DSBFC(全载波双边带调幅)、DSBSC(抑制载波双边带调幅)方法； (3) 了解调频解调特性及测量方法； (4) 熟悉FM解调工作原理	预习报告、教师演示、实际操作、实验报告	目标4、目标6
2	基本数字调制技术	(1) 掌握用键控法产生ASK信号的方法和ASK非相干解调的原理； (2) 掌握用键控法产生FSK信号的方法和ASK非相干解调的原理； (3) 掌握DBPSK调制和解调的基本原理，掌握DBPSK数据传输过程，熟悉典型电路，熟悉DBPSK调制载波包络的变化	预习报告、教师演示、实际操作、实验报告	目标4、目标6

续表

序号	实验项目	教学要求	教学环节	支撑课程目标
3	抽样定理实验	(1) 掌握自然抽样及平顶抽样的实现方法； (2) 理解低通采样定理的原理； (3) 理解实际的抽样系统； (4) 理解低通滤波器的幅频特性对抽样信号恢复的影响； (5) 理解低通滤波器的相频特性对抽样信号恢复的影响	预习报告、教师演示、实际操作、实验报告	目标 4、目标 6
4	PCM 编译码实验	(1) 掌握脉冲编码调制与解调的原理； (2) 掌握脉冲编码调制与解调系统的动态范围和频率特性的定义及测量方法； (3) 了解脉冲编码调制信号的频谱特性； (4) 了解 W681512	预习报告、教师演示、实际操作、实验报告	目标 4、目标 6
5	HDB3 码型变换实验	(1) 了解几种常用的数字基带信号的特征和作用； (2) 掌握 HDB3 码的编译规则； (3) 了解滤波法位同步在码变换过程中的作用	预习报告、教师演示、实际操作、实验报告	目标 4、目标 6
6	同步技术	(1) 掌握用科斯塔斯环提取载波的实现方法； (2) 了解相干载波相位模糊现象的产生原因； (3) 掌握巴克码识别原理； (4) 掌握同步保护原理； (5) 掌握假同步、漏同步、捕捉态、维持态的概念	预习报告、教师演示、实际操作、实验报告	目标 4、目标 6
7	时分复用与解复用实验	(1) 掌握时分复用的概念及工作原理； (2) 了解时分复用在整个通信系统中的作用	预习报告、教师演示、实际操作、实验报告	目标 4、目标 5、目标 6
8	HDB3 线路编码通信系统综合实验	(1) 了解 HDB3 编译码器在通信系统中的位置及发挥的作用； (2) 熟悉 HDB3 通信系统的系统框架； (3) 理解 HDB3 线路编译码以及时分复用等知识点，能对实际信号的传输系统建立起简单的框架	预习报告、教师演示、实际操作、实验报告	目标 1、目标 2、目标 3、目标 4、目标 5

3. 课程目标的考核方式

本课程以过程性考核成绩、实验课考核成绩、期末测评成绩进行综合评定学生成绩。

综合成绩＝过程性考核成绩×20%＋实验课考核成绩×20%＋期末测评成绩×60%

过程性考核成绩占20%：包括讨论学习与课堂笔记(10%)和课后作业(10%)。本课程安排课堂讨论学习两次，每次成绩按照总分100分计，根据学生对所讨论问题的口头回答情况进行打分；期中和期末检查课堂笔记共两次，每次成绩按照总分100分计，根据学生笔记的记录情况进行打分；讨论学习与课堂笔记总成绩取上述四次成绩的均值。课后作业每次按照总分100分计，根据学生作业完成情况进行打分，课后作业总成绩取上述成绩的均值。

实验课考核成绩占20%：本课程安排8个实验，每个实验成绩按照总分100分计，根据学生的预习报告、实验操作和实验报告完成情况打分，最终成绩取8次实验成绩的均值。

期末测评成绩占60%：卷面总分100分计，采取闭卷考试的形式考查学生对所学内容的掌握情况。

课程目标的考核方式如表4-8所示。

表4-8 课程目标的考核方式

考核方式		成绩比例/%					
		课程目标1	课程目标2	课程目标3	课程目标4	课程目标5	课程目标6
过程性考核(20%)	讨论学习和课堂笔记(10%)	40	20	30	10	0	0
	课后作业(10%)	40	25	20	0	15	0
实验课考核(20%)	预习报告+实验操作+实验报告	10	10	10	30	20	20
期末测评(60%)	闭卷考试	50	35	10	5	0	0

4.4.3 课程思政典型案例——系统观的培养

系统观要求以系统的观点看待事物，强调系统的要素、结构和功能。系统观的建立有助于学生从事物的全局上、要素的相互联系上理解事物的运动与发展，找出规律、建立秩序、培养开放性思维。系统观的培养是一个系统、复杂、动态的过程，不可能简单地通过一门课程训练完成，需要从人才培养的顶层设计推动系统观的运用，坚持以系统教学观为指导对教学过程及教学管理的各个环节进行设计，确立教学目标、聚焦教学任务、制定教学策略、洞察学习主题、进行教学评价，加强对学生系统观培养的引导和训练。

1. 案例教学目标和实施过程

教学目标：通过课程教学的各个环节，培养学生的系统观。

实施过程如下。

(1) 绪论课让学生初步了解系统观及其内涵。通过介绍课程地位让学生知道本门课程在专业培养体系中的重要意义；通过介绍教学主要内容及其相应的应用领域，让学生了解现代通信原理的知识架构，明白通信技术与社会经济、文化、环境等要素之间的相互作用；通过讲授通信系统的组成及其各模块的功能，让学生初步建立起系统、要素、结构和功能的概念。

(2) 课程理论教学中系统观的培养。充分利用本课程紧密围绕通信系统物理层传输技术展开推演的特点，结合学生未来所从事工作的职业素养要求，在理论教学中深入阐述系统观的整体性、相关性、结构性、层次性、动态平衡性、目的性、开放性和多样性等内涵，始终贯穿系统观的培养。

(3) 课程实验教学中系统观的培养。实验教学针对本门课程中涉及的关键通信技术进行安排，综合考虑现有实验条件和工程实践应用设计实验内容，通过模块功能验证、子系统设计和系统综合实验的先后顺序展开实验教学，以循序渐进的方式引导学生逐步建立系统观。

2. 实施案例

1) 清楚讲授通信系统的组成及各模块的功能和工作原理

通信系统由很多个子模块组成，讲授时强调系统的结构，各模块的功能和工作原理，各模块之间的相互联系、相互作用，以及它们对系统总功能的影响。

(1) 让学生了解系统及其要素、结构与功能等基本概念。

【实例 4-14】 数字通信系统：数字通信系统是利用数字信号来传递信息的通信系统，其模型如图 4-1 所示。关于数字通信系统，需要强调如下几点。①系统：通信系统，即传递信息所需要的一切技术设备和信道的总和。②要素：信息源和受信者模块、信源编码和译码模块、信道编码和译码模块、数字调制和解调模块、加密和解密模块、信道模块。③结构：系统各要素之间的联系方式、组织秩序必须遵照图 4-1 中的顺序，否则系统将不能可靠、有效地传递信息。④功能：传递信息，由于其使用数字信号作为信息载体，因此具有抗干扰能力强、传输差错可控、保密性高、便于处理、易于集成等特点。

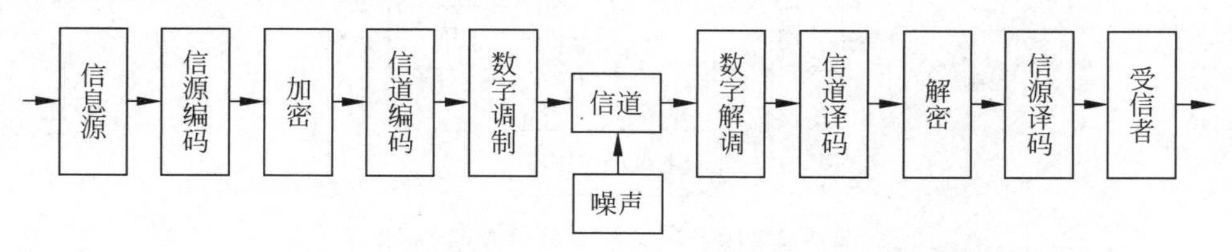

图 4-1　数字通信系统模型

(2) 通过工程实践问题让学生理解系统观的内涵——相关性。

【实例 4-15】 香农公式：由香农提出的信息论可以证明，高斯白噪声背景下的连续信道的容量为

$$C_t = B\log_2\left(1+\frac{S}{n_0 B}\right)\text{(b/s)}$$

式中，B 为信道带宽(Hz)，S 为信号功率(W)，n_0 为噪声单边功率谱密度(W/Hz)，$N=n_0 B$ 为噪声功率(W)。通过下面的工程实践问题来说明系统各要素之间的相互联系、相互作用、相互制约，以及它们共同作用下对系统总体功能的影响。

问题 1：想在具有 3000Hz 通频带的语音信道中以 120kb/s 的速率传输信息。当功率信噪比为 11.76dB 时，是否可能达到无差错传输？若不可能，提出可能的改进方案。

说明：

①根据题意可知，$B=3000\text{Hz}$，$\frac{S}{n_0 B}\approx 11.76\text{dB}$，即信号功率 S 约为噪声功率的 15 倍，将其代入香农公式可知，该信道条件下信道容量 $C_t\approx 12\text{kb/s}<120\text{kb/s}$，由于信道容量小于信息传输速率，根据香农定理可知，此时无法实现无差错传输。②香农公式说明了当将高斯白噪声背景下的连续信道作为一个系统研究时，决定信道容量 C_t 的要素有 B、S、n_0，它们相互联系、相互制约，共同影响着信道所能达到的无差错传输最高信息速率。在本题中，期望的信道容量为 $C_t=120\text{kb/s}$，而 n_0 是信道固有特性，无法人为控制，因此，改进方案只能针对 B、S 入手。根据香农公式，为了将信道容量提升到预期值，可以增大 B 和(或)S。③在本题中，在不增加 B 的情况下增大 S 使信噪比达到 120.42dB 时，或者在不改变信噪比的情况下增大 B 至 30kHz 时，理论上可以实现无差错传输。

注意：实际的语音通信系统往往是功率受限和频带受限系统，意味着不能任意提高信号功率或增大信道带宽。因此，应在满足系统设计要求的前提下，动态调整 B 和 S，从而达到频率资源、功率资源的折中。鼓励学生课后查阅实际语音通信系统功率、频率方面的参数限制，依据香农公式，提出合理可行的改进方案。从而在解决工程实践问题中深刻理解系统观的相关性。

(3) 通过通信系统模型让学生理解系统观的内涵——结构性。

【实例 4-16】 DSB 调制相干解调系统：该系统采用相干解调的方式从接收到的 DSB 已调信号中恢复出调制信号，具体模型如图 4-2 所示。

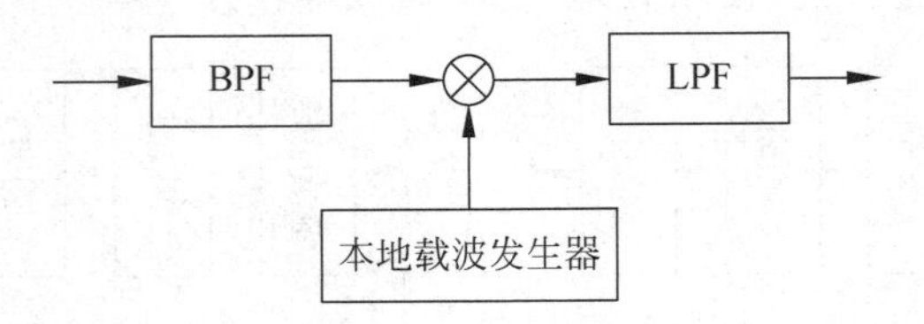

图 4-2 DSB 调制相干解调系统模型

说明：

①图 4-2 所示解调器系统中包含带通滤波器(BPF)、乘法器、本地载波发生器、低通滤波器(LPF)四个要素，它们之间按照特定的秩序相互联系，从而达到解调信号的系统功能。当这种秩序被打乱时，即使要素相同，解调器的系统功能也会遭到破坏。②当图 4-2 中 BPF 和 LPF 的位置相互调换时，系统最终输出信号将是某个带通信号，而不是想要恢复的基带信号，即解调器的功能失效，变成了一个调制器。

注意：实际通信系统是基于模块化设计的，各个模块之间的架构关系决定了信号处理流程，最终决定了系统实现的功能。通过本实例加深学生对系统结构性的理解。

(4) 通过系统设计强化学生对系统观内涵的理解。

【实例 4-17】 无码间干扰数字基带传输系统设计,如图 4-3 所示。

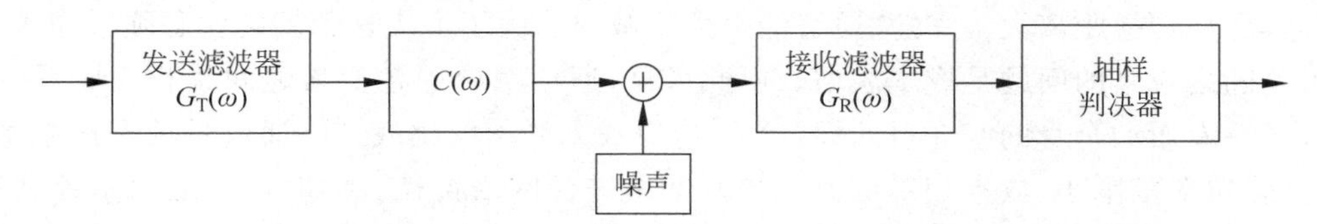

图 4-3 数字基带传输系统模型

说明:

①整体性:图 4-3 所示的数字基带传输系统是由发送滤波器、信道、接收滤波器、抽样判决器四个相互区别的要素根据特定结构组织而成的,各要素相互联系、共同作用的结果是实现基带信号的传输,即系统的功效大于各要素的功效之和。②层次性:在一般情况下,图 4-3 中的发送滤波器子系统的功能是将原始基带信号变换成适于信道中传输的基带信号,而接收滤波器子系统的功能是将输出信号变换成利于抽样判决的信号形式。本实例中,不能只着眼于子系统的功效,而是要放眼整个系统的功能,关注无码间干扰传输的系统特性,让子系统参与到更大的系统中充分发挥自己的作用,即注重系统的层次性。③目的性:针对无码间干扰传输要求,需要系统总传输特性满足特定的约束条件,即

$$H(\omega)=G_{\mathrm{T}}(\omega)C(\omega)G_{\mathrm{R}}(\omega)=\sum_{i}H\left(\omega+\frac{2\pi i}{T_{\mathrm{B}}}\right)=C,\quad |\omega|\leqslant\frac{\pi}{T_{\mathrm{B}}}$$

式中,$G_{\mathrm{T}}(\omega)$和 $G_{\mathrm{R}}(\omega)$分别为发送滤波器的和接收滤波器的传递函数,$C(\omega)$为信道的传递函数,C 为常数。$C(\omega)$取决于信道自身特性,无法人为改变,因此必须根据固有的信道特性精心设计 $G_{\mathrm{T}}(\omega)$和 $G_{\mathrm{R}}(\omega)$以满足无码间干扰传输的目的。即任何一个系统都有明确的总目标,子系统为完成大系统的总目标而协调工作。

(5) 通过复杂系统设计让学生学会运用系统观解决工程实践问题。

【实例 4-18】 5G 通信系统中的毫米波技术。5G 通信系统是在用户需求不断增长、相关技术条件日趋成熟的环境中发展而来的。通过解决下面的复杂工程实践问题来训练学生运用系统观解决问题的能力。

问题 2:为什么 5G 通信系统采用毫米波传输技术?它带来的挑战是什么?5G 通信系统如何应对这种挑战?

说明:

①开放性:从 1G 到 4G,移动通信的核心是人与人之间的通信,纵观移动通信的发展历程会发现,这是一个以用户对更高传信速率需求为驱动的发展过程。到了 5G 时代,随着物联网、工业自动化、无人驾驶等应用场景的日渐普及,通信的范围拓展至人与人、人与物、机器与机器的通信。为了适应环境的变化,5G 通信系统采用了毫米波传输技术,因为毫米波频率高,在该波段可以获得丰富的频率资源,从而满足 5G 通信对超大带宽的需求。可见,随着应用场景的变化,移动通信系统及其内部子系统的结构和功能也随之改变,从而使系统

始终保持旺盛的生命力，即系统是开放的、不断发展的。②相关性：毫米波段虽然可以获得足够大的带宽，但是由于毫米波自身传播衰减快、绕射能力差的特性也给5G通信系统带来新的问题，如传播距离大幅缩短、覆盖能力大幅减弱。为了解决这个问题就必须增加基站数量，可是随之带来的问题是成本激增。由此可见，通信系统中各要素之间是相互联系、相互制约、牵一发而动全身的。③目的性：为了应对成本激增的挑战，5G通信系统采用微基站，即用大量覆盖范围小、成本相对低廉的微型基站进行网络覆盖。同时，5G通信系统利用毫米波波长短导致天线尺寸可以设计得很小的特点，在基站和终端都采用了MIMO传输技术。尤其是在基站侧采用了Massive MIMO技术，在进一步增大通信系统容量的同时，基于大规模天线实现波束赋形技术，在一定程度上克服了毫米波传播衰减快的缺点。

2）课程实验教学中系统观的培养

【实例4-19】 课程实验在实验项目选择上精心设计，按照模块功能验证、子系统设计和系统综合实验的顺序展开实验教学，以循序渐进的方式引导学生逐步建立系统观。

（1）预习报告的系统观要求。学生在预习报告中必须明确实验目的和任务，在此基础上设计相关实验系统，明确系统要素、结构、功能，并对关键节点的信号进行预判。

（2）实验过程中的系统观要求。经教师检查预习报告签字后方可进行实验；要求学生在实验中做好数据的记录，尤其是对异常现象的记录、分析与排除方法；实验中教师要随时观察典型的问题，并引导学生使用系统观思维去处理问题，在解决问题的过程中体会系统的相关性、结构性、层次性、动态平衡性、整体性；实验结束后经教师检查实验数据后方可离开。

（3）实验报告的系统观要求。将实验报告视为一个系统，实验名称、实验目的、实验任务、实验所使用的设备和软件版本、所搭建的实验系统的原理模型、数据或结果记录、实验结论、实验反思等要素缺一不可。要求学生必须对实验观测结果进行分析，验证原理、说明问题，从而进一步深入领会系统观的内涵。

（4）实验成绩评价的系统观要求。学生上交实验报告后，教师应该综合考虑其预习报告、实验操作、实验报告这三个要素的完成情况，检查学生对所学理论知识掌握程度和应用能力，给出考核评价成绩。并针对每个学生完成情况分析原因，以实验报告评语的形式反馈给学生，引导学生发扬优点、改正缺点、规避错误。

3）期末测评中系统观的培养

【实例4-20】 本课程期末测评采用闭卷考试形式进行，考题的设计以教学大纲中规定的课程目标及其权重为依据，确保各章节内容在试题中所占分数比例合理；通过设计基本概念、简单计算、综合分析等题型合理规划考试难易度，保证考试成绩能有效地反映学生对教学内容的掌握情况，从而在知识考查的层面上体现对学生系统观培养的效果。例如：

题目：假设在某BPSK系统中，载波频率为$\cos(4800\pi t)$，码元传输速率为2400波特，发送数字信息为1011100101；①试画出与信息码对应的BPSK信号波形；②画出相干解调接收机的原理框图，并画出当本地载波为$\cos(4800\pi t+180°)$时，接收机各关键节点的信号波形，分析系统是否正确解调信号；③为了解决②中出现的问题，请设计改进方案，并分别画出改进后的调制器和解调器原理框图，通过关键节点的信号波形说明是否成功解决问题。

说明：通过系统设计考查系统的整体性、相关性、结构性、目的性、开放性和多样性。

4.4.4　教学特色与反思

1. 教学特色

本课程以OBE理念为指导，在教学过程中坚持以学生为本、以成果为导向，反向进行教学设计，持续改进。坚持数学原理和工程应用并重，着力培养学生专业素养和解决工程问题的能力。

(1) 系统观的培养依赖于教师的引导和有针对性的训练，教师应从课程内容出发，结合专业特色和学生自身发展需求，精心设计教学任务，在教中引导，在学中激发学生自主能动性，最终将系统观思维内化成自身人生观。

(2) 系统观的培养是一个系统、复杂的过程，应坚持以系统教学观为指导对教学过程及教学管理的各个环节进行设计。

2. 教学反思

课程团队致力于课程教学改革，积极践行OBE教育理念，以立德树人为宗旨推进课程思政建设。在教学过程中注重培养学生的系统观、科学精神、规矩意识和爱国主义精神，通过精心设计思政案例，将思政元素巧妙融入专业课程，达到了入脑入心的效果，实现了教书育人的目标。现代通信原理是通信工程专业的理论基础课程，除了培养学生掌握扎实的理论基础外，也要紧跟通信领域日新月异的步伐，做到不脱离实际工程应用，在教学各环节中持续改进。此外，系统观的培养要落到实处，除了在本门课程中注重对系统观的培养外，更应该从专业培养方案等顶层设计中系统地规划学生的培养过程。

（覃国车）

4.5　“软件无线电技术”课程的设计与实践

4.5.1　课程概况与目标

“软件无线电技术”是通信工程与电子信息工程专业的选修课程，开设在第6学期，共32学时(含实验10学时)，2学分。该课程主要讲授软件无线电技术概念与工程系统思维、硬件体系与软件体系、基本数学理论与仿真、内插与抽取理论及仿真、收发系统理论与仿真、软件无线电基站与手机的案例分析、软件定义网络技术概念与案例分析以及基于LabView＋NI USRP的ASK通信系统基带＋射频通信系统设计与开发等。

通过本课程的教学，从价值引领、知识探究、能力建设三个维度实现价值、知识、能力的有机统一，使学生达到如下课程目标。

课程目标1——价值引领：培养学生具有系统观、规矩意识、工匠精神和科学精神，并能正确评价信息和思想的价值。(支撑毕业要求6、8、10)

课程目标2——知识探究：学习软件无线电技术基本原理和LabView/MATLAB＋NI USRP设计开发的基本方法，掌握软件无线电技术建模和仿真的基础工程知识。(支撑

毕业要求 1)

课程目标 3——能力建设：运用软件无线电技术基本数学原理，分析和仿真验证基本原理和关键模块，以获得有效结论，培养学生对软件无线电通信系统建模和分析问题的能力。(支撑毕业要求 2)

课程目标 4——能力建设：设计开发基于 LabView＋NI USRP 的 ASK 基带＋射频通信系统，培养学生根据特定需求对软件无线电通信系统各模块进行设计和开发的能力。(支撑毕业要求 3)

课程目标 5——能力建设：能够正确评估软件无线电关键技术和通信系统性能，并能采集、整理实验数据，对实验结果进行分析和解释，获取合理有效的结论，培养学生采用科学方法对通信系统问题进行研究的能力。(支撑毕业要求 4)

4.5.2 总体设计

1. 指导思想

紧扣新工科背景下的工程专业认证和课程思政需求，理论与实践相结合，显性和隐性并重，突出能力培养和系统观价值塑造，做到课程教学具有高阶性、创新性、挑战度。

2. 课程目标与课程教学的对应关系

课程理论教学内容与课程目标、教学环节的对应关系如表 4-9 所示。

表 4-9 课程教学内容与课程目标、教学环节的对应关系

章	教学内容	教学环节	支撑课程目标
0 预备内容	1. 拆卸手机，分析其电路和绘制系统框图 2. LabView 软件基础案例操作 3. SDR 与 SDN 虚拟仿真实验操作	学生自学	目标 1
第 1 章 专业与课程认知	1.1 专业知识体系	PPT 讲授、演示、提问讨论、课堂作业	目标 1
	1.2 课程工程思维		
	1.3 课程准备		
	1.4 技术调研报告提纲		
第 2 章 软件无线电技术基础	2.1 工科文献和工科报告	PPT 讲授、演示、案例分析、提问讨论、课堂作业	目标 1、目标 2
	2.2 软件无线电通信系统		
	2.3 虚拟仿真与可视化编程		
	2.4 软件无线电技术概念		
	2.5 技术调研报告提纲		
第 3 章 软件无线电技术硬件体系	3.1 软件无线电体系综述	PPT 讲授、演示、案例分析、提问讨论、课堂作业	目标 1、目标 2
	3.2 软件无线电基本构成案例分析		
	3.3 软件无线电中的硬件体系		
	3.4 数字信号处理器		
	3.5 软件无线电中软件特点		

续表

章	教学内容	教学环节	支撑课程目标
第4章 软件无线电技术软件体系	4.1 软件无线电软件体系结构	PPT讲授、演示、案例分析、提问讨论、课堂作业	目标1、目标2
	4.2 软件无线电软件设计方法		
	4.3 软件无线电软件下载		
	4.4 软件无线电编程语言		
	4.5 前沿技术调研提纲		
第5章 软件无线电技术基础数学	5.1 实信号与复信号	PPT讲授、演示、案例分析、提问讨论、课堂作业	目标1、目标2、目标3
	5.2 傅里叶分析与微积分		
	5.3 欧拉公式		
	5.4 正交信号		
	5.5 采样定理		
	5.6 数学与中国通信发展		
	5.7 香农公式		
	5.8 IQ调制		
	5.9 通信中重要定理的量化仿真方法		
	5.10 程序开发流程图和系统框图		
第6章 内插与抽取理论及仿真	6.1 内插和抽取通信含义	PPT讲授、演示、案例分析、提问讨论、课堂作业	目标1、目标2、目标3、目标5
	6.2 内插和抽取工作原理		
	6.3 滤波器软件实现		
	6.4 内插器软件实现		
	6.5 抽取器软件实现		
第7章 软件无线电收发理论及仿真	7.1 软件无线电发射机基本理论	PPT讲授、演示、案例分析、提问讨论、课堂作业	目标1、目标2、目标3、目标5
	7.2 软件无线电发射机仿真		
	7.3 软件无线电接收机基本理论		
	7.4 软件无线电接收机仿真		
第8章 软件无线电手机与基站	8.1 手机软件体系	PPT讲授、演示、案例分析、提问讨论、课堂作业	目标1、目标2
	8.2 手机硬件体系		
	8.3 4G手机实例		
	8.4 手机软件无线电结论		
	8.5 基站网络结构		
	8.6 基站硬件构成		
	8.7 基站硬件发展		
	8.8 基站网络功能虚拟化		
	8.9 芯片概述		
第9章 软件定义网络	9.1 软件定义概述	PPT讲授、演示、案例分析、提问讨论、课堂作业	目标1、目标2
	9.2 软件定义网络(SDN)		
	9.3 网络功能虚拟化(NFV)		
	9.4 SDN与NFV的区别		
	9.5 SDN与NFV在5G网络应用中的案例分析		

课程实验教学内容与课程目标、教学环节的对应关系如表4-10所示。

表4-10 课程实验教学内容与课程目标、教学环节的对应关系

序号	实验项目	教学要求	教学环节	支撑课程目标
1	软件无线电OFDM虚拟仿真实操	(1) 掌握OFDM软件无线电通信系统开发方案； (2) 掌握面向过程的软件开发思想； (3) 掌握系统性能评估方法和结果分析	预习报告、在线操作、实验报告(课前+课中)	目标1、目标4、目标5
2	基于LabView的ASK基带通信系统发射端信源编码仿真	(1) 掌握LabView软件操作方法； (2) 掌握信号源的开发方案； (3) 掌握信号源的测试与验证方法； (4) 掌握信源编码的测试与验证方法	预习报告、实际操作、口头报告(课中)	目标1、目标2、目标4
3	基于LabView的ASK基带通信系统发射端调制仿真	(1) 掌握LabView软件操作方法； (2) 掌握调制的开发方案； (3) 掌握调制的测试与验证方法	预习报告、实际操作、口头报告(课中)	目标1、目标4
4	基于LabView的ASK基带通信系统接收端解调仿真	(1) 掌握LabView软件操作方法； (2) 掌握解调的开发方案； (3) 掌握解调的测试与验证方法	预习报告、实际操作、口头报告(课中)	目标1、目标4
5	基于LabView的ASK基带通信系统接收端信源解码仿真	(1) 掌握LabView软件操作方法； (2) 掌握信源解码的开发方案； (3) 掌握信源解码的测试与验证方法	预习报告、实际操作、口头报告(课中)	目标1、目标4
6	基于LabView的ASK基带通信系统误码率模块仿真	(1) 掌握LabView软件操作方法； (2) 掌握误码率的开发方案； (3) 掌握误码率的测试与验证方法	预习报告、实际操作、口头报告(课中)	目标1、目标4
7	基于LabView的ASK基带通信系统性能评估	(1) 掌握ASK通信系统开发方案； (2) 掌握ASK系统性能误码率评估方法； (3) 掌握实验数据获取和数据处理的方法； (4) 掌握分析得出有效结论的方法； (5) 掌握撰写实验报告的规范要求； (6) 能够专业地表达实验过程和结果	预习报告、实际操作、口头报告、实验报告(课中)	目标1、目标5

3. 课程目标的考核方式

本课程以过程性考核成绩和实验课考核成绩进行综合评定学生成绩。

综合成绩＝过程性考核成绩×50%＋实验课考核成绩×50%

过程性考核成绩＝预习(20%)＋课堂作业(30%)。“雨课堂”完成10次预习，每次预习总分10分。“雨课堂”提交10次课堂作业，每次课堂作业总分10分。

实验课考核成绩＝实验操作1(20分)＋实验操作2(10分)＋实验操作3(10分)＋实验操作4(10分)＋实验操作5(10分)＋实验操作6(10分)＋实验操作7(30分)。课程目标的考核方式如表4-11所示。

表4-11 课程目标的考核方式

考核方式		成绩比例/%				
		课程目标1	课程目标2	课程目标3	课程目标4	课程目标5
过程性考核(50%)	预习(20%)	20	40	40	0	0
	课堂作业(30%)	20	40	30	0	10
实验课考核(50%)	实验操作	20	10	0	40	30

4.5.3 课程思政典型案例——系统观的培养

系统观强调系统是由相互作用、相互依赖的若干组成部分结合而成的、具有特定功能的有机体；要从事物的总体与全局上、从要素的联系与结合上研究事物的运动与发展，找出规律、建立秩序，实现整个系统的优化。系统由若干要素或者部分组成，有一定的结构，有一定的功能。系统观的培育需要从多个途径构建课程教学设计体系，对参与课堂教学活动的各个要素进行分析，对所有要素构成的整体结构进行最优化设计，以获得最佳教学效果，达到课堂教学的预定目标。

1. 案例教学目标和实施过程

通过多个培育途径和课程教学的各个环节，培养学生系统观。系统观的实施过程有以下六方面。

1) 从教学的顶层设计推动系统观的运用

系统观的培养在教材编写、教学计划、教学内容、教学过程以及教学管理的各个环节。因此，要把系统观的培养贯穿始终。通过调整教材体系、教师教学评价体系、学生学习评价体系等教学过程，从教学的顶层设计使课程思政教学目标得到有效实施。

2) 加强对学生系统观的引导

引导学生瞄准世界科学的前沿，研究和思考人类社会和科学面临的重大现实问题。正面地介绍现代系统科学的思维方法和思想成果，使学生对于现代系统科学带来的启示有所了解，有所体会，让学生们能和国际学术界同步地研究和思索。以专业学科领域研究的历史沿革和跨学科分析的视角准备自己的教学内容，通过基础理论的传授方式引导学生了解所学专业领域的前沿技术。

3) 加强学生系统观培养方面的训练

在课程中有意识地加强学生系统观方面的培养训练，在课堂上组织学术报告、学术交流、学术辩论等，课后组织学生查阅资料、对实际问题进行系统分析并进行论文撰写。着重细化系统初步分析、规范分析和综合分析方法，并要求学生根据实例利用系统工程的思想和方法做出相应分析。

4）引入系统的任务驱动的教学模式

以系统的任务为脉络展开教学，并在教学过程中始终强调系统分析与设计的思想，通过系统的任务将各个基本知识点整合在一起，让学生可从整体上把握知识的体系结构。如果总体任务具有一定的复杂度，则可将任务逐级分解为一些子模块，从而将系统观融入任务当中。

5）加强课程之间的联系

加强对各门课程教学理念、教学方法、教学内容等方面的研究。在考虑完成本课程教学内容的基础上，增强课程与课程之间的联系。对课程内容相关的案例进行收集与设计，加强系统相关案例库建设，以丰富课堂内容，供学生进行案例分析使用。

6）各个教学活动的优化设计

从教学目标、教学内容、教学策略、教学媒体以及教学评价进行分析，对所有要素构成的整体结构进行最优化设计，以获得最佳教学效果，达到高校课堂教学的预定目标。

2. 实施案例

坚持以立德树人为宗旨，以学生为中心的发展理念，以 OBE 为导向，实施课程思政系统观。典型相关案例有以下八个。

【实例 4-21】 课程教学进度表的顶层设计体现系统观。

按照系统观的教育思想与方法，“软件无线电技术”课程包括教学目标、教学内容、教学对象以及教学策略、教学媒体和教学效果等。其中，教学内容是系统观教学设计的核心，依据教学大纲选择教学内容，制定教学实施计划和教案，使教学形成一个有机整体，如表 4-9 和表 4-10 所示。

【实例 4-22】 6G 软件无线电体系设计体现通信技术发展系统观。

体系结构概念指一个全面和一致的功能、组件、设计原则的集合，依靠它可以组织、设计、构建一个系统。软件无线电体系结构是实现软件无线电概念的具体设计，包括硬件、软件和接口协议。软件无线电体系结构的设计必须综合考虑无线通信的技术现状、长远发展和融合各个通信标准。学生理解这个概念非常困难，为了从系统工程的角度来深刻理解“体系”这个概念，可引导学生瞄准世界科学的前沿，正面介绍现代系统科学的思维方法和思想成果，使学生对于未来通信系统科学带来的启示有所体会，让学生们能和国际学术界同步地研究和思索。因此要从无线电技术体系入手，设计 6G 通信的开发案例的演示，演示中展示如何考虑当前的技术，如何考虑未来的发展需求。同时将中国通信年会中朱近康教授分享的 6G 发展的软硬件和协议关系比喻成骨骼、肌肉、经络、维生素的关系，给出 6G 手机软件无线电技术一体化设计的前沿思想成果。

【实例 4-23】 技术调研报告训练培养学生系统观。

在讲解软件体系结构中，通过如何做 6G 前沿调研报告的案例训练培养学生系统观。

首先从工科文献资料专业性、前沿性的角度指导学生如何获取有效文献资料。然后通过定义、国内外发展现状、特点以及关键技术、性能指标和应用场景这样的框架来做前沿技术的调研提纲，让学生掌握调研思路。并且通过案例演示让学生感受和学习如何做前沿技术调研。布置课后作业，从全息通信、区块链、数字孪生、空中上网、应急通信中任选其中一个技术进行调研并撰写报告，从而巩固和强化工程系统观的思想。

【实例 4-24】　培养基于 LabView＋NI USRP 的 ASK 通信系统设计和开发的工程思维。

以基于 LabView＋NI USRP 的 ASK 基带＋射频通信系统设计和开发的任务为驱动，进行 10 课时的实验教学，在教学过程中始终强调无线系统基带＋射频的分析与设计思想，通过发射端、接收端和信道系统的任务将各个基本知识点整合在一起，让学生可从整体上把握知识的体系结构。图 4-4 所示为 ASK 无线通信系统设计开发方案。

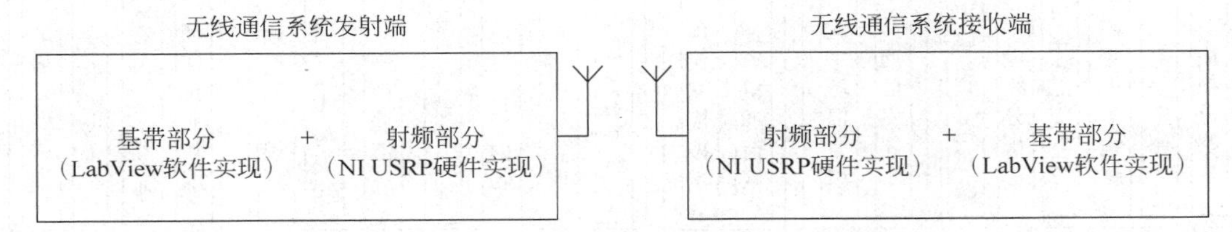

图 4-4　ASK 无线通信系统设计开发方案

【实例 4-25】　通过课程与专业认知了解通信工程专业课程之间的关系。

在课程入门和课程认知环节，通过设计通信电子系统的工程系统思维的演示了解课程与课程之间的联系、课程与系统的关系、课程与专业的关系、课程与行业的关系，帮助学生建立技术与理论＋系统与工程＋市场与产业的专业系统框架，建立电路级通信＋链路级通信＋网络级通信三个层级的知识系统框架。图 4-5 所示为通信工程专业设置和课程地位。

【实例 4-26】　通过教学策略和教学媒体优化设计体现系统观教学。

系统观教学提倡以学生的发展为中心，关注学生个体的发展，尊重个体。教学策略上，每次课将课堂讲义打印出来发给学生，将课堂笔记与课后作业改进融合为课堂作业也发给学生。鼓励学生使用思维导图、公式和符号完成课堂作业。课堂作业植入无线通信电子工程系统思维，从而启迪学生。每次教师讲授之前给学生 5～10 分钟的时间进行自学课堂作业和课堂讲义。把学习内容以问题的形式直接呈现出来，激发学生学习的积极性，挖掘学生思考创新的能力。通过探究式、发现式学习，培养学生不仅具备分析问题、解决问题的能力，还要具备发现问题、提出问题的创新意识和能力。

系统观教学设计十分重视对教学对象的分析。通过优化设计来发挥媒体教学的有利职能，从而调控学习的过程，鼓励学生学习。课程讲授时，采用“雨课堂”智慧教室授课。智慧教室信息量大，人机交互功能强大，已成为教师授课的便利、快捷平台。教师应借助板书、肢体语言、课堂提问等传统教学手段来弥补多媒体教学界面静态、模块单一的弊端，同时鼓励学生听觉学习和视觉学习结合。教师在传统的教学内容上，通过“雨课堂”练习和难点内容

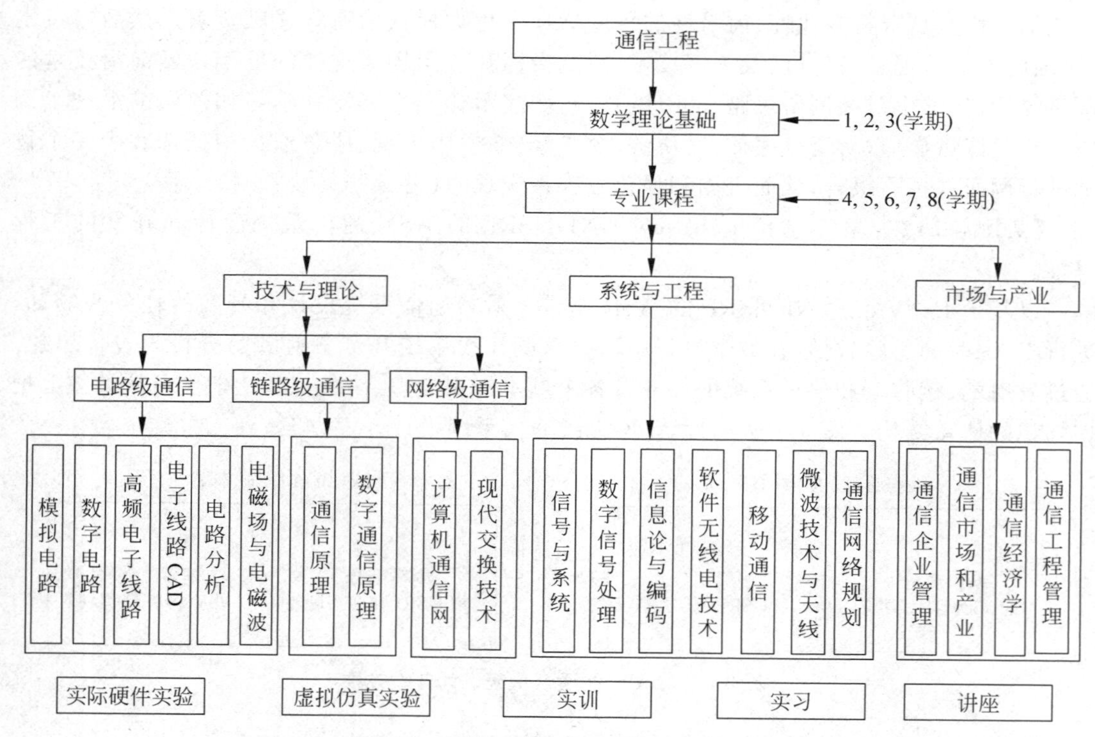

图 4-5 通信工程专业设置和课程地位

的板书实现教学课堂师生的互动，营造动态的、充满生命气息的系统观媒体教学。

【实例 4-27】 实验教学设计和考核标准体现系统观。

整个实验教学过程分为四大部分：课前、课中、课后、考试。课前主要是为了学生返校之后能够顺利开展实验项目，需要做一些工具准备和自学一些软件无线电技术基础内容和 LabView 基本操作。图 4-6 所示为实验教学的任务和课时分配的对应关系设计。

整个实验考核包括实验活动的全过程。从实验设计到考核体现了实验教学的系统观。为了考核评价的公平、公正，并达到考核激励引导作用，通过目标导向的考核设计，各个实验环节考核评价标准如下：寒假课程准备中的实验态度和速度评价标准、每次课中搭建通信功能模块的现场测试和验证评价标准、电子版实验报告评价标准、性能分析口头汇报评价标准。

【实例 4-28】 课程教学设计体现系统观。

基于立德树人思想和“学生中心、产出导向、持续改进”的教育教学理念，课程教学设计包括课程基本信息、教学设计思路、学生情况分析、教学任务与策略、教学设计过程、课程思政案例、板书设计、教学反思。每次课前进行教学设计，课后及时进行教学设计改进和优化。该教学设计包含每堂课所有教学环节的所有元素，教学设计的设计、实践和改进形成闭环，体现整个教学设计的系统观。

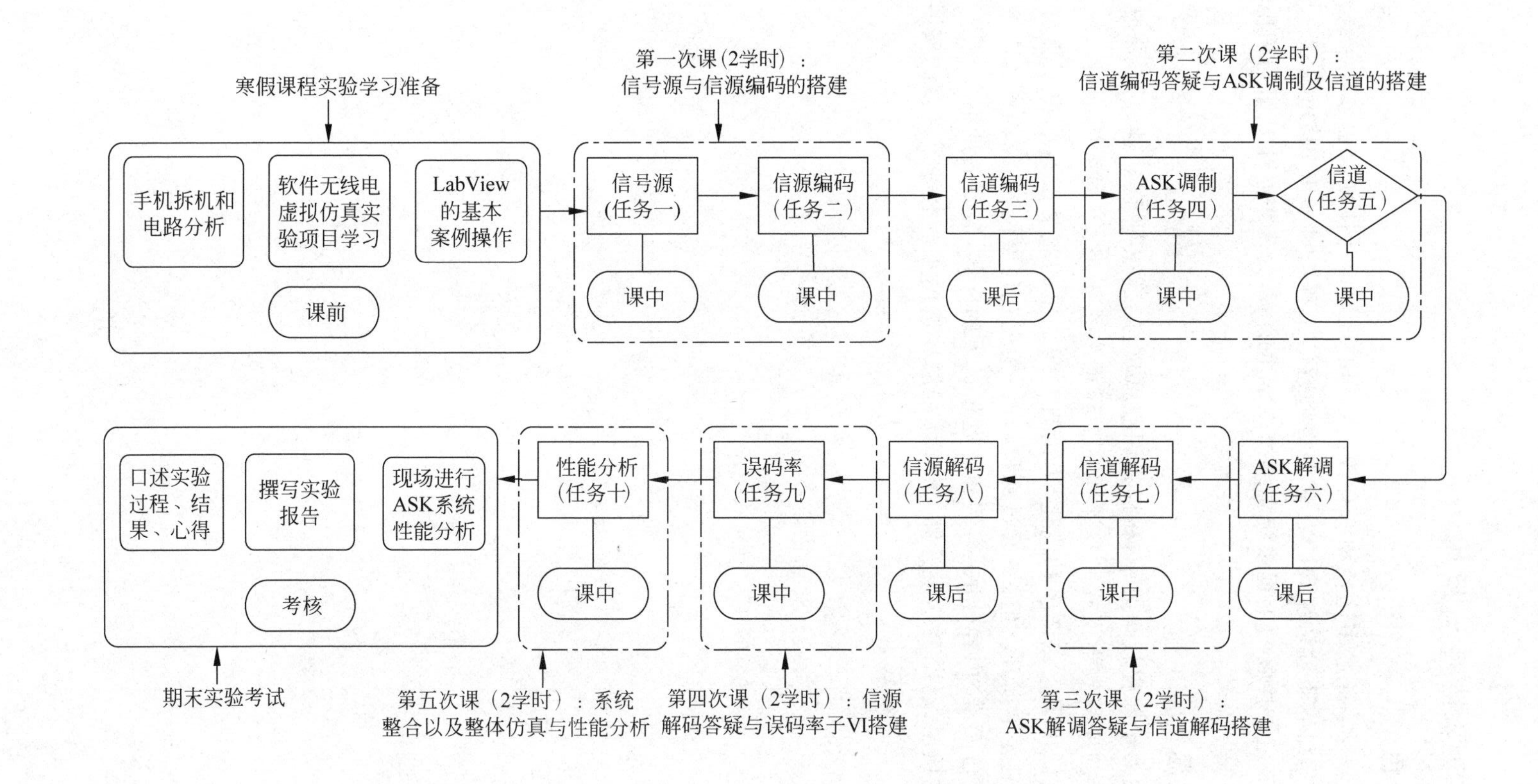

图 4-6 实验教学的任务和课时分配的对应关系设计

4.5.4 教学特色与反思

1. 教学特色

(1) 系统观教学：通过多途径和所有教学活动的优化设计体现课程思政系统观。

(2) 系统观思维：通过系统观的教育教学将通信工程射频＋基带、电路级＋链路级＋网络级、发射＋信道＋接收的工程系统思维植入学生脑海，为未来学生从事通信电子行业工作奠定基础。

2. 教学反思

课程团队致力于课程教学改革，积极将课程思政与工程专业认证融合，探索新工科背景下新型人才培养的课程教学模式。本课程在工程思维系统观、工程案例分析、课堂习题、开发设计能力方面做出了重点调整和优化，理论与实践并重的教学改革取得了良好的教学效果，学生评教成绩逐年提升。但是，通过课程教改，发现在顶层设计、课程章节内容和习题安排上存在目标定位不准、内容分散、案例和习题量过大的问题，需要后期继续改进。同时，课程思政还需要在顶层设计、教学设计和 OBE 课程思政指标考核上进行更多的实践和探索。

（李　波）

第5章 团队合作精神培养的设计与实践

5.1 团队合作精神的内涵

5.1.1 什么是团队合作精神

团队合作精神，简单来说就是大局意识、协作精神和服务精神的集中体现。团队合作精神的基础是尊重个人的兴趣和成就，核心是协同合作，最高境界是全体成员的向心力、凝聚力，反映的是个体利益和整体利益的统一、并进，从而保证组织的高效率运转。团队合作精神的形成并不要求团队成员牺牲自我，相反，挥洒个性、表现特长保证了成员共同完成任务目标，而明确的协作意愿和协作方式则产生了真正的内心动力。

团队合作指的是一群有能力、有信念的人在特定的团队中，为了一个共同的目标相互支持合作奋斗的过程。它可以调动团队成员的所有资源和才智，并且会自动地驱除所有不和谐和不公正现象，同时会给予那些诚心、大公无私的奉献者适当的回报。当团队合作是出于自觉自愿时，它必将会产生一股强大而且持久的力量。

5.1.2 团队合作精神的主要内涵

1. 团队合作精神的主要功能

(1) 目标导向功能。团队合作精神的基础是共同的目标。团队合作精神使每个成员齐心协力，拧成一股绳，朝着一个目标努力，对单个成员来说，团队要达到的目标即是自己所努力的方向，团队整体的目标顺势分解成各个小目标，在每个成员身上得到落实。

(2) 凝聚功能。团队合作精神的最高境界是向心力、凝聚力。向心力、凝聚力来自于团队成员自觉的内心动力，来自于共识的价值观。任何组织群体都需要一种凝聚力，团队合作精神通过对群体意识的培养，通过成员在长期的实践中形成的习惯、信仰、动机、兴趣等文化心理，来沟通人们的思想，引导人们产生共同的使命感、归属感和认同感，反过来逐渐强化团队合作精神，产生一种强大的凝聚力。

(3) 激励功能。团队合作精神依靠成员自觉地要求进步，力争与团队中最优秀的成员看齐。通过成员之间正常的竞争可以实现激励功能，而且这种激励不是单纯停留在物质的基础上，还能得到团队的认可，获得团队中其他成员的尊敬。

(4) 控制功能。团队合作精神所产生的控制功能，是通过团队内部所形成的一种观念的力量、氛围的影响，去约束规范、控制成员的个体行为。这种控制不是自上而下的硬性强制力量，而是由硬性控制转向软性内化控制，由控制成员行为转向控制成员的意识，由控制成员的短期行为转向对其价值观和长期目标的控制。

2. 团队合作精神的表现

(1) 归属感。大学生在团队中，表现出对团队感到满意和认同，能够认定自己是团队中的一份子，对团队有着强烈归属感和认同感。所谓归属感，指个人自觉被团队成员或被团队认可和接纳时的一种感受。这要求团队成员要从主观上努力，对于自己的工作团队相互依存，要热爱它，忠于它，效力于它，要和团队成员打成一片，多参加团队活动，多进行思想交流。通过团队活动，大学生们可以获得学习、生活、工作、发展等所需要的社会保障条件，可以充分印证自己的能力，明确自己在团队活动乃至社会中的位置，以收获更成功、满足的人生。同时，团队也尊重每个大学生成员的个性，鼓励他们发挥自己的优势，帮助他们确定在团队中的地位和发展，培养他们的创新意识，让他们在激烈的竞争中成长起来，使每一位大学生都能获得发展和进步。

(2) 协同合作。大学生在团队成员关系中，表现为团队成员之间彼此优势互补、协同合作。大学生成员之间能够相互尊重、相互信任、相互理解，善于沟通、乐于分享，最终相互促进共同提高。在这个团队中，每一个团队成员都应无私地奉献出自己最大的力量，努力完成团队的共同目标，这样才能最大限度地发挥出一个团队的合力，产生良好的团队绩效。

(3) 奉献精神。大学生在团队工作态度上，表现出能够从整体利益出发的大局意识、对团队工作全心全意投入的奉献精神。一方面，大学生为了完成共同的团队目标，愿意从大局出发，能够正确处理个人和团队、合作和竞争之间的关系，以团队利益为先，每一个人都认为自己应该全身心地投入团队工作中；另一方面，奉献精神是团队精神的根本，奉献精神使大学生在与他人合作时，能够从大局出发，在为他人、团队、社会服务的过程中，体现出自我的价值。

(4) 角色定位。大学生在对待自身定位上，表现出能够适应团队整体的角色定位。在大学生团队角色定位中，由于个人能力、经验、性格的不同，表现为行为之间的摩擦、性格之间的分歧，因而要发挥自身优势，在团队中寻找到适合自己的位置。团队中必然会产生分工不同的问题，大学生作为一个团队成员要对自己有个准确的定位，在团队中找到适合自己的位置，发挥自身优势，

弥补劣势，和其他团队成员配合默契，提升整个团队的战斗力，进而形成最强组合团队。

5.1.3　大学生团队合作精神的培养途径

1. 加大教育教学改革，学校应发挥主导作用

坚持把培养团队合作精神作为高等学校培养大学生品德素质的重要目标。以团队合作精神培养为目标的教育教学改革势在必行。首先，学校在课程设置方面，应增加或者补充有关团队合作精神培养方面的教学内容，引导学生正确理解竞争与合作的关系、个人与集体的关系等；其次，开展以集体利益为核心的活动，旨在培养学生的团队合作意识，让参与者在享受快乐的同时，培养彼此之间的团队合作意识；最后，可通过举办讲座的形式，开展团队合作教育活动，向学生传递团队协作信息，提高对团队意识的认知。

2. 发挥教师在教育教学中的重要作用

所谓言传身教，就是要求教师应发挥其在教育教学中的主体作用。用教师的知识、人格去感染影响学生。一个有团队合作意识的教师就能够培养出学生良好的团队合作意识。与此同时，教师教学过程中，在教学方式上可培养学生的团队合作能力，如划分学习小组、进行分组讨论、组织小组课程设计等，以此培养学生的团队合作意识。

3. 加强班级建设，增强学生集体荣誉感

对学生影响较大且同时关系较为密切的群体是班级，因此加强班级建设，增强班级集体荣誉感能使集体成员之间关系更加融洽。集体活动是大学生在校期间的一种重要活动形式，精心安排集体活动有利于培养集体意识，培养学生团队合作精神，事实证明，在一个班级凝聚力较强的集体里面，每个成员之间能够互相尊重，互相关爱，共同面对困难挫折，共同分享成功的喜悦，在这样的集体里，每个人都能够找到自我存在感，找到属于自己的位置，在收获自我成长的同时，将团队合作意识内化于心。

5.1.4　专业课教师如何做

1. 以教师的团队合作精神垂范引领大学生的团队合作精神培养

榜样示范是思想政治教育在实践层面的上一种行之有效的方法。高尚的师德，是对学生最具体、最生动、最深远的教育。教师的团队合作精神本身就是教育的一个重要因素。只有团结互助的教师团队，才能保持教育的一致性和完整性，并以其团结一致、互相尊敬的模范行为和良好风范对学生施以影响力，使学生在无声教育中受到感染和熏陶。教师之间的互相维护、互相帮助、互相尊敬、和睦共处能够在一定程度上让学生感受到集体氛围的可亲可敬，感受到教师团队力量的强大统一。教师的团结合作有利于学生良好品德的养成。作为教师，应当清醒地认识到教师团队合作精神与学生、集体和社会发展的关系密不可分，在教师队伍中大力发扬团队合作精神，对学生团队合作精神的培养也具有垂范和引领作用。

2. 开展以小组合作学习为主的教学模式

当代大学生具有较强的个人意识，缺乏团队合作的意识和精神。当今，国家社会发展过

程中,各行各业特别是高科技领域的重大项目建设、重大技术攻关,都不是个人之力可以完成的,需要成员之间相互配合,共同合作。作为未来社会建设、科技攻关主力军的大学生,必须具备团队合作精神和成员间协同共进的意识。这种团队合作精神需要长久的培养与锻炼。小组合作模式可以培养大学生在小范围内对小型问题进行深入探究,需要小组成员之间互相交流、协调,共同配合完成成果展示,这就是在潜移默化中形成团队合作精神。

(1) 确定小组合作学习主题。教师应该根据教学内容的需要,在考虑教学系统性、针对性、科学性的基础上,结合章节重点、难点知识,并考虑教学进度,总体上给出小组合作学习的主题和日期。每个小组的同学在相互协商之后,选择确定本小组的研讨主题。

(2) 研讨与分工。教师要求每个学习小组在组长的协调下,利用线上、线下相结合的方式,进行集中讨论。讨论内容主要涉及研讨主题的重难点、成果展示的具体形式、所需查找的资料以及小组成员之间的分工,这是前期的研讨任务;中期任务就是小组成员根据分工需要自行准备或集中准备相关资料,并形成课堂汇报成果;后期任务就是小组学习成果在课堂上进行展示,并请其他同学进行提问、点评,成果展示小组可以进行说明、补充、答疑等。所有小组完成学习任务后,需要学生提交研讨记录、研讨成果。在考核方面,分成两方面,教师评分和学生评分。教师根据学生的准备情况及课堂汇报、答疑情况,进行综合评价并给出相应的分数。在小组展示后,小组长负责召开小组会议,根据每位同学的表现进行分数的分配,以免出现平均主义的现象,挫败同学参与的积极性。

(3) 发挥学生主动性。在小组学习的过程中,教师需要有一定的规则和流程限制学生,保证小组学习真实、有效地开展。同时,教师也必须在一定范围内,最大限度地调动学生的积极主动性,体现学生的主体地位,以利于学生主观能动性的发挥。教师可以放手学生去做的包括:小组成员的自由选择、研讨题目在给定范围内的自由选择、课堂展示形式可以自己确定。这样,针对同学们自己感兴趣的研讨主题、利用自己喜欢的形式进行展示,积极性高涨,信心百倍,更易出现代表学生最高水平的作品。

5.2 "大学物理"课程的设计与实践

5.2.1 课程概况与目标

"大学物理"是电子信息工程(卓越工程师方向)、通信工程、电气工程及其自动化、新能源材料与器件等专业的专业公修课程,开设在第2、3学期,共128学时,8学分。物理学是研究物质的基本结构、运动形式、相互作用以及转化规律的自然科学。以物理学的基本概念、基本理论和基本方法为主要内容的"大学物理"课程,所展现的科学的世界观、认识论和方法论深刻影响着人类的思维方式以及人类对物质世界的基本认识。同时,物理学以深邃的历史底蕴、求实的科学精神、唯物辩证的研究方法、潜移默化的人文价值以及引领科技的基础作用,铸就了"大学物理"课程的鲜明特色。该课程内容涵盖力学、热学、电磁学、光学、相对论及量子物理等。

通过本课程的教学，从价值引领、知识探究、能力建设、态度养成四个维度实现知识、思维、能力的协调发展，应使学生达到如下课程目标。

目标1——价值引领：培养学生具有科学精神、规矩意识、追求卓越的工匠精神和团队合作精神。（支撑毕业要求8、9、10）

目标2——知识探究：理解物理学的基本概念和基本原理；学会物理学的科学思维和科学方法。（支撑毕业要求1）

目标3——能力建设：能灵活应用物理知识分析解决具体问题；能运用物理概念原理解释生活中的物理现象；能将物理原理应用到通信专业领域。（支撑毕业要求2）

目标4——态度养成：能使学生对物理有好奇心，具有较强的学习和研究物理的兴趣及内在动机；能应用物理原理分析通信领域中的工程问题，培养推动科技进步和社会发展的责任感。（支撑毕业要求6、8）

5.2.2　总体设计

1. 指导思想

教育理念——坚持以学生发展为中心、以人才培养目标为导向；教育目标——坚持知识、能力、素质与德行并重；教学内容——坚持科学性、高阶性、时代性；教学方法——坚持以教师为主导、学生为主体，实施多元融合的对分课堂教学模式。

课程建设通过融入思政元素、引入演示实验、强化知识应用、渗透学科前沿，从深度和广度上丰富教学内容、提升教学内涵；实施“教师精讲、学生独学和讨论交流”的对分课堂教学模式，培养学生独立思考、善于沟通和团队合作能力；教学过程加强过程性考核，构建多元化评价学生的合理量规，有效实现任务驱动式学习。

2. 课程目标与课程教学的对应关系

课程理论教学内容与课程目标、教学环节的对应关系如表5-1所示。

表5-1　课程理论教学内容与课程目标、教学环节的对应关系

<table>
<tr><th>章</th><th>教学内容</th><th>教学环节</th><th>支撑课程目标</th></tr>
<tr><td>绪论</td><td>1. 课程的地位
2. 应用领域
3. 研究内容、方法与要求</td><td>PPT讲授、演示</td><td>目标1</td></tr>
<tr><td rowspan="6">第1章　质点运动学</td><td>1.1　确定质点位置的方法</td><td rowspan="6">板书和PPT讲授、实验演示、对分课堂、“亮考帮”作业、章节测试</td><td rowspan="6">目标1、目标2、目标3、目标4</td></tr>
<tr><td>1.2　质点的位移、速度和加速度</td></tr>
<tr><td>1.3　用直角坐标系表示位移、速度和加速度</td></tr>
<tr><td>1.4　用自然坐标表示平面曲线运动中的速度和加速度</td></tr>
<tr><td>1.5　圆周运动的角量表示，角量与线量的关系</td></tr>
<tr><td>1.6　不同坐标系中的速度和加速度变换定理简介</td></tr>
</table>

续表

章	教学内容	教学环节	支撑课程目标
第2章　牛顿运动定律	2.1　牛顿运动三定律	板书和PPT讲授、实验演示、对分课堂、"亮考帮"作业、章节测试	目标1、目标2、目标3、目标4
	2.2　力学中常见的几种力		
	2.3　牛顿运动定律的应用		
	2.4　牛顿运动定律的适用范围		
第3章　功和能	3.1　功	板书和PPT讲授、实验演示、对分课堂、"亮考帮"作业、章节测试	目标1、目标2、目标3、目标4
	3.2　几种常见的力		
	3.3　动能定理		
	3.4　势能、机械能守恒定律		
	3.5　能量守恒定律		
第4章　冲量和动量	4.1　质点动量定理	板书和PPT讲授、实验演示、对分课堂、"亮考帮"作业、章节测试	目标1、目标2、目标3、目标4
	4.2　质点系动量定理		
	4.3　质点系动量守恒定律		
	4.4　质心和质心运动定理		
第5章　刚体力学基础动量矩	5.1　刚体和刚体的基本运动	板书和PPT讲授、实验演示、对分课堂、"亮考帮"作业、章节测试	目标1、目标2、目标3、目标4
	5.2　力矩和刚体绕定轴转动微分方程		
	5.3　动量矩和动量矩守恒定律		
第6章　机械振动基础	6.1　简谐振动	板书和PPT讲授、实验演示、对分课堂、"亮考帮"作业、章节测试	目标1、目标2、目标3、目标4
	6.2　简谐振动的合成		
	6.3　阻尼振动和受迫振动简介		
第7章　机械波	7.1　机械波的产生和传播	板书和PPT讲授、实验演示、对分课堂、"亮考帮"作业、章节测试	目标1、目标2、目标3、目标4
	7.2　平面简谐波		
	7.3　波的能量		
	7.4　惠更斯原理		
	7.5　波的干涉		
	7.6　驻波		
	7.7　多普勒效应		
第8章　热力学	8.1　热学的研究对象和研究方法	板书和PPT讲授、实验演示、对分课堂、"亮考帮"作业、章节测试	目标1、目标2、目标3、目标4
	8.2　平衡态、理想气体的状态方程		
	8.3　功、热量、内能和热力学第一定律		
	8.4　准静态过程中功和热量的计算		
	8.5　理想气体的内能和C_V、C_P		
	8.6　热力学第一定律对理想气体在典型准静态过程中的应用		
	8.7　绝热过程		
	8.8　循环过程		
	8.9　热力学第二定律		
	8.10　可逆与不可逆过程		
	8.11　卡诺循环和卡诺定理		

续表

章	教学内容	教学环节	支撑课程目标
第9章　气体动理论	9.1　分子运动的基本概念	板书和PPT讲授、实验演示、对分课堂、“亮考帮”作业、章节测试	目标1、目标2、目标3、目标4
	9.2　气体分子的热运动		
	9.3　统计规律的特征		
	9.4　理想气体的压强公式		
	9.5　麦克斯韦速率分布定律		
	9.6　温度的微观本质		
	9.7　能量按自由度均分定理		
	9.8　玻尔兹曼分布律		
	9.9　气体分子的平均自由程		
	9.10　气体内的迁移现象		
	9.11　热力学第二定律的统计意义和熵的概念		
	9.12　实际气体的性质		
第10章　静电场	10.1　电荷和库仑定律	板书和PPT讲授、实验演示、对分课堂、“亮考帮”作业、章节测试	目标1、目标2、目标3、目标4
	10.2　电场和电场强度		
	10.3　电通量和高斯定理		
	10.4　静电场的环路定理和电势能		
	10.5　电势和电势差		
	10.6　等势面、电势与电场强度的微分关系		
	10.7　静电场中的导体、电容		
	10.8　静电能		
	10.9　电介质的极化和束缚电荷		
	10.10　电介质内的电场强度		
	10.11　电介质中的高斯定理、电位移矢量		
第11章　恒定电流的磁场	11.1　磁感应强度	板书和PPT讲授、实验演示、对分课堂、“亮考帮”作业、章节测试	目标1、目标2、目标3、目标4
	11.2　毕奥-萨伐尔定律		
	11.3　磁通量和磁场的高斯定理		
	11.4　安培环路定理		
	11.5　磁场对电流的作用		
	11.6　带电粒子在电场和磁场中的运动		
	11.7　磁介质		
第12章　电磁感应与电磁场	12.1　电磁感应的基本规律	板书和PPT讲授、实验演示、对分课堂、“亮考帮”作业、章节测试	目标1、目标2、目标3、目标4
	12.2　动生电动势与感生电动势		
	12.3　自感和互感		
	12.4　磁能		
	12.5　麦克斯韦电磁场理论简介		

续表

章	教学内容	教学环节	支撑课程目标
第13章　波动光学基础	13.1　光是电磁波	板书和PPT讲授、实验演示、对分课堂、“亮考帮”作业、章节测试	目标1、目标2、目标3、目标4
	13.2　光源和光的干涉		
	13.3　获得相干光的方法和杨氏双缝实验		
	13.4　光程与光程差		
	13.5　薄膜干涉		
	13.6　迈克尔孙干涉仪		
	13.7　惠更斯-菲涅耳原理		
	13.8　单缝的夫琅禾费衍射		
	13.9　衍射光栅及光栅光谱		
	13.10　线偏振光和自然光		
	13.11　偏振片的起偏和检偏及马吕斯定律		
	13.12　反射和折射产生的偏振及布儒斯特定律		
	13.13　双折射现象		
	13.14　椭圆偏正光、偏振光的干涉		
	13.15　旋光效应简介		
第14章　狭义相对论力学基础	14.1　力学相对性原理和伽利略坐标变换式	板书和PPT讲授、实验演示、对分课堂、“亮考帮”作业、章节测试	目标1、目标2、目标3、目标4
	14.2　狭义相对论的两个基本假设		
	14.3　狭义相对论的时空观		
	14.4　洛伦兹变换		
	14.5　狭义相对论质点动力学简介		
第15章　量子物理基础	15.1　量子物理学的诞生——普朗克量子假设	板书和PPT讲授、实验演示、对分课堂、“亮考帮”作业、章节测试	目标1、目标2、目标3、目标4
	15.2　光电效应和爱因斯坦光子理论		
	15.3　康普顿效应及光子理论的解释		
	15.4　氢原子光谱和波尔的氢原子理论		
	15.5　微观粒子的波粒二象性、不确定关系		
	15.6　波函数和一维定态薛定谔方程		
	15.7　氢原子的量子力学描述和电子自旋		
	15.8　原子的电子壳层结构		

3. 课程目标的考核方式

本课程以过程性考核和期末测评成绩进行学生成绩的综合评定。

$$综合成绩=过程性考核成绩\times 50\%+期末测评成绩\times 50\%$$

过程性考核包括平时作业(15%)、“亮考帮”作业(20%)、小组汇报(20%)、课堂测试(10%)、章节测试(20%)、读书笔记(10%)和课程小结(5%)。每项考核指标按百分制评定，最终过程考核成绩加权求和。

课程目标的考核方式如表5-2所示。

表 5-2 课程目标的考核方式

考核方式		成绩比例/%			
		课程目标 1	课程目标 2	课程目标 3	课程目标 4
过程性考核(50%)	平时作业(15%)	10	30	50	10
	"亮考帮"作业(20%)	20	40	30	10
	小组汇报(20%)	20	40	30	10
	课堂测试(10%)	10	50	30	10
	章节测试(20%)	10	30	40	20
	读书笔记(10%)	10	80	—	10
	课程小结(5%)	20	—	—	80
期末测评(50%)	闭卷笔试	20	30	40	10

5.2.3 课程思政典型案例——团队合作精神的培养

团队合作的核心是协同合作，团队成员之间彼此优势互补，能够相互尊重、相互信任、相互理解、善于沟通、乐于分享，最终相互促进共同提高。本课程通过实施对分课堂教学模式培养学生的团队合作精神。

1. 案例教学目标和实施过程

教学目标：针对本课程中典型的计算专题，采用对分课堂教学模式，培养学生的团队合作精神。

实施过程如下。

对分课堂的实施流程分为三步，如图 5-1 所示。①课堂讲授(Presentation)：课堂上教师精讲内容的基本框架、重点和难点，内容的细节、应用及拓展留白。②内化吸收(Assimilation)：课后留出时间让学生独立学习、内化吸收、梳理知识、提炼观点，完成对分课堂的特色作业——"亮考帮"。"亮"——学生在听课、读书、完成教师布置的作业后，总结出学习过程中自己感受最深、受益最大、最欣赏的内容；"考"——自我学习完成后，提出其他同学可能存在的问题，在讨论时挑战学习同伴；"帮"——把自己不懂、不会的地方或想要了解的内容，用问题的形式表述出来，在讨论时求助同学。③讨论交流(Discussion)：这是培养学生团队合作精神的落地环节，指的是：第二节课回到课堂，学生围绕"亮考帮"作业进行小组讨论，小组成员轮流分享自己的亮点、提出问题，与同伴互相切磋，互相帮助，合作学习，解决低层次问题。讨论结束后，小组代表分享小组的亮点，提出经小组讨论未解决的问题，教师进行现场解答，从而解决高层次问题，最后教师进行归纳总结。

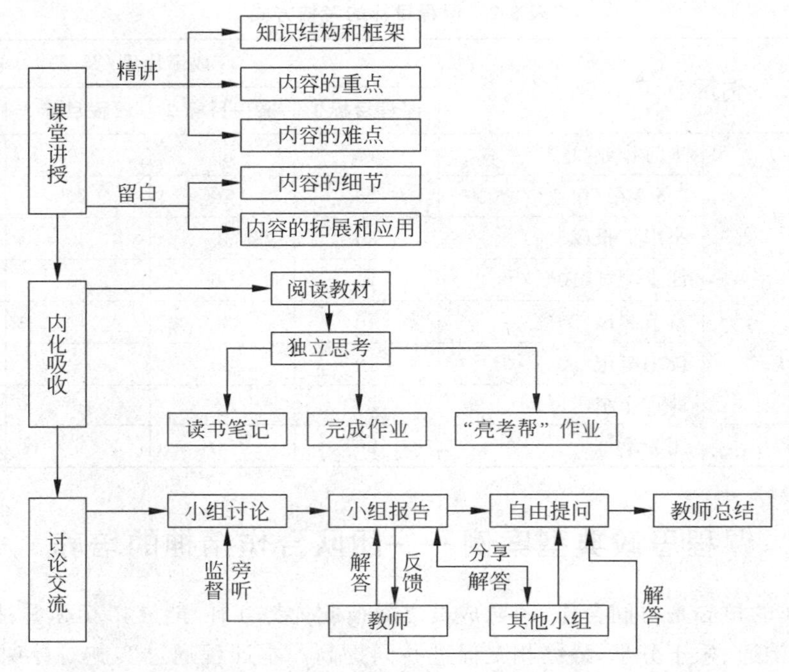

图 5-1 对分课堂教学模式实施的流程图

说明：

(1) 绪论课给学生讲清楚课程要求。介绍课程的地位、应用领域，明确告知学生本课程的教学目标，让学生知道自己要达到的学习效果；介绍教学内容让学生了解本课程涵盖的基本理论知识、基本原理及应用；介绍教学技术手段和对分课堂模式实施流程以保障新的教学模式顺利进行；介绍考核方式和评价指标让学生充分重视平时的学习。

(2) 课程理论教学中团队合作精神的培养。针对课程中典型的物理计算专题，如电场强度的计算、高斯定理的应用、毕奥-萨伐尔定律的应用、安培环路定理等，采用对分课堂教学模式，其中的"讨论交流"是培养学生团队合作精神的核心环节。对分模式下的合作流程明确、具体，通过作业和"亮考帮"作业，为合作学习提供了良好的支架。对分强调所有学生独立学习同样的内容，然后基于这个共同的内容，围绕"亮考帮"作业展开小组讨论。讨论过程中，小组成员之间分享成果、共析疑难，通过交流互助，解决低层次问题，凝练高层次问题。小组汇报时，小组与全班同学分享亮点，提出未能解答的问题，教师当场给予答疑解惑。可见，对分课堂不仅强调合作学习，也强调独立学习，而且特别强调在独学基础上的合作学习，独学之后的讨论与协作更高效、更深入。

"亮考帮"作业和小组汇报的考核评价细则如表 5-3、表 5-4 所示。

表 5-3　“亮考帮”作业考核评价细则

课程目标	评价标准					权重/%
	90～100	80～89	70～79	60～69	0～59	
目标 1	能够按时按照要求完成作业内容，书写规范；提炼的亮点能上升到物理思想、物理方法的层次	能够按时按照要求完成作业内容，书写规范	能够按时按照要求基本完成作业内容，书写较规范	能够按时按照要求基本完成作业内容，书写基本规范	不能按时按照要求完成作业内容，书写不规范	20
目标 2	知识点总结完整、全面；具备较好地解决物理问题的基本能力	知识点总结完整、全面；具备解决物理问题的基本能力	知识点总结较为完整、全面；基本具备解决物理问题的基本能力	知识点总结较为完整、全面；初步具备解决物理问题的基本能力	知识点总结不完整；不具备解决物理问题的基本能力	40
目标 3	提炼的问题具有典型性，能切中要害；质疑的问题具有代表性、有一定的深度	提炼的问题具有典型性；质疑的问题具有代表性	提炼的问题具有一定的典型性；质疑的问题具有一定的代表性	能提炼问题，有质疑的问题	不能提炼问题，没有质疑的问题	30
目标 4	具有良好的书面表达能力，逻辑清晰，行文流畅；具有学习物理的浓厚兴趣，能较好地体会物理学之美	具有较好的书面表达能力；具有学习物理的兴趣，能体会物理学之美	具有一定的书面表达能力；具有一定的学习物理的兴趣，基本能体会物理学之美	具有基本的书面表达能力	书面表达能力差	10

表 5-4　小组汇报考核评价细则

课程目标	评价标准					权重/%
	90～100	80～89	70～79	60～69	0～59	
目标 1	能够按要求分享小组的亮点；具有良好的口头表达能力，条理清晰，语言流畅；提出的问题有一定的深度	能够按要求分享小组的亮点；具有较好的口头表达能力；提出的问题具有代表性	能够按要求分享小组的亮点，具有一定的口头表达能力	能够按要求分享亮点，具有基本的口头表达能力	不能按要求分享亮点，口头表达能力差	20

续表

课程目标	评价标准					权重/%
	90～100	80～89	70～79	60～69	0～59	
目标 2	知识点总结完整、全面；具备较好地解决物理问题的基本能力	知识点总结完整、全面；具备解决物理问题的基本能力	知识点总结较为完整、全面；基本具备解决物理问题的基本能力	知识点总结较为完整、全面；初步具备解决物理问题的基本能力	知识点总结不完整；不具备解决物理问题的基本能力	40
目标 3	提炼的亮点上升到物理思想、物理方法层次，观点独到；提炼的问题具有典型性，能切中要害；质疑的问题具有代表性、有一定的深度	提炼的问题具有典型性；质疑的问题具有代表性	提炼的问题具有一定的典型性；质疑的问题具有一定的代表性	能提炼问题，有质疑的问题	不能提炼问题，没有质疑的问题	30
目标 4	具有学习物理的浓厚兴趣，能较好地体会物理学之美	具有学习物理的兴趣，能体会物理学之美	具有一定的学习物理的兴趣，基本能体会物理学之美	具有一定的学习物理的兴趣	对物理学习无感	10

2. 实施案例

【实例 5-1】 高斯定理的应用。

1）教学设计思路

本节课具体的教学设计流程如图 5-2 所示。通过电击金属鸟笼的实验现象抛出问题，引出新课，激发学生的学习兴趣；以视频的形式进行实验演示，刺激学生感官、加深学生对实验现象的认识；讲述科学家的人生经历和辉煌成就，让学生充分感受大师高尚的人格魅力和学术魅力；引领学生演绎推导电通量和高斯定理的数学表达式并揭示其物理意义，让学生领略物理思维方法之精妙；运用现代教育技术手段，课堂现场推题，提升学生的课堂参与度，并能即时形成教学反馈便于教师做出调整；采用对分课堂的教学模式，发挥学生学习的主体地位，培养学生的团队合作精神。

2）对分课堂教学流程

(1) 对分课堂之课堂讲授。教师精讲电通量的定义及表征、高斯定理的推导过程及物理意义，扼要介绍高斯定理求解对称性分布电场的方法。

说明：对分课堂的课堂讲授讲究精讲、留白，这里只介绍高斯定理求解对称性分布电场的思路，具体求解的过程及细节问题留给学生课下内化吸收。

(2) 对分课堂之内化吸收。学生课下独立完成对分作业，培养学生自主学习能力：①学习课本 16 页例题 10.8～10.11；②总结高斯定理求解电场强度方法；③写出“亮考帮”。

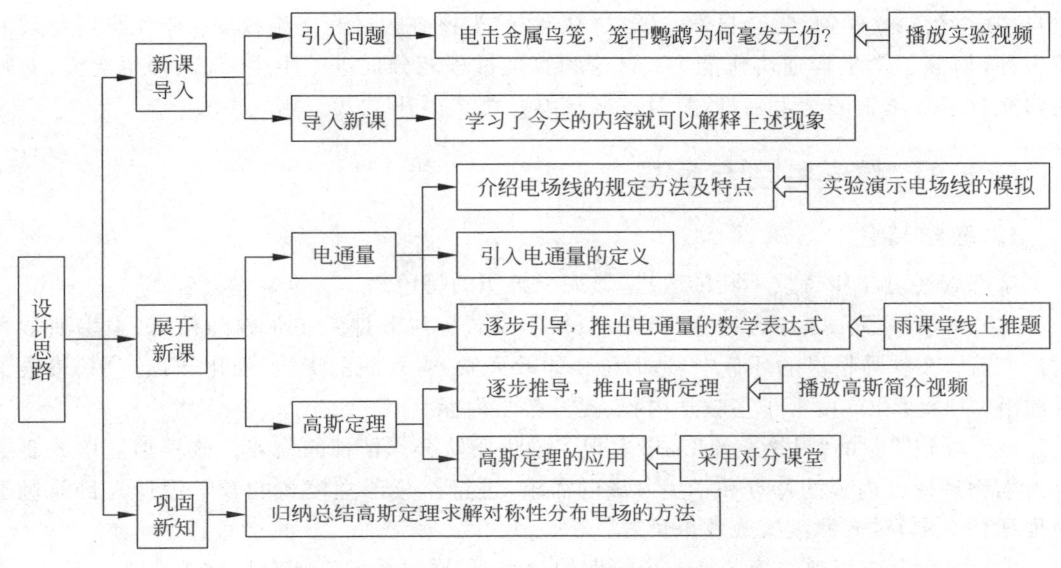

图 5-2　课程设计思路的流程图

说明：对分作业在课下由学生独立完成，在讨论交流之前提交。

(3) 对分课堂之讨论交流——团队合作精神培养的重要环节。

【小组交流】　回到第二节课，学生3～4人一组(可采用异质分组)，围绕“亮考帮”作业进行讨论。小组每个人轮流汇报亮点，提出问题，挑战小组成员；然后提出自己未能解答的问题，获得小组成员帮助。经过讨论，形成小组的亮点、罗列未能解决的问题，推选一人准备汇报。

说明：教师监督、旁听，不参与讨论。

【小组汇报】　教师抽查3～4个小组，小组代表分享小组亮点，提出问题，教师当场对小组提出问题进行解答。时间允许的情况下，可让其他小组学生回答问题，并进行自由提问。

说明：教师答疑时，要有选择地回应学生问题——对于典型的、共性的问题给予详细的解答，而对于个性的、与课程内容相关度不大的问题课下解答。

【教师总结】　最后教师对高斯定理求解对称性分布电场的方法进行全面总结，对学生易错或疏漏的知识点进行强调。

说明：学生经过独立学习、深入思考、讨论交流后，教师再来对高斯定理求解对称性分布电场强度的方法进行归纳总结、凝练升华，以达到醍醐灌顶之功效，让学生理解更为深入，体会更为深刻。

对分课堂彻底打破了教师的“一言堂”“满堂灌”，充分结合了讲授式和讨论式的优势，发挥了教师的引导作用，凸显了学生学习的主体地位，落实了以学生发展为中心的教学理念，培养了团队合作精神，具体表现在：①“亮考帮”作业中“亮点”的凝练，培养了学生的归纳、综合、概括的科学思维能力和书面表达能力；“亮考帮”作业中问题的提出和解决，培养了学生批判性思维和创造性思维，以及学以致用的能力和科学质疑精神。②内化吸收环节让学生自主学习、独立学习、学会自学。③以“亮考帮”为核心的讨论交流激发了学生学习物理的积极性，培养了学生沟通协作能力；讨论和答疑过程充分促进了生生交流、师生交流，教师能够充分了解学生的学习困难，及时答疑解惑并总结提升。

5.2.4 教学特色与反思

1. 教学特色

本课程经过4年持续不断的改进，形成了鲜明的特色。

(1) 实施了多元融合的对分课堂新型教学模式。对分课堂主张教师精讲、学生独学和讨论交流；在教师精讲的环节中，适时融入思政元素、引入演示实验、强化知识应用、渗透学科前沿，从深度和广度上丰富教学内容、提升教学内涵。

(2) 对分课堂的“讨论交流”环节实现了学生团队合作精神的培养。该精神的培养要结合大学物理课程内容的特点和学生发展的需求，进行对分课堂模式的教学设计。目前对于物理计算专题，对分课堂实施效果良好。

(3) 团队合作精神的培养是一个长期的过程，需通过系统设计有机融入课堂教学中，更需要加大对分课堂的频次，增加创造学生独学、团队合作的机会，才能有效地实现课程目标。

(4) 过程性评价是团队合作精神培养的重要保障，构建多元化的评价指标，制定相应的评价标准，并要根据教学实施情况进行不断的动态调整、改进完善。

2. 教学反思

大学物理课程团队致力于课程教学改革，始终以立德树人为宗旨，以学生发展为中心，以人才培养目标为导向，实施多元融合的对分课堂教学模式的创新实践。该教学模式落实了“教师为主导，学生为主体”的教学理念，适应了新工科背景下课程建设内涵发展和新型工程人才的培养需求，取得了良好的教学效果，深受学生喜爱。但仍需从以下两方面进行改进：①进一步推进对分课堂模式，开发对分课堂的新课型，如可用对分课堂进行物理概念和规律教学，增加学生合作学习的机会；②结合专业特点开展小组式实践型项目学习活动，鼓励学生制作科技作品，从而使物理基本理论与工程应用相结合，实现知识能力的融会贯通和进阶发展。今后我们将依据专业认证对标分析的结果，对教学内容、教学模式及评价进行持续改进，以期获得好的教学效果。

（马　玲）

5.3 “数字电路与逻辑设计实验”课程的设计与实践

5.3.1 课程概况与目标

“数字电路与逻辑设计实验”课程是电子信息工程、通信工程、电气工程及其自动化等专业的一门集中实践课程，与“数字电路与逻辑设计”理论课开设在同一学期，配合理论课加深对理论知识的理解，培养学生实验动手能力、综合应用能力、设计创新能力。该课程1学分，16学时，可开设8个实验项目，内容包含门电路功能测试、组合逻辑电路的分析、组合逻辑电路的设计、译码器、触发器、计数器、移位寄存器、定时器等。

通过本实验课程的教学，从价值引领、知识探究、能力建设、态度养成四个维度实现知识、思维、能力的有机统一，使学生达到如下课程目标。

目标1——价值引领：通过实验培养学生大局意识、团结协作和服务集体的团队合作精神。（支撑毕业要求9、10）

目标2——知识探究：掌握基本门电路、集成元件的逻辑功能，能够进行数字逻辑电路的分析与设计，通过实验深入探究组合逻辑电路、时序逻辑电路。（支撑毕业要求1）

目标3——能力建设：能按照实验项目提出的具体要求，结合芯片特点，完成电路设计，实现所需功能。掌握实验设备的正确使用方法，能够相互配合进行实物连接、测试设计结果。同时，能够在设计环节中体现创新意识。（支撑毕业要求3、5）

目标4——态度养成：能够认真采集、整理实验数据，小组成员充分讨论，获取合理有效的实验结果，按要求完成实验报告。（支撑毕业要求4、6）

5.3.2　总体设计

1. 指导思想

教育理念——以立德树人为本，学以致用，培养新工科人才；教育目标——培养学生实践能力、团队意识、科学精神和创新精神；教学内容——理论联系实际，在验证性实验基础上，拓展出综合性、设计性实验；教学方法——线上预习，线下实操；课程建设——围绕教师、教材和设备，加强师资队伍能力建设和课程资源库建设。

2. 课程目标与课程教学的对应关系

教学内容与课程目标、教学环节的对应关系如表5-5所示。

表5-5　教学内容与课程目标、教学环节的对应关系

序号	实验项目	教学要求	教学内容	教学环节	支撑课程目标
1	TTL门电路功能测试	(1) 熟悉不同TTL门电路的逻辑功能； (2) 掌握TTL门电路逻辑功能的测试方法； (3) 熟悉TTL门电路在实际电路中的连接使用方法	几种常用门电路的功能与测试	预习、教师演示与讲解、学生实操、实验报告	目标1、目标2、目标4
2	组合逻辑电路的分析	(1) 掌握组合逻辑电路的分析方法； (2) 验证半加器、全加器、奇偶校验器、原码/反码转换器的逻辑功能	给定组合逻辑电路的分析与验证	预习、教师演示与讲解、学生实操、实验报告	目标1、目标2、目标4

续表

序号	实验项目	教学要求	教学内容	教学环节	支撑课程目标
3	组合逻辑电路的设计	(1) 掌握组合逻辑电路的设计方法； (2) 测试设计结果,实现所需功能	提出设计要求,完成组合逻辑电路的设计与实现	预习、教师演示与讲解、学生实操、实验报告	目标1、目标2、目标3、目标4
4	3/8译码器	(1) 掌握3/8译码器的工作原理及逻辑功能,学会使用74LS138译码器； (2) 了解译码器在CPU地址分配中的应用	3/8译码器芯片引脚功能测试；采用两片3/8译码器实现4/16译码功能	预习、教师演示与讲解、学生实操、实验报告	目标1、目标2、目标4
5	触发器实验	(1) 了解时序逻辑电路的工作原理； (2) 掌握D触发器和J-K触发器的逻辑功能及应用	D触发器、J-K触发器芯片引脚功能测试；设计一个四进制加计数器	预习、教师演示与讲解、学生实操、实验报告	目标1、目标2、目标3、目标4
6	计数器实验	(1) 了解集成电路计数器的基本概念； (2) 掌握计数器74LS161的逻辑功能及应用	74LS161芯片引脚功能测试；74LS161的应用设计	预习、教师演示与讲解、学生实操、实验报告	目标1、目标2、目标3、目标4
7	移位寄存器实验	(1) 了解二进制码串行、并行传输的基本概念； (2) 掌握移位寄存器74LS194的逻辑功能及应用	74LS194芯片引脚功能测试；74LS194的应用设计	预习、教师演示与讲解、学生实操、实验报告	目标1、目标2、目标3、目标4
8	555定时器实验	(1) 学习电路仿真软件的使用； (2) 掌握555定时器的功能及应用	常用仿真软件介绍；用555定时器仿真典型电路,调整参数,观察输出波形	预习、教师演示与讲解、学生实操、实验报告	目标1、目标2、目标4

3. 课程目标的考核方式

本实验课程学生成绩评定方法如下。

总评成绩＝预习成绩×20%＋过程性考核成绩×40%＋期末测评成绩×40%

注：预习成绩和过程性考核成绩均取8次实验成绩的平均值。

课程目标的考核方式如表5-6所示。

表5-6　课程目标的考核方式

分项成绩	考核方式	成绩比例/%			
		课程目标1	课程目标2	课程目标3	课程目标4
预习成绩(20%)	课前预习	10	40	40	10
过程性考核成绩(40%)	实验过程及报告	20	25	25	30
期末测评(40%)	实验考试	10	30	30	30

5.3.3　课程思政典型案例——团队合作精神的培养

团队合作精神要求团队成员具备大局观、合作精神和服务意识。学校和教师应该从教学的各个环节给予引导，培养学生的团队合作精神，以便能够胜任未来各种工作。

团队合作精神的培养需要把握以下三方面。

(1) 团队目标明确。目标必须符合所有队员共同的价值观，能够给每个队员带来收获。这样，大家就愿意齐心协力、克服万难地去实现他们的共同目标。

(2) 培养团队成员的合作能力、归属感和集体荣誉感。各成员之间积极配合、互相支持、识大局，在共同成长的过程中不断增强团队的凝聚力，形成团结紧密、荣辱与共的向心力。既要追求真理、据理力争，也要听取不同意见，学会理解和宽容，最终能够在团队中感受到集体的力量，学会彼此尊重、相互欣赏。

(3) 培养团队成员的服务意识。每个队员都应该努力学习、提升个人能力，通过发挥自身优势，与其他队员形成优势互补，从而增强团队的整体战斗力。帮助团队获得成功时，自己就会获得其他队友和团队的认可，也会因自身存在价值而自豪，最终明白什么是各有所长，什么是甘为人梯。

1. 案例教学目标和实施过程

教学目标：在掌握“数字电路与逻辑设计实验”课程内容的基础上，通过教学的各个环节，培养学生的团队合作精神。

实施过程：分成发布课程通知、课前预习、实验过程、实验考试四个步骤。

(1) 发布课程通知。通过线上发布课程通知来明确学习任务，明确团队的努力方向。在课程通知里给学生讲清楚本实验课程的要求、实验教学内容、教学方法、考核评价方式，让学生清楚自己为什么学、学什么、怎样学，了解成绩的来源。

(2) 课前预习。通过课前预习提升个人能力，增强团队的战斗力。预习内容包括实验目的、实验要求、实验原理、实验电路仿真、综合应用设计等多个任务。通过预习，学生可以深入学习原理知识，并练习运用所学知识设计电路，不断提升个人知识水平和学习能力，为后期团队合作奠定能力基础。

(3) 实验过程。实验 2 人一组合作完成，培养团队合作精神。实验过程逐步增加难度，训练学生动手能力及工程实践能力，团队合作精神的培养贯穿于实验的全过程。

(4) 实验考试。在开放复习过程中培养学生的团队合作精神。实验考试采用单人单组，考前实验室开放一周用于复习。所有同学此时是一个广义团队，大家互相帮助、充分讨论、相互促进，目标是都能取得较好的考试成绩。

每个教学环节都制定了相应的考核评价细则，实验过程的考核评价细则如表 5-7 所示。

表 5-7 实验过程的考核评价细则

课程目标	评价标准					权重/%
	90～100	80～89	70～79	60～69	0～59	
目标 1	具备优秀的团队合作精神。对自己的团队目标非常明确。有大局观，能够主动地积极配合队友，具有优秀的团结合作意识。个人能力出色，并愿意发挥个人优势为团队付出，有服务意识	具备良好的团队合作精神。对自己的团队目标非常明确。有大局观，能够积极配合队友，具有良好的团结合作意识。个人能力较强，并愿意发挥个人优势为团队付出，有服务意识	具备团队合作精神。对自己的团队目标明确。有大局观，能够配合队友，具有团结合作意识。个人能力中等，愿意发挥个人优势为团队付出，有服务意识	具备一定的团队合作精神。对自己的团队目标基本明确。基本能够配合队友，具有一定的团结合作意识。个人能力一般，愿意为团队付出，有一定的服务意识	不具备团队合作精神。对自己的团队目标不明确。没有大局观，不能够配合队友，没有团结合作意识。个人能力较差，不愿意为团队付出，没有服务意识	20
目标 2	对实验内容很熟悉，掌握实验原理，分析问题的能力较强。能够熟练掌握基本门电路、集成元件的逻辑功能，具备较好的数字逻辑电路的分析与设计能力，具有较好的信息获取与处理能力	对实验内容较熟悉，理解实验原理，分析问题的能力较好。能够掌握基本门电路、集成元件的逻辑功能，具备数字逻辑电路的分析与设计能力，具有信息获取与处理能力	理解实验内容和原理，分析问题的能力一般。能够基本掌握基本门电路、集成元件的逻辑功能，基本具备数字逻辑电路的分析与设计能力，具有信息获取与处理能力	了解实验内容，基本理解实验原理。部分掌握基本门电路、集成元件的逻辑功能，基本具备数字逻辑电路的分析与设计能力，基本具有信息获取与处理能力	没有预习，不清楚实验原理和实验内容。没有掌握基本门电路、集成元件的逻辑功能，不具备数字逻辑电路的分析与设计能力，不具有信息获取与处理能力	25
目标 3	能够在整个实验过程中完成电路设计，实现设计所需的全部功能。能够结合芯片的功能特点，将设计好的电路在实验设备上进行实物电路连接，验证设计结果。芯片选用恰当，线路设计合理，电路连接正确、规范。实验过程中能够熟练掌握实验设备功能和使用方法，能够正确使用实验设备完成实验	能够在整个实验过程中完成电路设计，实现设计所需的全部功能。能够结合芯片的功能特点，将设计好的电路在实验设备上进行实物电路连接，验证设计结果。线路设计较合理，电路连接正确、较规范。实验过程中能够掌握实验设备功能和使用方法。能够正确使用实验设备完成实验	能够在整个实验过程中完成电路设计，实现设计所需的全部功能。能够将设计好的电路在实验设备上进行实物电路连接，验证设计结果。线路设计基本合理，电路连接基本正确、基本规范。实验过程中能够基本掌握实验设备功能和使用方法。能够正确使用实验设备完成实验	基本能够在整个实验过程中完成电路设计，实现设计所需的部分功能。能够将设计好的电路在实验设备上进行实物电路连接，验证设计结果。电路连接基本正确。仅能够实现主要功能。实验过程中能够基本了解实验设备功能和使用方法。基本能够正确使用实验设备完成实验	不能在整个实验过程中完成电路设计。不能在实验设备上进行实物电路连接，不能验证设计结果，不能实现设计功能。实验过程中没有掌握实验设备功能和使用方法，不能正确使用实验设备完成实验	25

续表

课程目标	评价标准					权重/%
	90～100	80～89	70～79	60～69	0～59	
目标4	能够正确采集、整理所有实验数据，对实验结果进行准确分析和详细解释，获取合理有效的结论，按要求良好地完成实验报告	能够正确采集、整理所有实验数据，对实验结果进行准确分析和较详细解释，获取合理有效的结论，按要求较好地完成实验报告	能够正确采集、整理所有实验数据，对实验结果进行分析和解释，获取合理有效的结论，按要求完成实验报告	能够正确采集、整理部分实验数据，对实验结果进行基本分析和解释，获取基本合理有效的结论，按要求完成实验报告	不能正确采集、整理实验数据，不能对实验结果进行分析和解释，无法获取合理有效的结论，不能按要求完成实验报告	30

2. 实施案例

1）课前预习阶段团队合作精神的培养

课前预习阶段，团队合作精神的培养主要体现在主动学习、提升个人能力、为他人服务精神的培养。预习阶段完全靠每位同学自主学习，通过线上通知查看预习要求，观看教师制作的视频，完成预习测试题。每个人需要查资料、学习器件的工作原理，有些实验还需要学生提前设计实验电路，并通过仿真软件验证设计效果。因此，这个阶段要引导学生自觉提前预习，充分了解实验内容，尝试自主设计，以便进入实验室时能够发挥个人优势、服务团队，真正高质量地做好实验。具体通过以下几种方法进行引导，培养学生的团队合作精神。

（1）通过发布通知让学生清楚规则，明确努力方向，形成目标引领。

【实例5-2】 课程通知：数字电路与逻辑设计实验课程是独立设课，成绩不及格必须重修，总评成绩＝预习成绩×20％＋过程性考核成绩×40％＋期末测评成绩×40％。

学生看到通知，了解了成绩构成，就会自觉按照预习要求完成预习任务，至少提前一天预习实验内容，完成预习测试题。

（2）通过每个实验项目的预习要求规定必学内容，保证学生个人能力的提升。

【实例5-3】 TTL门电路功能测试实验的预习要求：观看线上视频，熟悉实验箱功能及使用注意事项；查资料，熟悉实验内容选用芯片的功能，提前填写实验表格中的理论值；熟悉芯片引脚图，根据实验内容，用仿真软件设计一个进行74LS00芯片功能测试的电路；线上完成预习测试题。

学生根据具体预习要求，认真完成预习任务，一定会提升知识储备，加深理解。

（3）通过评分规则促进学生主动学习，为团队努力。

【实例5-4】 过程性考核成绩评分要点1：个人成绩与小组挂钩，每小组各成员成绩相同。小组成员由教师现场随机分配，不接受自由组合。

学生清楚这个规则后，就不敢偷懒了。因为不确定能依靠别人，所以不能等到进入实验室再去临时抱佛脚，引导学生明白为小组努力也是为自己努力。

【实例5-5】 过程性考核成绩评分要点2：小组成绩与完成时间挂钩，按完成时间先后，实验结果完全正确且用时少的前三组，过程性考核成绩加分。

学生清楚这个规则后，为了取得好成绩，就必须提前准备、提前弄懂，提升个人能力，才能帮助小组取得努力。

2）实验过程中团队合作精神的培养

实验过程阶段，团队合作精神的培养主要体现在相互协作精神的培养。实验阶段主要培养学生实验操作技能、对待科学严谨求实的态度，在新工科背景下，更注重工程实践能力、创新能力的提升。因此，这个阶段要引导学生积极配合、互相帮助、共同进步。具体通过以下几种方法进行引导，培养学生的团队合作精神。

（1）通过实验安全教育培养团结合作精神。

【实例 5-6】 学生第一次进入实验室首先要进行安全教育，树立安全意识。从消防安全的角度，一旦发生起火事故，小组成员要相互帮助，马上断电，正确扑灭，必要情况下迅速就近安全撤离；从用电安全的角度，要求每个同学都能正确操作实验设备，小组成员要互相监护，一旦发生触电事故，其他同学要马上断电，迅速正确施救。

通过安全教育，学生会主动查看室内外张贴的消防疏散图、急救箱的位置，学习消防设施的正确使用方法。并且，相互监护及救援意识的培养也是团队合作精神的倡导。

【实例 5-7】 要求学生不能将水杯等杂物堆放在实验台上，以免带来安全隐患。教师一旦发现有人违规堆放杂物，扣减小组成绩。

由于小组成绩就是个人过程性考核成绩，占总成绩的 40%，所以，小组成员会主动互相监督、相互提醒，养成良好习惯，培养了团队成员命运共同体的意识。

（2）通过分组培养团队合作精神。

实验过程包括元器件测试、实验电路设计、连接、调试等多个环节，2 人一组合作完成。前三组正确完成的小组会被加分，且教师检查时会随机提问，因此，学生会主动发挥自身能力，促进小组成功完成实验，培养了积极协作精神、主动奉献精神。

（3）通过理论与实践的关系引出团队合作精神。

实验课与理论课是相辅相成的关系，理论来源于实践并用于指导实践。实验课上经常会出现一些干扰因素影响到实验结果，需要同学们运用理论知识分析讨论，最终排除干扰得出正确结果。可适时将理论与实践的关系引申到团队合作精神，突出相互支持的重要性。

（4）通过实验内容培养团队合作精神。

【实例 5-8】 组合逻辑电路的分析实验。本实验给出了半加器、半减器等多个组合电路，通过分析电路功能，掌握组合逻辑电路的分析方法，练习逻辑电路的连接组合。图 5-3 所示是四位奇偶校验器，可以在分析电路的同时，引出团队合作精神。

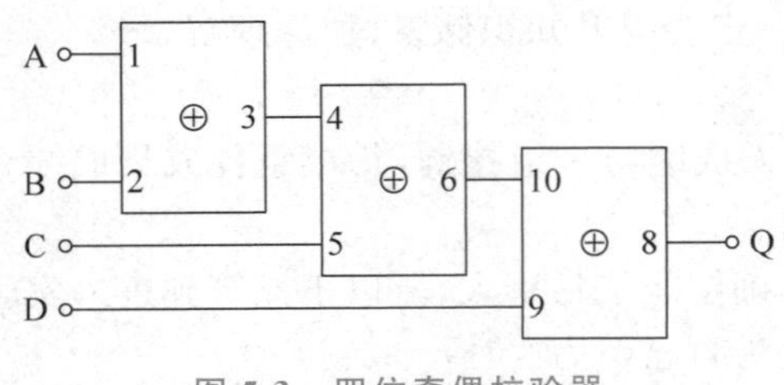

图 5-3 四位奇偶校验器

先分析单个异或门的功能，再分析组合连接之后的电路功能，可见，总功能是在单个异或门支持下完成的。借此可以借机树立学生的大局观，强调每个人都要在团队中发挥个人优势，为集体做出贡献，才能提高整体的效能，培养协作精神和服务精神。

【实例 5-9】 计数器实验。本实验采用的是 74LS161 集成同步计数器,它的内部有 4 个 J-K 触发器,各触发器在同一计数脉冲控制下同步更新,产生同步控制作用。

实验时,通过介绍同步计数器中时钟信号的同步控制作用,引导学生重视协作精神和团队意识,服从组织安排,为达成团队共同目标做出贡献。

3) 开放复习阶段团队合作精神的培养

开放复习阶段,团队合作精神的培养主要体现在相互协作精神的培养,培养学生愿意帮助别人,愿意团结合作的内心动力。

本课程采用实验考试方式结课,闭卷,单人单组,45 分钟。试题采用设计性实验题目,内容在平时的基础上有所改变。学生需要现场根据题目要求列真值表、写逻辑表达式并化简、采用指定芯片设计电路并验证结果。为保证公平,学生考前 5 分钟以抽签方式获得考题。题目的随机性要求每个人都要全面复习,避免了片面掌握知识点的可能性。

由于抽题的随机性,学生主动学习的积极性被调动起来,实验室连续开放一周让学生自由复习。所有参加复习的同学就是一个广义的大团队,有统一的目标——考出好成绩。开放复习阶段,学生利用课余时间自拟题目到实验室练习、找实验老师答疑。此时可引导学生结伴复习,相互讨论,取长补短,互相讲解,从而取得共同进步。

【实例 5-10】 考试题目举例。

题目 1:用双 D 触发器(74LS74)和异或门(74LS86)设计一个同步四进制减 1 计数器。

要求:①根据功能要求列出状态转换表,由状态转换表写出表达式;②用试卷所给芯片设计电路,画出电路图;③实验箱搭接电路,验证效果。

题目 2:设计一个半加器,实现两个一位二进制数相加,要求只用 74LS00 芯片设计。被加数用 A 表示,加数用 B 表示,和值用 S 表示,向高位的进位用 C 表示。

要求:①根据功能要求列出真值表,由真值表写出表达式;②用试卷所给芯片设计电路,画出电路图;③实验箱搭接电路,验证效果。

题目 3:用 74LS161 和 74LS00 芯片,采用反馈清零法设计一个五进制加 1 计数器。

要求:①根据功能要求列出状态转换表;②用试卷所给芯片设计电路,画出电路图;③实验箱搭接电路,验证效果。

通过以上题目可以看出,45 分钟完成有一定难度,以此结课,有以下优势:①单人单组设计,试题抽签决定,促使学生必须全面、深入复习,充分调动学习主动性;②开放式复习交流,提升学生自学能力、实验能力,培养了学生相互协作的精神;③同学结伴复习,热烈讨论的氛围促使学生愿意去帮助同学,培养了学生自愿为他人付出的精神,享受"赠人玫瑰,手留余香"的快乐,感受到集体归属感和共同进步的集体荣誉感。

5.3.4 教学特色与反思

1. 教学特色

(1) 团队合作精神的培养贯穿实验教学全过程,经过系统设计,有机融入教学的各个环节，以润物细无声的方式进行，有效地实现价值引领目标。

(2) 团队合作精神的培养从明确团队目标、提升自身能力为团队服务、团队成员主动配合三方面入手，通过每个实验教学环节和开放复习，反复熏陶，达成共识。

(3) 团队合作精神的培养结合课程的特点，从实验细节入手，以考核评价的标准为准则，以目标成果为导向，不断动态修正方法，不断改进完善。

2. 教学反思

课程团队坚持立德树人，按照新时代合格教师的标准要求自己，在"践行师德、学会教学、学会育人、学会发展"的过程中提升自我。在实验课的教学过程中以学生为中心，实施OBE成果导向教育，在实验中不仅训练学生的动手能力和对理论课程内容的应用，还要培养工程思维和素养，培养团队合作精神，培养能够在未来工作中获得成功的新工科人才。

(蔺金元)

5.4 "嵌入式程序设计"课程的设计与实践

5.4.1 课程概况与目标

"嵌入式程序设计"课程是电子信息工程、通信工程专业的专业方向课程。本课程讲授单片机内部结构、CPU指令系统和微控制器运行机理；单片机的定时器、中断系统、串行RS-232通信接口等功能模块的功能、原理及程序开发设计方法；单片机的系统扩展技术和应用系统的开发技术和编程设计等，需要具备数字电路和模拟电路的基本知识；强调要求学生具备C语言基础程序设计的能力。

通过本课程的教学，从价值引领、知识探究、能力建设、态度养成四个维度实现知识、思维、能力的有机统一，使学生达到如下课程目标。

目标1——价值引领：培养学生的团队合作精神、规矩意识和系统观，使之成为具备创新意识和家国情怀，并努力追求卓越的复合型人才。(支撑毕业要求6、8)

目标2——知识探究：利用51单片机的I/O接口，中断，定时器，UART串口通信模块及外设搭建平台，掌握开发应用技能。(支撑毕业要求1)

目标3——能力建设：具备微控制系统电路原理图的读图及分析能力，具备针对微控制器的C语言程序开发设计能力；具备通过硬件设计及程序设计实现该功能的工程实践能力。(支撑毕业要求4、5)

目标4——态度养成：培养学生认真细致、严谨治学的作风，使学生养成合作意识、探索精神和拼搏精神。(支撑毕业要求9、12)

5.4.2 总体设计

1. 指导思想

坚持以学生为本、以成果为目标导向的教育理念，构建知识传授、能力提升和价值观培养相结合的教学内容体系，采用理论和实践相结合、学生为主体教师为主导的教学方法，达到知识、思想、能力相统一的课程教育目标。

课程建设从教学理念、教学模式等各方面创新来提升课程内涵，通过在课程教学的各个环节挖掘、提炼团队合作精神课程思政元素来丰富教学内容，从师资队伍课程思政能力建设和课程思政资源库建设等方面来提高教学质量。

2. 课程目标与课程教学的对应关系

课程理论教学内容与课程目标、教学环节的对应关系如表5-8所示。

表5-8 课程理论教学内容与课程目标、教学环节的对应关系

章	教学内容	教学环节	支撑课程目标
绪论	1. 课程的地位 2. 应用领域 3. 研究内容及性质 4. 研究方法 5. 教材与网站	讲授	目标1
第1章 单片机CPU子系统	1.1 单片机CPU内核功能单元	讲授、实验验证及设计实践	目标1、目标2、目标3、目标4
	1.2 单片机存储器结构和地址空间		
	1.3 单片机时钟、复位和电源模式原理及实现		
第2章 单片机CPU指令系统与汇编语言程序设计	2.1 单片机的CPU寻址模式	讲授、实验验证及设计实践	目标1、目标2、目标3、目标4
	2.2 单片机存储器结构和地址空间CPU指令集		
	2.3 汇编语言程序设计		
第3章 单片机C语言编程基础	3.1 C51基础开发环境及工具	讲授、实验验证及设计实践	目标1、目标2、目标3、目标4
	3.2 C51程序设计		
	3.3 8051单片机特殊功能寄存器变量的定义		
	3.4 C51程序框架		
	3.5 C51程序设计举例		
第4章 单片机中断系统原理及功能	4.1 中断基本原理，中断系统结构	讲授、实验验证及设计实践	目标1、目标2、目标3、目标4
	4.2 中断优先级处理		
	4.3 中断寄存器组及设置方法		
	4.4 各种中断源的应用、程序开发及硬件连接		
第5章 单片机计数器和定时器原理及实现	5.1 计数器/定时器模块简介	讲授、实验验证及设计实践	目标1、目标2、目标3、目标4
	5.2 计数器/定时器寄存器组		
	5.3 定时器/计数器工作模式原理和实现		
第6章 单片机串行通信原理及应用	6.1 RS-232标准及单片机串口模块简介	讲授、实验验证及设计实践	目标1、目标2、目标3、目标4
	6.2 串口寄存器设置及应用开发		
	6.3 I2C串行通信应用开发		
	6.4 SPI串行通信应用开发		

课程实验教学内容与课程目标、教学环节的对应关系如表5-9所示。

表 5-9 课程实验教学内容与课程目标、教学环节的对应关系

序号	实验项目	教学要求	教学环节	支撑课程目标
1	单片机集成开发环境 Keil 的安装与使用	(1) 掌握 Keil 平台下的编辑、编译、排错、软件调试方法； (2) 掌握修改和观察变量的方法；综合使用单步、断点调试的方法	实验验证及设计实践	目标 1、目标 2、目标 3
2	八段数码管显示实验	(1) 了解数码管动态显示的原理； (2) 了解 74LS164 扩展端口的方法	实验验证及设计实践	目标 1、目标 2、目标 3
3	键盘扫描显示实验	(1) 掌握键盘和显示器的接口方法和编程方法； (2) 掌握键盘扫描和 LED 八段码显示器的工作原理	实验验证及设计实践	目标 1、目标 2、目标 3、目标 4
4	LCD 液晶显示屏实验	掌握 1602 液晶 LCD 的原理及程序设计方法	实验验证及设计实践	目标 1、目标 2、目标 3
5	点阵 LED 实验	(1) 掌握点阵 LED 的原理和程序设计方法； (2) 掌握 I/O 口的使用方法	实验验证及设计实践	目标 1、目标 2、目标 3
6	外部中断实验	(1) 掌握 MCS-51 单片机中断原理及编程使用方法； (2) 理解下降沿中断和低电平中断的区别	实验验证及设计实践	目标 1、目标 2、目标 3、目标 4
7	定时器/计数器实验	(1) 熟悉 8031 定时/计数器的计数功能； (2) 掌握初始化编程方法； (3) 掌握中断程序的调试方法	实验验证及设计实践	目标 1、目标 2、目标 3
8	串行异步通信实验	(1) 掌握矩阵键盘的编程方法； (2) 掌握串行通信的工作原理及编程方法和技巧； (3) 理解 MCS-51 系列单片机 UART 硬件结构	实验验证及设计实践	目标 1、目标 2、目标 3、目标 4

3. 课程目标的考核方式

本课程以过程性考核成绩和期中、期末课程设计答辩成绩进行综合评定学生成绩。

综合成绩＝过程性考核成绩×30％＋课程设计答辩成绩×70％

课程目标的考核方式如表 5-10 所示。

表 5-10 课程目标的考核方式

分项成绩	考核方式	成绩比例/%			
		课程目标 1	课程目标 2	课程目标 3	课程目标 4
过程性考核(30％)	课上实验	30	30	30	10
期中、期末课程设计答辩(70％)	小组答辩 1(50％)	20	30	30	20
	小组答辩 2(50％)	40	30	20	10

5.4.3　课程思政典型案例——团队合作精神的培养

1. 案例教学目标和实施过程

教学目标：通过课程教学的各个环节，培养学生的团队合作精神。

实施过程如下。

“嵌入式程序设计”是一门面向工程实践能力培养的课程，无论是在学校学习阶段的工程实践能力的培养过程，还是在学生走上社会岗位、参与到实际的工程实践中，团队协作都是不可或缺的实践能力。本课程力求在课堂讨论、实验实践、课程设计等教学环节引导学生在实践中培养团队协作精神。

课程设计环节的考核评价细则如表5-11所示。

表5-11　课程设计考核评价细则

课程目标	评价标准					课设1权重/%	课设2权重/%
	90～100	80～89	70～79	60～69	0～59		
目标1	设计功能新颖，设计复杂度高	设计功能完整，设计复杂度一般	设计功能基本完整，设计复杂度较弱	设计功能有缺陷，设计复杂度低	设计功能未能实现，设计重复试验内容	20	50
目标2	实现机理表述清楚	实现机理表基本正确	实现机理表述部分正确	实现机理认识不清楚	实现机理表述有重大错误	40	30
目标3	对程序源代码的解释清晰正确	对大部分程序源代码的解释清晰正确	对程序源代码的基础部分解释正确	能够解释程序源代码的主干部分	对程序源代码的主干部分解释不正确	40	20

2. 实施案例

嵌入式系统应用及开发有一个显著的特点，即系统功能既需要硬件设计又需要程序设计，而且软硬件设计相互关联影响。针对这一特殊性，要完成一个功能完整的系统设计，往往需要硬件设计团队和程序设计团队相互沟通、配合。一个完整的功能往往包括硬件电路设计与程序设计，同时需要多个功能模块共同发挥作用。在实施案例中，会将一个完整功能设计分配给多个小组，每个小组分别完成一个功能模块，最终组合形成完整的功能。这种实践案例的实施，突出强调各小组间团队合作的重要性，要求在实施功能模块设计之前，各模块小组间充分沟通，协调好硬件资源分配与程序设计间的对应关系，沟通商讨确定各程序模块间的通信接口。使学生在实践中体会团队合作的重要性，学习团队合作的具体方法。在教学过程中，实例教学方式贯穿始终，以下实例充分体现了团队合作的重要性，学生在学习与完成设计实践的过程中充分锻炼了团队合作的能力。

【实例 5-11】 基础 I/O 控制实验中的软硬件协作。

嵌入式程序设计的学习通常将 I/O 控制作为这门课程的敲门砖。一个控制 LED 的基础功能设计，相当于学习程序语言时的“hello world!”程序设计，是每一个初学者必然经历的第一步。而即便是这样简单的一个功能，也需要硬件设计和程序设计之间的团队合作。

如图 5-4 所示，在硬件电路设计中，LED 正极接 VCC 5V 电压，发光二极管自身压降大概是 2V，串联 150Ω～3kΩ 电阻连接在单片机 I/O 接口引脚 P1.0。

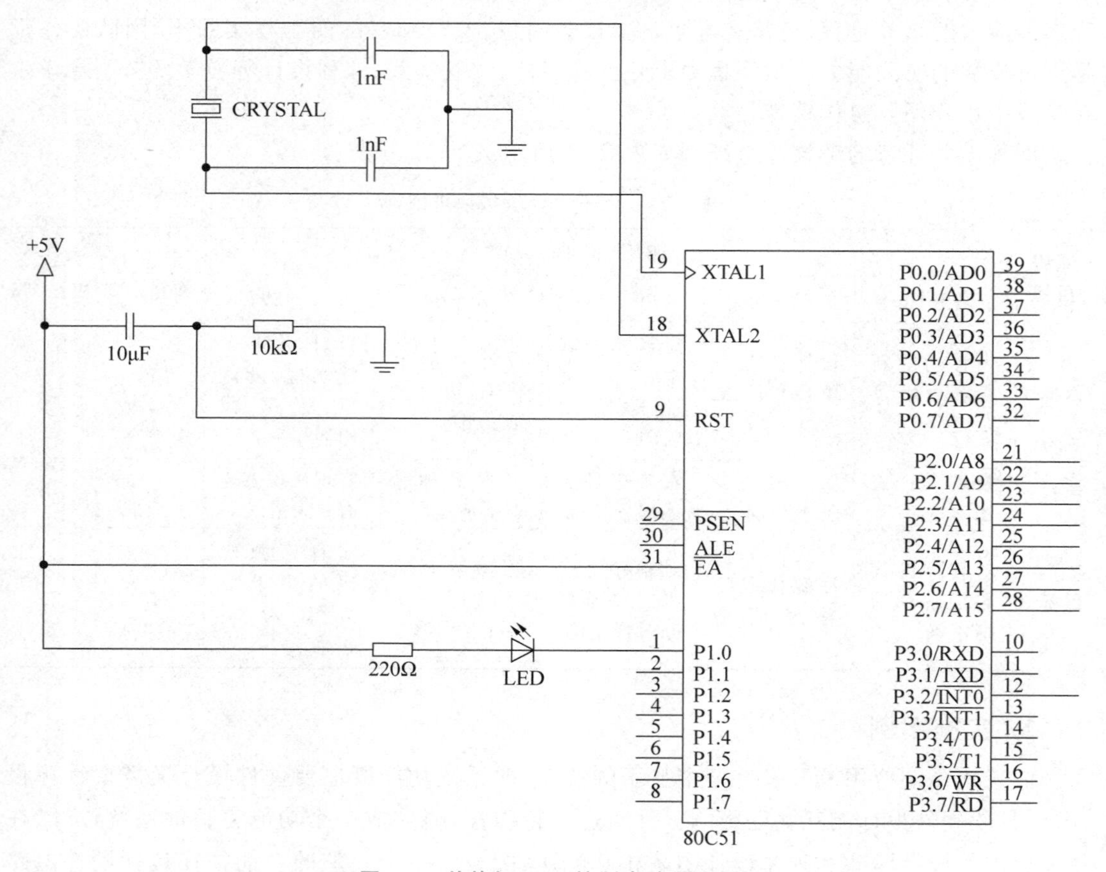

图 5-4 单片机 LED 控制电路原理图

在 LED 控制程序设计过程中，需要根据电路设计确定程序代码的设定方式。这一阶段，程序设计与电路设计必须相互协调，充分体现了在完成这一简单设计任务的过程中团队合作的必要性。

首先，根据图 5-4 中的连接方式，LED 正极接 VCC 5V 电压，确定 LED 的负极为低电平时，LED 两端有电势差，产生电流驱动 LED 发光。

其次，LED 负极串联电阻后连接在单片机 P1.0 引脚上，因此要由程序设计控制 I/O 端口 P1 所对应的特殊功能寄存器，从而达到控制 LED 的目的。

程序设计关键语句如下：

```
sfr P1 = 0x90;
sbit LED = P1^0;
```

代码的第一句：sfr 是 51 单片机 C 语言设计特有的关键字，它定义了一个 8 位单片机特殊功能寄存器(Special Function Register，SFR)。以上程序语句定义变量 P1 对应地址为 0x90 的 SFR 的内容。通过设置 P1 对应的 SFR，控制单片机的 P1 端口的 8 个 I/O 引脚输出高电平或者低电平。

代码的第二句：sbit 是将 LED 定义为位变量，并且与 P1.0 相对应。所以只要在程序里给变量 LED 赋值 0 或 1，就可以控制 P1.0 引脚输出高电平或低电平。

由以上设计过程可以看出，电路设计与程序设计之间需要充分沟通、配合才能最终完成设计目标。在教学实践中，安排两组同学分别进行电路设计和程序设计，两个团队之间合作完成设计内容。

【实例 5-12】 数码管动态显示的软硬件合作。

在数码管动态显示设计中，电路设计如图 5-5 所示。

6 个数码管的使能端由三八译码器 74HC138 控制三极管的导通来控制数码管的使能。通过控制信号 ADDR0、ADDR1、ADDR2、ADDR3、ENLED 控制 74HC138 的输出，同一时刻 74HC138 只能导通一个三极管，使能一个数码管。数码管的显示内容由 P0 端口控制。

同一时刻只有一个数码管被使能，而 6 个数码管显示多位数值时需要轮流使能，并设置显示内容，利用人眼的视觉暂留现象(余晖效应)，可造成多位数值同时显示的效果。

根据以上的电路设计，在编写程序实现数码管动态显示时需要程序设计团队与电路设计团队的密切配合。

首先，需要根据 74HC138 控制信号与单片机的连接在程序代码中正确定义变量并给其赋值，程序代码如下：

```
void main()
{
ENLED = 0;          //使能 U3,选择数码管 DS1
ADDR3 = 1;
ADDR2 = 0;
ADDR1 = 0;
ADDR0 = 0;
P0 = 0xF9;          //点亮数码管段 b 和 c
while (1);
}
```

以上程序首先定义控制变量 ADDR0、ADDR1、ADDR2、ADDR3、ENLED 与单片机 I/O 引脚的对应关系，并在接下来的代码中给这些控制变量赋值，ADDR0、ADDR1、ADDR2 分别赋值为 0、0、0 的时候，使能电路图中最右端的数码管。

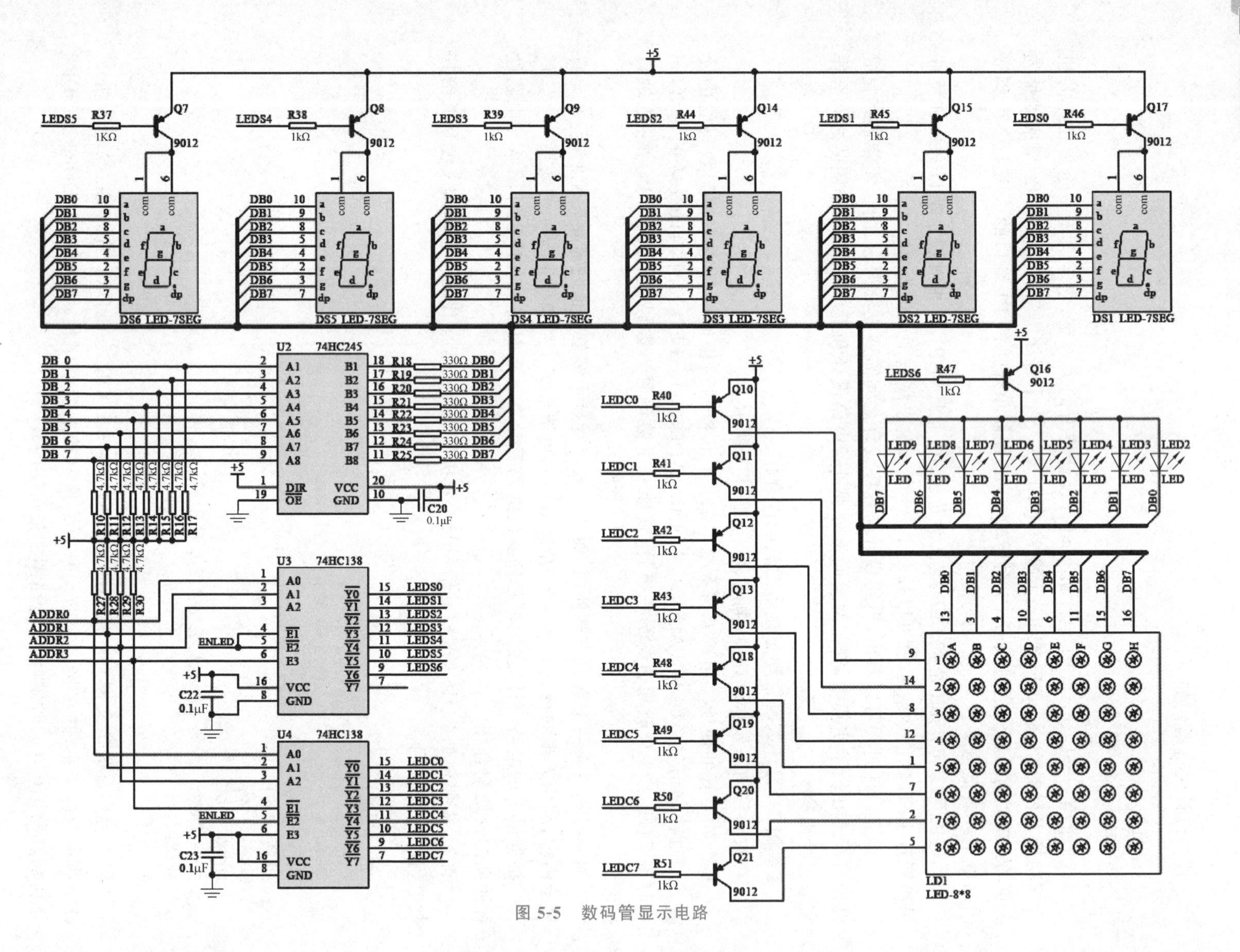
DS1 LED-7SEG
DS2 LED-7SEG
DS3 LED-7SEG
DS4 LED-7SEG
DS5 LED-7SEG
DS6 LED-7SEG
U2 74HC245
U3 74HC138
U4 74HC138
LD1
LED-8*8
LEDS0
LEDS1
LEDS2
LEDS3
LEDS4
LEDS5
LEDS6
LEDC0
LEDC1
LEDC2
LEDC3
LEDC4
LEDC5
LEDC6
LEDC7
ENLED
ADDR0
ADDR1
ADDR2
ADDR3
9012

图 5-5 数码管显示电路

在设计数码管的动态显示程序时，根据硬件电路设计和控制变量的赋值，采用以下代码实现动态显示：

```
switch (i)
{
case 0: ADDR2 = 0; ADDR1 = 0; ADDR0 = 0; i++; P0 = LedBuff[0]; break;
case 1: ADDR2 = 0; ADDR1 = 0; ADDR0 = 1; i++; P0 = LedBuff[1]; break;
case 2: ADDR2 = 0; ADDR1 = 1; ADDR0 = 0; i++; P0 = LedBuff[2]; break;
case 3: ADDR2 = 0; ADDR1 = 1; ADDR0 = 1; i++; P0 = LedBuff[3]; break;
case 4: ADDR2 = 1; ADDR1 = 0; ADDR0 = 0; i++; P0 = LedBuff[4]; break;
case 5: ADDR2 = 1; ADDR1 = 0; ADDR0 = 1; i = 0; P0 = LedBuff[5]; break;
default: break;
}
```

以上程序代码中，在一个 while(1)无限循环中调用 switch 语句，实现每次执行 switch 语句时都使能下一个数码管并更新显示内容，实现数码管的动态显示。

如上所述，在数码管动态显示的功能设计过程中，程序设计与硬件电路设计之间的协调合作要求更为突出，在程序设计过程中，要充分了解三八译码器与单片机 I/O 引脚的连接及数码管与单片机 I/O 引脚的连接才能用程序准确控制数码管的动态显示。

【实例 5-13】 点阵 LED 功能设计的软硬件合作。

点阵 LED 显示屏作为一种现代电子媒体，具有灵活的显示面积(可任意分割和拼装)、亮度高、寿命长、数字化、实时性高等特点，应用非常广泛。一个 8×8 的点阵就是由 64 个 LED 小灯组成的。

点阵 LED 显示功能的设计，同样需要电路设计与程序设计两方面的密切协作与配合。

点阵 LED 的电路设计如图 5-6 所示。

原理图中采用的是一个共阳极 8×8 的点阵 LED 显示器。该点阵对外引出 8 条行线，8 条列线。若使某一个 LED 发光，只要将与其 LED 连接的行线加高电平，列线加低电平。单片机 P2 口输出的数据通过行驱动器加至点阵的 8 条行线上，单片机 P1 口输出的数据通过列驱动器反相后加至点阵的 8 条列线上。若要使该点阵显示一幅完整画面，就需要通过 I/O 端口 P2 的输出控制点阵 LED 被循环逐行使能，每行被使能后，设置 P1 口的输出，控制被使能行的显示内容，当逐行使能的速率足够快的时候，由于人眼视觉的余晖效应，各行 LED 的显示就呈现出一副完整稳定的画面。控制点阵左侧引脚的 74HC138 是原理图上的元件 U4，8 个引脚自上而下依次由 U4 的 Y0～Y7 输出来控制。

以上点阵 LED 的显示原理以及硬件电路的连接，在程序设计过程中需要被充分地理解。电路设计团队和程序设计团队之间，必须保持密切的沟通与配合，才能实现点阵 LED 显示的设计目标。

在程序设计过程中，首先要与电路设计团队沟通，在了解使能信号对应的硬件接口的基础上，进行程序设计，主函数代码如下：

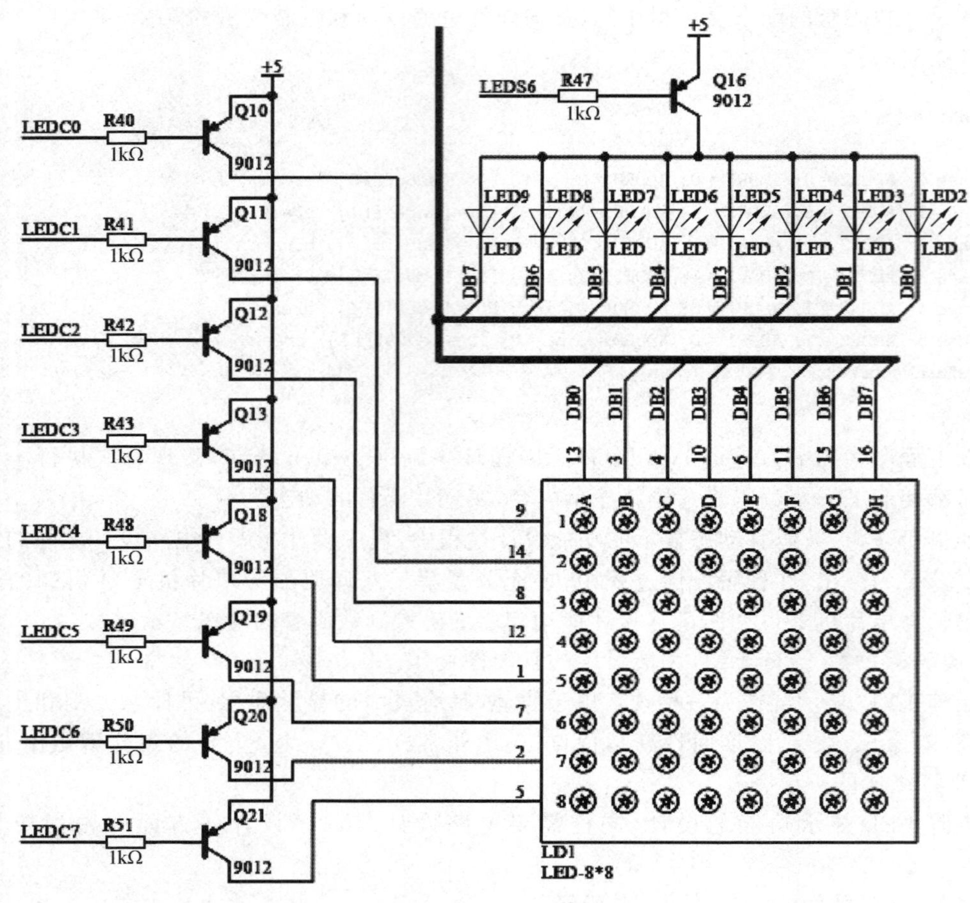

图 5-6　点阵 LED 电路原理图

```
void main()
{
EA = 1;          //使能总中断
ENLED = 0;       //使能 U4,选择 LED 点阵
ADDR3 = 0;
TMOD = 0x01;     //设置 T0 为模式 1
TH0 = 0xFC;      //为 T0 赋初值 0xFC67,定时 1ms
TL0 = 0x67;
ET0 = 1;         //使能 T0 中断
TR0 = 1;         //启动 T0
while (1);
}
```

在主函数中，根据电路设计，变量 ENLED、ADDR3 分别被设置为 0、0，达到使能 U4、选择 LED 点阵的目的。

在主程序中，控制接口设置以及定时器 SFR 设置完成后，程序进入 while(1)无限循环，控制点阵 LED 的程序在定时器中断的服务程序中执行。在设计点阵 LED 的显示程序时，同样需要程序设计团队与电路设计团队的沟通配合。关键程序代码如下：

```
switch (i)
{
case 0: ADDR2 = 0; ADDR1 = 0; ADDR0 = 0; i++; P0 = image[0]; break;
case 1: ADDR2 = 0; ADDR1 = 0; ADDR0 = 1; i++; P0 = image[1]; break;
case 2: ADDR2 = 0; ADDR1 = 1; ADDR0 = 0; i++; P0 = image[2]; break;
case 3: ADDR2 = 0; ADDR1 = 1; ADDR0 = 1; i++; P0 = image[3]; break;
case 4: ADDR2 = 1; ADDR1 = 0; ADDR0 = 0; i++; P0 = image[4]; break;
case 5: ADDR2 = 1; ADDR1 = 0; ADDR0 = 1; i++; P0 = image[5]; break;
case 6: ADDR2 = 1; ADDR1 = 1; ADDR0 = 0; i++; P0 = image[6]; break;
case 7: ADDR2 = 1; ADDR1 = 1; ADDR0 = 1; i = 0; P0 = image[7]; break;
default: break;
}
```

在每次定时器中断服务程序的执行过程中，switch 语句逐次执行各条 case 语句，使能 LED 点阵各行，并设置各行显示内容，最终实现完整画面的显示。

【实例 5-14】 矩阵键盘功能设计的软硬件合作。

基于单片机的按键检测功能，是单片机应用设计的基础学习内容，也是一个广泛应用的功能模块。常用的按键电路有两种形式，独立式按键和矩阵式按键。在某些需要使用很多按键的系统设计中，做成独立按键会大量占用 I/O 口，因此需要引入矩阵按键的设计。

矩阵键盘功能设计与实现，需要电路设计与程序设计团队的密切配合，在双方沟通、明确了电路设计方案的前提下，针对特定的矩阵键盘与单片机 I/O 引脚之间的连接进行程序设计，才能够实现完整功能。

图 5-7 所示是矩阵按键电路原理图，使用 8 个 I/O 引脚实现 16 个按键的检测，有效减少了硬件引脚资源的占用。

在电路原理图中，如果 KeyOut1 输出低电平，KeyOut2、KeyOut3、KeyOut4 输出高电平，则 KeyIn1、KeyIn2、KeyIn3、KeyIn4 信号的电平高低反映了按键 K1、K2、K3、K4 是否被按下，4 个按键被按下，则对应的 KeyIn 信号由高变为低，例如 K1 被按下，则 KeyIn1 信号由高变为低。

根据以上原理，KeyOut1、KeyOut2、KeyOut3、KeyOut4 分别被设置为 1、0、1、1 时，可以检测第二行按键 K5、K6、K7、K8 的状态。第三、第四行按键的检测以此类推。

根据以上矩阵键盘电路原理，在进行程序设计之前，电路设计团队与程序设计团队之间需要深入沟通协调，只有明确了 KeyOut、KeyIn 信号与单片机硬件引脚的连接对应，才能在程序设计中定义对应的变量，代码如下：

```
sbit KEY_IN_1 = P2^4;
sbit KEY_IN_2 = P2^5;
sbit KEY_IN_3 = P2^6;
```

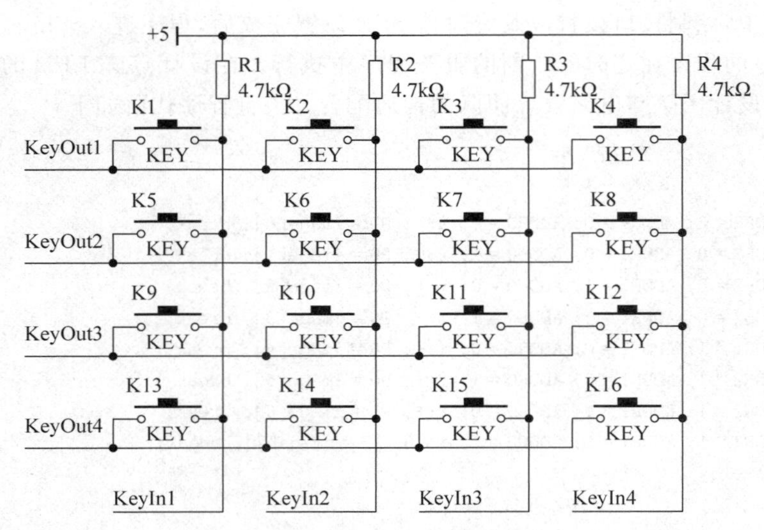

图 5-7 矩阵按键电路原理图

```
sbit KEY_IN_4 = P2^7;
sbit KEY_OUT_1 = P2^3;
sbit KEY_OUT_2 = P2^2;
sbit KEY_OUT_3 = P2^1;
sbit KEY_OUT_4 = P2^0;
```

代码中，sbit 定义位变量，每一行语句将变量名与实际的硬件引脚连接相对应。在此基础上，后续的按键检测程序设计完成矩阵按键的扫描、消抖、动作分离，最终实现矩阵按键检测的功能设计。

在矩阵键盘功能设计与实现教学实践中，有意识地指导学生按照电路设计与程序设计划分设计小组，引导两个设计团队相互协调、沟通，电路设计团队明确引脚接口设计，程序设计团队反馈程序设计中相应变量设置的程序语句，最终实现矩阵键盘检测的完整功能。

5.4.4 教学特色与反思

1. 教学特色

本课程经过多年持续不断的改进，形成了面向工程实践，培养嵌入式系统设计开发实战能力的教学原则，在教学时间分配中加大学生自主实践的比例，教师负责基础知识的讲解，扩展性实验方案的引导与规划，以及学生实践环境所遇到具体问题的讨论与解答等。

引导学生实践的设计项目，通常针对一个相对完整的有实际应用意义的设计，而一个完整的功能往往包括硬件电路设计与程序设计，同时需要多个功能模块共同发挥作用。因此一个功能案例的设计实现会分配给多个小组分别完成一个功能模块，最终组合形成完整的功能。这就需要在教学过程中，突出强调团队合作能力的培养，要求学生在实施功能模块设计之前，各模块小组间充分沟通，协调好硬件资源分配与程序设计间的对应关系，沟通商讨确定各程序模块间的通信接口。使学生在实践中体会团队合作的重要性，学习团队合作的具体方法。

2. 教学反思

团队合作在工程设计任务中无处不在，团队合作精神的培养不在于言传，而在于身教，千言万语向学生讲述团队合作精神的重要性，不如给他们布置实际的设计任务、分配模块化的设计内容，让学生在实践中自己去体会如何在完成自己的设计模块内容的同时，与其他设计团队相互沟通、协调。

（孟一飞）

第6章 规矩意识培养的设计与实践

6.1 规矩意识的内涵

6.1.1 什么是规矩意识

规矩是指人们共同遵守的办事规程和行为准则，既包括党纪国法、规章制度，又包括个人修养、道德情操、礼仪规范、社会公德、职业道德等方面的内容。规矩就是一种约束，一种准则，就是一种标准，一种尺度，更是一种责任，一种境界。

规矩意识是一种发自内心的认同并自觉自愿地以规矩为自己行动准绳的思想观念和稳定的心理状态。

规矩意识是现代社会每个公民都必备的一种意识。规矩意识有三个层次：首先是指关于规矩的知识。比如，爱国守法、明礼诚信、团结友善、勤俭自强、敬业奉献、爱护环境、讲究卫生、遵守学校纪律、尊敬师长等。其次是要有遵守规矩的愿望和习惯。最后是遵守规矩成为人的内在需要。在这种境界中，遵循规矩已成为人的第二天性，外在规矩成为人的内在素质。对于个人来说，从规矩向素质的转变，意味着规矩不再仅是一种外在强制，而是在某种意义上使人获得了真正的自由。

6.1.2 规矩意识的主要内涵

规矩意识是社会意识的一种特殊形式。与其他社会意识一样，规矩意识也由知、情、意三部分组成。知即规矩认知，也就是懂规矩，是主体对规矩及其相关现象的逻辑关系和内在属性的认知和理解。情即规矩情感，也就是讲规矩，是主体对规矩关系、现象的好恶、倾向、认同和遵守规矩的倾向。意即规矩意志，也就是守规矩，是激发主体自觉自愿地遵守规矩并按规矩积极行动的习惯。

规矩意识核心不在于认识、理解多少关于规矩的知识，而是认识到尊崇规矩的重要性和遵守规矩的意愿，不仅在于社会公众行动上是否遵循规矩，更在于社会公众是否在内心深处形成遵守规矩的义务感和责任感。大学生规矩意识是大学生这一群体所有和所能及的对规矩的意识。

1. 普适性法律法规和道德规范

规矩意识主要表现为：一是大学生自觉遵守法律法规，不逾矩、不越法的遵法、守法意识。二是大学生积极遵守基本道德规范的要求，规范自己在公共生活、个人生活中的行为，主动遵守、践行公民基本道德规范的道德意识。三是大学生积极遵守、维护公序良俗，不得违反国家的公共秩序和社会的公共意识。四是大学生应当信守契约、诚信为人，具备现代社会活动基础的契约精神。

2. 特定的内容和超过社会公众的群体特征

规矩意识主要表现为：一是大学生对学校管理制度及相关规定的认同和遵守的纪律意识。既包括国家统一制定、适用于全国各类高校的，也包括高校根据相关法律法规、结合高校自身特点制定出的学校管理制度及相关规定和指导性文件。二是大学生对所在高校长期形成的校园文化的认同和高校教育管理工作的相关要求、流程及其工作程序的遵循、履行和坚守，这里的规矩可以很具体，如作业规范，也可以很概括，如尊敬师长。

6.1.3 大学生规矩意识的培养途径

大学生规矩意识培养是一项动态的、系统性工程，尽管高校教育不能提供大学生规矩意识形成所需要的全部条件，但高校无疑是帮助大学生规矩意识形成的最重要力量和主要阵地。

1. 开展规矩认知教育是大学生规矩意识形成的前提

大学生的规矩意识不可能自发形成，要在不断学习和实践过程中逐渐形成，任何人都不可能怀有对无知之物的向往。这里的规矩认知是对现实中的规矩活动和规矩关系的内在逻辑和本质属性的认识，是对特定社会关系中规矩是什么的认知和理解，这是规矩意识形成的前提条件。学校教育是大学生规矩认知教育的主渠道，是大学生对规矩及其现象进行认知教育的主要途径。开展规矩认知教育，要按照大学生的接受能力，分阶段地教给大学生规矩所应具备的知识和技能，包括与规矩意识形成息息相关的学科知识和技能，提高他们的理解能力。当前，必须提高规矩认知教育的有效性，进行必要的、有针对性的教学改革。在教学内容上，教育学生知规矩、守规矩与培养批判性思维相结合；在教学方法上，注重实践教学，强化教学互动，在教学和互动过程中，遵守规矩，发现规矩和评价规矩的价值；要融于社会生活，在社会生活中开展教学，建立和完善大学生进入现实社会生活体验规矩的方式、途径和机制。

2. 强化规矩价值认同是大学生规矩意识形成的基础

大学生规矩意识的形成仅仅有规矩的认知是远远不够的，当代大学生规矩意识不强的主要原因并不是规矩知识和技能不够，而在于大学生常常用自我利益的尺度裁量、制定规矩多重标准的现实，源于他们没有真正理解规矩对于个人、社会乃至国家整体利益的本真意义。规矩本身就具有明确的价值导向性，规矩所倡导、允许、约束或为规矩所指向、保障着的是规矩存在必要性的价值，就是对社会所倡导的自由、公平、正义、平等价值实现的保障。大学生规矩意识培养必须关注和重视规矩价值认同，这是大学生规矩意识形成的基础。强化规矩价值认同，通过让大学生意识到规矩与切身利益相关，调动大学生主动了解学习规矩内容的积极性，认识规矩的必要性，认同规矩的必要性。强化规矩价值认同，要突出规矩背后的价值，在传授规矩知识的同时，更要讲授和展示法理，将规矩的价值、规矩的要义、规矩的原则及其在社会实践中的得失经验和内在机理贯穿于其中，唤醒大学生对规矩价值的认可和认同，引导他们意识到服从与遵守规矩符合自身利益，才会自觉认同和接受规矩的价值理念，从心底尊重规矩、敬畏规矩，促使服从与遵守规矩成为社会成员的必然选择。强化规矩价值认同，要在实践中深化对规矩价值的认知、认同，创造条件让大学生参与、经历遵规守纪的实务过程，寻找、发现甚至制定规矩内容，在实践中感受、接受规矩，体会认同和遵守规矩带来的益处，以此加强大学生对规矩意识的认同。

3. 加大规矩执行的力度是大学生规矩意识形成的保障

规矩意识是坚持规矩至上的理念，规矩本身具有方向指引、问题导向和检验标准的作用，就是讲求规矩、恪守规矩的自觉，把他律要求转化为自律，成为内在追求。规矩意识的形成不仅有内在的对规矩的价值认同接纳的原因，还有外在的对规矩必须得到尊重和遵守才能实现，强化规矩执行的力度是大学生规矩意识形成的保障。一方面，必须建立和明确对规矩遵守的肯定和对违反规矩的否定的机制和态度，对恪守规矩的大学生给予认可，对违反规矩的大学生给予否定，强化规矩的刚性约束力，坚决打击任何忽视、轻视、漠视规矩的言行，任何人都不能对不讲规矩、不守规矩而心存侥幸。另一方面，要强化规矩执行力的指导和训练，加强学习，准确把握规矩的法理价值和执行的基本要求，牢固树立规矩意识，严格按照规章制度和程序办事等。实行与违反规矩的消极后果相对应力度、强度的惩戒，形成有效的制度支持、政策促进和机制保障，积极引导大学生树立规矩意识，调动恪守规矩的积极主动性，这样规矩意识才能形成并持续有效。

4. 重视和发挥校园文化对大学生规矩意识形成的影响和作用

规矩和规矩意识是一种校园文化。高校必须是一个有纪律、有秩序的组织，校园内必须建立整体秩序感和协同意识，校园文化本身蕴含高校传统及倡导的价值、行为准则等各种精神因素，和谐有序的校园文化本身就是规矩所倡导和加以保障的，通过有形的载体，校园环境、服务管理、人际交往等呈现在大学生面前。营造讲规矩、守规矩的校园文化，一方面要靠课堂内外的教育，另一方面要在校园学习和生活实践中不断孕育和成长。开展大学生规矩意识培育，要在学校所有领域、层级和环节展开，在教育管理和服务的全方位、全过程中坚持和体现规矩要求和标准。要积极创造条件，完善配套制度和措施，从基础设施、文化环境、人际交往等方面营造讲规矩、守规矩的校园文化。

6.1.4 专业课教师如何做

开展规矩意识培养必须重视教师的言传身教，专业课教师要坚持正面、正确引导学生，引导学生主体参与，调动学生的主动性、积极性和创造性，突出他们的主体地位，使外部客观的东西自觉内化为内部主观的东西，通过促进内化进程，提高内化效果，外化为良好的行为习惯。

1. 高校教师牢固树立规矩意识

高校教师首先要将规矩内化于心、刻画于脑，有效地将教育实践外化于行。因此，具有规矩意识是高校教师进行教育工作、完善自身素养的前提和必要条件。只有在具有约束性、刚性的规矩意识的引导下，高校教师才能进行教育工作的开展；只有在规矩意识环境中，高校教师才能深刻认清事物的本质，精准把握住教育工作的方向，创造工作成效，进而不断完善自身发展，不断前进。

高校教师是高校教育工作的发动者、组织者、实施者，处于主导地位，教师只有深刻认识到自身在教育活动中的地位和影响，才能严于律己，真正做到坚守规矩。教师只有具有强烈的规矩意识，才能在教学过程中更好地成为学生成长的引路人。大学生正处于世界观、人生观、价值观形成和发展的关键阶段，高校教师的言行举止会潜移默化地影响学生的思想、能力等，高校教师要对规矩具有真诚的信仰和敬畏意识，在教学过程中严守纪律和规矩，从内心对规矩产生信仰和敬畏。

2. 遵循大学生规矩意识培养的原则

大学生规矩意识培养的原则是在聚焦现状问题并寻求有效解决方案的内在逻辑基础上提出的依据，是确定培养目标、设计培养方案、开展培养活动以及考核考评所应当遵循的准则。

(1) 理论与实践相结合的原则。规矩意识是大学生在讲规矩、守规矩方面表现出的比较稳定的、最基本的、适应社会发展和时代要求的知识、能力、情感和行为习惯，不仅体现在对规矩及其现象的知识与技能掌握方面，还体现在各种情景环境中将规矩知识与能力的实践应用方面。

开展大学生规矩意识培养，必须强调理论与实践的统一，保证所学知识与社会实践相一致不脱节，能够积极应对或有效运用到实践中去，具备在理论和实际的结合中理解和掌握规矩知识、培养运用规矩知识解决实际问题的能力。开展大学生规矩意识培育，既要有计划、有步骤、有组织地开展各项以法律法规、校纪校规和待人接物、处事原则要求等为主要内容的规矩知识教育活动，也要面向大学生学习、生活，使教育内容更加贴近大学生的生活现实，以学习规矩知识和技能为主导，从理论与实际的联系上去理解知识，注意运用相关知识去分析问题和解决问题。要切实改变大学生规矩意识培养重理论轻实践，重知识轻思考，把对知识的掌握程度作为评价规矩教育效果主要标准的错误倾向，坚持和注重学懂会用、学以致用。

（2）循序渐进的原则。规矩意识的培养是一个长期的过程，不可能一次完成，也不可能一蹴而就，不可能立竿见影地看到效果，也不能操之过急。规矩意识的培育是需要持之以恒地开展的，大学阶段是最为重要和关键的阶段，是要在学校教育教学长期的实践和探索中持续坚持、扎实推进的。规矩意识的培养是需要实践的，作为一种以对规矩自觉遵守和运用为核心的综合素养，需要反复实践，才能养成习惯。规矩意识的培养是需要强化的，学校教育管理和教学必须严格遵照学校内相关规矩要求有序活动，对校园内的讲规矩、守规矩的言行给予肯定，对违反规矩的言行进行相应的惩戒，只有这样才能引导和帮助大学生在学习和生活中，感悟规矩并培养严格遵守规矩的习惯。

大学生规矩意识培养是一个长期的、不断提升的过程，在此过程中要根据大学生身心状况、规矩意识形成和发展的规律，合理安排计划方案，并根据合理的顺序步骤逐步提高，不可急功近利、盲目求快。更重要的是，大学生规矩意识培养本身就具有系统协同，一方面需要遵循其学科自身的逻辑系统，从掌握基础知识、基本技能开始；另一方面它与其他学科以及教育方式方法密切相关，特别是应该在大学生自身的专业教育中潜移默化地渗透规矩意识的内容（含职业道德和规范的教育），让他们在专业学习活动及今后所要从事的职业活动中体会遵守规矩的重要性，以增强规矩意识。

（3）讲求实效的原则。大学生规矩意识培养必须坚持求真务实，不搞形式主义，一方面这是大学生规矩意识培养价值取向的体现，直接凝聚着其教育目标的追求；另一方面也是大学生规矩意识培养效果的判断依据和标准，是进行效果检测的评价指标。讲求实效的原则，就是要通过全方位、多层次地施加教育影响，将教育教学活动融入大学生的学习和生活，努力提升培养的有效性。一是坚持从实际出发，实事求是，分析掌握大学生规矩意识的现状，抓住关键、重点，制定有效、有针对性的培育计划，采取生动、效果好的培训教育方法。二是尊重大学生的群体特征和个体差异，根据大学生规矩意识的形成规律，分析判断内外影响因素和作用大小，积极借鉴成功经验和好的做法，探索符合当前各项实际的内容、方法、手段，不可简单模仿和照搬照抄。三是立足于大学生的综合素质提升，制定科学的、合理的考核评价体系，注重从大学生学习与生活中跟规矩意识有关的各个方面进行评价，而不是单单就学习等某一方面，坚持考核评价内容多元化、考核评价指标动态化、考核评价体系全程化，注重终结性评价和过程性评价有机结合，将大学生对规矩的知识和技能的掌握与言行一致相结合，将是否有利于促进大学生规矩意识培养作为考核评价追求。

3. 掌握大学生规矩意识培养的方法

（1）准确定位教育目标，明确思路方向。大学生规矩意识培养的教育目标是大学生规矩意识培养开展前就必须要明确的，只有教育目标准确设定，教育过程才能有效进行，才能确定教学内容，并选择适当的教育形式和教育方法等。

大学生规矩意识的培养，从本质上来说，就是要通过教育赋予大学生的规矩意识及相关的必要素质，其结果不单是知识、技能，终极结果也不是能力，而是一种生活态度与方式。大学生规矩意识培养，绝不能以纯粹的知识传授和技能培训涵盖其教育目标，要将目标定位在大学生作为人的健康成长和综合素质的全面提升上，这不仅是全面依法治国的迫切需要和高等教育改革的必然要求，也是当前开展大学生规矩意识培养的基本方向。大学生规矩意识具有工具性和人文性统一的丰富内涵，不仅体现在知识与技能掌握上，还体现在各种情景环境中知识与能力的实践应用上。大学生规矩意识的培养，既要关注与规矩相关的知识概念灌输及操作技能培训，同时也指向人的精神、思想情感、思维方式、生活方式和价值观的生成与提升，两者是有机统一和相互影响促进的，绝不可单单强求一个，有所偏废。

（2）把握关键与重点，提高培养实效。只有抓住了关键，才能有的放矢，取得实效；只有抓住了重点，才能更好地筹谋整个教育教学活动的全局。大学生规矩意识的培养以知识学习和技能培训为前提和基础，但是否真正形成规矩意识，还在于是否认识到规矩的价值，是否对规矩真正信仰。如果仅仅掌握了规矩知识和技能，但却以自己的利益为先而选择性地讲规矩、守规矩，没有对规矩价值的认可和信仰，再好的规矩也不可能获得普遍的遵循。

规矩具有丰富的内涵，规矩本身不仅是一套纪律规范和程序规则，而且还是公平正义、公序良俗和修身立命的制度化价值体系。大学生规矩意识培养必须引导大学生理解规矩的价值，以实实在在的价值成效增强大学生对规矩的自觉尊崇、真诚认同和坚定自信，让讲规矩、守规矩成为大学生的积极追求和自觉行动，恪守规矩的规矩意识才能形成。在大学生规矩意识培养的过程中，要积极引导大学生树立对规矩的正确态度，坚决维护规矩的严肃性，坚决否定违反规矩的不法性，让大学生在规矩的实际运行中感受到讲规矩、守规矩的意义和价值。

（3）强化导向指引，注重示范引导。大学生规矩意识培养不能脱离当前的时代背景和社会发展环境，也不能脱离当前高校教育教学活动的基本运行实际。社会上对规矩的遵从和信仰及其整体氛围的培养，是影响甚至决定一个社会是否在讲规矩、守规矩的基础上良性运行的重要因素，规矩本身就具有导向指引作用，通过对维护规矩的积极言行的肯定赞赏引导大学生规矩意识的形成，对违反规矩的不良言行的否定挤压强化大学生规矩意识的形成。

6.2 “C语言程序设计”课程的设计与实践

6.2.1 课程概况与目标

“C语言程序设计”是通信工程、电子信息工程（卓越工程师方向）、电气工程及其自动化等专业的一门重要的学科基础课，也是其他专业课程的程序设计工具，开设在第1学期，共48学时（含实验16学时），3学分。这门课程主要学习C语言的语法规则、基本语句、控制结构、自顶向下结构化程序设计方法以及常用算法，具体包括基本语法、数据类型及运算符、三种程序结构（顺序、分支和循环）、数组、指针、函数、结构及联合、文件等。

通过本课程的学习，使学生具备下述能力。

目标1——价值引领：培养学生具有科学精神、规矩意识和系统观。要求学生掌握计算机基本知识，具备面向过程的软件设计开发的基本能力。（支撑毕业要求1）

目标2——知识探究：掌握C语言程序设计与开发过程，能够用计算机的思维建立求解问题的模型和算法。（支撑毕业要求5）

目标 3——能力建设：能够将自然科学、工程基础和专业知识转换为相应的数学模型，使用C语言编程解决工程领域的复杂工程问题。（支撑毕业要求5）

6.2.2 总体设计

1. 指导思想

在C语言程序设计课程教学中，要将规矩意识巧妙地融入其中，使学生在听课和实验的过程中潜移默化地接受教育，达到润物细无声的教育效果。应循序渐进地培养学生的计算思维、算法思维和系统思维等思维模式，培养学生的计算思维能力、算法设计与分析能力、程序设计与实现能力。

2. 课程目标与课程教学的对应关系

课程理论教学内容与课程目标、教学环节的对应关系如表6-1所示。

表6-1 课程理论教学内容与课程目标、教学环节的对应关系

章	教学内容	教学环节	支撑课程目标
第1章 C语言概述	1.1 C语言发展历史	课堂讲授、上机实验	目标1、目标2、目标3
	1.2 C语言的特点		
	1.3 C程序格式和结构特点		
	1.4 运行C程序的步骤与方法		
第2章 算法	2.1 什么是算法	课堂讲授、上机实验、随堂讨论、作业及练习	目标1、目标2、目标3
	2.2 算法的特性和简单算法举例		
	2.3 怎样表示一个算法		
	2.4 结构化程序设计方法		
第3章 顺序结构程序设计	3.1 顺序程序设计举例	课堂讲授、上机实验、随堂讨论、作业及练习	目标1、目标3
	3.2 数据的表现形式及其运算		
	3.3 C语句		
	3.4 数据的输入输出		
第4章 选择结构程序设计	4.1 关系运算符和关系表达式	课堂讲授、上机实验、随堂讨论、作业及练习	目标1、目标3
	4.2 逻辑运算符和逻辑表达式		
	4.3 if 语句		
	4.4 switch 语句		
第5章 循环结构程序设计	5.1 while 语句	课堂讲授、上机实验、随堂讨论、作业及练习	目标1、目标3
	5.2 do … while 语句		
	5.3 for 语句		
	5.4 循环的嵌套		
	5.5 break 语句和 continue 语句		
第6章 数组	6.1 数组的概念	课堂讲授、上机实验、随堂讨论、作业及练习	目标2、目标3
	6.2 一维数组的定义和引用		
	6.3 二维数组的定义和引用		
	6.4 字符数组		

续表

章	教学内容	教学环节	支撑课程目标
第7章　函数	7.1　函数的定义	课堂讲授、上机实验、随堂讨论、作业及练习	目标2、目标3
	7.2　函数的返回值		
	7.3　函数的调用		
	7.4　函数参数及其传递方式		
	7.5　函数的嵌套调用和递归调用		
	7.6　数组作函数参数		
	7.7　局部变量和全局变量		
	7.8　变量的存储方式和生存期		
第8章　指针	8.1　地址和指针的概念	课堂讲授、上机实验、随堂讨论、作业及练习	目标2、目标3
	8.2　指针变量的定义和引用		
	8.3　数组与指针		
	8.4　字符串与指针		
	8.5　指针变量作函数参数		
	8.6　指向函数的指针		
	8.7　返回指针值的函数		
	8.8　指针数组和多重指针		
	8.9　动态内存分配与指向它的指针变量		
第9章　结构体	9.1　结构体变量的定义、存储方式和成员的引用	课堂讲授、上机实验、随堂讨论、作业及练习	目标2、目标3
	9.2　使用结构体数组		
	9.3　结构体指针		

课程实验教学内容与课程目标、教学环节的对应关系如表6-2所示。

表6-2　课程实验教学内容与课程目标、教学环节的对应关系

序号	实验项目	教学要求	教学环节	支撑课程目标
1	C程序的运行环境	(1) 掌握在Windows系统上如何编辑、编译、连接和运行一个C程序； (2) 通过运行简单的C程序，初步了解C源程序的特点	教师演示、上机实验	目标1、目标2、目标3
2	数据类型、运算符和简单的输入输出	(1) 掌握C语言数据类型，了解字符型数据和整型数据的内在关系； (2) 掌握各种数值型数据的正确输入方法； (3) 学会使用C的有关算术运算符，以及包含这些运算符的表达式，特别是自加(++)和自减(--)运算符的使用	教师演示、上机实验、随堂讨论	目标1、目标3

续表

序号	实验项目	教学要求	教学环节	支撑课程目标
3	最简单的C程序设计——顺序程序设计	(1) 掌握C语言中使用最多的语句——赋值语句的使用方法； (2) 掌握各种类型数据的输入输出方法，能正确使用各种格式转换符； (3) 进一步掌握编写程序和调试程序的方法	教师演示、上机实验、随堂讨论	目标1、目标3
4	选择结构程序设计	(1) 了解C语言表示逻辑量的方法(以0代表“假”，以非0代表“真”)； (2) 学会正确使用逻辑运算符和逻辑表达式； (3) 熟练掌握if语句的使用(包括if语句的嵌套)	教师演示、上机实验、随堂讨论	目标1、目标3
5	循环结构程序设计	(1) 熟悉掌握用while语句、do…while语句和for语句实现循环的方法； (2) 掌握在程序设计中用循环的方法实现一些常用算法(如穷举、迭代、递推等)； (3) 进一步学习调试程序的方法	教师演示、上机实验、随堂讨论	目标2、目标3
6	数组	(1) 掌握一维数组和二维数组的定义、赋值和输入输出的方法； (2) 掌握字符数组和字符串函数的使用； (3) 掌握与数组有关的算法(特别是排序算法)	教师演示、上机实验、随堂讨论	目标2、目标3
7	函数	(1) 熟悉定义函数的方法； (2) 熟悉声明函数的方法； (3) 熟悉调用函数时实参与形参的对应关系，以及“值传递”的方式	教师演示、上机实验、随堂讨论	目标1、目标2、目标3
8	指针	(1) 掌握指针和间接访问的概念，会定义和使用指针变量； (2) 能正确使用数组的指针和指向数组的指针变量； (3) 能正确使用字符串的指针和指向字符串的指针变量	教师演示、上机实验	目标1、目标2、目标3

3. 课程目标的考核方式

本课程以平时成绩和期末测评成绩进行综合评定学生成绩。

$$总评成绩=平时成绩\times 30\%+期末测评\times 70\%$$

平时成绩占30%：包括章节测试成绩(10%)、上机实验报告(20%)。期末测评占70%：闭卷笔试。

课程目标的考核方式如表6-3所示。

表6-3 课程目标的考核方式

考核方式	成绩比例/%		
	课程目标1	课程目标2	课程目标3
章节测试(10%)	50	40	10
实验报告(20%)	40	30	30
期末测评(70%)	40	40	20

6.2.3 课程思政典型案例——规矩意识的培养

规矩意识的核心在于认识到尊崇规矩的重要性和遵守规矩的意愿,不仅要在行动上遵循规矩,更在于要在内心深处形成遵守规矩的义务感和责任感。在C语言中,我们所学习的各类数据类型、语法、数组、指针、函数等概念就是在学习认识与计算机进行交互的规则,教师在讲授这些内容时,其实质就是在给学生传授一种特定的规则。而学生在学习过程中,需要通过大量的训练掌握这些规则的应用,并养成良好的编程习惯,才能掌握这些规则,使用C语言编写程序让计算机为人类工作。因此C语言的教学也可以说就是一种规矩意识的培养,我们在此总结出以下的教学案例,与大家分享。

1. 案例教学目标和实施过程

教学目标:通过课程教学的各个环节,培养学生的规矩意识。

实施过程如下。

(1) 第一次课给学生讲清楚本课程学习要求,通过介绍课程的地位、应用领域,明确告知学生本课程的3个教学目标,立下学习本课程的规矩。使学生明确本课程以C语言程序设计为主线,以Cfree 5.0为实验平台,介绍结构化程序设计的思想和方法。通过本课程的学习,学生应具备运用工程基础知识和本专业基本理论解决实际工程问题的能力,并为后续的单片机、微机原理、嵌入式等硬件课程和数据结构、面向对象程序设计等软件课程打下基础。

(2) 课程理论教学中规矩意识的培养。根据学科与专业的特点,结合学生未来所从事工作的职业素养要求,充分利用计算机高级语言的优势,在理论教学中始终贯穿规矩意识的培养。

(3) 课程实验教学中规矩意识的培养。C语言程序设计课程的实验教学内容包括基础性实验和综合性实验。基础性实验主要是培养学生的基本实验技能,引导学生逐步运用所学知识,对算法设计与分析能力的形成进行反复训练,最终强化为计算思维能力。综合性实验进一步加强学生的逻辑思维、抽象思维、算法思维、系统思维等思维能力培养,加深学生对所学知识的理解和掌握,引导学生综合运用所学知识进行系统编程训练,培养学生的程序设计与实现能力。

2. 实施案例

1）讲解 C 语言中的数据类型、函数、语句的语法规则

C 语言是面向过程的计算机编程语言，其中包含了大量的命令与函数，介绍时必须讲解清楚相关概念及使用规则。

(1) 让学生知道规则和使用技巧。

【实例 6-1】 用流程图表示算法的规则：C 语言是面向过程的一门语言，它有三种基本结构，每种算法可以用流程图进行描述，流程图中只能出现如图 6-1 所列出的符号。

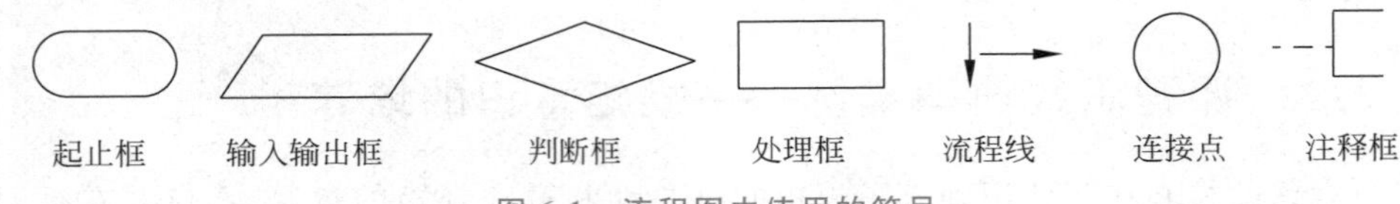

图 6-1 流程图中使用的符号

当在一个页面内无法把流程图全部画下时，可以使用标注圆圈内加数字的连接点进行标注，并配合流程线进行调整。如图 6-2 所示，最左边的流程图由于位置不够而用连接点①标注，在中间把①标注的内容画完整；连接点②标注是防止交叉，用连接点③标注则是由于位置不够且防止交叉，连接点③的内容展现在最右边。有了这些工具，我们就可以在一个页面内，用流程图把一个算法表达清楚。

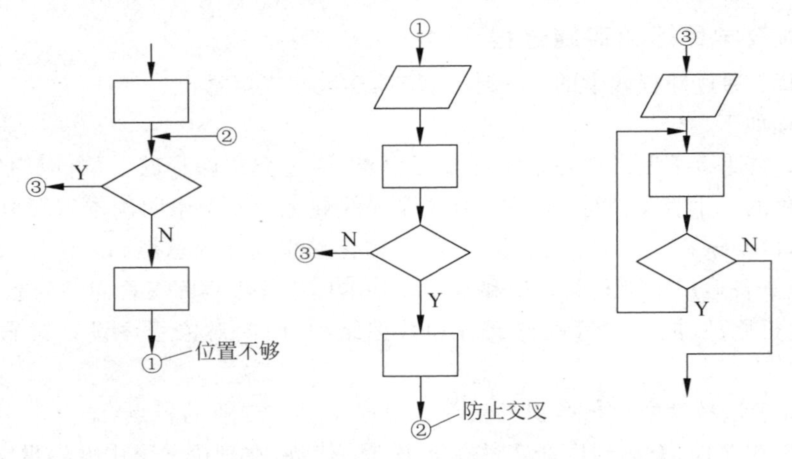

图 6-2 使用连接点标注调整流程图布局

(2) 可以把相关知识点进行整合讲解，促使学生进行对比分析，从而让学生掌握其必须遵循的规则和使用技巧。

【实例 6-2】 数据类型：如图 6-3 所示，我们可以把字符型、整型、转义字符这三个相关的知识点集中在一个图形中进行讲解。

知识点 1：字符型数据可以当作一个长度为 1 字节(8 位)的整型数据来用，可对字符型数据赋值整数，该整数就是该字符对应的 ASCII 码值。

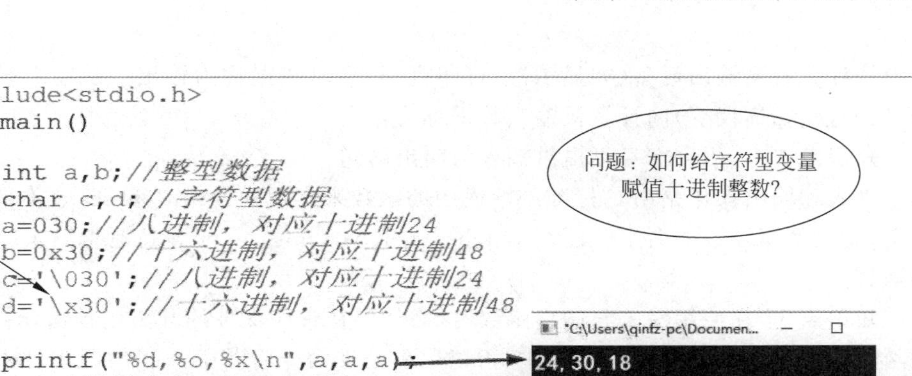

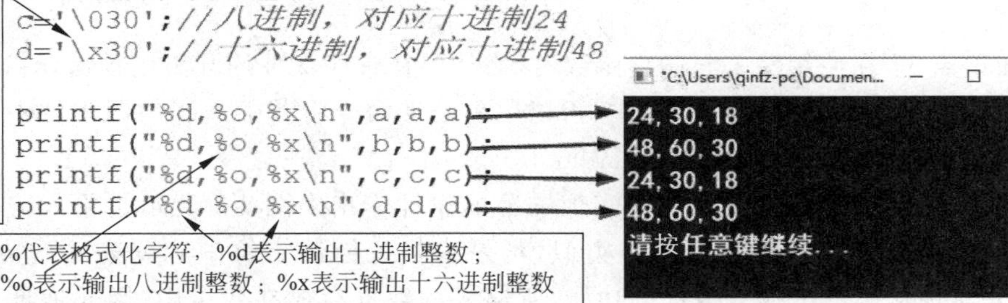

图 6-3　整合相关识点

知识点 2：计算机中的数据有十进制、十六进制、八进制三种形式，C 语言中，无任何前缀直接出现的数字就是十进制；数字前加 0 前缀表示是八进制整数，如 a＝030 表示是八进制数，对应十进制就是 24，即给变量 a 赋值十进制整数 24；数字前加前缀 0x 或 0X，则表示十六进制数，如 b＝0x30 表示十六进制数，对应十进制就是 48。

知识点 3：C 语言中有一种用“\”开头的特殊形式的字符常量，称为转义字符，如 c＝'\030'表示是八进制数，对应十进制数就是 24，即给字符变量 c 赋值 ASCII 码值为十进制整数 24 的字符。

知识点 4：在 C 语言的输出函数 printf 和输入函数 scanf 中通过使用格式化字符来控制屏幕的输入输出形式，格式化字符是以％开头的，其中％d 表示十进制整数、％o 表示八进制整数、％x 或％X 表示十六进制整数，如出现在 printf 函数中，则表示在屏幕上输出对应格式的数据；而出现在 scanf 函数中则表示从键盘输入对应格式的数据。

数据类型是学生接触的第一个 C 语言的知识点，通过这个案例让学生明白细心的重要性，因为我们面向的是机器，只能通过严格的指令来操作，必须理解并记住每个知识点细节才能让计算机正确地实现我们编程的目标。当把这些知识点讲解完后，紧接着提出问题：如何给字符型变量赋值十进制整数？启发学生进一步思考，如果学生掌握了所讲的四个知识，则可以轻松解答。

(3) 通过教师的讲解与学生的练习，不断强化学生对规则的认识与掌握。

【实例 6-3】　在 C 语言中，使用函数实现计算机的输入与输出。

计算机只能通过键盘和鼠标等外设完成输入，通过显示器将处理的结果进行输出。C 语言是通过输入函数 scanf 和输出函数 printf 实现与用户交互的功能，这两个函数使用格式化字符来规范数据的输入与输出。

知识点 1：所谓输入与输出是以计算机为主体而言的。

从计算机向输出设备(如显示器、打印机等)输出数据称为输出。从输入设备(如键盘、磁盘、光盘、扫描仪等)向计算机输入数据称为输入。

知识点 2：C 语言本身不提供输入与输出语句。

输入和输出操作是由 C 标准函数库中的函数来实现的，printf 和 scanf 不是 C 语言的关键字，而只是库函数的名字。还有 putchar、getchar、puts、gets 等其他类型丰富的输入与输出函数。

知识点 3：在使用输入与输出函数时，必须要在程序文件的开头用预编译指令。因为这些函数的原型在头文件“stdio. h”中，可以用预处理命令将其引入当前源文件中，命令为“＃include < stdio. h >”或“＃include"stdio. h"”。

知识点 4：使用格式化字符来实现屏幕的设计输出。图 6-4 所示是输入与输出函数的语法格式，这两个函数的调用形式类似，都是由格式控制字符串和列表项构成，输入函数 scanf 是实现从键盘上输入数据的功能，所输入的数据存放在变量中，因此地址列表是由若干地址组成的列表，可以是变量的地址或字符串的首地址。而输出函数 printf 实现了通过屏幕输出数据，输出列表是程序要输出的一些数据，可以是常量、变量或表达式等。

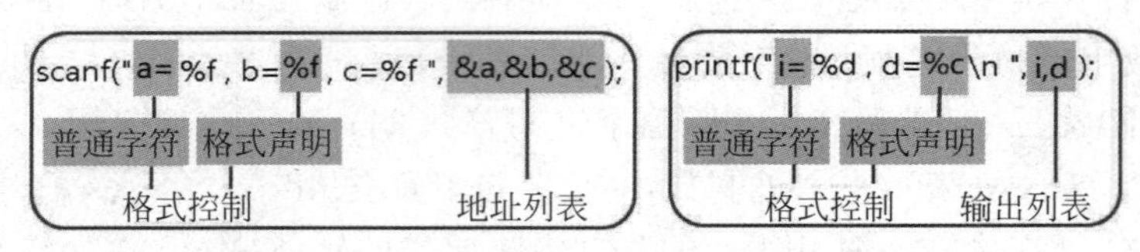

图 6-4 输入输出函数的语法格式

举例代码如图 6-5 所示，在第 5 行代码声明了一个整型变量 i，并赋值十进制 48；第 6 行代码声明了 a、b、c 三个浮点型变量，第 7 行代码声明了字符型变量 d，并赋初值大写字母 A；第 9 行代码是输出一个提示信息，由于格式控制字符串中没有格式化字符，而是普通字符，所以原样输出。第 10 行代码调用输入函数 scanf，其中格式控制字符串通过格式化字符规定了输入形式，具体效果是：出现有输入光标闪烁的输入黑色屏幕，用户可以在光标处输入数据，根据格式控制要求，为三个变量从键盘输入数据，具体输入步骤如下。

① 输入“a=”后，再输入一个十进制的带小数点的浮点类型(float)的数据(即此时只能从键盘上输入数字和小数点)，当遇到半角逗号“,”时，刚才所输入的浮点数存入变量 a 中；②输入“b=”后，再输入一个十进制的带小数点的浮点类型(float)的数据(即此时只能从键盘上输入数字和小数点)，当输入半角逗号“,”时表示当前的浮点数输入完毕，所输入的浮点数存入变量 b 中；③输入“c=”后，再输入一个十进制的带小数点的浮点类型(float)的数据(即此时只能从键盘上输入数字和小数点)，可以输入“Enter”“Tab”“空格”这三个键中的一个表示输入结束，则刚才所输入的浮点数存入变量 c 中。

通过这个例子，设定了多种复杂情况，为学生提供了不同格式化字符的应用场景。只有深刻理解每个格式化字符的含义，才能正确运行这些规则编写代码，实现用户想要的输入与输出效果。

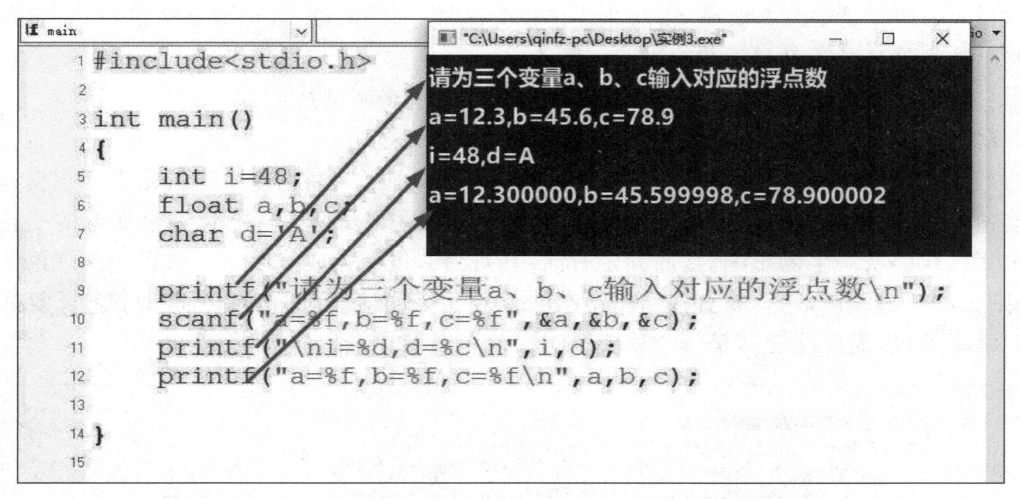

图 6-5　不同场景下的输入输出函数的应用

(4) 通过比较掌握规则的使用技巧。

【实例 6-4】 理解使用 while、do…while、for 三种语句实现循环的区别。首先讲解每条语句的工作原理,再列出这三条语句的不同点及相同点,进行对比分析。

不同点如下。

①语句 while 循环的特点是:先判断条件表达式,后执行循环体语句。只要当循环条件表达式为真(即给定的条件成立),就执行循环体语句。②语句 do-while 的特点:先无条件地执行循环体,然后判断循环条件是否成立。在一般情况下,用 while 语句和用 do…while 语句处理同一问题时,若二者的循环体部分是一样的,那么结果也一样。但是如果 while 后面的表达式一开始就为假(0 值)时,两种循环的结果是不同的。③for 语句更为灵活,不仅可以用于循环次数已经确定的情况,还可以用于循环次数不确定而只给出循环结束条件的情况,它完全可以代替 while 语句。表达式 1 是设置初始条件,只执行一次。可以为零个、一个或多个变量设置初值。表达式 2 是循环条件表达式,用来判定是否继续循环。在每次执行循环体前先执行此表达式,决定是否继续执行循环。表达式 3 作为循环的调整,例如使循环变量增值,它是在执行完循环体后才进行的。

相同点如下。

①这三种循环结构中都出现了"语句",而这语句就是循环体。循环体可以是一个简单的语句,也可以是复合语句(用花括号括起来的若干语句)。执行循环体的次数是由循环条件控制的,这个循环条件就是上面一般形式中的"表达式",它也称为循环条件表达式。当此表达式的值为"真"(以非 0 值表示)时,就执行循环体语句;为"假"(以 0 表示)时,就不执行循环体语句。②都可以用 break 语句提前终止循环,使流程跳到循环体之外,接着执行循环体下面的语句。注意:break 语句只能用于循环语句和 switch 语句之中,而不能单独使用。③都可以用 continue 语句提前结束本次循环,即跳过循环体中下面尚未执行的语句,

continue 语句只是结束本次循环，而非终止整个循环；而 break 语句则是结束整个循环，不再判断执行循环的条件是否成立。

(5) 讲授计算机查错的方法，要求学生必须掌握单步调试技术。

【实例 6-5】 单步调试是发现逻辑错误最直接有效的方法。

如果程序编译通过，但是运行结果和预期不一样，则可判断出现了逻辑错误。逻辑错误只能通过单步调试发现问题，如图 6-6 所示，用户必须在单步调试时通过观察变量的变化来确定每行代码所产生的影响，从而锁定有问题的代码，进而完成修改。如果程序出现语法错误，则无法通过编译，平台将直接给出错误的行号及错误信息，用户可以借助平台反复修改直到编译通过，需要注意的是修改后要及时存盘。

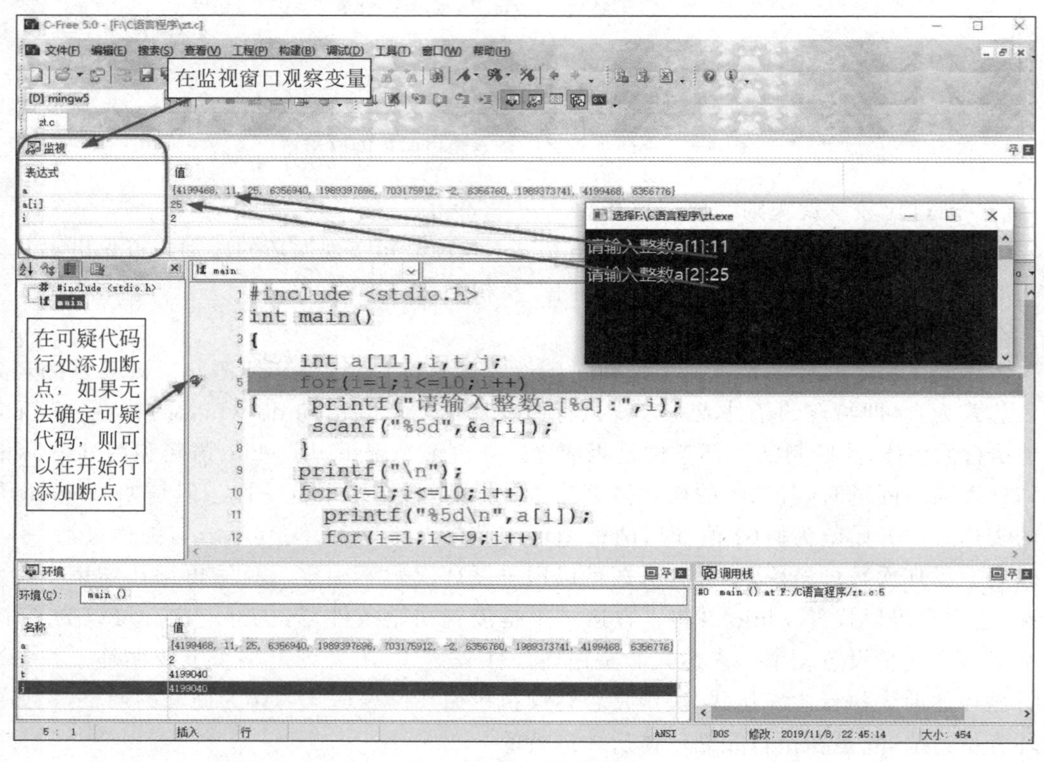

图 6-6 单步调试窗口

2）课程实验教学中规矩意识的培养

【实例 6-6】 课程实验教学要对学生立好规矩，严格要求学生按操作规范执行。

(1) 提前预习实验的规矩要求。

必须提前阅读实验教程，明确上机实验的内容，提前把代码在自己的计算机上进行编写，然后上机运行、调试。

(2) 实验过程中的规矩要求。

要求学生在 Cfree 5.0 环境上机编写 C 程序并调试运行，完成实验任务。记录运行结果，并截图保存。

(3) 实验报告的规矩要求。

用 Word 编写实验报告，将实验过程中的截图进行整理，按照要求完成实验报告，提交纸质实验报告，教师评阅并给出评价成绩。

6.2.4 教学特色与反思

1. 教学特色

C 语言的每个知识点都是紧密联系的，需要学生把每一个知识点都掌握扎实，这样才能融会贯通地学习后面的内容，这就要求学生必须具有强烈的规矩意识，按课程要求完成学习。C 语言本身入门就比较难，逻辑思维必须严密，学习态度更是需要专注、用心。从这个特点可以启发教育学生做人也必须脚踏实地，一步一个脚印去提高自己。

本课程构建了线上线下翻转教学模式，通过学习目标确立、自主学习、学习过程指导和学习结果评估 4 个过程，切实提高了学生的程序设计能力，培养了学生的规矩意识。

2. 教学反思

程序设计是人工智能、5G 时代的人才不可或缺的基本技能，是学生未来职业技能的关键保障。从程序设计课程引发职业理想，从职业理想到爱国主义教育，从爱国主义教育再到社会主义理念是一个以小见大的过程。

教师要引导学生多阅读相关的科技报道，多角度了解计算机的前沿技术，多了解发达国家发展现状，体会我国与发达国家在科技方面的差距，形成强烈的爱国情怀，激励学生奋发学习、刻苦钻研，树立职业理想和家国使命感。

（秦飞舟）

6.3 "电路分析实验"课程的设计与实践

6.3.1 课程概况与目标

"电路分析实验"是电子信息工程（卓越工程师方向）、通信工程、电气工程及其自动化等专业的集中实践课程，开设在第 2 学期，共 8 个实验，16 学时，1 学分。它的实验项目设计和课时安排，紧密结合理论课教学，具有较强的逻辑性和广泛的实用性。通过本实验课程的学习，使学生能更好地理解和掌握电路的基本理论知识，克服实验操作恐惧心理，提高动手能力和实验操作技能，提高分析、处理实验数据的能力，为学习后续实验课程奠定坚实的基础。同时，对树立学生严肃认真的科学作风和理论联系实际的工程观点及培养学生的科学思维能力、分析计算能力、实验动手能力、实验研究能力和科学归纳能力都有重要的作用。

通过本课程的教学，从价值引领、知识探究、能力建设三个维度实现知识、思维、能力的有机统一，使学生达到如下课程目标。

目标 1——价值引领：培养学生具有科学精神、规矩意识、系统观、团队合作精神和追求卓越的工匠精神，能够掌握集总参数电路基本概念及其基本定律，具备集总参数电路的分析能力，具有信息获取与处理能力。（支撑毕业要求 1）

目标 2——知识探究：能够基于相关专业领域学科理论原理并采用科学方法对相关领域的复杂工程问题进行研究，包括设计实验、分析与解释数据，并通过信息综合得到合理有效的结论。（支撑毕业要求 4）

目标 3——能力建设：能够在实验时熟练掌握交直流电源、交直流电压表、电流表、信号源、示波器、万用表等仪器设备的使用，并且针对具体电路，具有正确搭接电路、测量数据及检查电路排除故障的能力。（支撑毕业要求 5）

6.3.2 总体设计

1. 指导思想

大学生规矩意识是在不断学习和实践过程中逐渐形成的，结合电路分析实验特点，从实验过程的各个环节开展规矩认知教育，强化规矩价值认同，加大规矩执行力度，循序渐进，潜移默化，不断培养学生的规矩意识，让讲规矩、恪守规矩成为自觉，调动学生实验课学习的主动性、积极性和创造性，更好地完成电路分析实验课的学习任务。

2. 课程目标与课程教学的对应关系

课程教学内容与课程目标、教学环节的对应关系如表 6-4 所示。

表 6-4 课程教学内容与课程目标、教学环节的对应关系

序号	实验项目	教学内容	教学环节	支撑课程目标
1	直流电压电位的测量及万用表使用	（1）验证电路中电位的相对性、电压的绝对性； （2）验证电路中各点的电位变化规律相同；学会使用指针式万用表测量电阻、直流电压	预习、教师演示与讲解、学生实操、实验报告	目标 1、目标 2、目标 3
2	基尔霍夫定律的验证及万用表使用	（1）验证基尔霍夫定律的正确性，加深对基尔霍夫定律的理解； （2）学会用电流插头、插座测量各支路电流； （3）学会用指针式万用表测量直流电流和交流电压	预习、教师演示与讲解、学生实操、实验报告	目标 1、目标 2、目标 3
3	叠加原理的验证	（1）验证线性电路叠加原理的正确性； （2）加深对线性电路的叠加性和齐次性的认识和理解	预习、教师演示与讲解、学生实操、实验报告	目标 1、目标 2、目标 3
4	电压源与电流源的等效变换	（1）掌握电源外特性的测试方法； （2）验证电压源与电流源等效变换的条件	预习、教师演示与讲解、学生实操、实验报告	目标 1、目标 2、目标 3

续表

序号	实验项目	教学内容	教学环节	支撑课程目标
5	戴维南定理和诺顿定理的验证	(1) 验证戴维南定理和诺顿定理的正确性,加深对它们的理解; (2) 掌握测量有源二端网络等效参数的一般方法	预习、教师演示与讲解、学生实操、实验报告	目标1、目标2、目标3
6	RC一阶电路的响应测试	(1) 测定RC一阶电路的零输入响应、零状态响应及完全响应; (2) 学习RC一阶电路时间常数的测量方法; (3) 掌握有关微分电路和积分电路的概念	预习、教师演示与讲解、学生实操、实验报告	目标1、目标2、目标3
7	RLC串联谐振电路的研究	(1) 学习用实验方法绘制RLC串联电路的幅频特性曲线; (2) 加深理解电路发生谐振的条件、特点,掌握电路品质因数(电路Q值)的物理意义及其测定方法	预习、教师演示与讲解、学生实操、实验报告	目标1、目标2、目标3
8	三相交流电路电压、电流的测量	(1) 掌握三相负载作星形连接、三角形连接的方法,验证这两种接法的线、相电压及线、相电流之间的关系; (2) 充分理解三相四线供电系统中中线的作用	预习、教师演示与讲解、学生实操、实验报告	目标1、目标2、目标3

3. 课程目标的考核方式

本课程学生成绩评定方法如下。

总评成绩＝预习成绩×20％＋过程成绩×40％＋期末成绩×40％

注：预习成绩和过程成绩取8次实验成绩的平均值。

课程目标的考核方式如表6-5所示。

表6-5 课程目标的考核方式

考核方式		成绩比例/%		
		课程目标1	课程目标2	课程目标3
预习成绩(20%)	课前预习	50	20	30
过程成绩(40%)	实验过程及报告	30	40	30
期末成绩(40%)	实操考试	30	40	30

4. 预习成绩考核评价细则

预习成绩评价细则如表6-6所示。

表 6-6 预习成绩评价细则

课程目标	评价标准					权重/%
	90～100	80～89	70～79	60～69	0～59	
目标 1	能够按要求认真完成实验预习思考题及预习视频，全面掌握实验原理、实验过程及实验内容	掌握集总参数电路基本概念及其基本定律，具备集总参数电路的分析能力，具有信息获取与处理能力	基本掌握集总参数电路基本概念及其基本定律，具备集总参数电路的分析能力，具有信息获取与处理能力	部分掌握集总参数电路基本概念及其基本定律，具备集总参数电路的分析能力，具有信息获取与处理能力	没有掌握集总参数电路基本概念及其基本定律，不具备集总参数电路的分析能力，不具备信息获取与处理能力	50
目标 2	能够全面认真地提前预习，掌握正确的实验方案，掌握采集、整理实验数据的方法，可以对实验结果进行分析和解释，能获取合理有效结论	能够较好地提前预习，掌握正确的实验方案，掌握采集、整理实验数据的方法，可以对实验结果进行分析和解释，能获取合理有效结论	能够正确地提前预习，掌握正确的实验方案，掌握采集、整理实验数据的方法，可以对实验结果进行分析和解释，能获取合理有效结论	基本能够正确提前预习，掌握正确的实验方案，掌握采集、整理实验数据的方法，可以对实验结果进行分析和解释，能获取合理有效结论	不能提前预习，没有掌握正确的实验方案，没有掌握采集、整理实验数据的方法，不能对实验结果进行分析和解释，不能获取合理有效结论	20
目标 3	能够在实验前通过预习，熟练掌握实验中所用到的仪器仪表的使用方法及注意事项，并且针对具体电路，具有利用仪器仪表检查线路排除故障的能力	能够在实验前通过预习，掌握实验中所用到的仪器仪表的使用方法及注意事项，并且针对具体电路，具有利用仪器仪表检查线路排除故障的能力	能够在实验前通过预习，基本掌握实验中所用到的仪器仪表的使用方法及注意事项，并且针对具体电路，基本具有利用仪器仪表检查线路排除故障的能力	能够在实验前通过预习，部分掌握实验中所用到的仪器仪表的使用方法及注意事项，并且针对具体电路，部分具有利用仪器仪表检查线路排除故障的能力	没有在实验前通过预习，掌握实验中所用到的仪器仪表的使用方法及注意事项，并且针对具体电路，没有利用仪器仪表检查线路排除故障的能力	30

6.3.3 课程思政典型案例——规矩意识的培养

规矩意识有三个层次：知规矩、懂规矩、守规矩，要让外在规矩成为人的内在素质。实验过程中规矩意识的培养是一个长期的过程，不可能一次完成，也不可能一蹴而就，不可能立竿见影地看到效果，也不能操之过急。规矩意识的培养是需要持之以恒地开展的，要进行系统化的设计，坚持理论与实践相结合，从实验课程教学的各个环节考虑，讲求实效并能够进行考核评价。

1. 案例教学目标和实施过程

教学目标：通过实验课程教学的各个环节，培养学生的规矩意识。

实施过程如下。

（1）实验室安全使用的规矩意识培养。开堂第一次实验课给学生讲清楚实验室安全使用的规范和要求，包括实验室6S管理制度、实验仪器设备安全使用规范、仪器设备损坏赔偿制度等，从仪器设备的规范摆放及正确使用、干净整洁的实验室环境卫生的保持、紧急避险及突发事件的处置等各方面培养学生实验室安全使用的规矩意识。

（2）实验课前预习的规矩意识培养。由于实验内容较多，有些实验存在较大难度，部分学生可能无法按时在实验课时内完成，为了能准确、高效、完整地完成每次实验任务，通过学习通给学生发放针对本次实验的预习视频和预习思考题及实验原理学习资料等，要求学生完成课前预习，并在实验时抽查学生预习效果，培养学生实验课前预习的规矩意识。

（3）实验教学过程中的规矩意识培养。实验教学过程中强调学生保持良好的课堂秩序，引导学生自觉遵守实验室各项管理制度，规范使用仪器设备，独立思考，积极讨论，勤于提问，敢于动手，正确搭接电路，准确测量数据，并能完成实验数据检查验收和签字，把规矩意识的培养始终贯穿于实验的全过程。

（4）实验报告书写的规矩意识培养。按要求认真书写实验预习报告，完成实验报告思考题，对实验数据进行必要的分析、计算、处理和总结，写出实验结论，培养学生规范书写实验报告的规矩意识。

2. 实施案例

1）清楚讲解仪器仪表的正确使用规则

电路分析实验要用到较多的仪器和仪表，实验时应清楚讲解相关的规则。

【实例6-7】 仪器仪表的正确调节：旋钮、开关、按键等调节时应轻柔、平稳，绝不允许快速、猛力地调节或切换，以免造成测量数据不稳定或设备损坏。示波器和信号源在使用前应进行自检和校准，以保证其在实验时工作正常。

【实例6-8】 实验数据的准确测量：为了保证实验数据的准确性，在数据测量时必须选择正确的仪器仪表、准确的测量挡位及合适的测量量程，测量时应确保数据稳定后再做记录，切勿在数据变化较大时记录。如果发现测量的数据变化较大，超出实验误差范围，应立即停止测量，查找问题原因，排除故障后继续实验。

通过反复强调和练习，让学生能够正确使用仪器仪表，培养学生的规矩意识。

2）清楚讲解实验电路的正确接线规则

【实例6-9】 理想电压源外特性的测定，如图6-7所示。

电路连接必须遵循先串联后并联的接线原则，按电流方向先做串联：从U_S（12V电源）的正极开始→毫安表正极→从毫安表负极→R_1（200Ω电阻）的一端→从R_1的另一端→R_2（1kΩ滑动变阻器，滑动变阻器的滑动端和其中一个固定端并联）的一端→从R_2的另一端→U_S（12V电源）的负极，至此，串联电路连接完成。之后再接并联，电压表正极接U_S的正极，电压表负极接 U_S 的负极，电压表在电路中是并联的，电路完成。调节 R_2，电压表和电流表可得相应的理想电压源外特性的实验数据。

【实例 6-10】 实际电压源外特性的测定，如图 6-8 所示。

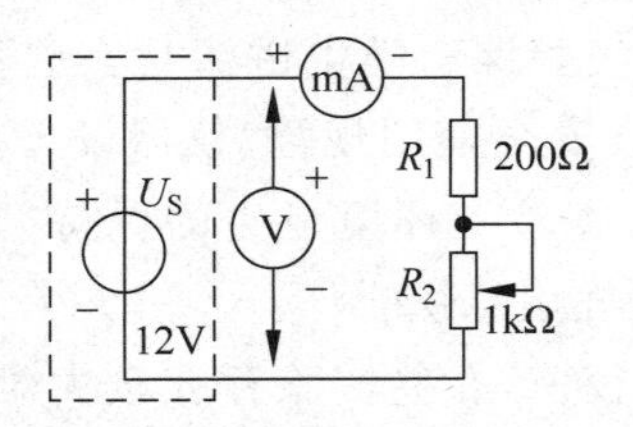

图 6-7 理想电压源外特性的测定

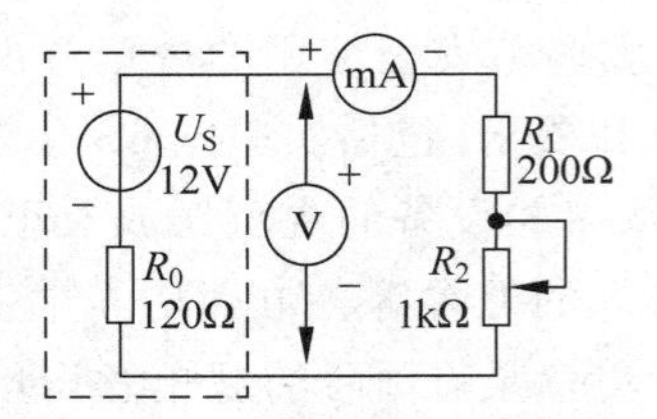

图 6-8 实际电压源外特性的测定

电路连接还是遵循先串联后并联的原则，按电流方向先做串联：从 U_S（12V 电源）的正极开始→毫安表正极→从毫安表负极→R_1（200Ω 电阻）的一端→从 R_1 的另一端→R_2（1kΩ 滑动变阻器，滑动变阻器的滑动端和其中一个固定端并联）的一端→从 R_2 的另一端→R_0（120Ω 电阻，由电阻箱调节可得）的一端→从 R_0 的另一端→U_S（12V 电源）的负极，至此，串联电路连接完成。之后接并联，电压表正极接 U_S 的正极，电压表负极接 R_0 与 R_2 的公共端，电压表在电路中是并联的，电路连接完成。此时，电压表测量的是 U_S+U_{R0} 的和值。调节 R_2，电压表和电流表可得相应的实际电压源外特性的实验数据。

通过实验学习，培养学生正确搭接实验电路的规矩意识。

3）清楚讲解实验电路的安全接线规则

【实例 6-11】 三相交流电压电流测量。

图 6-9 是三相 Y_O 接法的实验电路，三相 380V 交流电源经三相自耦式调压器调压后到 U、V、W 端，在 U、V、W 端输出线电压为 220V 的实验电压，实验时如果操作不当，会发生学生触电或因电路短路损坏设备的危险。为了让学生更能理解实验电路，正确接线，通过板书如图 6-10 所示的简化电路，结合在 PPT 中展示图 6-11、图 6-12、图 6-13 的图片，清楚讲解电路连接原则和接线次序，即按先负载后电源的接线顺序进行接线。

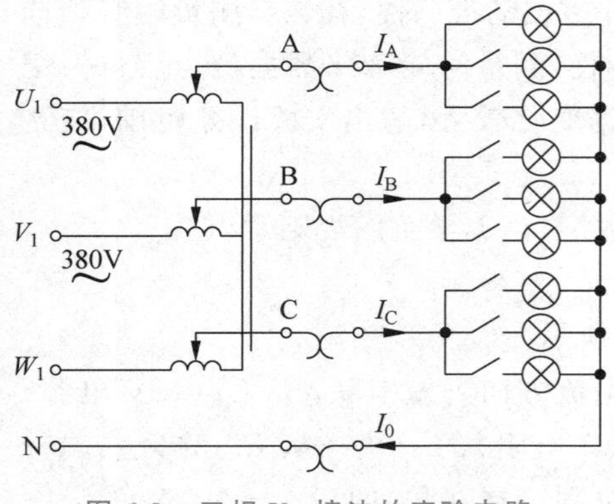

图 6-9 三相 Y_O 接法的实验电路

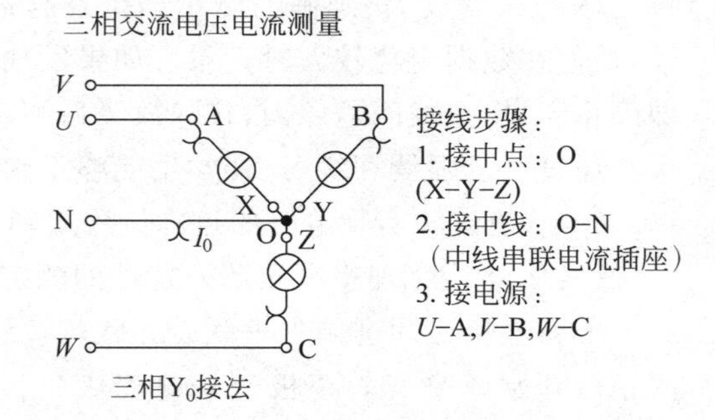

图 6-10 三相 Y_O 电路接线方法

电路连接分以下三步。

第一步：接中点 O(负载末端 X-Y-Z 连接到一起成中心点 O，强调三点成一点)，如图 6-11 所示。

第二步：接中线 O-N(负载中点 O 和电源中性点 N 连接，强调中线串电流插座)，如图 6-12 所示。

第三步：接电源(U-A、V-B、W-C，强调负载首端与电源 U、V、W 直接连接)，如图 6-13 所示。至此，图 6-9 的 Y_O 接法实验电路连接完成。启动电源，打开所有灯开关，即可进行实验测量。

图 6-11 接中点

图 6-12 接中线

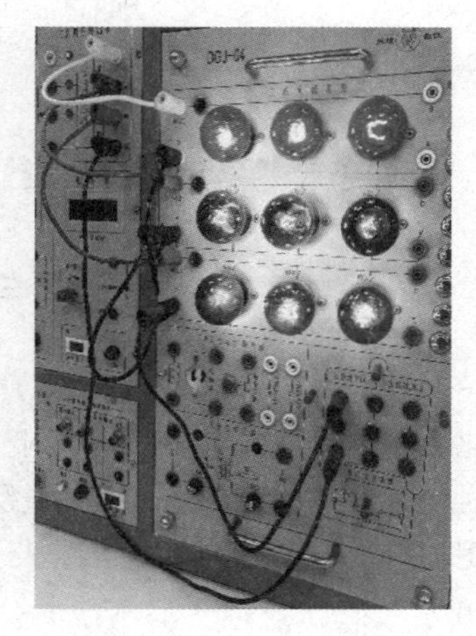

图 6-13 接电源

针对三相交流电要从实验开始，就让学生遵循先接负载后接电源的安全接线规则，培养学生在实验中安全操作的规矩意识。

6.3.4 教学特色与反思

1. 教学特色

本课程经过多年持续不断的改进，形成了鲜明的特色。

(1) 规矩意识的培养是一个长期的过程，一定要系统设计，有机融入实验教学的各个环节中去，从实验室管理制度的落实、实验课前预习、安全规范的实验操作到实验数据的分析、处理及实验报告的撰写等，要不断重复强化，才能有效地达到规矩意识的培养目标。

(2) 规矩意识的培养还要结合实验课程的特点和学生发展的需求，通过一件件小事，从细节中入手，比如实验仪器的使用及摆放、实验电路的搭接及数据测量、实验数据的处理及报告的书写等各个环节不断进行学生规矩意识的培养，由量变到质变，最后达到升华。

(3) 规矩意识的培养更要落到实处，一定要有考核评价的标准，在考核评价中得到体现，实验过程中针对实验预习、动手操作、仪器使用、数据测量、数据处理、报告完成、设备摆放及环境卫生等都做出了具体规范及考评标准，从各方面培养学生的规矩意识。

2. 教学反思

电路分析实验是电子、通信、电气等专业的大学生入校后第一门电类相关的集中实践课程，为了能达到课程教育目标，课程团队致力于课程教学改革，始终坚持以立德树人为宗旨，以学生为中心的发展理念，实验教学过程中，在实验预习、仪器使用、电路连接、数据测量、数据处理、实验报告及实验室安全管理等各个实验环节都做出了科学严格的标准和规定，要求学生认真遵照执行，不断培养学生的规矩意识，取得了良好的效果，深受学生的欢迎。课程思政是一个系统工程，需要每门课程同向同行，共同努力，不断完善。

（王学忠）

6.4 “MATLAB 语言”课程的设计与实践

6.4.1 课程概况与目标

“MATLAB 语言”是电子信息工程（卓越工程师方向）、通信工程、电气工程及其自动化、新能源材料与器件等专业的专业公修课程，开设在第 3 学期，共 48 学时（含实验 16 学时），3 学分。该课程主要讲授 MATLAB 矩阵运算及应用、数值计算及应用、符号运算及应用、程序设计及应用、绘图及应用、GUI 设计及应用、工具箱及应用、Simulink 仿真及应用等。

通过本课程的教学，从价值引领、知识探究、能力建设、态度养成四个维度实现知识、思维、能力的有机统一，使学生达到如下课程目标。

目标 1——价值引领：培养学生具有科学精神、规矩意识和追求卓越的工匠精神。（支撑毕业要求 6、8）

目标 2——知识探究：掌握 MATLAB 语言基础知识，具备软件设计开发的基本能力。（支撑毕业要求 1）

目标 3——能力建设：能熟练运用 MATLAB 语言的仿真手段，表达和解决有关工程的设计问题。（支撑毕业要求 5）

目标 4——能力建设：理解工程活动中的管理原理，通过仿真实验和辅助分析把握资源分配和经济评估的原则。（支撑毕业要求 11）

目标 5——态度养成：能够对实验结果进行分析和解释，获取合理有效的结论，按要求完成实验报告。（支撑毕业要求 6、8）

6.4.2 总体设计

1. 指导思想

教育理念——坚持教书与育人并重；教育目标——坚持能力与情怀并重；教学内

容——坚持知识与应用并重；教学方法——显性与隐性并重。

课程建设围绕教师和教材两个核心要素，加强课程思政理论探索、师资队伍课程思政能力建设和课程思政资源库建设。

2. 课程目标与课程教学的对应关系

课程理论教学内容与课程目标、教学环节的对应关系如表6-7所示。

表6-7　课程理论教学内容与课程目标、教学环节的对应关系

章	教学内容	教学环节	支撑课程目标
绪论	1. 课程的地位 2. 应用领域 3. 研究内容、方法与要求	PPT讲授、演示	目标1
第1章　MATLAB运算基础	1.1　MATLAB简介	PPT讲授、演示、课堂练习、课后作业	目标1、目标2、目标3、目标4
	1.2　MATLAB的基本操作		
	1.3　MATLAB数据的特点		
	1.4　变量及其操作		
	1.5　MATLAB矩阵的表示		
	1.6　MATLAB数据的运算		
	1.7　字符串		
第2章　MATLAB矩阵分析与处理	2.1　矩阵创建	PPT讲授、演示、课堂练习、课后作业	目标1、目标2、目标3、目标4
	2.2　矩阵的运算		
	2.3　矩阵的分析		
	2.4　特殊矩阵		
	2.5　矩阵及其运算应用		
第3章　MATLAB数值计算及应用	3.1　多项式计算	PPT讲授、演示、课堂练习、课后作业	目标1、目标2、目标3、目标4
	3.2　数据统计与分析		
	3.3　数据插值		
	3.4　数值微积分		
第4章　MATLAB程序设计	4.1　M文件	PPT讲授、演示、课堂练习、课后作业	目标1、目标2、目标3、目标4
	4.2　程序控制结构		
	4.3　函数文件		
	4.4　程序调试		
第5章　MATLAB绘图	5.1　二维绘图	PPT讲授、演示、课堂练习、课后作业	目标1、目标2、目标3、目标4
	5.2　三维绘图		
	5.3　隐函数绘图		
	5.4　绘图应用		
第6章　MATLAB符号运算	6.1　符号计算基础	PPT讲授、演示、课堂练习、课后作业	目标1、目标2、目标3、目标4
	6.2　符号导数及应用		
	6.3　符号积分及应用		
	6.4　级数		
	6.5　符号方程求解		

续表

章	教学内容	教学环节	支撑课程目标
第7章 MATLAB GUI设计	7.1 GUI的常见设计技术 7.2 菜单设计 7.3 对话框设计 7.4 可视化图形用户界面设计	PPT讲授、演示、课堂练习、课后作业	目标1、目标2、目标3、目标4
第8章 MATLAB 工具箱	8.1 MATLAB工具箱 8.2 MATLAB信号处理工具箱 8.3 MATLAB通信系统工具箱	PPT讲授、演示、课堂练习、课后作业	目标1、目标2、目标3、目标4
第9章 Simulink 仿真及应用	9.1 Simulink操作基础 9.2 Simulink的建模与仿真 9.3 Simulink公共模块库 9.4 子系统及其封装技术	PPT讲授、演示、课堂练习、课后作业	目标1、目标2、目标3、目标4

课程实验教学内容与课程目标、教学环节的对应关系如表6-8所示。

表6-8 课程实验教学内容与课程目标、教学环节的对应关系

序号	实验项目	教学要求	教学环节	支撑课程目标
1	MATLAB运算基础	(1) 掌握建立矩阵的方法； (2) 掌握MATLAB各种表达式的书写规则以及常用函数的使用	预习报告、教师演示、实际操作、实验报告	目标1、目标2、目标3、目标4、目标5
2	MATLAB矩阵分析与处理	(1) 掌握生成特殊矩阵的方法； (2) 掌握矩阵分析的方法； (3) 用矩阵求逆法解线性方程组	预习报告、教师演示、实际操作、实验报告	目标1、目标2、目标3、目标4、目标5
3	MATLAB选择结构程序设计	(1) 掌握利用if语句实现选择结构的方法； (2) 掌握利用switch语句实现多分支选择结构的方法	预习报告、教师演示、实际操作、实验报告	目标1、目标2、目标3、目标4、目标5
4	MATLAB循环结构程序设计	(1) 掌握利用for语句实现循环结构的方法； (2) 掌握利用while语句实现循环结构的方法； (3) 熟悉利用向量运算来代替循环操作的方法	预习报告、教师演示、实际操作、实验报告	目标1、目标2、目标3、目标4、目标5
5	函数与文件	(1) 掌握建立和执行M文件的方法； (2) 掌握定义和调用MATLAB函数的方法； (3) 掌握MATLAB文件的基本操作	预习报告、教师演示、实际操作、实验报告	目标1、目标2、目标3、目标4、目标5
6	MATLAB高层绘图操作	(1) 掌握绘制二维图形的常用函数； (2) 掌握绘制三维图形的常用函数； (3) 掌握绘制图形的辅助操作	预习报告、教师演示、实际操作、实验报告	目标1、目标2、目标3、目标4、目标5

续表

序号	实验项目	教学要求	教学环节	支撑课程目标
7	符号计算基础与符号微积分	(1) 掌握定义符号对象的方法、符号表达式的运算法则及符号矩阵运算；(2) 掌握求符号函数极限及导数的方法；(3) 掌握求符号函数积分的方法	预习报告、教师演示、实际操作、实验报告	目标1、目标2、目标3、目标4、目标5
8	Simulink的应用	(1) 熟悉Simulink的操作环境，掌握建立系统模型的方法；(2) 对简单系统所给出的数学模型能转换为系统仿真模型并进行仿真分析	预习报告、教师演示、实际操作、实验报告	目标1、目标2、目标3、目标4、目标5

3. 课程目标的考核方式

本课程以过程性考核和课程论文成绩进行综合评定学生成绩。

综合成绩＝过程性考核成绩×40%＋课程论文成绩×60%

过程性考核成绩占40%：包括实验报告(50%)和课后作业(50%)。每个实验报告按照总分100分评定，取其平均值。课后作业每次均按100分计，最终取其平均值。

课程论文采用教师提供的可选题目，也可自行拟题，但必须符合课程目标的要求，一人一题；按照统一的模板进行撰写；成绩按百分制评定。

课程目标的考核方式如表6-9所示。

表6-9 课程目标的考核方式

考核方式		成绩比例/%				
		课程目标1	课程目标2	课程目标3	课程目标4	课程目标5
过程性考核(40%)	实验报告(20%)	20	25	25	10	20
	课后作业(20%)	20	30	30	10	10
课程论文(60%)	写论文	20	25	25	10	20

6.4.3 课程思政典型案例——规矩意识的培养

规矩意识有三个层次：知规矩、懂规矩、守规矩，让外在规矩成为人的内在素质。规矩意识的培养是一个长期的过程，不可能一次完成，也不可能一蹴而就，不可能立竿见影地看到效果，也不能操之过急。规矩意识的培养是需要持之以恒地开展的，要进行系统化的设计，坚持理论与实践相结合，从课程教学的各个环节考虑，讲求实效并能够进行考核评价。

1. 案例教学目标和实施过程

教学目标：通过课程教学的各个环节，培养学生的规矩意识。

实施过程如下。

(1) 绪论课给学生讲清楚课程要求。通过介绍课程的地位、应用领域，明确告知学生本课程的5个教学目标，让学生知道自己要达到的学习成果；通过介绍教学内容让学生知道为什么要取得这样的学习成果；通过介绍技术手段以保障学生能够取得这些学习成果；通过介绍教学方法有效帮助学生取得学习成果；通过介绍考核评价方式让学生知道如何取得这样的成果。

(2) 课程理论教学中规矩意识的培养。根据学科与专业的特点，结合学生未来所从事工作的职业素养要求，充分利用计算机高级语言本身的优势，在理论教学中始终贯穿规矩意识的培养。

(3) 课程实验教学中规矩意识的培养。实验教学针对每章的内容进行安排，结合工程实践性，确保每位同学独立地完成相应的实验内容。由于实验内容较多，有些实验存在较大难度，部分学生可能无法按时在实验课时内完成，此时可以允许学生课后继续自学完成，教师进一步提供在线支持和问题答疑，规矩意识的培养始终贯穿于实验的全过程。

(4) 课程论文中规矩意识的培养。从论文的选题、写作模板以及考核细则等，给出参考标准，培养学生的规矩意识。

课程论文环节的考核评价细则如表6-10所示。

表 6-10 课程论文考核评价细则

课程目标	评价标准					权重/%
	90～100	80～89	70～79	60～69	0～59	
目标1	能够按时按照要求完成论文内容，书写规范；具有一定的独到见解	能够按时按照要求完成论文内容，书写规范	能够按时按照要求基本完成论文内容，书写较规范	能够按时按照要求基本完成论文内容，书写基本规范	不能按时按照要求完成论文内容，书写不规范	15
目标2	编写程序符合实际需求；思路清晰，结论正确，具备软件设计开发的基本能力	编写程序符合实际需求；思路较清晰，结论正确，具备软件设计开发的基本能力	编写程序符合实际需求；结论正确，具备软件设计开发的基本能力	编写程序符合实际需求；结论正确，基本具备软件设计开发的基本能力	编写程序不符合实际需求；结论不正确，不具备软件设计开发的基本能力	40
目标3	论文能够熟练地运用 MATLAB 语言的仿真手段，能够表达和解决有关工程的设计问题	论文能够较好地运用 MATLAB 语言的仿真手段，较好地表达和解决有关工程的设计问题	论文能够基本运用 MATLAB 语言的仿真手段，基本表达和解决有关工程的设计问题	论文能够基本运用 MATLAB 语言的仿真手段，不能表达和解决有关工程的设计问题	论文不能运用 MATLAB 语言的仿真手段，不能表达和解决有关工程的设计问题	20

续表

课程目标	评价标准					权重/%
	90～100	80～89	70～79	60～69	0～59	
目标4	能够通过仿真实验和辅助分析把握资源分配和经济评估的原则，理解工程活动中的管理原理	能够通过仿真实验和辅助分析把握资源分配和经济评估的原则，较好地理解工程活动中的管理原理	能够通过仿真实验和辅助分析较好地把握资源分配和经济评估的原则，较好地理解工程活动中的管理原理	能够通过仿真实验和辅助分析基本把握资源分配和经济评估的原则，基本理解工程活动中的管理原理	不能通过仿真实验和辅助分析把握资源分配和经济评估的原则，不能理解工程活动中的管理原理	10
目标5	能够对仿真结果进行翔实分析和解释，获取合理有效的结论，有创新性	能够对仿真结果进行翔实分析和解释，获取合理有效的结论	能够对仿真结果进行分析和解释，获取合理有效的结论	能够对仿真结果进行分析和解释，获取较合理有效的结论	不能对仿真结果进行分析和解释，不能获取合理有效的结论	15

2．实施案例

1）清楚介绍MATLAB语言中的命令与函数规则

MATLAB语言定义了大量的命令与函数，介绍时讲清楚有关的规则。

(1) 让学生知道规则和使用技巧。

【实例6-12】 字符型数据：在MATLAB中，字符串可以用单引号('')进行赋值，字符串的每个字符(含空格)都是字符串的一个元素。关于字符串的写法，还要注意两点：①若字符串中的字符含有单引号，则该单引号字符需用两个单引号来表示；②对于较长的字符串可以用字符串向量表示，即用“[]”括起来。

(2) 通过问题让学生掌握其必须遵循的规则和使用技巧。

【实例6-13】 在使用函数str2num时需要注意被转换的字符串仅能包含数字、小数点、字符e或者d、数字的正号或者负号、复数的虚部字符i或者j，使用时要注意空格。通过下面的问题来介绍其使用规则。

问题1：建立一个字符串向量，然后对该向量做如下处理：①取第1～5个字符组成子字符串；②将字符串倒过来重新排列；③将字符串中的小写字母转换成相应的大写字母，其余字符不变；④统计字符串中小写字母的个数。

(3) 让学生掌握使用规则的条件。

【实例6-14】 逻辑运算规则：“&&”和“||”操作都有其特殊的性质，两者都属于先决逻辑操作符。“&&”操作时，先观察运算符左侧的参与运算量是否为“假”；若是，则马上给出运算结果为“假”，而不必再观察运算符右侧的参与运算量。当左侧的运算量为“真”时，才接着对右侧的运算量进行计算或者判断，进而执行“与”逻辑运算。“||”操作时，首先判断左

侧的运算量是否为“真”；若是，立即给出计算结果“真”，而不必再观察右侧的参与运算量；若不是，则对右侧运算量进行观察，进而执行“与”操作。

【实例 6-15】 max 函数：具体多种调用格式。

```
y = max(x)                  % 返回向量 x 中最大元素给 y
[y,k] = max(x)              % 返回向量 x 中最大元素给 y,所在位置为 k
Y = max(A)                  % 返回矩阵 A 每列最大元素给 Y,Y 是一个行向量
[Y,k] = max(A)              % 返回矩阵 A 每列最大元素给 Y,Y 是一个行向量,k 记录每列最大元素的行号
[Y,k] = max(A,[],dim)       % dim = 2 时,返回为每行最大元素;dim = 1 时,与 max(A)完全相同
Y = max(A,B)                % 返回相同维度的向量或矩阵
```

注意：x 代表的是向量，A 代表的是矩阵，故 x 和 A 不能进行比较，要让学生在使用规则时必须关注条件的变化。

(4) 通过比较掌握规则的使用技巧。

【实例 6-16】 选择结构——多分支 if 语句的结构形式如下。

```
if 条件 1
        语句组 1
    elseif 条件 2
        语句组 2
      …
    elseif 条件 m
        语句组 m
    else
        语句组 n
end
```

语句执行过程如图 6-14 所示。

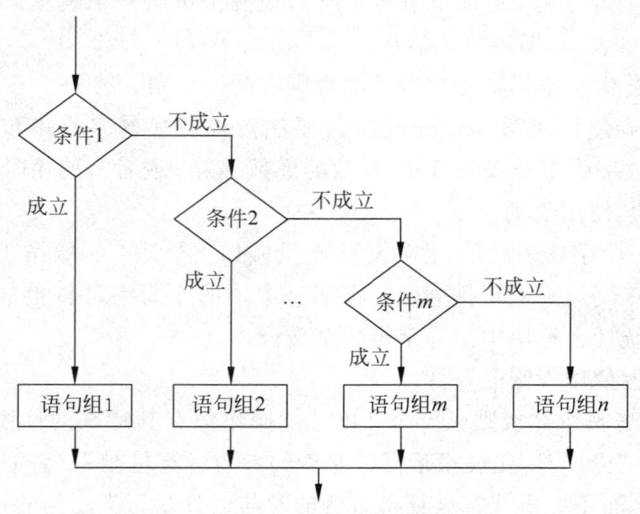

图 6-14 多分支 if 语句执行过程

注意：①每条 if 语句都尾随有一条 end 语句；②如果都要使用 else 和 elseif 语句，必须将 else 语句放在 elseif 语句的后面，其用于处理未加说明的所有条件；③elseif 语句并不需要单独的 end 语句；④if 语句可以相互嵌套，可根据实际需要将各个 if 语句进行嵌套来解决比较复杂的实际问题。

问题 2：编写一个程序，输入一个数值分数，输出等级分数。要求：grade＞95 为 A；95≥grade＞85 为 B；85≥grade＞75 为 C；75≥grade≥60 为 D；60＞grade≥0 为 F。

说明：对于有许多选项的选择结构来说，最好在一个 if 结构中使用多个 elseif 语句，尽量不用 if 的嵌套结构。

(5) 通过教师的讲解与学生的及时练习，不断强化学生对规则的认识与掌握。

【实例 6-17】 自定义函数文件：函数文件由 function 语句引导，其基本结构如下。

```
function 输出形参表 = 函数名(输入形参表)
    注释说明部分
    函数体语句
```

其中，以 function 开头的一行为引导行，表示该 M 文件是一个函数文件。函数名的命名规则与变量名相同。"输入形参"为函数的"输入参数"，"输出形参"为函数的输出参数。当输出形参多于一个时，应该用方括号括起来。

说明：①关于函数文件名。函数文件名通常由函数名再加上扩展名".m"组成，不过函数文件名与函数名也可以不相同。当两者不同时，MATLAB 将忽略函数名而确认函数文件名，因此调用时使用函数文件名。不过最好把文件名和函数名统一，以免出错。②关于注释说明。注释说明包括 3 部分内容：紧随函数文件引导行之后以"%"开头的第一注释行一般包括大写的函数文件名和函数功能简要描述，供 lookfor 关键词查询和 help 在线帮助时使用；第一注释行及之后连续的注释行，通常包括函数输入/输出参数的含义及调用格式说明等信息，构成全部在线帮助文本；与在线帮助文本相隔一个空行的注释行，包括函数文件编写和修改的信息等。③关于 return 语句。如果在函数文件中插入了 return 语句，则执行到该语句就结束函数的执行，程序流程转至调用该函数的位置。通常，在函数文件中也可不使用 return 语句，这时在被调用函数执行完成后自动返回。

函数文件编制好以后就可以调用了。函数调用的一般格式如下。

```
[输出实参表] = 函数名(输入实参表)
```

问题 3：编制一个函数，要求任意输入两个数值后，用两个子函数分别求出它们的和与它们的绝对值的和，再将这两个和相乘。

注意：函数调用时各实参出现的顺序、个数，应与函数定义时形参的顺序、个数一致，否则会出错。函数调用时，先将实参传递给相应的形参，从而实现参数传递，然后再执行函数的功能。

要确保学生掌握函数的定义和调用规则的使用技巧，要随时观察学生在实际操作中出现的问题，及时纠正并对其进行升华。

2）课程实验教学中规矩意识的培养

【实例 6-18】 课程实验教学要对学生立好规矩，严格执行。

(1) 预习报告的规矩要求。采用统一的实验报告模板，包括实验名称、实验目的、实验任务、实验所使用的设备和软件版本，按照实验任务编写 MATLAB 实验程序。

(2) 开始实验前的规矩要求。经教师检查预习报告签字后方可进行实验；实验中做好数据的记录，尤其是对异常现象的记录与排除方法；实验中教师要随时观察典型的问题，并进行讲解；实验结束后提交完整的实验报告。

(3) 实验报告的规矩要求。实验报告应包括实验名称、实验目的、实验任务、实验所使用的设备和软件版本、编写的 MATLAB 实验任务源程序、数据或结果记录、实验结论。

(4) 实验报告评价的规矩要求。学生上交实验报告后，按照完成的实验报告，检查学生对所学到知识的掌握程度，给出考核评价成绩。

3）课程论文中规矩意识的培养

【实例 6-19】 从 2008 年开始，课程考试采用课程论文的形式进行，要求学生应用该课程的内容结合高等数学、线性代数、大学物理、物理实验、电路分析、模拟电路等课程中的知识点，掌握用计算机解决实际问题、构建数学模型、进行系统仿真的方法。教师提供 50 个论文题目并提出具体要求，由学生自己选题，要求一人一题，不能重复；也可以由学生自拟题目，与教师协商审核定题。题目举例如下。

题目 1：MATLAB 在函数极限运算中的应用

要求：①用 MATLAB 符号方法计算函数极限，从《高等数学》教材中找出相应的实例完成；②对以下类型的极限问题，能灵活使用洛必达法则方法处理，从《高等数学》教材中找出$\frac{0}{0}$、$\frac{\infty}{\infty}$、1^{∞}、$\infty \cdot 0$、$\infty-\infty$对应类型的实例完成；③扩展多元函数极限问题求解。

题目 2：MATLAB 在场论中的应用

要求：①计算梯度问题，从《高等数学》教材中找出不同类型的实例完成；②计算散度问题，从《高等数学》教材中找出不同类型的实例完成；③计算旋度问题，从《高等数学》教材中找出不同类型的实例完成；④把结果用图形表示出来。

题目 3：MATLAB 在火箭发射中的应用

要求：①计算火箭发射的高度，从《物理学》教材中找出相应的实例完成；②计算火箭发射的速度、加速度，从《物理学》教材中找出相应的实例完成；③把结果用图形表示出来。

题目 4：MATLAB 在圆柱形磁场中的应用

要求：①分析均匀无线长通电圆柱面内外的磁感应强度分布规律，从《物理学》教材中找出相应的实例完成；②分析均匀无线长通电圆柱体截面上的磁感应强度分布规律，从《物理学》教材中找出相应的实例完成；③分析均匀无线长通电圆柱壳内外的磁感应强度分布规律，从《物理学》教材中找出相应的实例完成；④把结果用图形表示出来。

题目 5：MATLAB 在信号发生器中的应用

要求：①正弦信号发生器，从《模拟电子技术》教材中找出相应的实例完成；②方波和矩形波信号发生器，从《模拟电子技术》教材中找出相应的实例完成；③锯齿波信号发生器，从《模拟电子技术》教材中找出相应的实例完成；④把结果用图形表示出来。

论文由教师给出模板，包括封面的格式、正文的框架结构（题目、个人信息、摘要、关键词、问题的提出、问题的分析、问题的解决、结论、参考文献规范等）、字体字号、行间距、图表编号等一一做出规定，让学生按照模板进行写作。

课程论文考核方式深受学生的欢迎，在于：①培养了学生的规矩意识，并将其运用在课程论文的写作中；②学生可以运用所学的知识解决有关的实际问题；③激发了学生的学习积极性，调动了学生的学习主动性；④初步培养了学生用计算机解决实际问题、构建数学模型、进行系统仿真的方法；⑤初步培养了学生的论文写作能力。

6.4.4 教学特色与反思

1. 教学特色

本课程经过 14 年持续不断的改进，形成了鲜明的特色。

(1) 规矩意识的培养是一个长期的过程，一定要系统设计，有机融入教学的各个环节中去，要不断重复强化，才能有效地实现课程目标。

(2) 规矩意识的培养要结合课程的特点和学生发展的需求，通过一件件小事，从细节中入手，由量变到质变，最后达到升华。

(3) 规矩意识的培养要落到实处，一定要有考核评价的标准，要不断改进完善。

2. 教学反思

课程团队致力于课程教学改革，始终坚持以立德树人为宗旨，以学生为中心的发展理念，实施 OBE 成果导向教育。本课程在课程思政教育方面取得了良好的效果，达到了课程教育目标，深受学生的欢迎。课程思政是一个系统工程，需要每门课程同向同行，共同努力。

（汤全武）

6.5 “模拟电子技术实验”课程的设计与实践

6.5.1 课程概况与目标

“模拟电子技术实验”是电子信息工程（卓越工程师方向）、通信工程、电气工程及其自动化、新能源材料与器件等专业的专业公修课程，开设在第 3 学期，共 16 学时，1 学分。

该课程主要讲授模拟电子技术基础实验的基本方法，能够识别和判断模拟电子系统相关工程问题的关键环节和参数。能够根据常用放大电路、模拟运放电路及滤波器的组成及其工作原理，分析并验证相应模拟电路功能的合理性，以获得有效结论。具备电路的分析、设计能力。能够根据电路的功能要求，进行电路设计和实现，并能够在设计环节中体现创新意识。

本课程的任务在于配合模拟电子技术基础理论教学，通过本课程的学习，加深对理论知识的理解，并在理解的基础上拓展思维，提高学生对所学理论知识的实际应用能力。同时，激发学生对模拟电子技术基础实践操作方面的学习兴趣和热情，为后续成为优秀的工程技术专业人才打下良好的基础。

通过本课程的教学，从价值引领、知识探究、能力建设、态度养成四个维度实现知识、思维、能力的有机统一，使学生达到如下课程目标。

目标1——价值引领：培养学生具有科学精神、规矩意识和追求卓越的工匠精神。（支撑毕业要求1）

目标2——知识探究：掌握模拟电路基础知识，具备简单电路的分析设计能力。（支撑毕业要求3）

目标3——能力建设：能够正确采集、整理实验数据，对实验结果进行分析和解释，获取合理有效的结论。（支撑毕业要求3）

目标4——能力建设：理解工程活动中的管理原理，通过仿真实验和辅助分析把握资源分配和经济评估的原则。（支撑毕业要求4）

目标5——态度养成：能够对实验结果进行分析和解释，获取合理有效的结论，按要求完成实验报告。（支撑毕业要求5）

6.5.2 总体设计

1. 指导思想

(1) 理论与实践相结合。在模拟电子技术实验过程中，首先从理论上使学生掌握实验规矩，进而反复实践，不断强化规矩意识，认识规矩的重要性。

(2) 循序渐进。规矩意识的培养是需要时间的，作为一种以对规矩自觉遵守和运用为核心的综合素养，需要反复学习，才能养成习惯。在模拟电子技术实验过程中，要不断强化对规矩的认识、理解、学习与掌握。

(3) 讲求实效。注重从大学生学习与生活中的各个方面培养规矩意识，而不是单单就学习这一个方面。从对模拟电子技术实验中实验室规矩、仪器仪表的使用规则、实验项目规矩上升到整个学校规矩、社会规矩的培养。

2. 课程目标与课程教学的对应关系

课程实验教学内容与课程目标、教学环节的对应关系如表6-11所示。

3. 课程目标的考核方式

课程学生成绩评定方法如下。

总评成绩＝预习成绩×20％＋过程成绩×40％＋期末成绩×40％

注：预习成绩和过程成绩取8次实验成绩的平均值。

课程目标的考核方式如表6-12所示。

表 6-11 课程实验教学内容与课程目标、教学环节的对应关系

序号	实验项目	教学要求	教学环节	支撑课程目标
1	常用仪表的使用及放大器性能测试	(1) 熟悉模拟电子技术实验中常用的仪器； (2) 通过放大器性能测试，进一步掌握常用仪器仪表的使用	预习、教师演示与讲解、学生实操、实验报告	目标 1、目标 3、目标 5
2	晶体管共射极单管放大器静态性能测试	(1) 掌握放大器静态工作点调试方法； (2) 测试放大器静态工作点对放大器性能的影响	预习、教师演示与讲解、学生实操、实验报告	目标 1、目标 2、目标 3、目标 4
3	模拟运算电路	(1) 掌握由运算放大器组成的比例、加法、减法等基本运算电路； (2) 搭接电路并测试	预习、教师演示与讲解、学生实操、实验报告	目标 1、目标 2、目标 3、目标 4
4	负反馈放大器	(1) 加深理解放大电路中引入负反馈的方法； (2) 掌握负反馈对放大器各性能指标的影响	预习、教师演示与讲解、学生实操、实验报告	目标 1、目标 2、目标 3、目标 4
5	直流电压表和欧姆表的设计	(1) 设计由运算放大器组成的直流电压表和欧姆表； (2) 组装与调试	预习、教师演示与讲解、学生实操、实验报告	目标 1、目标 3、目标 4、目标 5
6	有源滤波器	(1) 熟悉有源低通滤波器、高通滤波器和带通滤波器； (2) 学会测量有源滤波器的幅频特性	预习、教师演示与讲解、学生实操、实验报告	目标 1、目标 3、目标 4、目标 5
7	波形发生器	(1) 学习用集成运放构成正弦波、方波和三角波发生器的方法； (2) 学习波形发生器的调整和主要性能指标的测试方法	预习、教师演示与讲解、学生实操、实验报告	目标 1、目标 3、目标 4、目标 5
8	直流稳压电源	(1) 学习单相桥式整流、电容滤波电路的特性； (2) 测试三端稳压电路的性能	预习、教师演示与讲解、学生实操、实验报告	目标 1、目标 2、目标 3、目标 5

表 6-12 课程目标的考核方式

分项成绩	考核方式	成绩比例/%				
		课程目标 1	课程目标 2	课程目标 3	课程目标 4	课程目标 5
预习成绩(20%)	课前预习	30	30	5	25	10
过程成绩(40%)	实验过程及报告	20	20	20	20	20
期末考试(40%)	实操考试	30	30	20	20	

6.5.3 课程思政典型案例——规矩意识的培养

规矩意识有三个层次：知规矩、懂规矩、守规矩，让外在规矩成为人的内在素质。规

矩意识的培养是一个长期的过程,不可能一次完成,也不可能一蹴而就,不可能立竿见影地看到效果,也不能操之过急。规矩意识的培养是需要持之以恒地开展的,要进行系统化的设计,坚持理论与实践相结合,从课程教学的各个环节考虑,讲求实效并能够进行考核评价。

1. 案例教学目标和实施过程

教学目标:通过课程实验教学的各个环节,培养学生的规矩意识。

实施过程如下。

(1) 第一次实验课给学生讲清楚课程要求。通过介绍课程的地位、应用领域,明确告知学生本课程的5个教学目标,让学生知道自己要达到的学习成果;通过介绍教学内容让学生知道要取得哪些学习成果;通过介绍技术手段以保障学生能够取得这些学习成果;通过介绍教学方法有效帮助学生取得学习成果;通过介绍考核评价方式让学生知道如何取得这样的成果。

(2) 实验实践教学中规矩意识的培养。根据学科与专业的特点,结合学生未来所从事工作的职业素养要求,充分利用电子科技本身的优势,在实验教学中始终贯穿规矩意识的培养。

(3) 课程实验教学中规矩意识的培养。实验教学针对每章的内容进行安排,结合工程实践性,确保每位同学独立地完成相应的实验内容。由于实验内容较多,有些实验存在较大难度,部分学生可能无法按时在实验课时内完成,此时可以允许学生课后继续自学完成,教师进一步提供在线支持和问题答疑,规矩意识的培养始终贯穿于实验的全过程。

(4) 课程设计中规矩意识的培养。从设计的选题、写作模板以及考核细则等,给出参考标准,培养学生的规矩意识。

2. 成绩评价细则

期末考试评价细则如表6-13所示。

表6-13 期末考试评价细则

课程目标	评价标准					权重/%
	90~100	80~89	70~79	60~69	0~59	
目标1	熟练掌握考试需要的基本放大电路、集成运放的逻辑功能,具备较好的模拟电子电路的分析与设计能力,具有较好的信息获取与处理能力	掌握考试需要的基本放大电路、集成运放的逻辑功能,具备模拟电子电路的分析与设计能力,具有信息获取与处理能力	基本掌握考试需要的基本放大电路、集成运放的逻辑功能,基本具备模拟电子电路的分析与设计能力,具有信息获取与处理能力	部分掌握考试需要的基本放大电路、集成运放的逻辑功能,基本具备模拟电子电路的分析与设计能力,基本具有信息获取与处理能力	没有掌握考试需要的基本放大电路、集成运放的逻辑功能,不具备模拟电子电路的分析与设计能力,不具有信息获取与处理能力	30

续表

课程目标	评价标准					权重/%
	90～100	80～89	70～79	60～69	0～59	
目标2	能够根据试题要求，理解电路设计，实现设计所需的全部功能。仪器仪表选用合理，能够熟练在实验设备上进行实物电路连接，验证结果	能够根据试题要求，理解电路设计，实现设计所需的全部功能。仪器仪表选用合理，能够在实验设备上进行实物电路连接，验证结果	能够根据试题要求，理解电路设计，实现设计所需的基本功能。仪器仪表选用合理，能够在实验设备上进行实物电路连接，验证结果	能够根据试题要求，理解电路设计，实现设计所需的部分功能。仪器仪表选用合理，基本能够在实验设备上进行实物电路连接，验证结果	不能根据试题要求，理解电路设计，不能实现设计所需的功能。仪器仪表选用不合理，不能够在实验设备上进行实物电路连接，验证结果	30
目标3	能够正确采集、整理试题需要的所有实验数据，对实验结果进行准确分析和详细解释，获取合理有效的结论，按要求良好地完成实验报告	能够正确采集、整理试题需要的所有实验数据，对实验结果进行准确分析和较详细解释，获取合理有效的结论，按要求较好地完成实验报告	能够正确采集、整理试题需要的所有实验数据，对实验结果进行分析和解释，获取合理有效的结论，按要求完成实验报告	能够正确采集、整理试题需要的部分实验数据，对实验结果进行基本分析和解释，获取基本合理有效的结论，按要求完成实验报告	不能正确采集、整理试题需要的实验数据，不能对实验结果进行分析和解释，无法获取合理有效的结论。不能按要求完成实验报告	20
目标4	熟练掌握考试用到的实验设备功能和使用方法，能够正确使用实验设备完成实验	掌握考试用到的实验设备功能和使用方法，能够正确使用实验设备完成实验	基本掌握考试用到的实验设备功能和使用方法，能够正确使用实验设备完成实验	部分掌握考试用到的实验设备功能和使用方法，基本能够正确使用实验设备完成实验	没有掌握考试用到的实验设备功能和使用方法，不能正确使用实验设备完成实验	20

3. 实施案例

规矩是指人们共同遵守的办事规程和行为准则。规矩意识是一种发自内心的认同并自觉自愿地以规矩为自己行动准绳的思想观念和稳定的心理状态。

规矩意识是每个学生都必备的一种意识。规矩意识有三个层次：①遵守学校纪律、尊敬师长等。②有遵守规矩的愿望和习惯。③遵守规矩成为人的内在需要。

1）对初次上模拟电子技术实验的学生必须强化以下规矩意识

（1）必须认真预习实验内容，完成预习思考题。

（2）严禁学生在实验室内吸烟、进食、睡觉、追逐、打闹。

（3）进入实验室必须在“学生实验签到表”上签到。

（4）实验过程中注意爱惜实验设备，规范操作。

(5) 上课期间注意用电及消防安全。

(6) 严格执行实验室6S标准化管理,课后将实验设备及桌凳规范摆放,做好实验室的卫生打扫工作。

(7) 认真完成实验结果分析与实验总结。

2) 熟练掌握模拟电子技术实验常用仪表的使用

模拟电子技术实验常用仪器仪表如图6-15所示,包括直流稳压电源、交流毫伏表、函数信号发生器、示波器等。

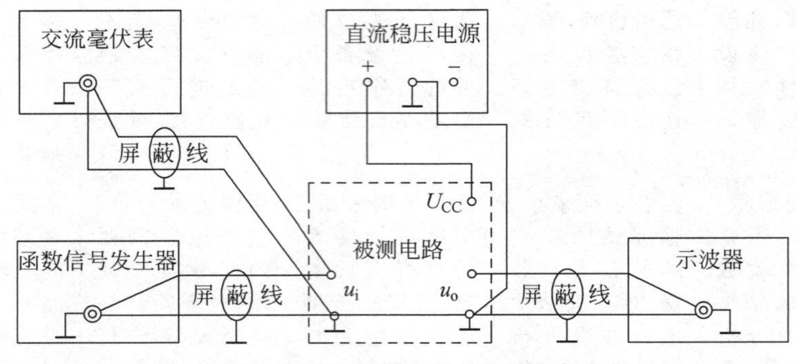

图6-15 模拟电子技术实验常用仪器仪表

首次实验介绍模拟电子技术实验常用仪器仪表的使用方法和规则。

(1) 让学生知道仪器仪表的使用规则和使用技巧。

【实例6-20】 函数信号发生器:函数信号发生器按需要输出正弦波、三角波、方波等信号波形。输出电压峰-峰值为20V。通过输出幅度调节旋钮,可使输出电压在毫伏级到伏级范围内连续调节。函数信号发生器的输出信号频率可以通过频率分挡开关进行调节。函数信号发生器作为信号源,它的输出端不允许短路。

示波器:示波器是一种用途很广的电子测量仪器,它既能直接显示电信号的波形,又能对电信号进行各种参数的测量。测量时能迅速准确地测量出输出信号的有效值、峰-峰值、周期和频率。

交流毫伏表:交流毫伏表只能在其工作频率范围之内,用来测量正弦交流电压的有效值。为了防止过载而损坏,测量前一般先把量程开关置于量程较大位置上,然后再在测量中逐挡减小量程。

(2) 通过反复练习让学生掌握其必须遵循的规则和使用技巧。

【实例6-21】 **问题1**:示波器显示"无输出信号"。

首先需排除示波器本身故障,方法是把示波器信号线与示波器校准波形直接相连,若此时窗口显示波形,说明示波器完好。若窗口无波形输出,可能示波器信号线有故障,这时需更换示波器信号线。

问题2:示波器完好,信号杂乱或无信号。

需确认函数信号发生器是否完好,方法是函数信号发生器输出信号直接与示波器相连,调节信号发生器输出频率为3V,频率为1000Hz。此时示波器显示清晰的输出信号,则表示函数信号发生器完好。

问题3:示波器输出波形失真。

波形失真表示输入信号幅度过大,调小函数信号发生器信号幅度。

(3) 通过教师的讲解与学生的及时练习,不断强化学生对规则的认识与掌握。

【实例6-22】 在"晶体管共射极单管放大器静态性能测试"实验中,连接好电路后,需要测量放大器的静态工作点,应在输入信号 $u_i=0$ 的情况下进行,即将放大器输入端与地端短接,然后选用量程合适的直流毫安表和直流电压表,分别测量晶体管的集电极电流 I_C 以及各电极对地的电位 U_B、U_C 和 U_E。

静态工作点是否合适,对放大器的性能和输出波形都有很大影响。如工作点偏高,放大器在加入交流信号以后易产生饱和失真,此时输出信号的负半周将被削底,如工作点偏低则易产生截止失真,即输出信号的正半周被削顶(一般截止失真不如饱和失真明显),这些情况都不符合不失真放大的要求。所以在选定工作点以后还必须进行动态调试,即在放大器的输入端加入一定的输入电压 u_i,检查输出电压 u_o 的大小和波形是否满足要求。如不满足,则应调节静态工作点的位置。

产生波形失真是信号幅度与静态工作点设置配合不当所致。如需满足较大信号幅度的要求,静态工作点最好尽量靠近交流负载线的中点。

3) 课程实验教学中规矩意识的培养

【实例6-23】 课程实验教学要对学生立好规矩,严格执行。

(1) 预习报告的规矩要求。采用统一的实验报告模板,包括实验名称、实验目的、实验任务等。

(2) 开始实验前的规矩要求。经教师检查预习报告签字后方可进行实验;实验中做好数据的记录,尤其是对异常现象的记录与排除方法;实验中教师要随时观察典型的问题,并进行讲解;实验结束后提交完整的实验报告。

(3) 实验报告的规矩要求。实验报告应包括实验名称、实验目的、实验任务、实验所使用的设备和测试数据或结果记录、实验结论。

(4) 实验报告评价的规矩要求。学生上交实验报告后,按照完成的实验报告,检查学生对所学到知识的掌握程度,给出考核评价成绩。

4) 各实验项目中规矩意识的培养

【实例6-24】 "模拟运算电路"实验中,要求掌握运算放大器组成的比例、加法、减法等基本运算电路。学生自主搭接电路并测试。

本实验教学中规矩意识培养体现在:学校教育是大学生规矩认知教育的主渠道,是大学生对规矩及其现象进行认知教育的主要途径。开展规矩认知教育,要按照大学生的接受能力,分阶段地教给大学生规矩所应具备的知识和技能,包括与规矩意识形成息息相关的学科知识和技能,提高他们的理解能力。当前,必须提高规矩认知教育的有效性,进行必要的、有针对性的教学改革。

【实例6-25】 "直流电压表和欧姆表的设计"实验中,要求学生掌握直流电压表和欧姆表的基本原理，正确搭建实验电路，准确完成实验测试项目。

在教学内容上，教育学生知规矩、守规矩与培养批判性思维相结合；在教学方法上，注重实践教学，强化教学互动，在教学和互动过程中，遵守规矩，发现规矩和评价规矩的价值；要融于社会生活，在社会生活中开展教学，建立和完善大学生进入现实社会生活体验规矩的方式、途径和机制。

【实例 6-26】“直流稳压电源”实验中，要求学生掌握单相桥式整流、电容滤波电路的特性并测试三端稳压电路的性能。

开展规矩意识培养必须重视教师的言传身教，教师在坚持正面正确引导学生，引导学生主体参与，调动学生的主动性、积极性和创造性，突出他们的主体地位，使外部客观的东西自觉内化为内部主观的东西。通过促进内化进程，提高内化效果，外化为良好的行为习惯。

6.5.4 教学特色与反思

1. 教学特色

模拟电子技术实验是电类专业的一门基础实验课程，规矩意识的培养贯穿始终。

(1) 规矩意识的培养是一个长期的过程，一定要系统设计，有机融入教学的各个环节中去，要不断重复强化，才能有效地实现课程目标。

(2) 规矩意识的培养要结合课程的特点和学生发展的需求，通过一件件小事，从细节中入手，由量变到质变，最后达到升华。

(3) 规矩意识的培养要落到实处，一定要有考核评价的标准，要不断改进完善。

2. 教学反思

模拟电子技术实验是电类专业的基础实践课程，为学生后续课程实验起着引领示范作用，在教学过程中从实验预习、仪器仪表使用、电路连接、数据测试分析、实验报告等环节制定了完善规章。教学过程中，在培养学生掌握扎实的电子技术去分析、验证、设计基本电路的同时，将“懂规矩，守规矩”贯穿整个课程实验教学，引导学生树立正确的规矩意识，只有严格规范操作，才能使学生掌握扎实的实验操作技能，培养学生工程实践的能力和解决问题的能力，从而实现全方位育人。

（赵国荣）

6.6 “微处理器与接口技术”课程的设计与实践

6.6.1 课程概况与目标

“微处理器与接口技术”是电子信息工程(卓越工程师方向)、通信工程、电气工程及其自动化等专业的专业必修课程，开设在第 5 学期，共 64 学时(实验单独开设计 16 学时)，5 学分。该课程主要讲授微处理器基本工作原理、存储器接口设计、输入输出接口控制技术等理论知识和设计方法，旨在通过本课程的学习，使学生受到严格的科学思维和科学研究训练，具备实现I/O接口控制系统软硬件设计的初步能力。

通过本课程的教学，从价值引领、知识探究、能力建设、态度养成四个维度实现知识、思维、能力的有机统一，使学生达到如下课程目标。

目标1——价值引领：培养学生践行社会主义核心价值观，培养科技报国的家国情怀和使命担当，培养科学精神、规矩意识和追求卓越的工匠精神。（支撑毕业要求6、8）

目标2——知识探究：掌握微处理器与接口技术的基本架构、工作原理、存储结构、时序逻辑及接口通信等计算机软硬件知识，具备微处理器接口通信系统的分析、设计能力及底层设备驱动开发能力。（支撑毕业要求1）

目标3——能力建设：掌握控制器、运算器、存储器、输入输出接口及总线基本逻辑关系以及可编程接口芯片编程结构、初始化流程及开发流程，能熟练运用微处理器相关软硬件知识，表达和解决有关工程的设计问题。（支撑毕业要求3）

目标4——能力建设：能够熟练掌握微处理器与接口之间进行程序方式、中断方式及DMA方式的数据通信，并配合定时器表达和解决通信工程的设计问题。（支撑毕业要求5）

目标5——态度养成：能够使用emu8086、PROTUES等仿真平台软件进行基本汇编程序设计，利用仿真平台进行微处理器与接口通信的综合设计，解决通信工程复杂问题，并能对实验结果进行分析和解释，获取合理有效的结论。（支撑毕业要求5）

6.6.2　总体设计

1. 指导思想

教育理念——坚持以学生发展为中心；教育目标——坚持知识、能力、素养、价值观培养并重；教学内容——坚持原理与技能并重；教学方法——坚持学生主体地位，规矩意识导向。

课程建设通过丰富教学资源、强化教学效果来拓展深化教学内容；加强课程思政理论探索，合理融入课程教学，实现专业课程与思政教育有机统一；通过引导教师以德立身、以德立学、以德施教，提升教师团队的课程思政能力。

2. 课程目标与课程教学的对应关系

课程理论教学内容与课程目标、教学环节的对应关系如表6-14所示。

3. 课程目标的考核方式

本课程以过程性考核成绩和期末测评成绩进行综合评定学生成绩。

$$综合成绩=过程性考核成绩\times 30\% + 期末测评成绩\times 70\%$$

过程性考核成绩占30%：包括讨论学习与课堂笔记（10%）、课后作业（20%）。

期末测评成绩占70%：闭卷考试。

讨论学习与课堂笔记总结共计4次，笔记2次，每次均按100分计，最终取其平均值。成绩评定由教师根据每位学生讨论学习和课堂笔记的情况给出成绩。

课后作业是指每章的课后习题作业，每次均按100分计，最终取其平均值。

课程目标的考核方式如表6-15所示。

表 6-14 课程理论教学内容与课程目标、教学环节的对应关系

章	教学内容	教学环节	支撑课程目标
第1章 微型计算机概述	1.1 计算机系统中的数制、码制	讲授、课堂作业	目标1、目标5
	1.2 微型计算机的特点及微处理器、微型计算机和微型计算机系统的关系		
	1.3 微型计算机系统的应用领域及性能指标		
第2章 16位和32位微处理器	2.1 16位微处理器	讲授、课堂讨论、课后作业	目标1、目标3、目标5
	2.2 32位微处理器的先进技术		
第3章 微处理器指令系统	3.1 寻址方式	讲授、课堂讨论、课后作业	目标1、目标4、目标5
	3.2 指令系统		
	3.3 汇编语言编程		
第4章 存储器、存储器管理及高速缓存技术	4.1 存储器与存储器件	讲授、课堂讨论、课后作业	目标3、目标5
	4.2 存储器连接		
	4.3 微型计算机中存储器体系结构		
	4.4 高速缓存技术		
第5章 微型计算机与外设的数据传输	5.1 微处理器与I/O设备之间的信号	讲授、总结	目标3、目标4
	5.2 接口功能及在系统中的连接		
	5.3 微处理器与接口之间的数据传输		
第6章 串并行通信和接口技术	6.1 串并行接口及串并行通信	讲授、课堂讨论、课后作业	目标2、目标4、目标5
	6.2 可编程串行通信接口芯片8251A		
	6.3 可编程并行通信接口芯片8255A		
第7章 中断控制器	7.1 中断控制器8259A编程结构、工作原理及工作方式	讲授、课后作业	目标2、目标4、目标5
	7.2 8259A初始化操作流程		
	7.3 8259A应用实例		
第8章 DMA控制器及计数器/定时器接口	8.1 DMA控制器	讲授、课堂讨论、课后作业、总结	目标2、目标4、目标5
	8.2 计数器/定时器		

表 6-15 课程目标的考核方式

分项成绩	考核方式	成绩比例/%				
		课程目标1	课程目标2	课程目标3	课程目标4	课程目标5
过程性考核(30%)	讨论和笔记(10%)	20	20	10	25	25
	课后作业(20%)	15	15	10	30	30
期末测评(70%)	闭卷考试	15	15	10	40	20

6.6.3 课程思政典型案例——规矩意识的培养

规矩是指人们共同遵守的办事规程和行为准则，规矩意识核心不在于认识、理解多少关

于规矩的知识,而是认识到尊崇规矩的重要性和遵守规矩的意愿。规矩意识有三个层次:知规矩、讲规矩、守规矩,让外在规矩成为人的内在素质。微处理器与接口技术作为电子信息类大学生必修的专业基础课,其自始至终蕴含的规矩意识能有效地融入思政教育。在内容教学中,可以充分发挥本课程的特点,进行系统化的设计,将课程思政元素自然融入每堂课的教学中,持之以恒地开展规矩意识的培养,实现德育与智育并重,达到课程育人目标。

1. 案例教学目标和实施过程

教学目标:通过课程教学的各个环节,培养学生的规矩意识。

实施过程如下。

(1) 课程开始给学生讲清楚课程要求。通过介绍课程的地位、应用领域,明确告知学生本课程的5个教学目标,让学生知道自己要达到的学习成果;通过介绍课程教学内容让学生知道课程的整体框架,应该学什么;通过介绍学习方法、学习手段让学生知道课程所必要掌握的软硬件工具以保障学生能够取得学习效果;通过介绍教学方法,使学生获取实现有效学习的途径;通过介绍考核评价方式让学生知道如何有效评价自己的学习效果。

(2) 课程理论教学中规矩意识的培养。根据本课程本身蕴含规矩意识的特点,依托软硬件工具,理论联系实际,现场模拟,现场实践,出现问题小组讨论,分析问题,总结经验,潜移默化地融入规矩意识,强化规矩意识,真正做到在理论教学中始终贯穿规矩意识的培养。

(3) 课程考核中规矩意识的培养。课程考核包含过程性考核和期末测评两部分。

过程性考核中,课堂作业是检验课堂教学效果的有效手段,具有良好的时效性,课堂作业通过小组讨论,成员互批,教师点评的方式展开,可以及时有效地解决问题;课堂笔记是课堂学习过程记录与课后复习的载体,要求每个学生作业笔记专本专用,期末留存,通过课堂笔记的记录要求能够集中学生学习的注意力和专注力;课后作业是检验学生是否掌握所学知识的有效途径,是学生严谨治学、逻辑缜密、过程合理、解决问题等规矩要素的显化表现。在作业批改中,做到每生必批,错题必注,做好以德育人的示范,培养学生规矩意识和良好的学习习惯,促进规矩意识在学生头脑中生根。

期末测评采用闭卷笔试进行。以渗透规矩意识培养为导向,通过课程目标制定考核试题类型和形式,设定测试评价标准和课程目标的对应细则,完成对课程目标达成度的合理性评价标准。

2. 实施案例

1) 规矩意识的培养——知规矩

知规矩,是主体对规矩及其相关现象的逻辑关系和内在属性的认知和理解。微处理器与接口技术课程能否有效学习,达到学习目标,知规矩是首当其冲,软件编程、硬件设计、可编程器件操作首先从规矩认知开始。

【实例6-27】 进制转换规矩。生活中主要用到的进制有十进制、十二进制等,计算机内部信息的存储都是二进制的形式,这就涉及进制之间的转换问题,一般大学生基本能够掌握十进制与二进制之间的转换关系,但调查发现从理论上彻底清楚的学生并不是很多,因此有必要介绍清楚各类进制转换的关系，从而使学生掌握任何进制之间的转换规则。

无论是何种进制，其转换规则为数量大小不变，例如100元，用十进制表示或者用二进制表示最终钱的数量是一样的，人们日常生活中习惯用十进制，所以我们用十进制作为标准描述数量大小。100的十进制转化为二进制如下：

$$
\begin{aligned}
(100)_{10} &= 1\times 10^2 + 0\times 10^1 + 0\times 10^0 \\
&= 1\times 2^6 + 1\times 2^5 + 0\times 2^4 + 0\times 2^3 + 1\times 2^2 + 0\times 2^1 + 0\times 2^0 = (1100100)_2
\end{aligned}
$$

一般整数进制互相转换规则如下。

$$(x)_{10} = \sum_{i=0}^{i=M} a_i b^i = a_M b^M + a_{M-1} b^{M-1} + \cdots + a_2 b^2 + a_1 b^1 + a_0 b^0$$

a_i 表示权值，值范围为 $0\sim b-1$ 之间的整数，b 为任意整数进制。可以看到当左边除以 b 时，得到的余数就是 a_0，左边减去 a_0 后除以 b^2 得到 a_1，按照以上规律依次计算最终得到 $(a_M a_{M-1} \cdots a_1 a_0)_b$。通过以上的规矩，可以看到无论是何种整数进制，只要遵守转换规则，都可以实现任意整数进制之间的转换。

【实例6-28】 时序操作规矩。微处理器是典型的时序逻辑电路，其所有的操作都是在严格的时序控制下操作的，因此我们可以看到，不管是何种CPU、MCU其中一个最主要的参数就是主频，微处理器与各个接口之间的数据通信是在主频时序的统一调度下完成的，时序中每个节拍要做什么是规定好的，不能随心所欲，不遵守这个规矩，就无法完成对外设接口的调度。以CPU读内存（端口）操作为例，如图6-16所示，可以看到在 T_1 时刻，第一步选择内存还是端口，$M/\overline{IO}$ 为高电平时选择内存，为低电平时选择端口，第二步地址输出有效，也就是选择哪个内存空间或者端口，第三步地址锁存允许有效（ALE），保证地址在整个读操作时间内有效，才能够正确读取该地址内的内容，如果高八位数据允许 $\overline{BHE}$ 有效表明所

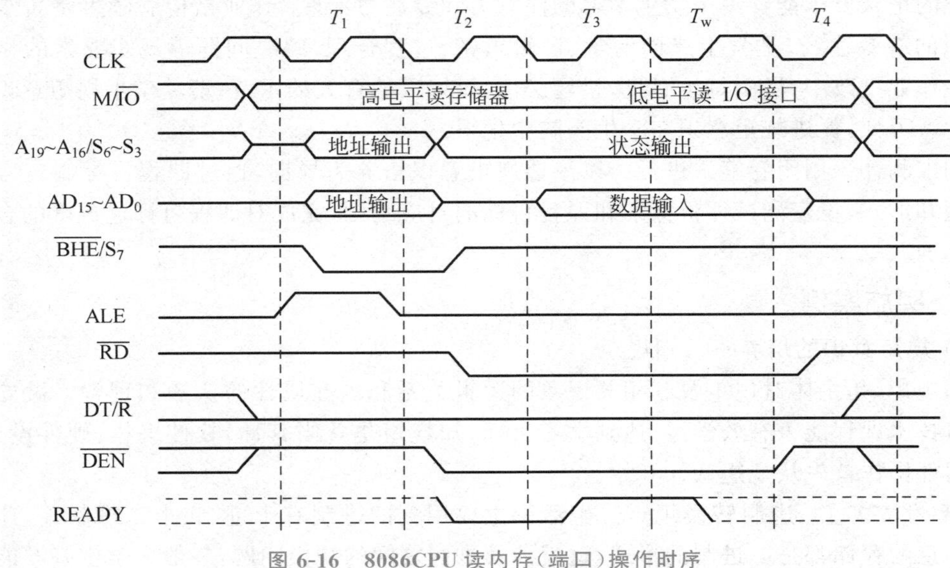

图6-16 8086CPU读内存（端口）操作时序

读取的数据是16位的，地址准备好后在 T_2 时刻，读信号($\overline{RD}$)发出低电平表示有效，此低电平一直从数据准备好保持到数据完全输入，如果内存数据（端口数据）准备好了，在 T_3 时刻，数据直接输入，如果数据没有准备好，那么需要增加时间等待数据准备，增加的时间称为 T_w，T_4 时刻到来表明完成了一次数据读取操作。可以看到微处理器的每一步工作都有严格的时序要求，不能越雷池一步，只有非常清晰地知道这些规矩，才能够分析进而设计相关操作。

2）规矩意识的培养——讲规矩

讲规矩，是主体对规矩关系、现象的好恶、倾向、认同和遵守规矩的倾向。微处理器与接口技术课程通过对学生描述规矩，使他们具有了知规矩意识，然后就可以循序渐进，对本课程所要遵守的规矩进行不断梳理、讲解、强化、使得规矩意识植入学生心中。

【实例6-29】 物理地址和逻辑地址之间的转换规矩。生活中人们大部分对地址的认知采用逻辑的方法，比如宁夏大学所在的位置为宁夏回族自治区银川市西夏区贺兰山路489号，可以看到该地址由大区（宁夏回族自治区）＋大区下的小区（银川市）这样的逻辑构成，但是在计算机中内存和端口的地址是从0号开始编址一直到地址终点，比如端口地址从0到65535进行编号，这种地址编号称为物理地址，不管用什么地址进行某一位置的描述，该位置是绝对的物理空间。为了迎合人们的逻辑编址习惯，各类微处理器中存在物理地址和逻辑地址之间的转换，物理地址是唯一的，但是逻辑地址有各种方式，所谓条条大路通罗马，罗马是物理的，条条大路是逻辑的。8086CPU对1MB的内存空间采取了分段编制的方法，也就是把1MB的物理空间分成了多个大段，每个大段有64KB的空间地址可以供用户使用，因此掌握逻辑地址与物理地址之间的转换很有必要。作为教师需要讲清楚这种转换关系，使学生能够随心所欲地进行转换，进而操作内存空间。该规矩描述如下。

物理地址＝段地址左移4位＋偏移地址，此处段地址和偏移地址都是16位的，比如某个段地址是2000H，偏移地址是1000H，那么物理地址为2000H左移4位＋1000H，得到的物理地址是21000H，当然如果段地址是2100H，偏移地址是0000H，得到的物理地址也是21000H，因此必须明确地告知学生物理地址是唯一的，但是逻辑地址可以是多个。从理论上来看，我们假设段地址为 x，偏移地址为 y，那么物理地址＝$y\times 10\mathrm{H}+x$，明显可以看出这是个不定方程，所以要把这个规矩讲透彻。

【实例6-30】 存储器与微处理器之间的连接规矩。存储器作为冯诺依曼体系结构五大硬件部件之一，在计算机系统中具有重要的作用，一般情况下存储器都做成固定容量的颗粒，存储容量决定于存储器的地址宽度和位宽度，地址宽度决定存储器的空间编号，位宽度决定每个存储单元的存储量，两者联合起来决定存储的容量。当需要特定功能的小型微处理系统时，存储器和微处理器的连接设计是必要的环节，讲清楚存储器和微处理器之间的连接规矩，可以为学生设计存储系统提供良好的支撑。存储器和微处理器的连接本质上就是地址总线、数据总线、控制总线如何连接的问题。存储器和CPU之间通过地址线、数据线和控制线实现连接时，要考虑的问题如下。

高速CPU和较低速度存储器之间的速度匹配问题，通过CPU插入等待状态 T_w 来解决；CPU总线的负载能力问题，PCI总线控制器会自动承担总线驱动功能；片选信号和行地址、列地址的产生机制，存储器的地址译码分为片选译码和片内译码。特别是地址译码，存储颗粒和微处理器之间的连接需要微处理器把地址线分成两类地址，第一类地址根据用户自己的需求，通过设计合理的逻辑产生颗粒片选信号，保证用户对地址空间范围的要求；第二类地址属于篇内地址设计，这个设计很简单，直接按照颗粒地址线的多少和微处理器低位地址线连接即可。需要注意的是，高位地址对颗粒片选时有多种方式，比如线选法、部分译码法及全译码法，学生可根据自己的需求进行连接并判断地址范围，以便于编程读写数据时能够找到对应的地址。初学者建议用全译码法设计逻辑，逻辑方法不限，只要逻辑正确即可，避免地址不唯一的现象对初学者形成干扰，等讲清楚规矩，学生熟练掌握后，再根据规矩任意设计自己所需求的存储。

3）规矩意识的培养——守规矩

守规矩，是激发主体自觉自愿地遵守规矩并按规矩积极行为的习惯。微处理器与接口技术课程通过对学生描述规矩的重要性，不断地讲规矩，强化规矩意识，培植规矩于心中，当然仅仅讲规矩还停留在表面，对于学生来讲，通过课堂讨论、课堂作业及课后作业等实践方式，达到守规矩是该课程教学的目的。

【实例6-31】 8251A异步串行工作方式的操作规矩。8251A属于本课程讲解的第一个可编程通用串行接口芯片，可编程接口芯片就是通过程序的设置可以让芯片工作在需求的工作模式下，完成工作任务。一般，根据工程需求寻找满足需求的芯片，进而学习该芯片的基本功能，并能够通过程序设置，使得芯片工作在任务所需的模式，仿真、模拟、调试直到任务完成。可编程接口芯片应用的第一步就是要进行初始化设置，根据任务要求，分析遵守通信双方约定的规则。以异步串行工作方式为例，其通信双方约定格式如图6-17所示，每传送一个字符都要严格遵守该格式，也就是必须遵守规矩，才能完成任务。

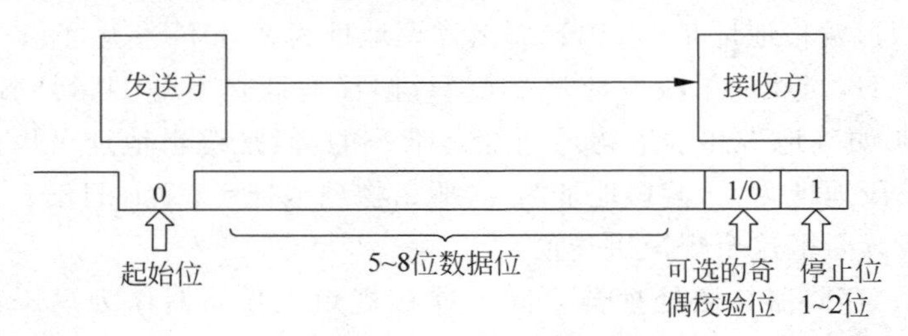

图6-17 标准异步串行通信数据格式

通信之前，双方必须约定一样的格式，如果一方选择数据位是7位，需要奇校验，停止位是2位，那么在初始化时通信的另一方必须遵守设置一样的格式。设置通信格式的操作称为初始化，只要初始化设置合理，后续通信就能够正常持续不断地完成数据传输任务。初始化必须遵守初始化规矩，初始化操作第一步是完成软件复位操作，程序如下。

```
MOV AL,00H
OUT 控制口地址,AL
```

```
OUT 控制口地址,AL
OUT 控制口地址,AL
MOV AL,40H
OUT 控制口地址,AL
```

初始化操作第二步是完成模式字和控制字的操作,程序如下。

```
MOV AL,模式字选择
MOV DX,控制口地址
OUT DX, AL
MOV AL,命令字选择
OUT DX,AL
```

以上初始化操作的设置是统一的,根据需要的功能,选择相应的控制字,把该控制字写入控制字寄存器即可完成控制字设置,如果在实践中发现实际传输的数据和约定的格式不一致,就需要进一步确认模式字是否正确,反复调试,只要按照规矩,认真遵守,就可以完成任务,在任务完成中体会守规矩意识的重要性。

【实例 6-32】 8253A 计数器/定时器的操作规矩。8253A 是通用可编程计数器/定时器接口芯片,它有六种工作模式供用户选择,该芯片内部有三个一模一样的计数器,通过对控制寄存器写入控制字,可以使得三个计数器工作于相同或者不同的模式,每个计数器计数单元是 16 位的,也就是说一次最多能够计的数是 65535,如果计数值大于 65535,则需要使用多个计数器级联完成任务。8253A 初始化最能体现守规矩意识的培养,我们以一个具体的问题来分析此芯片的操作流程。

问题:将 8253 的计数器 1 作为秒波发生器,设输入时钟频率为 20kHz,计数器 1 的端口地址为 3F82H,控制口地址为 3F86H,试编写 8253 的初始化程序。8253 控制格式如图 6-18 所示。

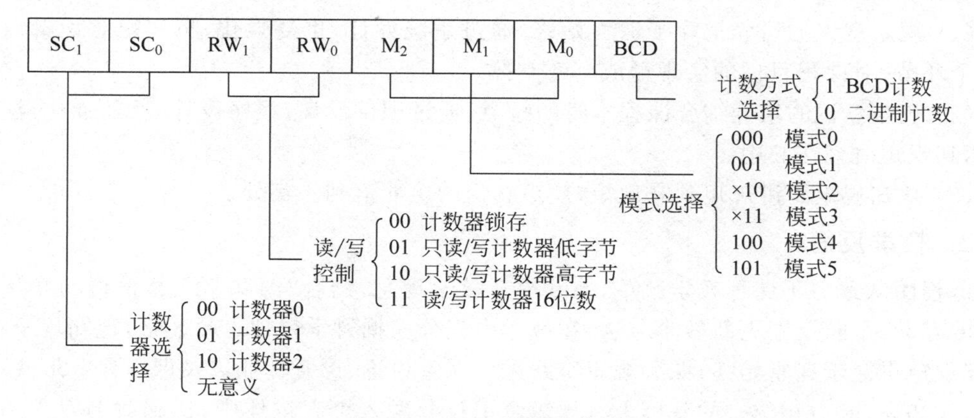

图 6-18 8253 控制字格式

第一步:计算计数初值=输入时钟频率/输出时钟频率,可以得到计数器 1 的计数初值为 20000,20000 小于 65535,在一个字范围内,因此不需要级联。

第二步：模式选择，从题目中可以看出输出是秒波也即1Hz波，因此选择模式为方波发生器，即模式3。

第三步：初始化命令字的选择，选择计数器1，故SC_1SC_0选择01，计数初值为20000，超过1B、在1word范围内，因此需要读写16位数，故RW_1RW_0选择11，选择模式3，故$M_2M_1M_0$选择011或者111，计数方式根据需要选择，如果选择BCD计数，则选择1，否则选择0。

根据前面三步的分析，初始化命令字严格按照所选择的命令及命令字的要求就可以实现任务，具体初始化工作如下。

```
MOV AL,01110110B ; 此处选择二进制计数
MOV DX,3F86H     ; 控制端口地址
OUT DX,AL        ; 设置初始化命令字
```

以上3条语句完成命令字的设置。

```
MOV AX, 20000    ; 计数初值
MOV DX, 3F82H    ; 计数器1端口地址
OUT DX, AL       ; 先写低8位计数值
MOV AL,AH        ; 后写高8位计数值
```

以上4条语句完成计数初值设置，严格按照分析结果编写程序。可以看到，对可编程芯片的初始化编程其实并不复杂，只要遵守规矩，其程序设置是很规范的。

6.6.4 教学特色与反思

1. 教学特色

本课程经过多年的教学实践，并坚持持续改进，形成了较为鲜明的特色。

(1) 规矩意识的培养贯穿于课程始终，通过系统设计，重复强化，将规矩意识融入教学的每个环节，对课程目标的实现形成有效支撑。

(2) 规矩意识的培养结合课程本身的特点，通过硬件设计、程序设计，反复强化，注重细节，达到规矩时刻在心中。

(3) 从知规矩到讲规矩到守规矩，规矩意识的培养落到了实处。

2. 教学反思

课程团队致力于课程教学改革，不断更新教学理念，结合“雨课堂”、微信群与学生形成良好的互动，不断反馈更新教学方法，在教学中充分挖掘科学精神思政元素，把知规矩、讲规矩、守规矩贯穿于课堂始终，课程规矩实践采用课堂讨论、课堂作业以及课后作业形式，软硬结合，在知识、能力相统一的基础上将规矩意识充分融入个人机体中，达到教书育人的课程教学目标。

（李春树）

第7章

课程思政建设与实施范例——信号与系统

7.1 “信号与系统”课程思政建设与实施方案

“信号与系统”课程经过长期的建设和发展，已经形成一套独立的教学体系，分为理论和实验两部分，各自独立设课。

7.1.1 课程概况与目标

1. “信号与系统”理论课

“信号与系统”是电子信息工程、通信工程、电子信息工程(卓越工程师方向)、电气工程及其自动化等专业的一门专业基础课程，开设在第4学期，共64学时，4学分。该课程采用线上+线下混合式教学模式，主要讲授连续和离散信号的时域分析和频域分析，线性时不变系统的描述和特性，连续信号通过线性时不变系统的时域分析、实频域分析、复频域分析，离散信号通过线性时不变系统的时域分析、z域分析以及系统的状态变量分析法。

通过本课程的教学，从价值引领、知识探究、能力建设、态度养成四个维度实现知识、思维、能力的有机统一，使学生达到如下课程目标。

目标1——价值引领：培养学生具有科学精神、工匠精神、系统观、团队合作精神和规矩意识。(支撑毕业要求6、8、9)

目标2——知识探究：掌握信号与系统的基本理论和方法，具备信号与系统的分析、设计能力，具有信息获取与处理能力。(支撑毕业要求1)

目标3——能力建设：能够识别和判断系统的性质，对复杂工程问题运用系统函数、零极点分布的影响规律、状态变量的选择等关键环节给出相应的参数；能够认识到复杂工程问题的多种相互关联和制约因素，并通过分析文献，规范描述相关领域的工程问题；能运用信号与系统的基本原理，分析和验证解决方法的合理性，以获得有效结论。（支撑毕业要求 2）

目标 4——能力建设：能够针对通信系统提高信号的传输质量或传输效率，针对控制系统调整系统函数以实现所需的系统特性，针对信号处理领域，采用信号的卷积与解卷积理论、频谱分析、复频域分析等进行设计与实现，并能够在设计环节中体现创新意识。（支撑毕业要求 3）

目标 5——态度养成：具有良好的语言表达能力，能够就复杂工程方案和技术问题通过 PPT 等形式进行陈述发言和讨论交流。（支撑毕业要求 10）

1）课程目标与课程教学的对应关系

课程教学内容与课程目标、教学环节的对应关系如表 7-1 所示。

表 7-1 课程教学内容与课程目标、教学环节的对应关系

章	教学内容	教学环节	支撑课程目标
绪论	1. 课程的地位 2. 应用领域 3. 研究内容及性质 4. 研究方法 5. 教材与网站	在线视频学习、小组讨论汇报、讲授	目标 1、目标 5
第 1 章　信号与系统的概念	1.1　信号的定义与分类 1.2　典型连续信号及其时域特性 1.3　信号的时域变换 1.4　信号的时域运算 1.5　奇异信号 1.6　系统的定义与描述 1.7　系统的性质与分类	在线视频学习、小组讨论汇报、讲授、思维导图总结	目标 1、目标 2、目标 3、目标 5
第 2 章　连续时间系统的时域分析	2.1　连续时间系统的数学描述 2.2　连续时间系统的响应 2.3　冲激响应和阶跃响应 2.4　卷积积分	在线视频学习、小组讨论汇报、讲授、思维导图总结	目标 1、目标 2、目标 3、目标 5
第 3 章　连续时间信号与系统的频域分析	3.1　周期信号的傅里叶级数分析 3.2　周期信号的频谱 3.3　非周期信号的频谱 3.4　傅里叶变换的性质 3.5　周期信号的傅里叶变换 3.6　抽样定理 3.7　连续时间系统的频域分析 3.8　无失真传输 3.9　理想低通滤波器 3.10　调制与解调 3.11　从抽样信号恢复连续时间信号	在线视频学习、小组讨论汇报、讲授、思维导图总结	目标 1、目标 2、目标 3、目标 4、目标 5

续表

章	教学内容	教学环节	支撑课程目标
第4章 连续时间信号与系统的复频域分析	4.1 拉普拉斯变换概述	在线视频学习、小组讨论汇报、讲授、思维导图总结	目标1、目标2、目标3、目标4、目标5
	4.2 拉普拉斯变换		
	4.3 拉普拉斯逆变换		
	4.4 连续时间系统的复频域分析		
	4.5 系统函数		
	4.6 系统函数的零、极点分布对系统时域特性的影响		
	4.7 系统函数的零、极点分布与系统频域响应特性		
	4.8 系统的 s 域模拟图和框图		
	4.9 信号流图与梅森公式		
	4.10 系统的稳定性分析		
	4.11 拉普拉斯变换与傅里叶变换的关系		
第5章 离散时间信号与系统的时域分析	5.1 离散时间信号及其时域特性	在线视频学习、小组讨论汇报、讲授、思维导图总结	目标1、目标2、目标3、目标5
	5.2 离散时间系统及其数学描述		
	5.3 离散时间系统的响应——时域分析		
	5.4 卷积和		
第6章 离散时间信号与系统的 z 域分析	6.1 z 变换	在线视频学习、小组讨论汇报、讲授、思维导图总结	目标1、目标2、目标3、目标4、目标5
	6.2 常用序列的 z 变换		
	6.3 z 变换的性质		
	6.4 逆 z 变换		
	6.5 z 变换与拉普拉斯变换的关系		
	6.6 离散时间系统的 z 域分析		
	6.7 离散时间系统的频率响应特性		
第7章 线性系统的状态变量分析	7.1 线性系统的状态变量法	在线视频学习、小组讨论汇报、讲授、思维导图总结	目标1、目标2、目标3、目标5
	7.2 连续系统状态方程的建立		
	7.3 离散系统状态方程的建立		

2）课程目标的考核方式

本课程以过程性考核成绩和期末测评成绩进行综合评定学生成绩。

$$综合成绩=过程性考核成绩\times 60\% + 期末测评成绩\times 40\%$$

过程性考核成绩占60%：包括在线学习情况(40%)、小组协作学习(10%)及课后作业(10%)。期末测评成绩占40%：闭卷考试。

在线学习环节包括14周按照导学案的要求进度按时完成相应的学习内容，占50%，章测试占10%，在线期末考试占40%。

小组协作学习共计14次，每次均按100分计，最终取其平均值。成绩评定采用组间互评占50%，教师根据提交的小组讨论记录和小组汇报情况给出成绩，占50%。

课后作业环节包括每章的课后作业和每章的思维导图总结，每次均按100分计，最终取其平均值。

课程目标的考核方式如表7-2所示。

表7-2 课程目标的考核方式

考核方式		成绩比例/%				
		课程目标1	课程目标2	课程目标3	课程目标4	课程目标5
过程性考核(60%)	在线学习情况(40%)	10	50	25	5	10
	小组协作学习(10%)	5	15	50	10	20
	课后作业(10%)	10	20	45	5	20
期末测评(40%)	结课考试	15	25	40	10	10

2. “信号与系统实验”课

“信号与系统实验”是电子信息工程、通信工程、电子信息工程(卓越工程师方向)、电气工程及其自动化专业的一门重要的基础实验课程，与“信号与系统”课程相配套，开设在第4学期，共16学时，1学分。内容分为硬件实验和软件仿真实验两部分。

通过本课程的教学，从价值引领、知识探究、能力建设、态度养成四个维度实现知识、思维、能力的有机统一，使学生达到如下课程目标。

目标1——价值引领：培养学生具有科学精神、工匠精神、系统观、团队合作精神和规矩意识。(支撑毕业要求6、8、9)

目标2——知识探究：以理论指导实践，以实践验证基本原理，通过信号与系统实验箱及MATLAB软件对“信号与系统”理论课中的相关内容进行验证和综合，具备信号与系统分析、设计的基本能力。(支撑毕业要求1)

目标3——能力建设：能通过硬件实验、MATLAB软件仿真实验分析解决信号与系统工程中的实际问题，具备信号与系统的分析、设计能力，具有信息获取与处理能力。(支撑毕业要求1、3)

目标4——能力建设：能根据特定需求对相关工程系统各模块进行设计和实现，并能够在设计环节中体现创新意识。(支撑毕业要求3)

目标5——态度养成：能够正确采集、整理实验数据，对实验结果进行分析和解释，获取合理有效的结论，按要求完成实验报告。(支撑毕业要求4)

1) 课程目标与课程教学的对应关系

课程教学内容与课程目标、教学环节的对应关系如表7-3所示。

另外，课程还准备了如表7-4所示的10个选修实验内容，供有能力、有兴趣的学生进行学习。

表 7-3 课程教学内容与课程目标、教学环节的对应关系

序号	实验项目	教学要求	教学环节	支撑课程目标
1	连续时间信号的时域分析	(1) 掌握连续信号的表示及其可视化； (2) 掌握连续信号的时域运算、时域变换及其 MATLAB 的实现方法； (3) 掌握用 MATLAB 分析常用连续时间信号	预习报告、演示、实际操作、实验报告	目标 1、目标 2、目标 3、目标 4、目标 5
2	离散系统的时域分析	(1) 掌握离散序列卷积和 MATLAB 实现的方法； (2) 掌握离散系统的单位响应及其 MATLAB 的实现方法； (3) 掌握用 MATLAB 求 LTI 离散系统响应的方法	预习报告、演示、实际操作、实验报告	目标 1、目标 2、目标 3、目标 4、目标 5
3	连续系统的频域分析及连续信号的采样与重构	(1) 掌握用 MATLAB 分析连续系统的频率特性的方法； (2) 掌握用 MATLAB 实现连续信号的采样及重构的方法	预习报告、演示、实际操作、实验报告	目标 1、目标 2、目标 3、目标 4、目标 5
4	连续系统的复频域分析	(1) 掌握用 MATLAB 实现拉普拉斯变换、逆变换及其曲面图的方法； (2) 掌握用 MATLAB 绘制连续系统零极点的方法； (3) 掌握用 MATLAB 分析连续系统零极点的方法； (4) 掌握用 MATLAB 分析巴特沃斯滤波器的方法	预习报告、演示、实际操作、实验报告	目标 1、目标 2、目标 3、目标 4、目标 5
5	周期信号的频域分析	(1) 掌握信号频谱的测量方法； (2) 加深对信号频谱概念的理解	预习报告、演示、实际操作、实验报告	目标 1、目标 2、目标 3、目标 4、目标 5
6	信号合成	(1) 掌握信号合成的方法； (2) 从另一角度加深对信号频谱概念的理解； (3) 理解按确定频谱产生信号的原理	预习报告演示、实际操作、实验报告	目标 1、目标 2、目标 3、目标 4、目标 5
7	信号通过线性系统	(1) 观察、研究脉冲信号、正弦调幅信号通过线性电路引起的变化； (2) 了解线性电路的频率特性对信号传输的影响	预习报告、演示、实际操作、实验报告	目标 1、目标 2、目标 3、目标 4、目标 5
8	信号采样及恢复	(1) 熟悉信号的采样及恢复过程； (2) 验证采样定理	预习报告、演示、实际操作、实验报告	目标 1、目标 2、目标 3、目标 4、目标 5
备注		实验项目根据不同专业的情况，在实际执行中可略作调整，从选修实验项目中互换，但必须符合课程目标		

表 7-4　选修实验内容

序　号	实 验 名 称	目　的	类　　型
1	信号波形的观察与测试(硬件)	选修	验证
2	无源滤波器与有源滤波器(硬件)	选修	验证
3	一阶连续时间系统模拟(硬件)	选修	综合
4	二阶连续时间系统模拟(硬件)	选修	综合
5	离散时间信号的时域分析(软件)	选修	综合
6	连续系统的时域分析(软件)	选修	综合
7	周期信号的频域分析(软件)	选修	综合
8	连续时间信号的频域分析(软件)	选修	综合
9	离散系统的 z 域分析(软件)	选修	设计
10	状态变量分析(软件)	选修	综合

2）课程目标的考核方式

本课程以过程性考核成绩进行综合评定学生成绩。

$$综合成绩 = 实验报告成绩 \times 80\% + 出勤及实验过程 \times 20\%$$

每个实验报告按照总分 100 分评定，取其平均值，占 80%；出勤及实验过程每次按照总分 100 分评定，取其平均值，占 20%。

课程目标的考核方式如表 7-5 所示。

表 7-5　课程目标的考核方式

考 核 方 式		成绩比例/%				
		课程目标 1	课程目标 2	课程目标 3	课程目标 4	课程目标 5
过程性考核(100%)	实验报告(80%)	20	25	25	10	20
	出勤及实验过程(20%)	20	30	30	10	10

7.1.2　总体设计

课程建设围绕教师和教材两个核心要素，加强课程思政理论探索、师资队伍课程思政能力建设和课程思政资源库建设，从教育理念、教育目标、教学内容、教学方法和教学评价五方面展开。

1. 教育理念

信号与系统课程是电气信息类专业的专业基础课、核心课、学位课。课程团队长期坚持以立德树人为核心，以学生发展为中心，以人才培养目标为产出导向，以高尚的师德师风引领学生，有效地建设课程思政。

1）以立德树人为核心，有效融入课程思政

利用学科发展历史和前沿知识，做到科学性与价值性、知识性与思想性的辩证统一，"三结合四融合"系统建设课程思政内容，明确培养学生的科学精神、工匠精神、规矩意识、系统观和团队合作精神。利用本课程丰富的思政内容，在教学中适时开展思政教育。

2）以学生为中心，促进德智体美劳全面发展

以学生的身心健康全面发展为基础，以科学的学习方法为纲要，以培养创新思维、提高学习能力为主线，以高效的学习思路为设计蓝图，让学生在主动学习中，建立合理的知识结构，获得科学的学习方法，形成较强的学习能力，养成良好的思维品质，身心健康全面和谐发展。以学生为中心，确立学生能够达成的目标，重点解决理论与实践相结合，数学概念、物理概念和工程概念的融合，采用"四步法"教学，进行"五融合"，强调学生自主学习与探索能力的培养。以多元的评价手段，全面提升学生的综合能力。

3）明确目标导向，创新教学模式

以人才培养目标为产出导向，有效设计和实施各教学环节：①制定切实可行的教学目标，让学生知道自己要达到的学习成果；②明确学习需求，让学生知道为什么要取得这样的学习成果；③教学实施"问题引领，感受体验→抽象概括，获取新知→应用新知，巩固提高→拓展延伸，反思提升"的教学过程，有效帮助学生取得学习成果；④改进评价方式，让学生知道如何取得这样的成果；⑤持续不断的改进，以保障学生能够取得这些学习成果。

4）团队协作，以高尚的师德师风引领学生

以教学团队建设为抓手，提升教学能力和教学研究水平，提高教学质量。①育人者先自律。在平时生活和工作中向学生传递正能量，培养学生乐观的心态和良好的学习态度。②师爱是师德之魂。教育是爱的事业，为人师者，要有热爱学生和诲人不倦的崇高品质。③教书育人辩证统一。利用课程内容的育人资源，做到科学性与价值性、知识性与思想性的辩证统一。

2. 教学目标

信号与系统课程确定爱国热情、科学精神、工匠精神、规矩意识、系统观和团队合作精神为专业思政教学目标。

1）激发学生的爱国热情

结合学科发展史和前沿，在调制与解调内容中融入量子通信技术等，激发学生的爱国热情，提升学生的学习动力。

2）培养学生的科学精神

本课程凝结了诸多科学家的心血，教学中介绍傅里叶、高斯、拉普拉斯等科学家们锲而不舍探索科学问题的过程及追求真理的历程，促使学生体会科学家的钻研精神，树立为社会发展做出贡献的远大目标。

3）培养学生的工匠精神

布置探究性问题如音频信号采样等，通过小组协作、撰写报告、汇报，在完成项目的过程中培养学生精益求精、团队分工合作和追求卓越的工匠精神。

4）培养学生的规矩意识

在讲授信号流图时，明确信号只能沿着支路箭头的方向传输，不能逆着箭头方向传输，若违反规则，根据梅森公式则会得到错误的系统函数来强化学生的规矩意识。

5）培养学生的系统观

任何一个事物都可以看成是一个系统，任何一个系统都是由若干子系统构成，深入分析各子系统的构成及相互关系，引导学生用系统观来看待事物。

6）培养团队合作精神

采用混合式教学模式，通过小组合作学习，让学生能够正确认识自我，理解个人素养的重要性，并具有团体意识；能够理解团队中每个角色的含义以及角色在团队中的作用；能够在团队中做好自己所承担的个体、团队成员以及负责人等各种角色；能够在多学科背景下的团队中与团队成员沟通，了解团队成员想法，并能够协调和组织。

3. 教学内容

1）课程思政内容建设坚持“三结合”

根据信号与系统课程归属电子科学与技术学科和电气信息类专业的属性，利用学科与专业的形成背景、发展历程、现实状况和未来趋势，重大工程和科学技术发展成果，科学家或模范人物事迹，学科专业原理、观点以及与之相关的生活实践、教学实践、科技实践，确定培养学生的科学精神、工匠精神、规矩意识、系统观和团队合作精神，使学生具有良好的道德品质。通过“三结合”：①结合学生未来所从事工作的职业素养要求；②结合中国特色社会主义的伟大实践；③结合国际国内时事，选取典型案例，建立课程思政案例库。

2）课程思政教学设计与实施做到“四融入”

教学设计与实施做到“四融入”：①融入教学方案是关键；②融入课堂教学是重点；③融入实践教学是重要方面；④融入学生自主学习是重要拓展，进行全方位的教学设计与实施。

3）教学模式构建把握“六要素”

从①教学背景；②教学目标；③选择或开发教学资源；④教学方法（自学＋讲授＋自主探究＋合作学习）；⑤组织教学过程；⑥教学效果评价与分析“六要素”出发，以学生为中心，制定学生能够达成的目标体系，提供丰富的课程资源，采用混合式课堂教学模式，重点解决理论与实践相结合，将数学概念、物理概念与工程概念相融合，以学生自主学习与探索能力的培养为最终目标。

4. 教学方法

课程思政坚持灌输与渗透相结合、显性教育与隐性教育相结合的原则。灌输与渗透相结合就是坚持春风化雨的方式，通过不同的选择，从被动的学习转向主动的学习，主动将之付诸实践。通过隐性渗透、寓道德教育于课程之中，通过润物细无声、滴水穿石的方式，实现显性教育与隐性教育的有机结合。

1）混合式教学

教学中将授课内容分成课前自学、课中答疑解惑、课后训练提高三部分；授课时间划分为课前、课中、课后三阶段；授课的空间分为线上、线下、线上＋线下三方位；将知识要点的讲解分为传授、内化、外化三步骤。既可以有效整合教师及教学资源，有效组织课堂教学，又可以激发学生探究性与个性化的学习兴趣，提高教学质量。利用已上线的视频课程合理设计课前、课中导学案，规划学生学习计划，包括学习目标、任务、内容、作业和考核方式等；通过线上平台指导和辅导，帮助学生落实布置的学习任务；转变课堂教学方式；压缩理论讲授时间，重点讲解理论应用，将一部分时间用于检验学生课外学习情况和成果。

2）"五融合四步法"教学

教学中有效进行"五融合"：①融合教学目标；②融合教学内容；③融合教育技术；④融合教学方法；⑤融合教学评价。采用"问题引领，感受体验→抽象概括，获取新知→应用新知，巩固提高→拓展延伸，反思提升"的"四步法"教学，有效帮助学生取得学习成果。

教学中提高实验难度，做好相应课程教学内容的实验设计，实验项目要有一定难度，要能使大学生运用已学习的多学科知识和技术；全程指导大学生实验，在实验准备、实验操作、实验结果分析、实验报告撰写、实验结果和过程分享等环节，给予大学生有效的指导和帮助；总结实验教学经验，不断完善实验设计，培养学生的科学精神和实践能力。

3）"四利于"教学

教学设计和实施做到"四利于"：①有利于教学的系统化和科学化；②有利于教学理论与实践的有机融合；③有利于科学思维习惯和能力的培养；④有利于教师个人创新才能的发挥。

5. 教学评价

1）课程思政教学评价原则

课程思政教学评价是提高课程思政教学质量的重要抓手。第一，立足专业课程的布局和特征，评价专业课程是否梳理形成了思政教育教学目标框架；第二，评价专业课程是否解决了课程思政教育教学目标与思政课程目标的有机协同和细化问题；第三，评价专业课程是否构建了具有逻辑性、一体化的思政教育教学目标。基于这些来保障提升高校课程思政教学质量，实现课程思政与教学的深度融合。

2）课程思政评价方式

课程思政是基于专业学习、职业发展的价值观塑造的过程，如何基于学生评价课程有效性，真正从供、需双方着手，而非仅从课程设计方面予以评价，是促进课程思政改革的有效手段。基于学生课程思政学习效果的层级设计，评价其知识发展、运用能力发展、情感态度价值观发展过程；基于学生思政素养发展的过程，采用多主体参与的评价模式，以过程为主、结果为辅；基于评价→反思→改进的路径，通过一定的评价手段对学生进行评价，根据评价结果进行教学反思，并开展针对性的教育。课程思政评价方式如下。

（1）诊断性评价。通过开课前和开课后设计问卷和量表，对学生的道德本身和程度进行量化评价，判断学生的状况。

(2) 形成性评价。通过学生参与情况、教学过程的记录、行为学观察进行评价、反馈。

(3) 终结性评价。通过量表、学生的心得体会，并结合诊断性评价以及形成性评价的结果，给予学生定性或定量的评价。

3) 教学模式的“六转变”评价机制

信号与系统课程经过长期的实践，以学论教，建立了课堂教学模式的评价指标体系，实现了“六转变”：①教师的讲解精彩度→学生的参与度；②教学环节的整体性→教学结构的合理性；③教师的情感投入→每个学生真正进入学习状态；④师生的简单问答式的交流互动→学生的交流展示；⑤教师的板书设计→学生的作业、笔记等；⑥教师的基本功→学生的基本素养。

（汤全武）

7.2 课程思政典型案例——科学精神的培养

科学精神是科学的灵魂，也是科学本质特征的重要体现，具有多层次、多方面的特征：求实、实证、探索、创新、怀疑、原理等。大学生培养科学精神主要是通过学习科学，对科学知识进行了解及掌握，进而形成正确的自然观和价值观。信号与系统课程中充满了科学精神的影子，教师在教学过程中要充分挖掘其中蕴含的科学精神，在教学内容中渗透科学精神，坚持用问题作为导向培育探究科学精神，将其融入教学的各个环节之中，促进学生全面成才。

7.2.1 案例教学目标和实施过程

教学目标：通过不同教学章节科学精神的挖掘，培养学生的科学精神。

实施过程如下。

(1) 绪论课给学生讲清楚课程要求。通过介绍课程的地位、应用领域，明确告知学生本课程的5个教学目标，让学生知道自己要达到的学习成果；通过介绍教学内容让学生知道要取得哪些学习成果；通过介绍技术手段以保障学生能够取得这些学习成果；通过介绍教学方法有效帮助学生取得学习成果；通过介绍考核评价方式让学生知道如何取得这样的成果。

(2) 课程理论教学中科学精神的培养。根据本门课程与授课专业的特点，结合学生未来所从事工作的职业素养要求，充分利用信号与系统发展过程中各个科学家的贡献，在理论教学中始终贯穿求实精神、实证精神、探索精神、创新精神、怀疑精神、独立精神、原理精神等的培养。

(3) 课程开放问题中科学精神的培养。结合每节线下课程的理论讲解以及线上课程的原理概述，通过设置课后开放问题，培养学生的观察力、注意力、记忆力、活跃思维力以及丰富的想象力等。

7.2.2 实施案例

1. 介绍经典理论的提出过程，挖掘背后的科学精神

信号与系统中蕴含着许多经典理论，介绍时向学生传递求实、实证、探索等精神。

(1) 让学生明白科学原理的发现是通过探索和实证完成的。

【实例 7-1】 绪论课的讲解中，通过由古至今消息传递方式的变化(声—光—电)，引出电是存在于自然界中的，从而引出电的发现——著名的风筝实验。富兰克林通过风筝“捕捉天电”，证明天空的闪电和地面上的电是一回事。他用系上钥匙的金属丝把一个很大的风筝放到云层里去，金属丝的下端接了一段绳子。当时富兰克林一手拉住绳子，用另一手轻轻触及钥匙。于是他立即感到一阵猛烈的冲击(电击)，同时还看到手指和钥匙之间产生了小火花。电的发现使得消息的传输方式不断更新，很多科学家(伏特、法拉第、摩尔斯、麦克斯韦等)利用电-磁的基本科学原理创造了很多我们现在所使用的新技术新发明，比如“电话之父”贝尔发明的电话、制造的助听器、改进的留声机和巨型载人风筝等，这些发明和技术无一不表征着科学的生命在于发展、创新和革命，在于不断深化对自然界和人类社会规律的理解。实践证明，思维的转变、思想的解放、观念的更新，往往会打开一条新的通道，进入一个全新的境界。

(2) 通过介绍相关应用知识，培养学生的创新精神和原理精神。

生活中任何时刻都离不开信号与系统的应用，通过实例教导学生目前人类的行为模式已经是“生产—技术—科学转向科学—技术—生产”，通过基础的科学理论研究，弄清事物的原理，以科学理论指导基础应用，这是理性社会的重要特性。

【实例 7-2】 绪论内容中通过图片、声音的展示介绍信号与系统概念在日常生活中的应用。①通信领域：打电话、发短信、发微博、发微信；②智能识别领域：语音识别；③信号处理领域：脉搏识别；④特征分析领域：声音辨别；⑤生物医学领域：信号辨别。使学生明白生活中处处都是信号与系统的概念，这门课程和生活是紧密联系在一起的，使学生对本门课程本专业具有较强的认同感。

【实例 7-3】 第 3 章连续时间信号的频域分析的授课中，傅里叶分析理论较为枯燥，学生不易理解理论和实际工程应用中的联系。在教学设计中可以通过引导学生观察如图 7-1 所示的两幅图片，找出两幅图之间的联系，引出声音信号可以有两种表示方式：图 7-1(a)描述刻画的是具体的信号数值，图 7-1(b)描述刻画的是声音的高低(即声音震动的频率)，也就是说声音可以用频域的方法进行分析。

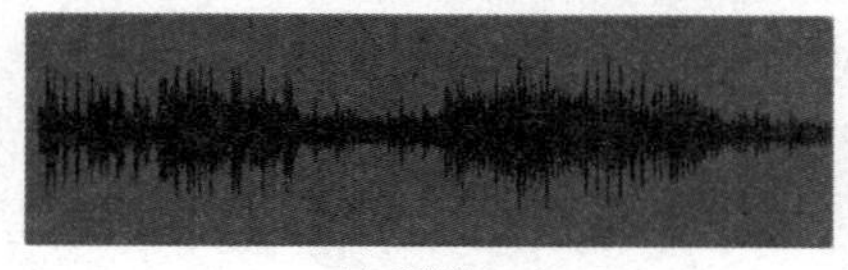

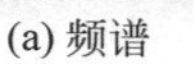

(a) 频谱

(b) 五线谱

图 7-1 声音信号的两种表示方式

播放已经录制好的声音信号(Hello,welcome to China),展示其通过 MATLAB 软件产生的不同语速(原速、2 倍速、0.5 倍速、4 倍速)时域信号波形和频域信号波形(图 7-2)。通过对比频谱波形,讲述傅里叶变换在声音信号处理中的应用以及对同一个事物从不同角度去观察的好处。

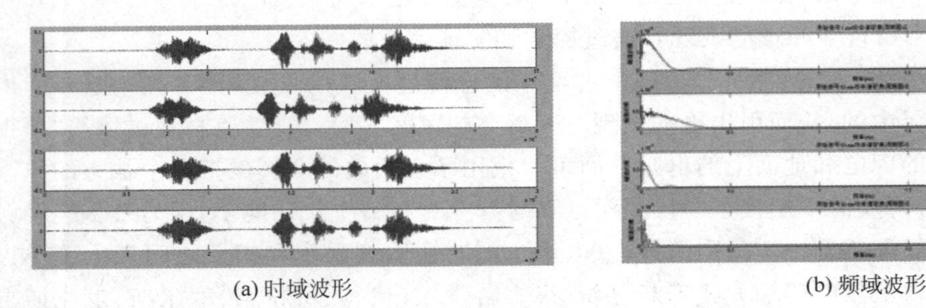

(a) 时域波形　　(b) 频域波形

图 7-2　不同语速的声音信号波形

(3) 讲授科学家的生平,培养学生的探索精神、独立精神、求实精神和怀疑精神。

科学要追求真理,不盲从潮流,不迷信权威,不把偶然性当必然性,不把局部看作全体,合理怀疑是科学理性的天性,科学的历史就是通过怀疑,提出问题并解答问题的历史。科学家们正是凭着锲而不舍、不畏艰难险阻的精神,以非凡的勇气和毅力,孜孜不倦地探索着科学的奥秘,在科学的各个领域做出了杰出的贡献。

【实例 7-4】　第 3 章连续时间信号的频域分析讲解傅里叶级数的时候,介绍傅里叶的生平:傅里叶于 1768 年 3 月 21 日诞生在法国一个平民家庭中,9 岁时,家庭发生变故,他变成一个孤儿,1795 年,傅里叶被任命为巴黎综合工科学校助教,协助 J. L. 拉格朗日(Lagrange)工作。1807 年,他向科学院呈交了一篇很长的论文,题为"热的传播",傅里叶在论文中运用正弦曲线来描述温度分布,并提出一个很有争议性的结论:任何连续周期信号可以由一组适当的正弦曲线组合而成。在论文的审阅人中,拉普拉斯、蒙日和 S. F. 拉克鲁瓦(Lacroix)都是赞成接受这篇论文的,但是拉格朗日提出了强烈的反对,最终,法国科学学会屈服于拉格朗日的威望,拒绝了傅里叶的工作。不过,在审查委员会给傅里叶的回信中,还是鼓励他继续钻研,并将研究结果严密化。1830 年 5 月 16 日,傅里叶卒于法国巴黎。傅里叶对自己的学说非常自信,他断定所有的周期信号都可以展开成傅里叶级数形式,但是科学家们发现了很多反例,后来德国数学家狄里赫利提出了三个条件完善了傅里叶级数,使得傅里叶级数可以得到广泛的应用。

通过傅里叶级数的发展过程引导学生对理论知识要具有探索精神、独立精神、怀疑精神,对自己认定的事情一定要从更多的角度去考虑,这样才能将其完善。

【实例 7-5】　讲授第 4 章连续时间信号与系统的复频域分析中拉普拉斯变换的内容时,介绍拉普拉斯算子的起源实质上是源于奥列弗·赫维赛德(Oliver Heaviside)。他出身于伦敦一个极度贫穷的家庭,患过猩红热,导致他听力部分残疾,16 岁离开了学校。由于没上过大学,他完全靠自学和兴趣掌握了高等数学等知识。赫维赛德第一个重要贡献是重新表述了麦克斯韦方程组，并应用在电磁学上，利用矢量微积分的形式表述了麦克斯韦方程组，将其由20个方程削减为具有对称性的4个方程，使其便于记忆和运算。赫维赛德第二个重要贡献和信号与系统中拉普拉斯变换有关——运算微积分，可以将常微分方程转换为普通代数方程。

赫维赛德的算子微积分方法由于在算子验算时缺乏严密的数学基础，被数学家们认为是“野路子”，但在计算过程中能给出正确的结果，于是数学家们开始尝试对算子理论进行严格化。后来，人们从拉普拉斯变换的角度解释了这种算法的运算依据。随着拉普拉斯变换的广泛使用，赫维赛德算子的作用被弱化了。可我们应该知道的是，正是这种“野路子”，靠“不正规”运算而发明的方法，促成了现在的拉普拉斯分析法，多被应用在电路分析的领域。

通过从赫维赛德算子的提出到拉普拉斯分析法引导学生要具有探索精神、怀疑精神、求实精神，也要看到科学家在艰难的生长环境中也能做出很大的贡献，我们现在生活的社会和他们当年相比已经很好，教导学生要学习科学家的科学精神。

(4) 通过经典理论的提出，培养学生的求实精神、探索精神、实证精神和创新精神。

科学精神是顽强执着、锲而不舍的探索精神，古往今来，任何一项科学发现和发明，都不是一蹴而就的，都经历过实践、认识、再实践、再认识这样一个完整过程，里面包含着思维的转变、思想的解放、观念的更新。首先要通过科学研究弄清事物原理，再指导自己行为。

【实例7-6】 讲授第4章连续时间信号与系统的复频域分析中稳定性一节的劳斯判据时，内容导入时使用我国空间站核心舱上的机械臂动图，该机械臂是我国目前智能程度最高、难度最大、系统最复杂的空间智能制造系统，激发学生的爱国情怀，引导问题：这么复杂的一个机械系统，设计时最先要考虑什么？从而引出稳定性的一大判据——劳斯判据，而劳斯判据的提出也不是一朝一夕的，最初，是在1788年，瓦特利用负反馈原理设计离心调速器，但是他设计的这个调速器经常运行到一定时间后就因为不稳定而停机损坏。针对这一问题，1868年，麦克斯韦发表了《论调速器》，在这里面，他提出了两个问题：①指出微分方程的特征根跟稳定性有关；②提出了寻找高阶系统稳定性判据的问题。直到1877年，劳斯才从前人研究的基础上提出了判别系统稳定性的代数方法——劳斯判据。从而引导学生要具有探索、求证、创新的科学精神，永攀科学高峰。

(5) 类比思维导入课程，提升学生观察力、思维力和想象力。

在讲授知识的时候，不一定非要直接讲授抽象的数学表达式，而是可以通过一些学生已经感知或者解决起来比较简单的类似问题或者事物进行类比，从而培养学生掌握正确的观察方法，使观察具有全面性、重点性、综合性；让学生能做到从感知具体到思维抽象，从思维抽象到认识具体事物，掌握想象的类比方法、联想方法，激发新的火花。

【实例7-7】 讲授第5章离散时间信号与系统的时域分析中差分与差分方程内容的时候，差分方程作为一种新的方程形式，学生在刚接触时会产生陌生感，尤其是表达太抽象数学。在教学过程中采用问题引出教学法，结合前面学习过的内容，类比回忆，通过简单有趣的问题引出，帮助学生学习本节课将要用到的知识内容，并激发学生解决问题的兴趣，提高教学质量。例如本节课开始先给出一个经典的古典数学问题：假定你有一雄一雌一对刚出生的兔子，它们在长到一个月大小时开始繁殖，在第二个月结束时，雌兔子产下另一对兔子，过了一个月后它们也开始繁殖，如此这般持续下去。每只雌兔在开始繁殖时每月都产下一对兔子，假定没有兔子死亡，在一年后总共会有多少对兔子？让学生给出解答：在一月底，最初的一对兔子交配，但是还只有1对兔子；在二月底，雌兔产下一对兔子，共有2对兔子；在三月底，最老的雌兔产下第二对兔子，共有3对兔子；在四月底，最老的雌兔产下第三对兔子，两个月前生的雌兔产下一对兔子，共有5对兔子……如此这般计算下去，兔子对数分别是：1,1,2,3,5,8,13,21,34,55,89,144……，从第3个数目开始，每个数目都是前面两个数目之和，写成通式的形式如下：

$$\begin{cases} F_1 = 1 & (n = 1) \\ F_2 = 1 & (n = 2) \\ F_n = F_{n-1} + F_{n-2} & (n \geqslant 3) \end{cases}$$

这就是著名的斐波那契(Fibonacci)数列，由递推得来的这个数列，就是差分方程的表现形式，将 $F_n = F_{n-1} + F_{n-2}$ 变为 $F_n - F_{n-1} - F_{n-2} = 0$，类似于这种形式的方程，都可以称为差分方程。

在课程教学中通过类比的思维由斐波那契数列的表达式自然而然引出差分方程，可以加深学生的记忆，为之后的学习打下基础。

2. 课程开放问题中科学精神的培养

设置开放性问题，开放性问题的种类多种多样，其中蕴含着科学精神。

(1) 课堂任务中的开放性问题。

课堂学习内容需要和课堂留出的思考题相结合，体现出对现实问题的科学探索精神、实证精神、创新精神、原理精神，让学生完成相关问题，从而培养学生的记忆力、思维力、想象力。

【实例7-8】 线下课堂在讲授第3章连续时间信号与系统的频域分析中无失真传输的相关内容的时候，通过声音的变声问题，引导学生思考：信号传输的过程中为什么要尽量不失真？讲述线性系统失真的基本原理，引出信号无失真传输的基本条件，并通过实例给出无失真传输的工程应用。

随后布置课堂任务：①日常生活中什么地方需要无失真传输？什么地方又要利用失真？②利用教师给出的MATLAB程序，验证信号的无失真传输，分析无失真传输的编程实现原理。

【实例7-9】 线下课堂在讲授第3章连续时间信号与系统的频域分析中滤波器相关内容的时候，通过将夹杂着噪声的信号引入课程，讲解傅里叶分析在滤波器中的应用，然后介绍滤波器的作用并通过Multisim软件设计简单的电路滤波器完成对原理内容的讲解。

随后布置课堂任务：①结合教师给出的信号以及处理程序，用模拟软件验证滤波的效果，并思考如何才能提高滤波的质量。②根据教师上课讲解的设计简单低通滤波电路的相关内容，利用Multisim软件设计简单的高通滤波电路。

(2) 课程考试中的开放性问题。

课程结课考试试题编制的时候,充分考虑课程开放问题的设置,可以通过一些历史背景,了解科学发展的进展、理论、方法、技能,在问题中提高思维活力,丰富想象力,充分理解创新、原理、理性的科学知识。

【实例 7-10】 期末考试开放题:1930 年 12 月,红军在第一次反"围剿"中成功缴获红军第一台通信设施"半部无线电台",不久后,红军又成功缴获了一台完整的 15W 电台(收发机都在)。在"一部半电台"的基础上,经毛泽东、朱德批准,正式成立了中央红军的第一个无线电队(现西安电子科技大学前身)。1931 年 1 月无线电大队成立之后,为进一步发展壮大红军无线通信技术人员队伍,提高人员的专业技术水平,红军决定举办无线电培训班。1941 年 10 月 10 日,中央军委通信三局刊物《通信战士》刊登了毛泽东同志的题词:"你们是科学的千里眼顺风耳"。结合"信号与系统"课程学习到的相关知识,分析电台是如何完成"千里眼"和"顺风耳"任务的。

7.2.3 教学特色与反思

1. 教学特色

本课程经过 30 余年持续不断的改进,注重对学生科学精神的培养,形成了较为鲜明的特色。

(1) 科学精神的培养是一个长期的过程,本门课程具有丰富的科学精神内涵,在进行教学设计时,一定要将其有机融入教学的各个环节中去,才能实现科学原理和工程实践相结合。

(2) 科学精神的培养要结合本课程的特点和学生发展的需求,通过科学家奇闻轶事、严格的数学物理方法、理论联系实际等手段,从细节入手,由量变到质变,最后达到升华。

(3) 科学精神的培养要落到实处,在课后思考题和最终课程考核中要有体现,并且通过学生的反馈不断改进。

2. 教学反思

课程团队始终坚持课程教学改革,不断更新教学体系和方法,目前结合"雨课堂""智慧树"等多种教学平台开展线上线下混合式教学。在教学中充分挖掘、提炼科学精神课程思政元素,培养学生的求实、实证、探索、创新、怀疑、独立、原理等精神。课程中融入实际工程案例,采用 MATLAB、Multisim 等软件作为辅助教学手段,将知识、能力和价值观相统一,达到教书和育人并举的课程教育目标。

(宋佳乾)

7.3 课程思政典型案例——工匠精神的培养

新时代的工匠精神是聚焦当下对传统传承的敬畏与坚守,是寻找差距、精益求精、不断追求卓越的品质,它不仅仅强调专心专注,更强调探索创新,是一种基于专心专注基础上不断创新的精雕细琢的精神。通过制定科学的教学计划，合理配置工匠精神的教学内容，将人生目标、人生态度、人生价值、民族精神、时代精神、职业道德与工匠精神相融合，帮助学生养成严谨求实、重视技能、专心专注的习惯，有序地开展工匠精神的培养工作。

7.3.1 案例教学目标和实施过程

教学目标：通过对课程教学中不同学习方式(线上、线下、小组协作等)和各章节内容中工匠精神的挖掘，培养学生的工匠精神。

实施过程如下。

(1) 绪论课给学生讲清楚课程要求。通过介绍课程的地位、应用领域，明确告知学生本课程的5个教学目标，让学生知道自己要达到的学习成果；通过介绍教学内容让学生知道取得哪些学习成果；通过介绍技术手段以保障学生能够取得这些学习成果；通过介绍教学方法有效帮助学生取得学习成果；通过介绍考核评价方式让学生知道如何取得这样的成果。

(2) 线下理论教学中工匠精神的培养。理论教学以课堂讲授为主，结合小组协作汇报、课堂练习与讨论、考试等共同实施。在线下教学的各章节，充分挖掘工匠精神的元素，将工匠精神的培养始终贯穿其中。

(3) 线上教学中工匠精神的培养。线上教学以学生观看课程视频自学为主，结合小组协作学习、教师线上辅导答疑、线上章测试和线上期末考试等共同完成。在线上教学中始终贯穿工匠精神的培养。

(4) 小组协作中工匠精神的培养。小组协作是本课程线上线下混合教学的重要环节，各小组在线上学习时对疑难问题和小组协作问题进行协作学习、讨论解决，在线下教学时将小组协作制作的PPT展示汇报。在小组协作中，通过组员的探讨与合作，帮助学生逐渐意识到工匠精神的重要价值和现实意义，深化对工匠精神的认知。

7.3.2 实施案例

1. 线下理论教学中工匠精神的培养

(1) 在课程绪论中，通过梳理主要教学内容和课程学习的方法，帮助学生树立严谨求实的态度和专注认真的学习习惯。

【实例7-11】 在介绍本课程的研究方法时，首先提出“信号分析”方法，即研究信号的描述、运算、特性以及信号发生某些变化时其特征的相应变化。该方法的主要途径是研究信号的分解，即将一般信号分解成众多基本信号单元的线性组合，通过研究这些基本信号单元在时域或变换域的分布规律来达到了解信号特性的目的。接着说明由于信号的分解可以在时域进行也可以在频域或复频域进行，因此信号的分析方法有时域法、频域法和复频域法等多种途径。最后告知学生“信号分析”的基本目的是揭示信号自身的特性。

通过以上内容的层层递进讲解，为学生建立信号分析的概念，培养学生自主分析问题和解决问题的能力，帮助学生建立自主分析信号与系统的观念，进行开放性自主创新性思维的模拟，从而培养学生的工程实践思维能力。

(2) 讲述课程中的某些重要现象或对一些问题进行讨论分析时，引导学生探索其蕴藏的精益求精的工匠精神，从而培养学生不断追求卓越的学习态度。

【实例 7-12】 在学习第3章周期信号的傅里叶级数展开的内容时，在学生掌握了展开方法后，向学生介绍吉布斯现象 Gibbs phenomenon(又叫吉布斯效应)。以矩形脉冲为例，通过 MATLAB 仿真，让学生了解其含义是：将具有不连续点的周期函数进行傅里叶级数展开后，选取有限项进行合成，选取的项数越多，其波形越接近于原始信号，均方误差也越小，而且波形中所含的高次谐波越多，边缘越陡峭，如图 7-3 所示，可以看出，在所合成的波形中出现的尖峰越靠近原信号的不连续点，当选取的项数趋向于无穷大时，该尖峰值趋于一个常数，大约等于总跳变值的 9%。

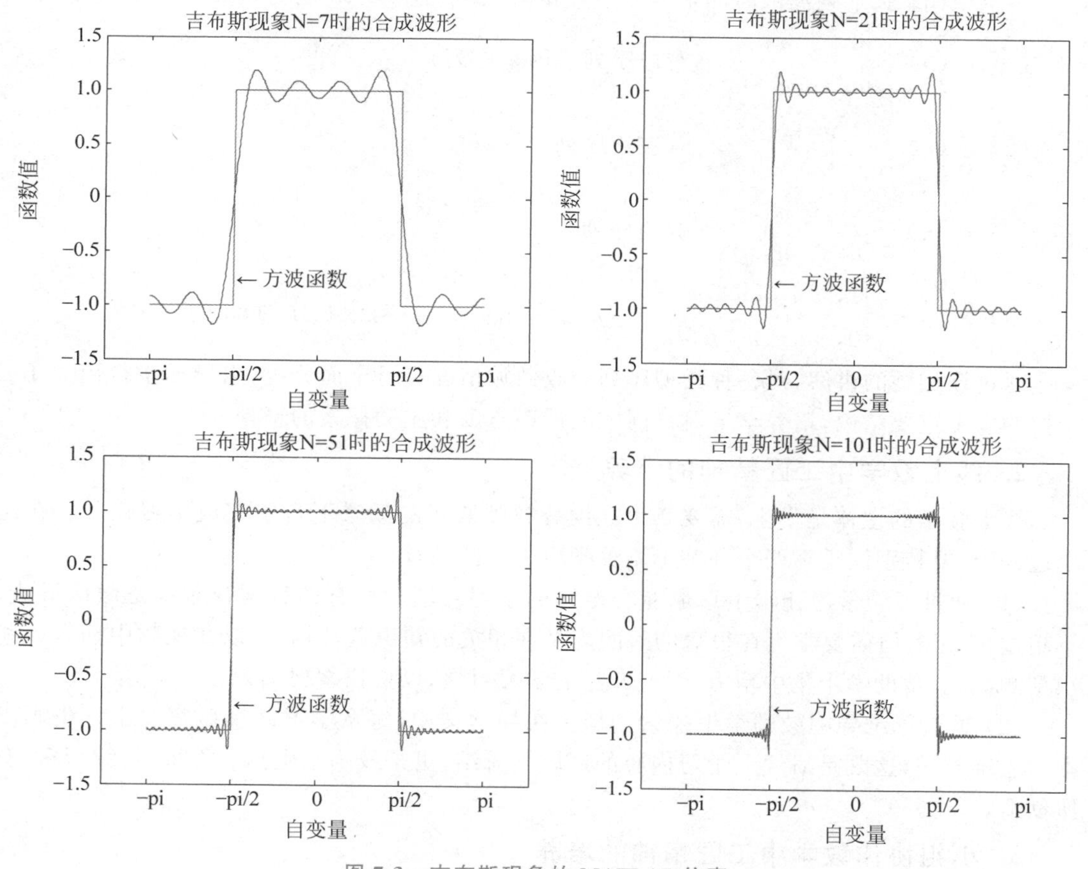

图 7-3 吉布斯现象的 MATLAB 仿真

通过这个教学实例，引导学生分析周期信号傅里叶级数展开的特性，尤其是在不连续点处的特性，继而鼓励学生深入探索、精益求精。

【实例 7-13】 z 变换的收敛域分析与求解。在学习拉普拉斯变换和 z 变换过程中，均涉及收敛域问题，其中 z 变换的收敛域问题更具有代表性。从 z 变换的定义式可知，对序列 $x(n)$ 进行 z 变换就是将该序列展开为复变量 z^{-1} 的无穷幂级数，其系数就是相应的 $x(n)$ 值。由于只有级数绝对收敛时，z 变换才有意义，所以存在一个 z 变换的收敛域问题。对于任意有界序列 $x(n)$，能使级数 $\sum_{n=-\infty}^{+\infty} x(n)z^{-n}$ 收敛的所有 z 值的集合称为 z 变换 $X(z)$ 的收敛域(Region of Convergence，ROC)。根据级数理论，该级数收敛的充分必要条件为

$$\sum_{n=-\infty}^{+\infty} |x(n)z^{-n}| < +\infty$$

所以 z 变换的收敛域不仅与序列 $x(n)$ 有关，而且与 z 值的范围有关。

举例说明：求下列离散时间信号 z 变换的收敛域(式中 a，b 均为正数)。

(1) $x_1(n)=\begin{cases}0, & n<0\\ a^n, & n\geqslant 0\end{cases}$ (右边序列或因果序列)

(2) $x_2(n)=\begin{cases}-a^n, & n<0\\ 0, & n\geqslant 0\end{cases}$ (左边序列)

(3) $x_3(n)=\begin{cases}b^n, & n<0\\ a^n, & n\geqslant 0\end{cases}$ (双边序列)

(4) $x_4(n)=\begin{cases}1, & n_1\leqslant n\leqslant n_2\\ 0, & n<n_1, n>n_2\end{cases}$ $(n_1\geqslant 0, n_2>0)$ (有限长序列)

通过该例题的讲解，对各种类型序列的收敛域情况进行全面分析，引导学生得出关于 z 变换的 8 个重要结论，培养学生对待问题的严谨态度和主动探索的精神。

2. 线上教学中工匠精神的培养

线上教学的主体是学生，需要学生在没有教师监督的场景下自主完成学习任务。在这个过程中，要特别注重在两个环节上培养学生的工匠精神。

(1) 通过视频学习让学生形成专心专注的学习习惯。所有的教学视频都是微课形式，不超过 15min，但需要学生在很短的时间内掌握相关的知识点，因此可以在视频中插入一些小型测试题，帮助学生集中精力，形成专注的学习习惯，以更快掌握知识点。

(2) 通过思维导图鼓励学生探索创新。在导学案中，每章学习结束后都要求学生画出本章思维导图，这既是对线上学习内容的回顾与总结，更是鼓励学生拓展思维、持续探索、有所创新。

3. 小组协作教学中工匠精神的培养

小组协作教学是本课程教学改革的一大特色，小组成员在课上或者课后进行分工合作，对导学案中的问题充分讨论，既培养学生的团队合作精神，也通过对理论联系实际、工程实践问题的深入探究，培养学生不断探索和追求卓越的工匠精神。

(1) 针对一些知识理解和运用的难点，设计协作讨论的典型例题，帮助学生拓展思维方式，培养不断探索的精神。

【实例 7-14】 在第 1 章的学习中，信号在时域中反折、时移、尺度、倒相等变换的组合运用是一个学习难点，因此设计了一个具有探索性的小组协作讨论问题：已知 $f(6-2t)$ 的波形如图 7-4(a)所示，试画出 $f(t)$ 的波形。

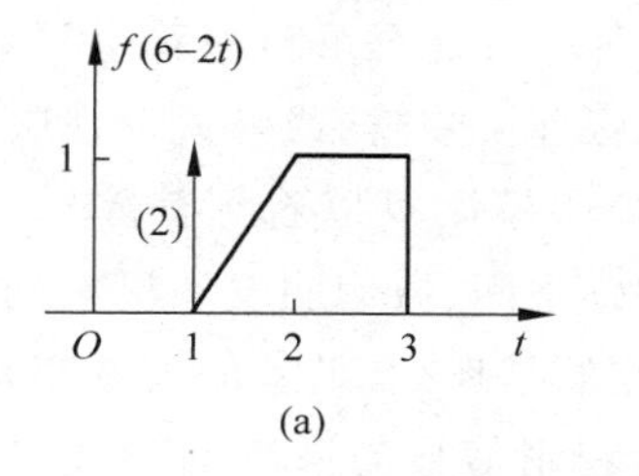

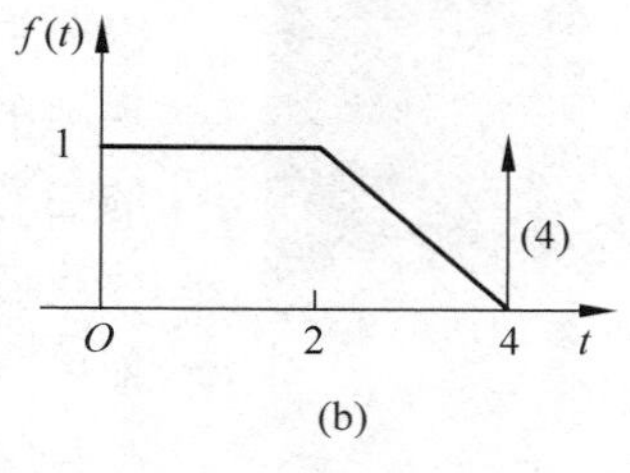

图 7-4　三种变换组合的波形变换图

求解该问题时，同学们都知道 $f(6-2t)$ 无疑是将 $f(t)$ 经过反折、时移、尺度三种变换后而得到的，$f(t)$ 的波形如图 7-4(b)所示。但三种变换的次序可以是任意的，故共有六种途径。本例列出其中的四种求解方法，在求解过程中要特别强调，让学生注意冲激函数的尺度变换。

方法一：时移→反折→尺度。

$$f(6-2t)=f[-2(t-3)]\xrightarrow{\text{左时移 }3}f[-2(t+3-3)]=f(-2t)=f[2(-t)]\xrightarrow{\text{反折}}f(2t)\xrightarrow{\text{尺度 }1\text{ 倍}}f\left(2\times\frac{1}{2}t\right)=f(t)。$$

方法二：反折→时移→尺度。

$$f(6-2t)\xrightarrow{\text{反折}}f(6+2t)=f[2(t+3)]\xrightarrow{\text{右时移 }3}f[2(t+3-3)]=f(2t)\xrightarrow{\text{尺度 }1\text{ 倍}}f\left(2\times\frac{1}{2}t\right)=f(t)。$$

方法三：尺度→反折→时移。

$$f(6-2t)\xrightarrow{\text{尺度 }1\text{ 倍}}f\left(6-\frac{1}{2}\times 2t\right)=f(6-t)\xrightarrow{\text{反折}}f(t+6)\xrightarrow{\text{右时移 }6}f[(t-6)+6]=f(t)。$$

方法四：时移→尺度→反折。

$$f(6-2t)=f[-2(t-3)]\xrightarrow{\text{左时移 }3}f[-2(t+3-3)]=f(-2t)\xrightarrow{\text{尺度 }1\text{ 倍}}f\left(-2\times\frac{1}{2}t\right)=f(-t)\xrightarrow{\text{反折}}f(t)。$$

通过这个典型例题的协作讨论，鼓励学生从不同角度处理信号的变换，当得到相同的答案后，更能激发同学们的学习热情，也让同学们在不知不觉中具有了探索精神和分析问题的能力。

(2) 设计开放问题的协作讨论，帮助学生开阔视野，在挖掘生活中某些现象背后蕴藏的科学知识的同时，悄然培养学生探索真相、严谨求实的工匠精神。

图 7-5　爱因斯坦和玛丽莲·梦露混合画

【实例 7-15】　如图 7-5 所示的“混合画”是由美国麻省理工学院神经科学家奥迪·奥利瓦、安东尼奥·托拉尔巴和英国格拉斯哥大学专家菲利皮·斯奇恩斯共同研究制成的。当近距离观看的时候，能清楚地认出画中人是爱因斯坦；然而当站在较远处再重新观看这幅画时，就会发现画中人变成了玛丽莲·梦露(或者说近视眼戴眼镜看到的是爱因斯坦，摘掉眼镜则可以看到梦露)。类似这种图片我们经常会在QQ空间、微信朋友圈里看到有人转发并配以“聪明的人看到的是什么，愚笨的人看到是什么”类似不科学的言论。请利用信号与系统的相关知识分析为什么会出现这种情况。

这个实例来自于流传多年的一个小测试，很多同学都在网上体验过，其实这就是一个视觉陷阱，我们要帮助学生从信号与系统的角度进行分析，使用科学知识解释产生这种现象的原因是什么，让学生们从中体会崇尚科学、精益求精的工匠精神。

7.3.3　教学特色与反思

1. 教学特色

本课程经过 30 余年持续不断的改进，注重对学生工匠精神的培养，形成了较为鲜明的特色。

(1) 工匠精神的培养需要实现课程思政与学生学习、评价的有机结合，构建一体化反映课程教学方法、教学大纲的授课教案，从而方便学生更好地理解并内化课程知识，帮助学生逐渐意识到工匠精神的重要价值和现实意义，深化对工匠精神的认知。

(2) 工匠精神的培养要结合本课程的特点和学生发展的需求，通过线上、线下、小组协作等多种教学方式，在知识点的学习中从细节入手，由量变到质变，最后达到升华。

(3) 工匠精神的培养要落到实处，在课后思考题和最终课程考核中都要有体现，并且通过学生的反馈不断改进。

2. 教学反思

课程团队始终致力于课程教学改革，目前结合“雨课堂”“智慧树”等多种教学平台开展线上线下混合式教学。在教学中将知识传授、能力提升和价值观塑造相统一，在教学的各个环节充分挖掘工匠精神的思政元素，培养学生严谨求实、专注认真、追求卓越、精益求精、探索创新等工匠精神，并有效融入生活中的有趣现象和实际工程案例，增强学生理论联系实际、解决实际问题的能力，达到教书和育人并举的课程教育目标。

(车　进)

7.4 课程思政典型案例——系统观的培养

系统具有整体性、相关性、结构性、动态平衡性、目的性、层次性、多样性等基本属性，系统观通过系统的各个基本属性来体现。系统观的培养不可能一次完成，也不可能通过某一门课程完成，其需要多门课、多学科并行开展。本课程在教学的各个环节，合理配置系统观的教学内容，通过线上、线下、小组协作等多渠道潜移默化地对学生进行系统观的培养。

7.4.1 案例教学目标和实施过程

教学目标：通过课程教学的各个环节，培养学生的系统观。

实施过程如下。

(1) 绪论课给学生讲清楚课程要求。通过介绍课程的地位、应用领域，明确告知学生本课程的5个教学目标，让学生知道自己要达到的学习成果；通过介绍教学内容让学生知道要取得哪些学习成果；通过介绍技术手段以保障学生能够取得这些学习成果；通过介绍教学方法有效帮助学生取得学习成果；通过介绍考核评价方式让学生知道如何取得这样的成果。

(2) 线下教学中系统观的培养。线下教学以课堂讲授为主，结合小组协作汇报、课堂练习与讨论、考试等共同实施。在线下教学的各章节，充分挖掘系统观思政元素，将系统观的培养始终贯穿其中。

(3) 线上教学中系统观的培养。线上教学以学生根据课程团队录制视频配合教材自学为主，结合小组协作学习、教师线上辅导答疑、线上章测试和线上期末考试等共同完成。在线上教学中始终贯穿系统观的培养。

(4) 小组协作中系统观的培养。小组协作是将学生分成若干小组，在线上学习时对疑难问题和小组协作问题进行协作学习、讨论解决，在线下课堂上将小组协作制作的PPT展示汇报。在小组协作中，通过每个组员的通力合作，培养学生的系统观。

7.4.2 实施案例

1. 线下教学中系统观的培养

系统理论贯穿在信号与系统课程的各章节中，在讲授时引导学生以系统的观点看待事物。

(1) 让学生明白系统是一个整体，它由若干单元(子系统)构成，其广泛存在于自然界、人类社会和工程技术等各个领域。

【实例7-16】 系统是由相互依赖、相互作用的若干相互关联的单元组合而成的具有特定功能的有机整体。例如人体系统由消化系统、神经系统、呼吸系统、循环系统、运动系统、内分泌系统、泌尿系统、生殖系统8大系统组成；电力系统由发电、输电、变电、配电、用电等部分组成。再如我国于 2018 年 12 月 8 日成功发射的、开启人类第一次月球背面探险之旅的嫦娥四号探测器与地面进行双向通信的系统，是由玉兔二号巡视器、鹊桥中继星和地面站等组成，示意图如图 7-6 所示。

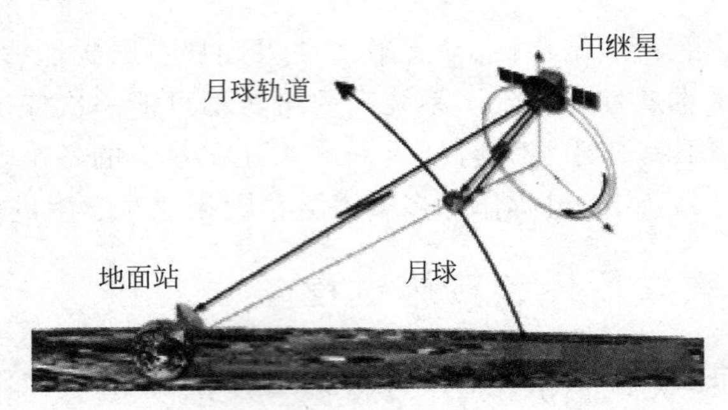

图 7-6　玉兔二号与地面传送信息示意图

(2) 让学生知道组成系统的各部分之间是相互联系、相互作用和依赖的。

【实例 7-17】　例如人体系统的 8 个系统相辅相成、缺一不可，这些系统协调配合、互相联系、互相制约，使人体内各种复杂的生命活动能够正常进行；再如实例 7-16 中的嫦娥四号探测器与地面进行双向通信的系统，由于月球背面对地球始终不可见，故玉兔二号与地面的所有通信都是通过鹊桥中继星进行的，即玉兔二号在月球背面发送的信息，首先被鹊桥中继星接收后再转发到地球表面，同样，地面发送给玉兔二号的信息，也是首先被鹊桥中继星接收后再转发给玉兔二号。

(3) 让学生懂得系统是多种多样的。

【实例 7-18】　系统可以从不同的角度进行分类。例如从系统的输入和输出是连续信号还是离散信号可分为连续时间系统和离散时间系统；从系统是否同时满足齐次性和叠加性可分为线性系统和非线性系统；从系统是否满足时不变特性分为时不变系统和时变系统；从系统是否具有因果性分为因果系统和非因果系统；从系统是否具有稳定性分为稳定系统和非稳定系统等。

(4) 通过 LTI 系统的冲激响应、频率响应或系统函数，让学生明白任何系统都有其本身的特性和特定的功能。

【实例 7-19】　LTI 系统的冲激响应、频率响应和系统函数分别从时域、频域和复频域的角度表征系统本身的特性，它完全取决于系统的结构和参数，与系统的激励和响应无关，系统确定后，其就是一定的，因此常用它们来代表一个系统。例如 RC 无源高通滤波器的冲激响应、频率响应、系统函数分别为 $h(t)=1-\frac{1}{RC}\mathrm{e}^{-\frac{1}{RC}t}u(t)$、$H(\mathrm{j}\omega)=\frac{\mathrm{j}\omega}{\mathrm{j}\omega+\frac{1}{RC}}$、$H(s)=\frac{s}{s+\frac{1}{RC}}$，它们分别从时域、频域和复频域三方面表示该高通滤波器的特性。

(5) 通过问题让学生从系统的结构角度去认识系统的特性和功能。

【实例 7-20】　卷积和满足交换律、分配律和结合律等代数运算规律。①交换律：$x(n)*h(n)=h(n)*x(n)$，从系统的观点解释：一个单位样值响应是 $h(n)$ 的 LTI 系统对输入信号 $x(n)$ 所产生的响应，与一个单位样值响应是 $x(n)$ 的 LTI 系统对输入信号 $h(n)$ 所产生的响应相同；②分配律：$x(n)*h_1(n)+x(n)*h_2(n)=x(n)*[h_1(n)+h_2(n)]$，从系统的观点解释：一个 LTI 系统由若干子系统并联构成，则系统总的单位样值响应等于各子系统单位样值响应之和；③结合律：$[x(n)*h_1(n)]*h_2(n)=x(n)*[h_1(n)*h_2(n)]$，从系统的观点解释：一个 LTI 系统由若干子系统级联构成，则系统总的单位样值响应等于各个子系统单位样值响应的卷积和。

一个系统通常是由若干子系统通过并联、级联等结构形式联结构成，其总的单位样值响应根据各子系统的联结方式确定，通过它可以了解系统的稳定、因果等特性，掌握系统特定的功能。

问题 1：某 LTI 离散时间系统的结构框图如图 7-7 所示，已知 $h_1(n)=\left(\frac{1}{2}\right)^n u(n)$，$h_2(n)=\left(\frac{1}{3}\right)^n u(n)$，$h_3(n)=\delta(n-1)$，求系统总的单位样值响应 $h(n)$，并判断系统的稳定性和因果性。

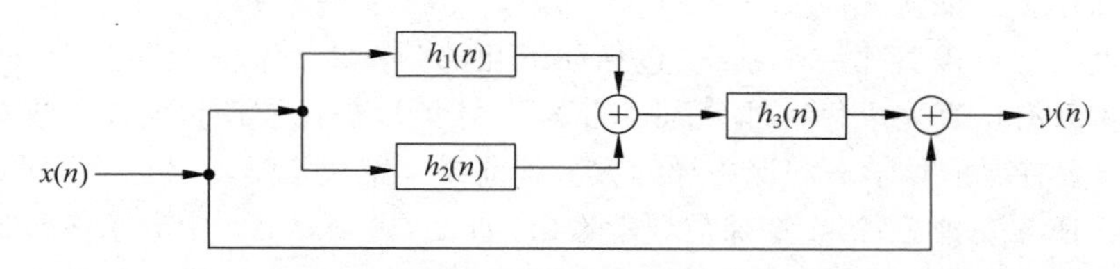

图 7-7　某 LTI 离散时间系统结构框图

注意：一个系统可以很复杂，也可以很简单，一根导线也是一个系统。由导线构成的子系统的单位样值响应是 $\delta(n)$，而不是 1。

(6) 通过信号与系统分析的实质，让学生学会将复杂问题简单化的分析方法。

【实例 7-21】　信号与系统可以从时域、频域和复频域三个角度进行分析，不管从哪个方面分析，其实质都是将复杂信号表示为一系列基本信号的线性组合。信号分析是通过研究基本信号的特性来探究复杂信号的特性；系统分析也是通过基本信号作用于系统产生的零状态响应的线性组合得到复杂信号产生的零状态响应，从而对系统特性进行有效的分析。

问题 2：分别用时域、频域和复频域的方法求系统 $y'(t)+2y(t)=f(t)$ 在激励 $f(t)=e^{-t}u(t)$ 作用下的零状态响应。

说明：① 在时域中，任意信号 $f(t)$（复杂信号）可以表示为一系列冲激信号（基本信号）的线性组合，即 $f(t)=\int_{-\infty}^{+\infty} f(\tau)\delta(t-\tau)\mathrm{d}\tau$；将这一系列冲激信号作用于线性时不变系统，根据线性时不变系统的叠加特性，可得零状态响应为 $y_{zs}(t)=\int_{-\infty}^{+\infty} f(\tau)h(t-\tau)\mathrm{d}\tau$，即 $y_{zs}(t)=$

$f(t)*h(t)$,其中$h(t)$为系统的冲激响应。

② 在频域中,任意信号$f(t)$可表示为一系列不同频率的虚指数信号(基本信号)的线性组合,即$f(t)=\frac{1}{2\pi}\int_{-\infty}^{+\infty}F(\mathrm{j}\omega)\mathrm{e}^{\mathrm{j}\omega t}\mathrm{d}\omega=\int_{-\infty}^{+\infty}\frac{F(\mathrm{j}\omega)}{2\pi}\mathrm{e}^{\mathrm{j}\omega t}\mathrm{d}\omega$;将这一系列虚指数信号作用于线性时不变系统,可得系统的零状态响应为$y_{zs}(t)=\frac{1}{2\pi}\int_{-\infty}^{+\infty}F(\mathrm{j}\omega)H(\mathrm{j}\omega)\mathrm{e}^{\mathrm{j}\omega t}\mathrm{d}\omega$,即$y_{zs}(t)=F^{-1}[F(\mathrm{j}\omega)H(\mathrm{j}\omega)]$,其中$H(\mathrm{j}\omega)=\int_{-\infty}^{+\infty}h(t)\mathrm{e}^{-\mathrm{j}\omega t}\mathrm{d}t$为系统的频率响应函数。

③ 在复频域中,任意信号$f(t)$可表示为一系列复指数信号(基本信号)的线性组合,即$f(t)=\frac{1}{2\pi\mathrm{j}}\int_{\sigma-\mathrm{j}\infty}^{\sigma+\mathrm{j}\infty}F(s)\mathrm{e}^{st}\mathrm{d}s$;类似地,可得系统的零状态响应为$y_{zs}(t)=L^{-1}[F(s)H(s)]$,其中$H(s)=\int_{-\infty}^{+\infty}h(t)\mathrm{e}^{-st}\mathrm{d}t$为系统的系统函数。

2. 线上学习中系统观的培养

线上学习以周为单元,提供600min的视频,分14周进行,按章将视频内容分成14个导学案,每周在线推送1个导学案,学生按照导学案的要求按时完成学习任务,解决基本知识的学习,归纳知识点,完成自主探究问题;每章结束完成本章的在线测试;14周结束,按照规定时间参加在线考试。

整个线上学习可以看作一个系统,包括如下几部分:导学案→视频自学→章测试→在线考试。学生只有认真完成每一部分内容的学习,才能取得比较理想的线上成绩。

(1) 导学案有课前导学案和课中导学案。课前导学案包括学习目标、学习要求、学习重点、学习难点、任务安排等,第4章课前导学案(1)如表7-6所示;课中导学案包括学习回顾、知识点归纳、自主探究问题、小组协作问题、课后作业等,第2章课中导学案(1)如表7-7所示。

表7-6 第4章课前导学案(1)

学习目标	1. 掌握信号的拉普拉斯变换与逆变换求解的方法; 2. 培养学生精益求精、团队分工合作和追求卓越的工匠精神; 3. 培养科学精神、规矩意识和世界观; 4. 培养数学概念、物理概念与工程概念的统一
学习要求	1. 深刻理解拉普拉斯变换的定义式、收敛域、基本性质及其求解常用信号的拉普拉斯变换; 2. 掌握部分分式法和留数法求象函数的拉普拉斯逆变换
学习重点	拉普拉斯变换的定义及其正、逆变换的求解
学习难点	1. 拉普拉斯变换的收敛域; 2. 正确理解拉普拉斯变换的性质(特别是时移特性、频移特性、时域微分、频域积分、初值定理、终值定理等)及其应用条件; 3. 拉普拉斯逆变换的求解
任务安排	

续表

观看视频课 4.1 拉普拉斯变换	**内容：** 1. 拉普拉斯变换的定义； 2. 拉普拉斯变换的收敛域； 3. 常用信号的拉普拉斯变换。 **问题：** 1. 为什么要进行拉普拉斯变换？从傅里叶变换如何得到拉普拉斯变换？有何条件？两者之间的区别是什么？拉普拉斯变换的优点有哪些？ 2. s 平面的含义是什么？什么是拉普拉斯变换的收敛域？为什么要定义收敛域？不定义收敛域可以吗？ 3. 收敛域有几种情况？分别是什么？
观看视频课 4.2 拉普拉斯变换的性质	**内容：** 拉普拉斯变换的性质(9 个)。 **问题：** 1. 线性、尺度性质的时域和变换域之间有什么关系？ 2. 时移特性、复频移特性的区别是什么？ 3. 时域微、积分特性可以怎样简化求解系统响应？ 4. 傅里叶变换中的卷积定理和拉普拉斯变换中的卷积定理有何异同？ 5. 结合前面所学内容，s 域的微积分性质能应用在什么地方？ 6. 初值定理和终值定理在时域中的含义是怎样的？
观看视频课 4.3 逆变换	**内容：** 1. 逆变换的含义； 2. 求逆变换的方法——查表法； 3. 求逆变换的方法——部分分式展开； 4. 求逆变换的方法——留数法。 **问题：** 1. 查表法有哪些局限性？ 2. 部分分式法要注意什么？ 3. 留数法应用的时候要注意些什么？
疑难问题小组讨论	对有疑惑的知识点首先要反复学习，然后组长召集组员，一起进行讨论，每人都要发表见解，记录员记录地点、时间、问题、讨论结果，小组讨论后仍未解决的问题做好记录，提交给教师。 **注：组长 1 名、记录员 1 名、答辩员若干名**

表 7-7 第 2 章课中导学案(1)

学习回顾	考查学生的课前知识掌握情况，完成教材第 2 章中的自测题。 1. 填空题(3,4,5)； 2. 单项选择题(1,2,6)
课前视频学习解答、知识点归纳	1. 针对学习回顾的作答情况教师给予点评。 2. 小组记录员将课前对知识点的困惑提出，师生进行互动讨论、教师解答问题。对学生共性疑难问题，教师集中讲授。 3. 知识点归纳： (1) 连续时间系统的数学描述； (2) 连续时间系统的响应

续表

重点难点的探究、达标检测	自主探究	1. 2 题的求解； 2. 2(1)题的求解
	小组协作	1. 进一步讨论系统的线性特性。 2. 讨论自由响应、强迫响应、零输入响应、零状态响应的本质区别；齐次解、零输入响应、零状态响应中的待定系数分别如何求解，它们的关系如何；经典解法、双零解法中跳变量如何确定；连续时间系统各响应之间的关系
成果交流(必选)	每个小组总结分析小组协作内容，通过 PPT 等形式展示成果，汇报交流学习体验	
课后作业	1. 作业：一、1,2； 2. 下节课导学案	
反馈评价、课后反思	1. 教师对学生的学习结果进行评价。安排学生进行反思、导学案留白完成。 2. 收集学生的反馈，根据评价结果与学生的反馈，进一步优化教学活动	

(2) 线上学习环节的考核评价细则如表 7-8 所示。

表 7-8　线上学习考核评价细则

课程目标	评价标准	权重/%
目标 1	(1) 在线系统设置好支撑课程目标 1 的进度要求、题型分值； (2) 根据在线系统的设置自动生成总成绩	10
目标 2	(1) 在线系统设置好支撑课程目标 2 的进度要求、题型分值； (2) 根据在线系统的设置自动生成总成绩	50
目标 3	(1) 在线系统设置好支撑课程目标 3 的进度要求、题型分值； (2) 根据在线系统的设置自动生成总成绩	25
目标 4	(1) 在线系统设置好支撑课程目标 4 的进度要求、题型分值； (2) 根据在线系统的设置自动生成总成绩	5
目标 5	(1) 在线系统设置好支撑课程目标 5 的进度要求、题型分值； (2) 根据在线系统的设置自动生成总成绩	10

备注：在线学习环节中，支撑课程目标 1 的理论权重 10%、支撑课程目标 2 的理论权重 50%、支撑课程目标 3 的理论权重 25%、支撑课程目标 4 的理论权重 5%、支撑课程目标 5 的理论权重 10%，但在实际中，由于在线期末考试是题库随机产生，可能不一定刚好是 10%、50%、25%等，会略有差异，应按实际权重为准。

3. 小组协作中系统观的培养

小组协作将每班学生分成若干小组，每组 6～8 人，每周组长由组员轮流担任，由组长召集组员对学习中的疑难问题、导学案中小组协作问题或课中课后教师布置的小组协作任务进行讨论，每人都要发表见解，记录员记录地点、时间、问题、讨论结果，小组讨论后由组长在线提交讨论记录；每组制作 PPT 在课中进行汇报，对仍未解决的问题提交给教师和同学进行讨论，举例如下。

【实例 7-22】 信号在传输、处理的过程中，通常会进行时移、尺度、反折等变换。例如以正常速度录制的语音信号，若以正常速度播放，听到的是原语音；若加速或减速播放，则是对信号进行了压缩或扩展；若倒转播放，则是对信号进行了反折。讲授这部分内容时，首先对录制的一段语音进行原速、2 倍速、0.5 倍速和倒转播放，引入课程；然后讲解三种变换的基本原理，并举例说明变换的计算过程；最后布置课后小组协作任务：录制某位组员的一段声音，利用自己熟悉的仿真软件制作原速、2 倍速、0.5 倍速和倒转播放的声音，制作 PPT 下节课课堂演示。

在小组协作学习中，班级可以看成一个系统，每个小组都是一个子系统，而每个组员都是子系统中的一个要素，相当于子系统的子系统，通过小组协作学习，达到“1+1>2”的学习效果。

7.4.3 教学特色与反思

1. 教学特色

本课程经过 30 余年持续不断的改进，注重对学生系统观的培养，形成了较为鲜明的特色。

(1) 系统观的培养需要充分挖掘教材和教学过程中的课程思政元素，将其有机融入课程的教学之中，自始至终不断重复强化，有效地实现课程教学目标，达到知识、思维、能力的有机统一。

(2) 系统观的培养要结合课程的特点和学生发展的需求，通过线下、线上、小组协作等多种教学方式将其始终贯穿其中，由浅入深，由量变到质变，最后达到升华。

(3) 系统观的培养要落到实处，通过各个环节的考核评价及学生的反馈，不断改进完善。

2. 教学反思

课程团队始终坚持以学生为本、以成果为目标导向的教育理念，在教学中充分挖掘、提炼系统观的课程思政元素，有效融入实际工程案例，构建知识传授、能力提升和价值观培养相统一的教学内容体系，采用学生为主体教师为主导、理论和实践相结合等教学方法，使用“雨课堂”“智慧树”等多种教学平台开展线上线下混合式教学，引入 MATLAB 软件作为辅助教学手段提升课程教学质量，达到教书和育人并举的课程教育目标。

（李 虹）

7.5 课程思政典型案例——团队合作精神的培养

团队合作精神是大局意识、协作精神和服务精神的体现，当一群人在团队中各司其职，完美配合的时候，其将产生一股强大而持久的力量。不可能通过一门课程完成团队精神的培养，但可以通过一门课程让学生意识到团队合作的必要性，当要求组队参加某一竞赛、比赛时，课程对团队精神的培养效果将是显而易见的。团队精神的培养是需要持之以恒地开展的，要进行系统化的设计，坚持理论与实践相结合，从课程教学的各个环节考虑，讲求实效并能够进行考核评价。

7.5.1 案例教学目标和实施过程

教学目标：通过课前、课中导学案问题的设置，培养学生的团队精神。

实施过程如下。

(1) 绪论课给学生讲清楚课程要求。通过介绍课程的地位、应用领域，明确告知学生本课程的5个教学目标，让学生知道自己要达到的学习成果；通过介绍教学内容让学生知道要取得哪些学习成果；通过介绍技术手段以保障学生能够取得这些学习成果；通过介绍教学方法有效帮助学生取得学习成果；通过介绍考核评价方式让学生知道如何取得这样的成果。

(2) 课程理论教学中团队精神的培养。根据学科与专业的特点，结合学生未来所从事工作的职业素养要求，充分利用线上线下教学相结合的优势，在线上线下理论教学中始终贯穿团队精神的培养。

(3) 小组协作学习中团队精神的培养。

通过设置小组协作学习环节的考核评价细则(表7-9)，将团队精神反映在学生学习成绩中。

表7-9 小组协作学习环节考核方式

课程目标	评价标准					权重/%
	90～100	80～89	70～79	60～69	0～59	
目标1	基本概念、原理掌握较好、论述清楚。具备信号与系统的分析与设计能力、信息获取与处理能力	基本概念、原理掌握较好、论述较清楚。具有信号与系统的分析与设计能力、信息获取与处理能力	基本概念、原理有一定掌握、论述较清楚。初步具有信号与系统的分析与设计能力、信息获取与处理能力	基本概念、原理基本掌握、论述基本清楚。基本具有信号与系统的分析与设计能力、信息获取与处理能力	基本概念、原理没有掌握，论述不清楚。不具有信号与系统的分析与设计能力、信息获取与处理能力	5
目标2	能够识别和判断通信领域复杂工程问题的关键环节和参数，理论依据充分	能够识别和判断通信领域复杂工程问题的关键环节和参数，理论依据较充分	能够较好识别和判断通信领域复杂工程问题的关键环节和参数，理论依据较充分	能够基本识别和判断通信领域复杂工程问题的关键环节和参数，理论依据不充分	不能识别和判断通信领域复杂工程问题的关键环节和参数，理论依据不充分	15

续表

课程目标	评价标准					权重/%
	90～100	80～89	70～79	60～69	0～59	
目标3	能够认识到复杂工程问题的多种相互关联和制约因素，并通过分析文献，规范描述通信工程领域的工程问题	能够认识到复杂工程问题的多种相互关联和制约因素，并通过分析文献，较规范描述通信工程领域的工程问题	能够较好认识到复杂工程问题的多种相互关联和制约因素，并通过分析文献，较规范描述通信工程领域的工程问题	基本认识到复杂工程问题的多种相互关联和制约因素，并通过分析文献，较规范描述通信工程领域的工程问题	不能认识到复杂工程问题的多种相互关联和制约因素，不能通过分析文献，规范描述通信工程领域的工程问题	50
目标4	根据特定需求对通信与电子工程系统各模块进行设计和实现，并能够在设计环节中体现创新意识	根据特定需求对通信与电子工程系统各模块进行设计和实现，并能够在设计环节中体现一定的创新意识	根据特定需求较好地对通信与电子工程系统各模块进行设计和实现，并能够在设计环节中体现一定的创新意识	根据特定需求对通信与电子工程系统各模块进行基本设计和实现，并能够在设计环节中体现一定的创新意识	不能根据特定需求对通信与电子工程系统各模块进行设计和实现，在设计环节中无创新意识	10
目标5	具有良好的语言表达能力，能够就复杂工程方案和技术问题进行陈述发言和讨论交流	具有良好的语言表达能力，能够就复杂工程方案和技术问题进行较好的陈述发言和讨论交流	具有较好的语言表达能力，能够就复杂工程方案和技术问题进行较好的陈述发言和讨论交流	具有基本的语言表达能力，能够就复杂工程方案和技术问题进行一般的陈述发言和讨论交流	语言表达能力不强，不能就复杂工程方案和技术问题进行陈述发言和讨论交流	20

7.5.2 实施案例

1. 线上线下教学中合作学习团队的组建

开学第一课首先组建课程学习团队。

【实例7-23】 在绪论课中提出本门课程的学习要求：课堂上对学生随机分组，全班分为5～6个小组(随班级人数而定)，小组组长和记录员每周由组员轮流担任，课前导学案任务安排中出现的疑问，首先由组长召集于每周上课前在小组内解决，记录员需要记录小组讨论时间、参与人员、所有人参与提问以及回答的情况，难点及未解决的问题记录在案，由问题发起人于每周上课前在线上平台问答专栏上提交。每周课堂上会有课中导学案，学习回顾的内容将答案记录在笔记本中，在小组中讨论问题时，无人会回答的，产生分歧的，记录在案，由记录员统一在课堂上进行分享。课中导学案中，重点难点的探究、达标检测内容、自主探究的问题课上小组解决，小组讨论时集体探究，结果记录在案，不明白的由小组记录员记录并在课堂上提出。

学习团队的组建，让学生的交流、思考多了一种手段，一旦学生认同自己是团队中的一份子，其会产生强烈的归属感，通过课前导学案答疑、课中导学案合作解决问题等方法，增强学生的协同合作精神和奉献精神，轮流担任团队负责人和记录员、汇报员有助于学生认清自身的定位，适应其在团队中的角色，发挥自身优势，在团队中寻找到自身的优势，形成最强组合。

2. 线上线下教学中团队合作精神的培养

(1) 课前导学案中的小组协作问题。

采用线上线下混合式的方法讲授信号与系统课程时，每节课前先发布课前导学案。

【实例 7-24】 在讲解第 2 章的内容之前，在线上平台下发课前导学案，导学案的任务安排中应包含要求学生学习的内容和一些思考的问题，如表 7-10 所示。通过问题引领学生学习，对自己思考不明白的问题，要求组长召集组员，一起进行讨论，并有相关记录，发挥团队合作的凝聚力，培养学生在小范围内对小型问题简单探究的能力。

表 7-10 第 2 章第一次课前导学案节选

任务安排	
观看视频课 2.1.1 连续时间系统的数学模型——微分方程	内容： 1. 连续时间系统的数学模型——微分方程； 2. 连续时间系统的时域模拟。 问题： 1. 连续时间系统在时域中如何描述？ 2. 给定一个连续时间系统，如何建立激励 $e(t)$ 与响应 $r(t)$ 关系的微分方程？ 3. 连续时间系统的基本运算单元是什么？如何画系统模拟图？ 4. 基础题 1，建立题 1 图所示电路激励 $e(t)$ 与响应 $v_2(t)$ 关系的微分方程
观看视频课 2.1.2 两种描述方法之间的转换	内容： 1. 已知系统的方框图，写出系统的微分方程； 2. 已知系统微分方程，画出系统的方框图。 问题： 1. 由系统模拟图如何求出微分方程？ 2. 由微分方程如何画出模拟图？ 3. 基础题 1，根据视频 2.1.1 任务 4 建立的微分方程画出时域模拟图
观看视频课 2.2.1 微分方程的经典解法	内容： 1. 齐次解的 $r_h(t)$ 求解； 2. 特解 $r_p(t)$ 求解； 3. 完全解 $r(t)$ 求解。 问题： 1. 特征方程、特征根的含义是什么？齐次解的形式如何确定？ 2. 特解的形式如何确定？待定系数如何求出？ 3. 完全解中齐次解的待定系数如何求解？ 4. 基础题 1，用时域经典法求 $v_2(t)$ 的表达式

续表

任务安排	
观看视频课 2.2.2 起始点的跳变	**内容：** 1. 起始状态(0_-状态)； 2. 初始状态(0_+状态)； 3. 起始点跳变的判断方法； 4. 起始点跳变的求解：冲激函数匹配法。 **问题：** 1. 什么是起始状态？什么是初始状态？起始点的跳变——从0_-到0_+状态的含义是什么？ 2. 是否跳变的依据是什么？ 3. 冲击函数匹配法的原理是什么？如何利用冲击函数匹配法求解跳变量？ 4. 提高题1(2)
观看视频课 2.2.3 微分方程的双零解法	**内容：** 1. 零输入响应 $r_{zi}(t)$； 2. 零状态响应 $r_{zs}(t)$； 3. 完全响应 $r(t)$。 **问题：** 1. 零输入响应如何定义？解的形式是什么？待定系数如何求解？ 2. 零状态响应如何定义？解的形式是什么？待定系数如何求解？ 3. 比较自由响应、强迫响应、零输入响应、零状态响应、瞬态响应、稳态响应之间的关系
疑难问题小组讨论	对有疑惑的知识点首先要反复学习，再由组长召集组员，一起进行讨论，每人都要发表见解，记录员记录地点、时间、问题、讨论结果，小组讨论后仍未解决的问题做好记录，提交给教师。 **注：组长1名、记录员1名、答辩员若干名**

(2) 课中导学案中对问题的即时讨论。

【实例7-25】 在讲授第4章内容的时候，利用课中导学案(表7-11)，回顾学生在课前导学案中所遇到的问题，小组成员汇报困惑，教师予以解答，随后完成自主探究问题以及小组协作问题的解决，各小组总结小组协作内容，利用PPT汇报交流，完成本节课内容的学习。教师通过结合章节重点、难点知识，并考虑教学进度引导各组学生确定小组合作学习主题，团队成员之间彼此优势互补、协同合作，共同解决问题，培养学生在小范围内对小型问题深入探究的能力。

(3) 课后开放问题的团队协作。

【实例7-26】 线下课堂在讲授第3章连续时间信号与系统的频域分析中调制解调相关内容的时候，通过早期我国国防信号传输的方法引入课程，讲解傅里叶分析在调制解调中的应用，通过介绍调制的作用和利用MATLAB软件对信号进行幅度调制和频率调制完成对原理内容的讲解。

表 7-11　第 4 章第三次课中导学案

学习回顾		考查学生的课前知识掌握情况,完成教材第 4 章中的自测题。 单项选择题(17～21)
课前视频学习解答、知识点归纳		1. 针对学习回顾的作答情况教师给予点评。 2. 小组记录员将课前对知识点的困惑提出,师生进行互动讨论、教师解答问题。对学生共性疑难问题,教师集中讲授。 3. 知识点归纳: (1) s 域模拟图的三种形式; (2) 梅森公式; (3) 判断系统稳定性的方法; (4) 拉普拉斯变换和傅里叶变换的关系
重点难点的探究、达标检测	自主探究	1. 梅森公式的应用。 2. 为什么要使用信号流图来表示一个系统?怎样进行流图和框图之间的转换? 3. 给出一个系统判断其稳定性
	小组协作	1. 系统模拟图的主要作用是什么?直接形式、级联形式、并联形式这三种模拟图在时域中分别是怎样的?是否一样?区别是什么?框图和模拟图的本质区别是什么? 2. 拉普拉斯变换与傅里叶变换的关系如何?在稳态响应问题中如何快速处理? 3. 线性、时不变、因果、稳定系统如何判断?各自的应用如何?
成果交流(必选)		每个小组总结分析小组协作内容,通过 PPT 等形式展示成果,汇报交流学习体验
课后作业		1. 作业:21、22、23、24、25。 2. 下节课导学案。 3. 用思维导图的方法对第 4 章进行总结
反馈评价、课后反思		1. 教师对学生的学习结果进行评价。安排学生进行反思、导学案留白完成。 2. 收集学生的反馈,根据评价结果与学生的反馈,进一步优化教学活动

随后布置课堂任务:①结合教师给出的信号以及处理程序,利用模拟软件重现教师课上的幅度调制和频率调制并分析;②根据前面讲述的内容,利用模拟软件实现信号的相位调制。

要求小组课上或者课后对教师布置的任务进行分工合作,根据需要自行准备或集中准备相关资料,并形成课堂汇报成果,成果在课堂上进行展示,并请其他同学进行提问、点评,教师根据学生的准备情况及课堂汇报、答疑情况,进行综合评价并给出相应的分数,学生在下一次讨论时根据本次汇报表现进行互评,分数计入最终的课程成绩中。培养学生在小范围内对理论联系实际、工程实践问题深入探究的能力,发挥学生的主观能动性。

7.5.3　教学特色与反思

1. 教学特色

本课程经过 30 余年持续不断的改进,注重对学生团队合作精神的培养,形成了较为鲜明的特色。

(1) 团队合作精神的培养应该从每一门课程去设计,以本校信号与系统为例,原本的团队精神仅在实验课程中有所体现,但是,在由线下教学向混合式教学模式转变的过程中,将团队精神的内涵有机融入教学的各个环节中去,是进行教学设计首要考虑的问题,团队合作必将是提高学生学习能力的重要手段。

(2) 团队合作精神的培养要结合课程的特点和学生发展的需求,通过一件件小事,从细节中入手,由量变到质变,最后达到升华。

(3) 团队合作精神的培养要落到实处,一定要有考核评价的标准,要不断改进完善。

2. 教学反思

课程团队始终坚持课程教学改革,不断更新教学体系和方法,目前结合"雨课堂""智慧树"等多种教学平台开展线上线下混合式教学。在教学中,从学习团队的组建、课前课中导学案及课后开放问题等各个方面充分挖掘团队合作精神思政元素,培养学生的协同合作精神、奉献精神、主观能动性、归属感等。针对本课程理论性强、难度大等特点,通过实际工程案例增强学生理论联系实际的能力,达到教书和育人并举的课程教育目标。

(宋佳乾)

7.6 课程思政典型案例——规矩意识的培养

规矩指的是一定的标准和准则,规矩意识就是要懂规矩、讲规矩、守规矩。规矩意识不是一朝一夕就可以养成的,需要持之以恒地开展。在信号与系统实验课程的教学中,将实践与理论相结合,在教学的各个环节中潜移默化地融入规矩意识的培养,达到教书和育人并举的目标。

7.6.1 案例教学目标和实施过程

教学目标:通过实验课程教学的各个阶段,培养学生的规矩意识。

实施过程如下。

(1) MATLAB 软件仿真实验中规矩意识的培养。根据人才培养方案和教学大纲要求,课程设置了 4 个软件仿真实验,实验内容根据"信号与系统"理论课的有关内容进行安排。在软件仿真实验中,充分利用计算机高级语言本身的优势,将规矩意识的培养始终贯穿其中。

(2) 硬件实验中规矩意识的培养。根据人才培养方案和教学大纲要求,课程也设置了 4 个硬件实验,基于信号与系统实验箱对"信号与系统"理论课中的有关内容进行验证和综合。在硬件实验的各环节中始终贯穿规矩意识的培养。

7.6.2 实施案例

1. MATLAB 软件仿真实验中规矩意识的培养

软件仿真实验 1 人/组,在实验的各个阶段,培养学生的规矩意识。

(1) 实验课前的规矩要求。学生要认真阅读实验指导书,完成预习报告。预习报告采用统一的实验报告模板,包括实验名称、实验目的、实验所使用的设备和软件版本、实验任务、按照实验任务编写的 MATLAB 实验程序。

(2) 实验课中的规矩要求。①学生要提交预习报告,经教师检查签字后方可进行实验;②要求学生做好实验数据的记录,尤其是对异常现象的记录与排除方法,教师要随时观察典型的问题,并进行讲解;③通过实验内容挖掘规矩意识思政元素,举例如下。

【实例 7-27】 通过例子让学生知道必须遵循的规则和使用技巧。在"连续时间信号的时域分析"实验中,连续时间信号在 MATLAB 中通常用两种方法来表示,一种是向量表示法,另一种是符号运算表示法。

向量表示法:对于连续信号 $f(t)$,可以用两个行向量 f 和 t 来表示,其中向量 t 是形如 $t_1:p:t_2$ 的 MATLAB 命令定义的时间范围向量,t_1 为信号起始时间,t_2 为终止时间,p 为时间间隔;向量 f 为连续信号 $f(t)$ 在向量 t 所定义的时间点上的样值。

符号运算表示法:就是用符号来进行的运算方法。

例如,用两种方法绘制 Sa(t)信号波形的程序如下:

向量法:
```
t = -10:0.02:10;
f = sin(t)./t;
plot(t,f);
title('f(t) = Sa(t)');
xlabel('t');
axis([-10,10,-0.4,1.1])
```

符号运算法:
```
f = 'sin(t)/t';
ezplot(f,[-10,10]);
title('f(t) = Sa(t)');
xlabel('t');
axis([-10,10,-0.4,1.1])
```

得到的波形如图 7-8 所示。

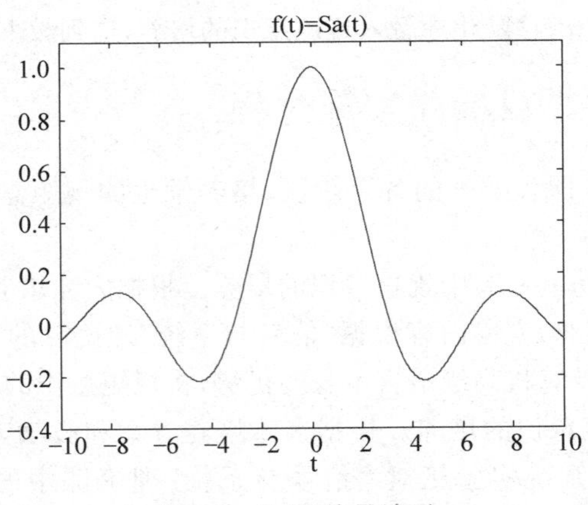

图 7-8 Sa(t)信号波形

【实例 7-28】 通过问题让学生掌握规则和使用技巧。在"离散系统的时域分析"实验中,离散系统的单位样值响应由 MATLAB 为用户提供的专门函数 impz()来求解。在调用 impz()时,需要用向量 $\boldsymbol{a}$ 和 $\boldsymbol{b}$ 来对离散系统进行表示,$\boldsymbol{a}$、$\boldsymbol{b}$ 为离散系统差分方程中 $y(n)$ 和 $x(n)$ 的系数向量,其调用格式如下:

```
impz(b,a)              % 以默认方式绘出向量 a 和 b 定义的离散系统的单位样值响应的时域波形
impz(b,a,n)            % 绘出向量 a 和 b 定义的离散系统在 0～n(n 必须为整数)离散时间范围内的单
                       % 位样值响应的时域波形
impz(b,a,n1,n2)        % 绘出向量 a 和 b 定义的离散系统在 n1～n2(n1、n2 必须为整数且 n1 < n2)离散
                       % 时间范围内的单位样值响应的时域波形
y = impz(b,a,n1,n2)    % 不绘出单位样值响应的时域波形,而是求出向量 a 和 b 定义的离散系统在
                       % n1～n2 离散时间范围内的系统单位样值响应的数值解
```

在使用时根据需要选择合适的函数调用格式。

问题 1：已知描述某离散系统的差分方程为：

$$2y(n)-2y(n-1)+y(n-2)=x(n)+3x(n-1)+2x(n-2)$$

试用 MATLAB 绘出该系统 0～50 时间范围内单位响应的波形并求出数值解。

【实例 7-29】 通过及时练习不断强化学生对规则的认识与掌握。在“连续系统的频域分析及连续信号的采样与重构”实验中，MATLAB 为用户提供了专门对连续系统频率响应进行分析的函数 freqs()；在“连续系统的复频域分析”实验中，MATLAB 提供了 laplace() 和 ilaplace()函数进行拉普拉斯变换和拉普拉斯逆变换，提供了函数 residue()可以得到复杂 s 域表示式 $F(s)$的部分分式展开式，提供了多项式求根函数 roots()可以求出系统函数的零点和极点，提供了零、极点绘图函数 zplane()可以画出系统的零、极点图等。这些函数在使用中都有各自的规则和技巧，如 freqs()函数可以求出系统频率响应的数值解，也可绘出系统的幅频响应和相频响应曲线，其调用格式如下：

```
H = freqs(b,a,w)       % b 和 a 分别是 H(jw)的分子和分母多项式的系数向量,w 为计算 H(jw)的抽样
                       % 点(至少包含 2 个抽样点),向量 H 则返回在向量 w 所定义的频率点上系统频
                       % 率响应的样值
[H,w] = freqs(b,a)     % 计算默认频率范围内 200 个频率点的系统频率响应的样值,并赋值给返回变
                       % 量 H,200 个频率点记录在 w 中
[H,w] = freqs(b,a,n)   % 计算默认频率范围内 n 个频率点的系统频率响应的样值,并赋值给返回变量
                       % H,n 个频率点记录在 w 中
freqs(b,a)             % 并不返回系统频率响应的样值,而是以对数坐标的方式绘出幅频响应和相频曲线
```

再如函数 roots()可以求出系统函数的零点和极点，其调用格式为：

```
p = roots(A)    % A 为待求根的由关于 s 的多项式的系数构成的行向量,返回向量 p 则是包含该多项
                % 式所有根位置的列向量
```

注意：系数向量 $\boldsymbol{A}$ 的元素一定要由多项式的最高幂次开始到常数项，缺项要用 0 补齐。

学生在做完实验指导书中规定的实验任务后，布置如下练习。

问题 2：设 $f(t)=\mathrm{Sa}(t)=\dfrac{\sin t}{t}$，其 $F(\mathrm{j}\omega)$为：$F(\mathrm{j}\omega)=\begin{cases}T_s, & |\omega|<1\\ 0, & |\omega|>1\end{cases}$，即 $f(t)$的带宽 $\omega_m=1$，为了由 $f(t)$的采样信号 $f_s(t)$不失真地重构 $f(t)$，由时域采样定理知采样间隔 $T_s<\dfrac{\pi}{\omega_m}=\pi$，取 $T_s=0.7\pi$(过采样)。利用 MATLAB 中的抽样函数 $\mathrm{sinc}(t)=\dfrac{\sin(\pi t)}{\pi t}$来表示 $\mathrm{Sa}(t)$，$\mathrm{Sa}(t)=\mathrm{sinc}\left(\dfrac{t}{\pi}\right)$。据此由 $f(t)=f_s(t)*T_s\dfrac{\omega_c}{\pi}\mathrm{Sa}(\omega_c t)=\dfrac{T_s\omega_c}{\pi}\sum\limits_{n=-\infty}^{+\infty}f(nT_s)\mathrm{Sa}[\omega_c(t-$

$nT_s)$]可知，$f(t)=\dfrac{T_s\omega_c}{\pi}\sum_{n=-\infty}^{+\infty}f(nT_s)\mathrm{sinc}\left[\dfrac{\omega_c}{\pi}(t-nT_s)\right]$。为了比较由采样信号恢复后的信号与原信号的误差，计算两信号的绝对误差。

问题3：利用MATLAB设计一个巴特沃斯低通滤波器，其截止频率 $f_c=1000\text{Hz}$、过渡带频率范围 $\Delta f=50\text{Hz}$、阻带最大增益 $\varepsilon=0.03$，试用MATLAB确定满足上述设计指标的巴特沃斯低通滤波器的阶数 n，并绘出该滤波器的幅频响应曲线及零极点分布图。

(3) 实验课后的规矩要求。①学生按时按照要求提交完整的实验报告，包括实验名称、实验目的、实验所使用的设备和软件版本、实验任务、编写的MATLAB实验任务源程序、实验中调试正确的实验程序、实验结果记录或图形截图、实验结论、总结或心得体会等。②教师根据实验报告的考核评价标准给出考核评价成绩，检查学生对所学知识的掌握程度。实验报告的考核评价细则如表7-12所示。

表7-12 实验报告考核评价细则

课程目标	评价标准					权重/%
	90～100	80～89	70～79	60～69	0～59	
目标1	能够利用信号与系统的理论与分析方法，做到数学概念、物理概念与工程概念的统一	基本能够利用信号与系统的理论与分析方法，做到数学概念、物理概念与工程概念的统一	基本能够利用信号与系统的理论与分析方法，做到一定的数学概念、物理概念与工程概念的统一	能够利用一定的信号与系统的理论与分析方法，做到一定的数学概念、物理概念与工程概念的统一	不能利用信号与系统的理论与分析方法，不能做到数学概念、物理概念与工程概念的统一	20
目标2	能够通过信号与系统实验箱及MATLAB软件对“信号与系统”理论课中的相关内容进行验证和综合；具备信号与系统分析、设计的基本能力	基本能够通过信号与系统实验箱及MATLAB软件对“信号与系统”理论课中的相关内容进行验证和综合；具备信号与系统分析、设计的基本能力	基本能够通过信号与系统实验箱及MATLAB软件对“信号与系统”理论课中的相关内容进行验证和综合；具备一定的信号与系统分析、设计的基本能力	基本能够通过信号与系统实验箱及MATLAB软件对“信号与系统”理论课中的一定的相关内容进行验证和综合；具备一定的信号与系统分析、设计的基本能力	不能通过信号与系统实验箱及MATLAB软件对“信号与系统”理论课中的相关内容进行验证和综合；基本不具备信号与系统分析、设计的基本能力	25
目标3	具备完成实验任务的分析设计能力；具有信息获取与处理能力	具有完成实验任务的分析设计能力；具有一定的信息获取与处理能力	基本具有完成实验任务的分析设计能力；具有一定的信息获取与处理能力	具有一定的完成实验任务的分析设计能力；基本具有一定的信息获取与处理能力	不具有完成实验任务的分析设计能力；不具有信息获取与处理能力	25

续表

课程目标	评价标准					权重/%
	90～100	80～89	70～79	60～69	0～59	
目标 4	能够针对具体实验内容,采用相应的理论依据,对实验任务进行有效设计与实现;能够在设计环节中体现创新意识	能够针对具体实验内容,采用相应的理论依据,对实验任务进行设计与实现;能够在设计环节中体现创新意识	能够针对具体实验内容,采用相应的理论依据,对实验任务进行设计与实现;没能在设计环节中体现创新意识	能够针对具体实验内容,采用相应的理论依据不完整,对实验任务进行设计与实现;没能在设计环节中体现创新意识	不能针对具体实验内容,采用相应的理论依据不完整,对实验任务不能进行设计与实现	10
目标 5	能正确采集整理实验数据;对实验结果进行深入分析和解释,获取合理有效的结论;按要求完成实验报告并提出合理建议	能正确采集整理实验数据;对实验结果进行比较深入的分析和解释,获取合理有效的结论;按要求完成实验报告并提出建议	能正确采集整理实验数据;对实验结果进行分析和解释,获取合理有效的结论;按要求完成实验报告	基本能正确采集整理实验数据;对实验结果进行分析和解释,获取合理的结论;按要求完成实验报告	不能正确采集整理实验数据;对实验结果不能进行分析和解释,不能获取合理有效的结论;不能按要求完成实验报告	20

2. 硬件实验中规矩意识的培养

硬件实验 2 人/组,教学中结合"雨课堂"实施。教师将实验报告制作成 PPT 的形式,其中设置一些填空题和主观题,要求学生在实验中和实验后按规定时间完成。

(1) 实验课前的规矩要求。学生要认真阅读实验指导书,仔细了解所用实验箱及仪器设备的工作原理,理解实验的目的、原理、任务等。

(2) 实验课中的规矩要求。①学生按规定时间在"雨课堂"中签到。②教师对实验中的用电安全、操作规范、6S 标准等做出说明,并要求学生严格按照标准执行。③教师课堂演示讲解的过程中,将 PPT 形式的实验报告通过"雨课堂"发布,要求学生在规定的时间内对填空题进行作答,举例如下。

【实例 7-30】 "周期信号的频谱分析"实验中,"雨课堂"发布的部分填空题如图 7-9 所示。

④要求学生做好实验数据的记录,尤其是对异常现象的记录与排除方法;⑤通过实验内容挖掘规矩意识思政元素,举例如下。

【实例 7-31】 在"周期信号的频域分析" 实验中,测量脉宽波的频谱时,没有告诉基波频率 f_0 的大小,测量时必须首先根据频谱图确定出其大小,测量三角波的频谱时,不能像脉宽波一样区分占空比;在"信号合成"实验中,一定注意方波和三角波的合成时,n 只能为奇数;在"信号通过线性系统"实验中,注意调幅信号的载频 f_0 等于串联谐振网络的谐振频率;在"信号采样与恢复"实验中,一定注意只有采样频率高于信号最高频率的 2 倍时,采样

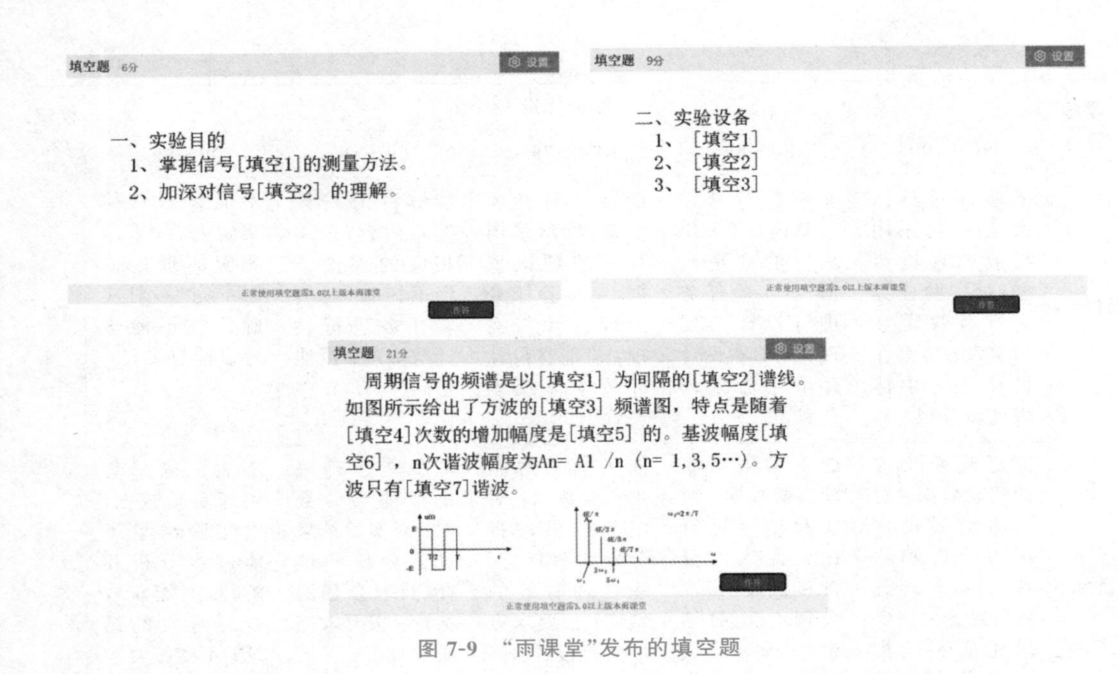

图 7-9 “雨课堂”发布的填空题

才不发生混叠，才能从采样信号中无失真地恢复出原信号。

(3) 实验课后的规矩要求。①学生按时按照要求将实验结果、实验结论、总结等整理拍照上传至主观题部分，举例如下。

【实例 7-32】 在“周期信号的频谱分析”实验中，“雨课堂”发布的部分主观题如图 7-10 所示。②教师根据实验报告的考核评价标准(参照软件实验报告的考核评价细则)给出考核评价成绩，检查学生对所学知识的掌握程度。

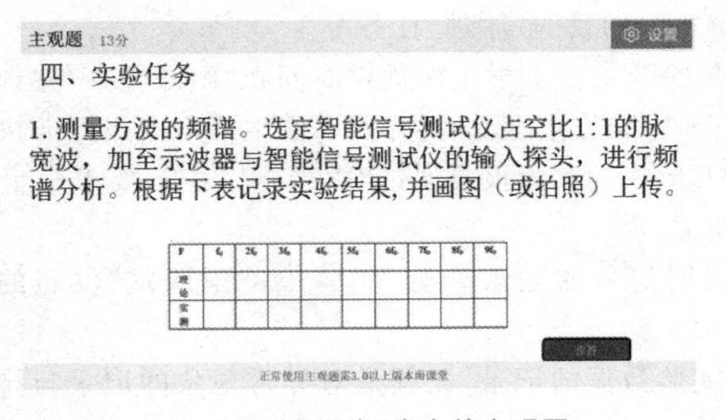

图 7-10 “雨课堂”发布的主观题

7.6.3 教学特色与反思

1. 教学特色

本课程经过多年持续不断的改进，注重对学生规矩意识的培养，形成了较为鲜明的特色。

（1）规矩意识的培养需要根据实验课程的特点，结合学生发展的需求和毕业要求，充分挖掘课程思政元素，将其有机融入实验课程教学的各个阶段之中，自始至终不断重复强化，有效地实现课程教学目标，达到知识、思维、能力的有机统一。

（2）规矩意识的培养是一个长期的过程，需要持之以恒地开展，要坚持理论与实践相结合，逐步培养，最终达到育人目标。

（3）规矩意识的培养要落到实处，通过各个环节的教学设计和考核评价及学生的反馈，不断改进完善。

2. 教学反思

课程团队始终以新工科建设为背景，秉承以学生为中心，以专业毕业要求为导向，创新教学理念与模式，提升课程内涵。在"信号与系统实验"课程的教学中，结合"雨课堂"教学平台，从硬件实验和软件实验两方面培养学生的动手能力、理论联系实际的能力和运用MATLAB软件解决工程实际问题的能力，并将规矩意识自始至终贯穿其中，潜移默化地培养学生知规矩、懂规矩、守规矩，达到教书和育人并举的课程教育目标。

（李　虹）

后　记

课程思政是以人为本、立德树人的根本要求。我们不仅要在课程思政的内涵、课程思政实施的路径、高校教师课程思政的能力等方面进行研究，还需要在课程思政教学评价方面展开深入的研究。

1. 课程思政评价的现状

（1）缺乏顶层设计和组织制度保障。纵观我国大多数高校制定并发布课程思政实施方案等文件，在文件中很难看到诸如责任落实、资金保障、师资培养等具体的举措，文件政策缺失了应有的导向性，缺失了对广大教师自觉主动地从事课程思政教学应有的引导和激励。顶层设计主要体现在领导层对课程思政建设的总体规划，包括对课程目标、课堂教学的明确导向，对组织领导、调研督察的工作要求，还有对专项经费使用等方面提供的保障等。

（2）评价机制中缺乏对育人成效的评估。高校在推进课程思政的具体实践中，面临的最严峻问题是难以真正有效地落到实处，实现育人初心。追根溯源，是因为评价机制中缺乏对教师课程思政育人成效的评估。那么如何评估课程思政的育人成效呢？育人即培育学生，评估主体应是学生，根据学生对知识、能力的习得情况以及形成的价值观进行综合评估，难点在于如何对价值观进行评估。然而高校现有的评估机制中，对教师育人成效的考核主要参考的是教学获奖情况和课时数等可量化指标，教师职称晋升只要不出现教学事故或败坏师德师风等问题一般不受影响。对学生学习效果的考核主要是出勤率、课上回答问题的积极性及正确率、期中期末测试成绩等。育人成效难量化、对教师职称晋升影响度小等评价导向，导致教师在教学实践中愿意将更多的精力集中于落实“教书”目标等方面。

（3）课程思政评价存在现实疑虑和理论悲观。在现实中，开展课程思政评价存在两点疑虑。

一是态度形成的长时性与评价的即时性矛盾，使得评价结果的信度可能遭受质疑。现有的评价，由于受到理性主义和科学主义的影响，往往希望通过短时间内的一场考试来确认教育结果。这种态度形成的长期性和评价需求的即时性之间的矛盾，使得许多态度评价不得不转换为对态度本身的评价，而非内化于心之后的外化行为。

二是营造情景的复杂性与评价方法的简洁性矛盾，使评价结果的效度可能遭受质疑。行为改变往往依托于真实情景，现有的纸笔测验、口头测试等评价手段难以营造真实情景，学生的作答也不一定代表其真实的态度。很难判断学生在评价中所表现出来的行为是由态度而内生的，还是由应试技巧、环境压力而表现的。但若完全控制所有环境变量，则又可能导致评价方法过于复杂，使评价陷入两难境地。

(4) 课程思政评价缺方法。虽然《高等学校课程思政建设指导纲要》等文件对课程思政的内容和目标都有了方向性的规定，但在具体实施中，课程思政的评价工作常有匮乏无力之感，遇到了一些困难：缺分类指导、辐射示范的课程思政评价体系；缺可信有效、便于操作的课程思政评价工具；缺多元化、科学化的课程思政评价思路。

2. 建立科学的课程思政评价机制

(1) 科学完善的评价机制是课程思政有效推进的重要保证。科学的评价机制能引导教师积极参与课程思政建设，也能规范课程思政建设的发展方向。科学的评价机制是一个指挥棒，是一把尺子，既可以通过考核措施发挥专业课教师的积极性，也可以防止出现实践过程的混乱状况，引导课程思政长期有效地落实下去。①学校要成立课程思政的评价小组，完善评价指标体系，建立科学的课程思政评价制度，有效地检验学校课程思政建设措施的落实程度和效果；②注重学生的评价；③考核专业课教师课程思政的实施工作；④要落实对于专业院系及职能部门课程思政管理工作的考核评价。

(2) 建立课程思政评价机制的路径。课程思政评价机制的建立应以育人成效作为基本的评价标准，具体从课程、教师与学生三个层次的评价标准展开，立足学校的地区优势，针对学生思想特点，制定具体可行的评价标准，及时对课程思政的推进过程进行研究分析，促进课程思政的常态化。①对课程思政建设状况的评价；②对教师组织课程思政教学能力的评价；③以大学生为视角开展课程思政评价。

构建科学有效的课程思政评价机制还需从整体出发，进行细致周详的规划。价值观念的塑造是一个长期性过程，评价应该遵循发展的原则，关注学生不同时期的自我成长，坚持过程性评价和发展性评价相统一的原则。在评价的标准上，紧紧围绕学生培养的情感、态度、价值观目标，立足学生的具体情况制定相应的评价标准。通过对评价结果的仔细分析，可以反推出课程思政实践中某些制度是否存在问题，例如课程评价制度、教学管理制度等多项相关制度，从而进一步完善课程思政的评价体系。

3. 专业课程思政评价机制的设计

根据 OBE 逆向设计原则，专业课程思政评价应根据专业毕业要求指标点的支撑情况，以课程教学目标为导向设计，专业课程思政评价机制包括课程思政评价要点、设定评价种类、选择评价策略等。

(1) 明确评价的侧重点。专业课程思政评价不是简单的对思政教育效果的单一评价，而是要根据课程思政"三位一体"教学目标进行综合评价，评价侧重点应主要放在知识传授、能力培养和思政育人的效果上，三者不能偏废。

(2) 强调参与互动、自评与他评相结合，实现评价主体多元化。评价主体是否客观公正，影响着评价结果的准确性。专业课程思政育人效果的评价主体不应只是课程授课教师，还应包括学校管理者、学生工作者、学生和第三方评价机构等。高校应构建包括课程思政授课教师、思政课教师、学生工作者、学校管理者、学生、第三方评价机构等多元主体广泛参与的评价机制，确保评价结果的客观公正。

(3) 确定科学的评价种类。课程思政育人效果的评价不是简单的课程结果评价，应是全方位、全过程的评价。要客观评价课程思政育人效果，需要确定课程思政效果的评价种类，包括过程性评价、成果性评价和学生发展评价三大类。

(4) 选择合适的评价策略。评价策略的选择关系到课程思政评价结果的客观性，应针对不同的评价目标和种类，选择合适的评价策略。一般情况下，过程性评价可以采取线上问卷调查、小测验、督导现场观察等评价策略；成果性评价可以采取查看课程思政实施的标志性成果材料等方式；学生发展评价可以以跟踪记录大学生接受课程思政教育后在自身行为改变方面的变化程度等形式展开。

总之，构建高校课程思政教学评价指标体系首先要明确谁来评、评价谁和如何评三个问题。谁来评，即要确定评价主体，这关系到评价指标体系是否可信和有效的问题；评价谁，即要明确评价客体，这关系到评价指标体系是否具体可行、有针对性；如何评，即要明确评价方法，这关系到评价指标体系是否可用的问题。尝试探索一条可信有效的课程思政评价方法、评价的时效性以及如何建立长效评价机制等意义重大，期望各位同仁共同探索。

汤全武
2022 年 8 月

参考文献

[1] 习近平. 把思想政治工作贯穿教育教学全过程开创我国高等教育事业发展新局面[N]. 人民日报, 2016-12-9(1).

[2] 习近平. 用新时代中国特色社会主义思想铸魂育人贯彻党的教育方针落实立德树人根本任务[J]. 党建,2019(4): 4-5.

[3] 关于深化新时代学校思想政治理论课改革创新的若干意见[EB]. http://www. gov. cn/zhengce/2019-08/ 14/content_5421252. html.

[4] 高等学校课程思政建设指导纲要[EB]. http: //www. moe. gov. cn/srcsite/A08/s7056/202006/t202006 03_462437. html.

[5] 刘鹤,石瑛,金祥雷. 课程思政建设的理性内涵与实施路径[J]. 中国大学教学,2019(3): 59-62.

[6] 石书臣. 正确把握"课程思政"与思政课程的关系[J]. 思想理论教育,2018(11): 57-61.

[7] 路道坤. 论课程思政的教学设计与实施[J]. 思想理论教育,2020(10): 16-22.

[8] 刘树春. 大学生规矩意识的内涵、价值和培育[J]. 科教导刊(下旬),2019(12): 92-94.

[9] 王小力. 大学物理课程思政研究与实践[J]. 中国大学教学,2020(10): 54-57.

[10] 李祁,刘瑜,王风芹,等. 军校计算机课程培塑"科学精神"的思政教学探索[J]. 计算机教育,2021(11): 97-100.

[11] 张晓磊,张乐,张钰伊,等. "物理学史和物理学方法论"课程思政教学探索[J]. 大学物理,2021(4): 40-44.

[12] 陈秋艳. 高职"数字电子技术"课程思政教学探索[J]. 通信与信息技术,2019(6): 64-66.

[13] 姬佳林. "数字电路与逻辑设计"专业课课程思政的探索[J]. 电脑知识与技术,2019(35): 91-92.

[14] 王瑞兰,张景俊. 将思政元素融入"数字电子技术"课程教学的实践[J]. 潍坊学院学报,2020(6): 81-83.

[15] 周波,李玲. 案例教学在数字电路教学改革中的应用研究[J]. 电子制作,2018(5): 78-79.

[16] 汪文明,陈银凤,钱萌. 数字电子技术教学中课程思政的内涵与实践[J]. 安庆师范大学学报: 自然科学版,2021(4): 107-111.

[17] 郭振威,诸葛致. 契合时政的"数字电子技术"课程思政教学内容设计[J]. 中国电力教育,2021(4): 53-54.

[18] 李月娟,王应洋,张鹏. "自动控制原理"课程的课程思政教育研究[J]. 教育教学论坛,2021(36): 29-32.

[19] 朱文兴. "自动控制原理"课程思政教学案例设计与实践[J]. 电气电子教学学报,2021(5): 16-19(38).

[20] 张学新. 对分课堂: 大学课堂教学改革的新探索[J]. 复旦教育论坛,2014(5): 5-10.

[21] 胡健,黄琳琳,彭亚辉. "信号与系统"课"课程思政"建设实践探索[J]. 北京教育: 德育,2020(7-8): 45-48.

[22] 汤全武. 信号与系统(MATLAB 版)[M]. 北京: 清华大学出版社,2021.

[23] 汤全武. 信号与系统实验[M]. 北京: 高等教育出版社,2008.

[24] 汤全武. MATLAB 程序设计与实战(微课视频版)[M]. 北京: 清华大学出版社,2022.